新世纪工商管理精品教材
Elaborate Textbooks
on Business Administration in the New Century

U0674737

Human Resource Management
人力资源管理 （第六版）

林忠　金延平　主编

东北财经大学出版社
Dongbei University of Finance & Economics Press

·大连·

图书在版编目（CIP）数据

人力资源管理 / 林忠，金延平主编. —6版. —大连：东北财经大学出版社，2021.8（2022.9重印）

（新世纪工商管理精品教材）

ISBN 978-7-5654-4196-7

Ⅰ．人…　Ⅱ．①林…②金…　Ⅲ．人力资源管理-高等学校-教材　Ⅳ．F243

中国版本图书馆 CIP 数据核字（2021）第 085316 号

东北财经大学出版社出版

（大连市黑石礁尖山街217号　邮政编码　116025）

网　　址：http://www.dufep.cn

读者信箱：dufep@dufe.edu.cn

大连图腾彩色印刷有限公司印刷　　　　东北财经大学出版社发行

幅面尺寸：170mm×240mm　　字数：433千字　　印张：18.75　　插页：1

2021年8月第6版　　　　　　　　　　　2022年9月第2次印刷

责任编辑：朱　艳　　　　　　　　　　责任校对：石建华

封面设计：沈　冰　　　　　　　　　　版式设计：钟福建

定价：45.00元

教学支持　售后服务　　联系电话：（0411）84710309

版权所有　侵权必究　　举报电话：（0411）84710523

如有印装质量问题，请联系营销部：（0411）84710711

管理的科学性与艺术性

（丛书总序）

科学家爱因斯坦曾经发给艺术家卓别林这样一封生日贺电："您的艺术作品誉满全球，您真不愧为一位伟大的艺术大师。"卓别林是这样回复爱因斯坦的："您的相对论仅为世界上少数人懂得，您真是一位伟大的科学家。"前者"雅俗共赏"很伟大，后者"曲高和寡"也伟大，似乎有些矛盾，其实不然，这恰恰体现出"艺术性"与"科学性"的一致性。

对上述对话的一般理解是：科学往往为少数人所发现，"曲高和寡"；而艺术必须为大多数人所接受，"雅俗共赏"。这当然是正确的，但这只是从一个角度看问题。如果再从另一角度分析，就能做到圆满理解，即科学虽然由少数人发现，但可以被多数人掌握；而艺术虽然可为大多数人所接受，但只能由少数人创造。"科学性"与"艺术性"在哲理上是完全一致的。

对科学和艺术还要做进一步的分析。科学分科学发现和科学应用两个层面，艺术也分艺术创作和艺术欣赏两个层面。科学发现和艺术创作都比较难，而科学应用和艺术欣赏相对都比较容易。人们常说，"管理既是科学，又是艺术"。这里所说的"科学"多指"科学成果的应用"，而这里所说的"艺术"却多指"艺术的创造"。对于从事企业管理工作的人员来说，越高层的管理（如董事长和CEO的工作），艺术成分越多；越基层的管理（如部门经理或车间主任，甚至现场调度或质量控制的工作），科学成分则越多。突出的例子是，美国演员出身的里根可以是一个称职的国家总统，却难以当好一个企业工程师。企业和国家都是这样，越往高层，"外行领导内行"越普遍，而越往基层，专业技能越重要。当然，与此相应的一般的规律是：越是高层，"艺术创作"越重要；越是基层，"科学应用"越普遍。

对于工商管理教育而言，其课程体系中既有含科学成分较多的课程，也有含艺术成分较多的课程。前者主要有"生产管理""物流与供应链管理""管理信息系统""会计学"等。后者主要有"组织行为学"、"人力资源管理"、"企业文化与伦理"、"企业战略"、"公司组织设计"或"公司治理结构"、"企业、政府与社会"等。当然，也有的课程近乎是科学成分和艺术成分并重的，如"公司理财""数据、模型与预测""管理经济学"等。

我和很多从事工商管理教育的教授都有这样的体会，就是在教学过程中，科学成分越多，越适合课堂教学，也就越利于成规模培养；而艺术成分越多，则越适合个人感悟，也越适合案例教学，从而只能侧重于个别指导或小组讨论。换个角度，对于工商管理的本科生或MBA学生，特别是EMBA学生来说，前者主要是依赖于学校和教师，后者则主要取决于个人的悟性。这也是"管理学院学得到"与"管理学院学不到"这两种说法都有道理的原因。这两种完全相反的观点（核心是企业家是不是学校培养出来的）的焦点就在于，各自过多地强调管理的"科学性"或"艺术性"，而忽略了二者间的一致性。事实上，管理学院或 MBA 学院只有处理好这二者间的关系，才有可能办出自己的特色。这一点在国内外已经得到充分证明。

说到这里，就可以很方便地解释为什么"文人"的子女容易继承，而真正的企业家却很难继承的道理了。其中的关键在于，"治学之道"的"规律性"（即"科学性"）较强，知识和经验可以潜移默化、耳濡目染地向子女传授和转达；而"经营之道"的"艺术性"较强，企业家的成功经验多具独特性，难以言传。学习所谓的"管理经验"必须经过"再创造"过程，光靠模仿是不行的。

总体来说，这套丛书对工商管理的"科学性"和"艺术性"都有所兼顾。作者多是具有多年工商管理教学经验和丰硕研究成果的教授，有的还曾到日本等其他国家的大学讲学。作者们按照简明、实用并具有一定前瞻性的要求，力求为读者提供一套富有特色的教材。这套丛书虽然主要是针对工商管理专业本科生的，但也可以作为 MBA 学生和各类企业管理者的参考书。读者如果基本同意上述有关管理的"科学性"与"艺术性"的看法，那么如何正确地对待这套丛书就不必多絮了。

特以此为序。

于立

第六版前言

创造财富与推动社会进步的生产力由两个基本要素构成:一方面,是一定数量和质量的劳动者,即人力资源;另一方面,是土地、设备、工具和原材料,即物质资源。尽管这两个要素缺一不可,但物是死的,人是活的;物是被动的,人是主动的。由于物的因素要通过人的因素才能发挥作用,因此,对人的管理是一切管理的基础。在农业经济时代,财富主要集中在土地所有者的手上;在工业经济时代,财富主要集中在资本所有者的钱袋里;在知识经济时代,财富主要集中在知识所有者的头脑中,智力资源在经济中起着关键作用。1992年诺贝尔经济学奖得主、美国经济学家加里·贝克尔指出,发达国家资本的75%以上不再是物质资本,而是人力资本。人力资本是人类社会经济增长与技术进步的源泉。从这个意义上说,一个国家要提高经济发展水平和综合国力,不仅要重视对自然资源、资本资源的有效管理,更重要的是要重视人力资源管理。企业管理从根本上说就是对人力资源的管理。

人力资源管理是一门有关如何对人力资源进行开发、挖掘,为企业和社会创造更多财富的科学,是人力资源与企业绩效的中间变量。人力资源管理者通过人力资源规划、工作分析、筛选招聘、培训开发、薪酬管理等途径,吸引、确认和保留高质量的人力资源。人力资源管理部门肩负参与企业战略实施、支持员工发展、推动组织变革等重任。人力资源管理是企业管理理论与实践的一个重要组成部分,是管理人员必须掌握的一种技能。因此,人力资源管理也是世界各国高等院校管理类专业课程体系中的一门专业核心课程。

由林忠、金延平主编的《人力资源管理》自2006年8月出版以来,读者一致反映本书时代性强,重点突出,主线清晰,简明适用,具有很强的理论研究和实用价值。本书不仅是东北财经大学人力资源管理专业省级精品课程教材,也是管理类本科专业的主干课教材和MBA、硕士研究生的参考书及企业中高层管理人员的培训教材,社会影响力较大。为了让广大读者了解到该学科最新的研究成果和实践中的热点问题,编者经过较长时间准备,对本书再次进行了调整和修改。本次修订,立足于内容新颖、理论前沿和创新,引入了人力资源管理的最新研究成果和方法,突出学术性、实用性和可操作性。书中不仅吸收了许多生动案例,列出了各章的学习目标和复习思考题,而且在每章后面还附有引人入胜的阅读材料,为读者提供了理解和掌握人力资源管理精髓的新思路。

本书的修订是东北财经大学工商管理学院人力资源管理系团队合作的产物。由林忠、金延平任主编,多位同志参与。具体分工为:金延平编写第1章、第3章;林忠编写第2章;李浩编写第4章;苏万平编写第5章;宋晶编写第6章;王晓莉编写第7章;李宏林编写第8章;李文静编写第9章;金萍编写第10章;吴晓巍编写第11章。全书的修订由林忠、金延平提出具体要求,并修改定稿。

　　本书在修订过程中，参考和引用了国内外学者的大量研究成果，并得到了东北财经大学出版社编辑的热情帮助，在此表示衷心感谢。由于编者的知识和经验的局限性，书中难免有不足之处，敬请广大读者批评指正。

林忠　金延平

2021 年 1 月

目　录

第 1 章

人力资源管理导论

学习目标

通过本章的学习，在分析和了解人力资源的概念和特征、人力资源和人力资本的区别和联系的基础上，掌握人力资源管理的概念、目标和任务，了解人力资源管理的演变过程及美国、日本人力资源管理模式的特点和变化，掌握人力资源管理的发展趋势。

1.1　人力资源的基本概念

1.1.1　人力资源的概念

经济学把为了创造物质财富而投入生产活动中的一切要素统称为资源，包括人力资源、物力资源、财力资源、信息资源、时间资源等。其中，人力资源是一切资源中最宝贵的资源，是第一资源。

人力资源是指能够推动国民经济和社会发展的、具有智力劳动和体力劳动能力的人们的总和，它包括数量和质量两个方面。

为了准确地理解和把握人力资源的内涵，有必要了解人力资源的相关概念——人口资源、劳动力资源和人才资源。人口资源是指一个国家或地区的人口总体，即全部的自然人。劳动力资源是指一个国家或地区具有劳动能力并在劳动年龄范围内的人口总和。人才资源是指一个国家或地区具有较强的管理能力、研究能力、创造能力和专门技术能力的人口的总和。人口资源主要表明的是数量概念，是人力资源、劳动力资源和人才资源的基础。人口中除了少数不具有劳动能力的以外，绝大多数都是具有或将具有劳动能力的人口，这部分构成了人力资源。人力资源按就业情况可以分为在业人员、失业人员、就学人员、服兵役人员、家庭闲居人员和其他人员。按劳动年龄划分可以分为未达到劳动年龄的16岁以下的青少年、处于劳动年龄的青壮年和超过劳动年龄的老年人。按人力资源的实现程度可以分为潜在人力资源、现实人力资源和闲置人力资源。潜在人力资源是指就学人员和服兵役人员；现实人力资源是指未达到劳动年龄、处于劳动年龄和超过劳动年龄的在业人员；闲置人力资源是指失业人员和未到社会求职的家庭闲居人员。人力资源中处于劳动年龄的那一部分人口构成劳动力资源。而人才资源是指人力资源中较为杰出的、优秀的人员。它着重强调人力资源的质量。一个国家、地区或组织综合实力的高低，往往取决于这部分人员的多寡和能力的发挥程度。

人口资源、人力资源、劳动力资源和人才资源之间的数量关系见图1-1。

图1-1　人口资源、人力资源、劳动力资源和人才资源之间的数量关系

1.1.2　人力资源的特征

人力资源是一种特殊资源，同其他资源相比具有以下特征：

1）能动性

人力资源具有思想、感情和思维，具有主观能动性，这是人力资源同其他资源的最根本的区别。人力资源能够通过接受教育或主动学习，使得自身的各方面素质得到提高，并能够主动地运用自己的知识与能力、思想与思维、意识与品格，有效地利用其他资源推动社会和经济的发展。另外，人力资源还是唯一能起到创造作用的因素。这主要表现在两个方面：一方面是人力资源在社会和经济发展过程中往往能创造性地提出一些全新的方法，推动社会的进步和经济的发展；另一方面是人力资源能够适应环境的变化和要求承担起开拓进取和创新发展的任务，从而使企业更加充满活力。

2）两重性

人力资源既是投资的结果，同时又能创造财富，或者说，它既是生产者，又是消费者。根据舒尔茨的人力资本理论，人力资本投资的程度决定了人力资源质量的高低。从生产和消费的角度来看，人力资本投资是一种消费行为，而且这种消费行为是必需的，是先于人力资本收益的，没有这种先前的投资，就不可能有后期的收益。人力资源作为一种经济性资源，它与物质资本一样具有投入产出规律，并具有高增值性。研究表明，对人力资源的投资无论是对社会还是对个人所带来的收益都要远远大于对其他资源所产生的收益。舒尔茨用投资收益率法研究了美国1929—1957年的经济增长贡献指标，结果表明，教育投资对经济增长率的贡献为33%。

3）时效性

人力资源是一种具有生命的资源，它的形成、开发和使用都要受到时间的限制。作为生物有机体的人有其生命的周期，每个人都要经过幼年期、青少年期、中年期和老年期。由于在每个时期人的体能和智能的不同，因而在各个时期的学习能力和劳动能力也不同，这就要求对人力资源的培养要遵循人的成长规律，在不同阶段提供不同的学习与培训项目，对人力资源必须适时开发，及时利用，讲究时效。

4）连续性

物质资源一般经过一次加工、二次加工乃至某些深加工之后，就形成了最终产品，不存在继续开发的问题。而人力资源则不同，开发使用之后可以继续开发。这就要求人力资源的开发与管理要注重终身教育，加强后期的培训与开发，不断提高其知识、技能水平。

5）再生性

经济资源分为可再生性资源和不可再生性资源两大类。人力资源是一种可再生性资源，这是基于人口的再生产和劳动力的再生产，通过人口总体内的各个个体不断地替换更新和劳动力消耗—生产—再消耗—再生产的过程实现的。这种再生产不同于一般生物资源的再生产，除了受生物规律支配外，还要受人的意识支配，受人类活动的影响和新技术革命的制约。

6）社会性

人类劳动是群体性劳动，每一个人都在一定的社会和组织中工作和生活，其思想和行为都要受到社会和所在群体的政治、经济、历史和文化氛围的影响，每个人的价值观念也各不相同。人们在社会交往中，其行为可能与特定的组织文化所倡导的行为准则相矛盾，可能与他人的行为准则相矛盾，这就要求人力资源管理要注重团队建设，注重人与人、人与群体、人与社会的关系及利益的协调与整合。

1.1.3　人力资源与人力资本

西方经济学从研究人力资源开发的角度，提出了人力资本的概念，并看到了人力资本在国民经济中所具有的重要作用，力图通过对人力的投资来取得更大的效益，以促进经济的发展。从20世纪50年代末到60年代，西方的人力资本理论开始形成，并获得较大的发展。人力资本理论的创始人是美国芝加哥大学教授舒尔茨，他在1960年出任美国经济学会会长时，发表了《人力资本投资》的就职演说，该演说精辟地阐述了人力资本的观点。舒尔茨认为，人力资本是通过对人力资源投资而体现在劳动者身上的体力、智力和技能，是另一种形态的资本，与物质资本共同构成了国民财富，而这种资本的有形形态就是人力资源。这种理论突破了只有厂房、机器等物质资源才是资本的概念，把国家、地区和企业在教育、保健、人口、迁移等方面投资形成的人之能力的提高和生命周期的延长也看作资本的一种形态。当代经济学家普遍接受了舒尔茨的观点。他们认为，土地、厂房、机器、资金等已经不再是国家、地区和企业致富的唯一源泉，人力资本才是企业和国家发展之根本。

人力资源与人力资本就内容和形式而言，具有一定的相似之处，但就其内涵和本质而言，二者具有明显的区别。人力资源是针对经济管理和经济运营来说的，而人力资本是针对经济增值和经济贡献来说的。人力资源是劳动者将自己拥有的能力投入劳动生产过程，并以此产生出一定的工作能力，创造出一定的工作成果，而人力资本是劳动者将自己拥有的无形资产投入企业经营活动，并以此索取一定的劳动报酬与经济利益。虽然同是劳动者身上具备的能力，作为人力资源，它是一种经济运营中的力量基础，是一种工具或资料，能够带来或创造经济效益，是创造经济价值的源泉，但作为人力资本，它是一种经济效益分配的依据，是一种经济投资的股份，是一种由其他资本投资转化而得到的结果。具体来讲，人力资源与人力资本有以下四点区别：

（1）概念的范围不同。人力资源包括自然性人力资源和资本性人力资源。自然性人力资源是指未经任何开发的遗传素质与个体；资本性人力资源是指经过教育、培训、健康与迁移等投资而形成的人力资源。人力资本是指所投入的物质资本在人身上所凝结的人力资源，是可以投入经济活动并带来新价值的资本性人力资源。人力资本存在于人力资源之中。

（2）关注的焦点不同。人力资源关注的是价值问题，而人力资本关注的是收益问题。

（3）性质不同。人力资源所反映的是存量问题，而人力资本反映的是流量和存量问题。

（4）研究角度不同。人力资源是将人力作为财富的源泉，是从人的潜能与财富的关系来研究人的问题。而人力资本则是将人力作为投资对象，作为财富的一部分，是从投入与收益的关系来研究人的问题。

1.2　人力资源管理的概念、目标和任务

1.2.1　人力资源管理的概念

人力资源管理可以分为宏观和微观两个层次。宏观人力资源管理是指一个国家或地区通过制定一系列政策、法律制度和行政法规，采取一些必要措施促使人力资源的形成，为人力资源的形成和开发利用提供条件，对人力资源的利用加以协调，使人力资源

的形成和开发利用与社会协调发展。如我国的计划生育和人口的规划管理、教育规划管理、职业定向指导、职业技术培训、人力资源的宏观就业与调配、劳动与社会保障等就是我国进行宏观人力资源管理的具体体现。微观人力资源管理是指一个组织对其所拥有的人力资源进行开发和利用的管理。本书所研究的是微观人力资源管理。

目前，人们在理解人力资源管理概念的过程中，似乎陷入了一种两难的境地。一方面，人们想把人力资源管理与传统的人事管理相区别，否则不足以让人接受；另一方面，却又看不出人力资源管理的学科体系与传统人事管理的学科体系有多大区别，以至于有人说人力资源管理就是传统的人事管理，二者是一回事。

我们认为，现代人力资源管理是超越传统人事管理的全新的管理模式。人力资源管理是指在人本思想指导下，通过招聘、选择、培训、考评和薪酬等管理形式对组织内外相关人力资源进行有效运用，满足组织当前及未来发展的需要，保证组织目标的实现和组织成员发展的最大化。

现代人力资源管理与传统人事管理的差别，不仅仅是名词的转变，二者在性质上已有了本质的差异。现代人力资源管理更具有战略性、整体性和未来性，它从被看作一种单纯的行政事务性管理活动的框架中脱离出来，根据组织的战略目标制定人力资源规划与战略，人力资源管理部门直接参与企业战略决策，并成为组织生产效益的部门。现代人力资源管理与传统人事管理的区别可用表1-1加以说明。

表1-1　　　　　　　　　现代人力资源管理与传统人事管理的区别

项　目	现代人力资源管理	传统人事管理
观念	视员工为有价值的重要资源	视员工为成本负担
目的	满足员工自我发展的需要，保障企业长远利益的实现	保障企业短期目标的实现
模式	以人为中心	以事为中心
性质	战略性	战术、业务性
深度	主动、注重开发	被动、注重管好
地位	决策层	执行层
工作方式	参与、透明	控制
与其他部门的关系	和谐、合作	对立、抵触
对待员工的态度	尊重、民主	命令、独裁
角色	挑战、变化	例行、记载
部门属性	生产与效益部门	非生产、非效益部门

1.2.2 人力资源管理的目标和任务

美国学者经过多年研究，认为人力资源管理包括四大目标：

（1）建立员工招聘和选择系统，以便能够雇用到最符合组织需要的员工。

（2）最大限度地挖掘每个员工的潜质，既服务于组织目标，又确保员工的事业发展和个人尊严。

（3）留住那些通过自己的工作绩效帮助组织实现目标的员工，同时排除那些无法对组织提供帮助的员工。

（4）确保组织遵守政府有关人力资源管理方面的法令和政策。

根据美国学者的观点，我们认为组织人力资源管理的目标应包括以下三个方面：

（1）保证组织人力资源管理的需求得到最大限度的满足。

（2）最大限度地开发和管理组织内外的人力资源，促进组织的持续发展。

（3）维护与激励组织内部的人力资源，使其潜能得到最大限度的发挥，不断提升其人力资本的价值。

为了保证组织人力资源管理目标的实现，必须明确人力资源管理的任务。归纳起来，人力资源管理的任务有以下六项：

（1）规划。它是以组织总体目标为依据，在分析现有人力资源的基础上，对组织未来的人力资源供给与需求进行预测和决策，进而确定组织人力资源发展目标以及达到目标的措施的过程。

（2）吸收。它是指根据组织的工作需要和条件允许来招聘、选拔和录用员工的过程，它是组织整个人力资源管理活动的基础。

（3）保持。它主要是通过薪酬、福利和职业计划等措施激励和维持员工的工作积极性和责任心，提高员工的工作满意度，保证员工的工作生活质量。

（4）开发。通过人力资源开发与培训，提高员工的知识和技能水平，挖掘员工的潜在能力，不断提升员工的人力资本价值。

（5）考评。通过价值评价体系及评价机制的确定，对员工的工作绩效、工作表现和思想品德等方面进行评价，使员工的贡献得到认可。

（6）调整。为了让员工保持所要求达到的技能水平和良好的工作态度，以考评结果为依据，对员工实行动态管理，如晋升、调动、奖惩、离退和解雇等。

在以上六项任务中，规划是整个人力资源管理活动的核心。在制定人力资源规划时，要坚持人力资源规划服从于组织战略规划的原则。同时，要注意分析各项任务之间的相互关系和相互作用，从人力资源管理的整体和全局上看问题，处理好各项任务之间的关系。

1.2.3　人力资源管理的意义

（1）有利于组织生产经营活动的顺利进行。组织中人与人、人与事、人与组织的配合与效率，直接影响组织生产经营活动的顺利进行。只有通过科学的人力资源管理，合理组织人力资源，不断协调人力资源同其他资源之间的关系，并在时间和空间上使人力资源同其他资源形成最优配置，才能保证组织生产经营活动有条不紊地进行。

（2）有利于调动组织员工的积极性，提高劳动生产率。美国学者通过调查发现，按时计酬的职工每天只需发挥自己20%～30%的能力，就可以保住自己的饭碗，但若充分调动其积极性和创造性，其潜力可以发挥80%～90%。组织人力资源管理的重要任务就是要设法为员工创造一个适合他们的劳动环境，使员工和工作岗位相匹配，充分发挥每个人的专长。并且正确地评价每个员工的贡献，根据员工的贡献和需要进行有效的激励，使员工安于工作，乐于工作，忠于工作，积极主动地奉献自己的全部能力和智慧，从而达到提高劳动生产率的目的。

（3）有利于开发人力资源，树立组织长期的竞争优势。组织人力资源管理的一个主要任务就是对企业员工的培训与开发。通过对员工的培训，不断提高员工的素质，使一线员工能够有效地掌握和运用现代化技术和手段，生产出一流的产品；使管理人员能够掌握现代化的管理理论与方法，提高企业管理的能力与水平，从而树立组织长期竞争的优势，促进组织的发展。

（4）有利于减少劳动消耗，提高组织经济效益。组织经济效益是指组织在生产经营活动中的支出和所得之间的比较。减少劳动消耗的过程，就是提高经济效益的过程。因此，通过科学的人力资源管理，合理配置人力资源，可以促使组织以最小的劳动消耗，取得最大的经济效益。

1.2.4 直线经理与人力资源管理者在人力资源管理中的分工

人力资源管理不仅是人力资源职能部门的责任，而且是组织全体员工及全体管理者的共同责任。随着组织的变革和发展，直线经理已成为人力资源管理的主要责任者，人力资源管理的职能部门要由行政权力型转向服务支持型，主要任务就是推动和帮助直线经理做好人力资源管理工作。为此，需要组织人力资源管理者与直线经理建立合作伙伴关系，消除过去的隔阂，建立一种亲密的相互配合关系。表 1-2 就是人力资源管理者同直线经理在人力资源管理中的职能分工。

表 1-2　　　　　人力资源管理者同直线经理在人力资源管理中的职能分工

职能分工 阶段	直线经理的活动与职责	人力资源管理者的活动与职责
招聘前	提供工作分析、工作描述及工作要求的有关数据和资料；根据企业战略，分析未来工作及工作量，进行人员配置	调查岗位情况；根据调查和直线经理提供的资料制作岗位说明书和岗位规范；以直线经理提供的人员配置状况制定适合企业目标和发展的人力资源规划
招聘与筛选	面试；综合审查人力资源部门提供的招聘原则和岗位要求，对录用做最终的决定	培训直线经理相关技能；检查录用过程的规范性；核查推荐资料；体检
整合与保持	指导下属工作，沟通协调本部门内人际关系；公平合理考核员工绩效	制定合理的工资制度，处理劳资关系；健康与安全
激励与发展	工作再设计；培训实施和协助员工设计个人职业发展计划；运用激励方法有效完成	指定奖励、福利政策；确定培训计划；为满足员工需要进行各种服务工作
控制与调整	绩效考核指标、标准的确定；绩效评估过程及评估结果的反馈，帮助员工改进工作	提供考核指标、标准的专业性指导，培训直线经理正确操作；处理员工抱怨，保证监督和评价评估系统恰当运用和实施

从表 1-2 中可以看出，人力资源管理者参与和进入具体的业务部门，掌握、分析人力资源管理状况，指导开展人力资源匹配工作，协助、帮助和指导直线经理对员工进行

招聘、培训、考核、激励等各项工作。其中包括：帮助直线经理处理所有层次员工的任用训练、评估、奖励、辅导、晋升和开除等各种事项；帮助直线经理处理健康、保险、退休和休假等各种员工福利计划；帮助直线经理遵守国家各项有关劳动和人事方面的法律和规定；帮助直线经理处理员工的不满和劳工关系。在解决这些问题时，人力资源管理者必须提供最新的信息和最合理的解决方法。

美国哈佛大学商学院的学者对336名人力资源经理和直线经理就政策的产生与形成、咨询、服务和控制等40项内容进行了调查，结果表明，直线经理希望人力资源经理更多地提供服务与咨询；希望人力资源经理能减少对直线部门的控制，并给予直线部门更多的人力资源管理权力，以使他们更有效、更直接地对员工实行人力资源管理工作；同时希望能有更多的机会与人力资源经理一道共同参与组织人力资源管理政策的制定。

1.3　人力资源管理的演变过程

1.3.1　起源：福利人事与科学管理

18世纪后期，英国及其他一些资本主义国家出现了产业革命。产业革命是以机器大工业代替工场手工业的革命。1769年机械师瓦特发明的蒸汽机得到广泛应用，手工业的生产转变为机器的生产，工厂这一新的组织形式代替了以家庭为单位的手工作坊。工厂制度的出现，要求对机器大工业的管理必须采用新的科学的方法，那种依靠个人的主观经验和臆断行事，显然不适应工业革命后工厂制度所代表的生产力发展的要求，因此，开始了对工厂管理的探索。竞争与发展要求这些工厂进一步扩大规模，但制约扩大规模的主要瓶颈却是企业主们以前从未遇到过的劳工问题，其产生的主要原因在于当时的员工不喜欢也不习惯工厂的劳动方式。

首先，当时的人们不喜欢工厂的劳动方式，对工厂劳动的单调性、一年到头都得按时上班以及时时刻刻都要全神贯注等没有任何好感，这导致企业很难招聘到足够的工人，特别是技术工人。于是，企业被迫采取各种各样的福利措施来吸引工人。例如，当时的美国"沃尔瑟姆制"工厂就通过建立寄宿所来吸引女工，并努力营造工厂生活在道德和教育方面的优越性。其次，进入工厂的员工也不习惯工厂的劳动方式，比如严守时间、按时出勤、接受新的监督制度和按机械速度劳动等。为增进工人对企业的忠诚、消除一年中的工作单调性和加强个人间的关系，一些企业也不得不采取各种各样的福利措施以留住工人，如经常利用传统的节日组织工人进行郊游和野餐等。

对劳工问题的解决措施促进了福利人事概念的形成与发展。所谓福利人事，是指由企业单方面提供或赞助的、旨在改善企业员工及其家庭成员的工作与生活的一系列活动与措施。直至今天，我们仍能从人力资源管理中找到传统福利人事的影响，如企业设置职工浴池和职工食堂，提供医疗保健服务，修建各种娱乐和健身设施，兴办员工托儿所，甚至派福利代表到员工家中问寒问暖，提供营养和卫生方面的咨询等。总之，福利人事是在"关心工人"和"改善工人境遇"的观念基础上建立的一种有关"工人应如何被对待"的思想体系，其基本信念是"福利工作是能强化诚信和提高工人士气的善举"，这会改善劳资关系，并有希望提高生产率。然而，福利人事提高生产率的作用在实践中并没有得到显现。

同样关注劳工问题的还有科学管理之父弗雷德里克·泰罗。他认为，劳动组织方式和报酬体系是生产率问题的根本所在。他呼吁劳资双方都要进行一次全面的思想革命，以和平代替冲突，以合作代替争论，以齐心协力代替相互对立，以相互信任代替猜疑戒备。建议劳资双方都应将眼睛从盈余分配转到盈余的增加上，通过盈余的增加，使劳资双方没有必要再为如何分配而争吵。但如何来保证盈余的增加呢？泰罗则提出了一系列的原则：

（1）科学管理的中心问题是提高劳动生产率。泰罗认为当时劳资矛盾的根本原因是效率低，工人和工厂主对工人一天干多少活心中无数，因而提高生产率的潜力是很大的。正是基于这一认识，泰罗的科学管理研究都是围绕如何提高工作效率而展开的，并且主要集中在定额研究以及人与劳动手段的匹配上。

（2）科学挑选工人。泰罗认为为了提高劳动生产率，必须为工作挑选"第一流的工人"。第一流的工人就是适合于其工作而又有进取心的人，并对他们进行培训和教育，从而最大限度发挥他们的能力。

（3）工时研究与标准化。工时研究是泰罗制的基础，它是通过对工人操作的基本组成部分的测试与分析，确定最佳工作方法、工时定额和其他劳动定额标准。同时，建立各种明确的规定、条例、标准，并使工人掌握标准化的操作方法，使用标准化的工具、机器和材料，使一切工作制度化、标准化、科学化。

（4）差别计件工资制。为了鼓励工人努力工作，泰罗提出了差别计件工资制，即根据工人完成定额的不同而采取不同的工资率，而不是根据工作类别来支付工资。泰罗经过实践证明，实行差别计件工资制效果十分显著，使产量增加2～3倍，成本降低很多，从而使工人和企业都感到满意。

（5）职能管理。为了提高劳动生产率，泰罗主张把计划职能与执行职能分开。泰罗的计划职能实际上就是管理职能，执行职能则是工人的劳动职能。计划职能由企业管理当局建立专门的计划部门，专门进行标准化研究，制定标准，下达任务，工人则按计划生产。对于工长对工人的管理，泰罗提出一种"职能工长制"，即将管理工作予以细分，一个工长只承担一项管理职能，每个工长在其业务范围内有权监督和指导工人的工作。

泰罗的科学管理思想与理论对人事管理概念的产生具有举足轻重的作用。首先，泰罗的思想与理论引起了人们对人事管理职能的关注，并推动了人事管理职能的发展。其次，科学管理主张管理分工，强调计划职能和执行职能分开，从而为人事管理职能的独立提供了依据和范例。

总之，运用福利人事来坚持"工人应该如何被对待"的信仰与价值观，运用科学管理来提高生产率使企业得以生存与发展，福利人事与科学管理的融合使企业管理的研究者和实践者们认识到，过去由一线管理人员直接负责招聘、挑选、培养、薪酬、绩效评估、任命、奖励等工作的做法，已不能适应企业组织规模扩大的现实，企业要做好对人的管理这项工作，必须有专职人员对一线管理人员提供建议，这为人事管理作为参谋部门而非直线部门出现奠定了基础。1910年，实行泰罗制的典范——普利茅斯出版社成立了人事部，任命简·威廉斯为首任人事部经理。其职责就是通过职业分析确定适当的人选，训练和引导工人，保存工作记录，每月接见每个工人一次，每六个月为增加工资评定效率等级，听取意见，照顾出了事故或生病的工人，管理储藏流行杂志和技术书籍的图书馆，为家庭提供财务咨询，提供餐饮以及其他服务。从此，人事管理作为一个独立的管理职能正式进入了企业管理的活动范畴。

1.3.2　演进：人事管理

人事管理是为企业对人员的管理提供支持的一种作用体系，它关注的焦点在于建立、维护和发展特定的体系，从而提供一种雇佣体制框架。这种体系作用于员工受雇于企业的整个过程，包括从受雇（招募与选聘等）、雇佣关系管理（奖励、评估、发展、劳资关系、申诉与违纪等），到雇佣关系的结束（退休、辞职、减员和解雇等）。早期关于人事管理的论文常发表在《年报》（The Annals）和《管理杂志》（Engineering Magazine）两本期刊上，在1916年，《年报》出版专刊讨论"工业管理中的人事和雇佣问题"。第一本以《人事管理》为书名的教科书出版于1920年，该书归纳了在雇佣、报酬、纪律以及其他相关领域的一些流行做法。

20世纪30年代的霍桑实验为人事管理的发展开拓了新的方向。霍桑实验证明：员工的生产率不仅受工作设计和员工报酬的影响，而且受许多社会和心理因素的影响。因此，有关工作中的人的假设发生了变化，工业社会学、人际关系学、工业关系学和行为科学等新兴学科应运而生，大量的研究成果在人事管理领域得到了广泛的运用，并推动人事管理迅速发展。

霍桑实验带来了整个管理学在20世纪前半叶对人的因素的关注，也促成了人事管理的发展，但这一时期所确定的人事管理内容领域仍是杂乱的。人事管理未能形成一个科学、严格的定义，而是将以人为中心的管理活动合并在一起统称为人事管理。

20世纪60—70年代，西方涉及人事和工作场所的相关立法急剧增加，并且立法的关注点也从工会与管理层间的问题转向了员工关系。随着各项法律的出台，企业也很快意识到，卷入与员工或雇佣有关的司法诉讼的花费巨大。于是，大量的律师走进了企业人事部，主要任务是规范一线经理管理行为，尽可能地使企业避免司法诉讼，这样，直接处理有关司法诉讼等工作成了人事管理的新职能。

20世纪80年代是一个组织持续且快速变革的时代，敌意接管、杠杆收购、兼并、剥离等事件层出不穷，人事管理也进入了企业更高的层次，从关注员工道德、工作满意度转变为关注组织的有效性。高级的人事主管开始参与讨论有关企业未来发展方向、战略目标等问题，工作生活质量、工作团队组织、组织文化等成为人事管理的重要内容。总之，人事管理的职能丰富了，人事管理的地位提升了，人事经理也开始跻身于企业高级管理人员之列，但人事管理依然没能形成完整而严密的理论体系，仍是一系列对人的管理活动的集合。

1.3.3　蜕变：从人事管理到人力资源管理

1984年，亨特设想对人事管理重点的转移，引起人事管理有关人员的广泛注意，最终导致了人事管理向人力资源管理的转变。

人力资源管理模式是由美国哈佛大学商学院教授迈克尔·比尔等人在1984年出版的《管理人力资本》一书中首先提出的。比尔等人认为，传统的人事管理定义狭窄，人事管理活动是针对各自特定的问题和需要，而不是针对一个统一、明确的目标做出的反应，造成了人事管理职能之间以及人事管理职能与其他管理职能之间相互割裂。竞争压力的变化要求企业在人力资源管理问题上有一个定义更广泛、更全面和更具有战略性的观点，要求从组织角度对人加以更多的关注，在对人员的管理上采取更长远一些的观点，把人当作一项潜在的资本，而并不仅仅看作一种可变的成本。因此，人力资源管理应包括影响企业与员工之间关系的所有管理决策与行为。

在人力资源管理模式中，首先，比尔等人把员工看作企业中与股东、管理层地位平等的一个主要利益相关者。这一观点显示了人力资源管理在协调管理层和员工间利益冲突方面的重要性，大大扩展了人力资源管理所涉及的范围，并暗示直线经理（特别是总经理）应承担更多的人力资源管理职责。其次，比尔等人认为，人力资源管理政策和实践的设计与实施，必须与大量的、重要的具体情况因素相一致。这些具体情况因素包括劳动力特征、企业经营战略和条件、管理层的理念等。通过这些具体情况因素，比尔等人将人的问题与经营问题有机地结合起来，并使人力资源管理具有了战略价值。再次，比尔等人把众多而分散的人事管理行为归纳为四个人力资源政策领域：员工影响、人力资源流动、报酬体系和工作体系，并强调四个政策领域的每两个之间都需要有合理程度的一致性。最后，比尔等人指出，人力资源管理政策与实践的评估应是多层次的，人力资源管理政策与实践的直接效果可以用员工的能力、员工的承诺、人力资源管理政策的一致性和人力资源政策的成本收益来评估，而人力资源管理政策与实践的长期效果则应从组织有效性、员工福利和社会福利三个方面来考察。

比尔等人的人力资源管理模式提供了一个很有价值的分析框架，学术界对该模式所包含的变量评价较高，认为该模式既反映了雇佣关系中所涉及的商业利益，也反映了雇佣关系应该实现的社会责任。然而比尔等人并没有明确地指出人力资源管理究竟与人事管理有什么不同，这一问题直到 1992 年才由斯托里给出了答案。斯托里通过对人力资源管理内在特征的分析，找出了人力资源管理与人事管理的不同点，并将这些不同点分为 4 大类：信念与假设、战略方面、直线管理和关键手段。人事管理致力于建立一种对员工进行规范与监管的机制，以保证企业经营活动低成本地有效运行。而人力资源管理则将员工视为能创造价值的最重要的企业资源，致力于建立一种能把人的问题与企业经营问题综合考虑的机制。因此，如果说人事管理是企业管理的一种职能，那么，人力资源管理则无疑是一种新的企业管理模式。

1.3.4　趋向：战略人力资源管理

近年来，战略管理的一个显著的变化就是从关注企业绩效的环境决定因素转为强调企业的内部资源、战略与企业绩效的关系。如企业能力理论认为，与外部条件相比，企业的内部因素对于企业获取市场竞争优势具有决定性的作用。从企业资源基础的理论出发，许多学者相信，传统的竞争优势来源（如技术、财务资源的获得）已不再能以稀缺的、不可模仿的和不可替代的方式为企业创造价值。由于人力资源的价值创造过程具有因果关系模糊等特征，其细微之处竞争对手难以模仿，因此，企业的人力资源将是持久竞争优势的重要来源，有效地管理人力资源，而不是物质资源，将是企业绩效的最终决定因素。这一研究成果显著提高了人力资源在形成竞争优势方面的地位，促进了从提高企业竞争力角度对人力资源管理的研究，并直接导致战略人力资源管理的兴起。

战略人力资源管理把人力资源管理视为一项战略职能，以"整合"与"适应"为特征，探索人力资源管理与企业组织层次行为结果的关系。其着重关注：①人力资源管理应完全整合进企业的战略；②人力资源管理政策在不同的政策领域与管理层次间应具有一致性；③人力资源管理实践应作为日常工作的一部分被直线经理与员工所接受和运用。

然而，尽管大量的战略人力资源管理研究都冠以"战略"的标签，但学者们对"战略"却有着多种不同的认识。如亨德里和佩蒂格鲁的战略人力资源管理主要关注环境因素与人力资源管理政策间的关系，把人力资源管理政策视为因变量，由如何更好地适应外部环境来决定。舒勒和杰克逊的战略人力资源管理则是针对波特的三种一般竞争战略，提出与之相联系的人力资源管理战略，强调每一种不同的竞争战略需要不同的人力资源管理政策组合。德利瑞和多蒂的战略人力资源管理则直接认为一些人力资源管理工作具有战略性，其中包括：内部职业机会、正规培训系统、结果导向的评估、利润共享、雇佣保证、员工参与和工作描述。更多的战略人力资源管理研究者则关心各种人力资源管理实践与企业绩效之间的关系，并认为由于这一关系对企业的生存与发展是至关重要的，因而这一关系是战略性的。战略概念的不同，导致战略人力资源管理领域存在着多种不同的观点，同时也预示着研究者需要对新兴的战略人力资源管理给予更多的关注。

1.4　美国、日本人力资源管理模式比较

1.4.1　美国人力资源管理模式的特点

1）人力资源的市场化配置

美国的市场经济运行很大程度上依赖于劳动力市场对于人力资源的市场化配置。劳动力市场是美国人力资源配置的主体场所，而人力资源的市场化配置则是美国人力资源管理模式的最显著特征。美国各类用人机构特别是企业通常采用向社会劳动力市场公布人员需求信息，进而以市场化的公开、公平和完全双向选择的方式进行各类员工的招聘和录用。几乎所有的准劳动力通过劳动力市场实现正式就业以后，如果对自己的兴趣特长或能力倾向有新的认识或发现劳动力市场可以提供新的更理想的职业机会，人们便可通过劳动力市场实现职业流动或工作转换。市场化机制给予以个人能力实现职业流动或工作转换的员工充分的尊重和肯定。这种方式的优点在于，通过双向的选择流动，实现全社会范围内的个人与岗位最优化匹配。缺点是企业员工的稳定性差，不利于特殊人力资本的形成和积累，员工对组织的忠诚度较低。

2）人力资源管理的高度专业化和制度化

美国企业管理的基础是契约、理性，重视刚性制度安排，组织结构上具有明确的指令链和等级层次，分工明确，责任清楚，讲求用规范加以控制，对常规问题处理的程序和政策都有明文规定。在人力资源管理方面表现为高度专业化和制度化，大多数企业都有对其工作岗位所制定的《工作说明书》，详细描述每个岗位对人员素质，包括知识、技艺、能力和其他方面的具体要求。企业分工精细、严密，专业化程度很高，员工在各自岗位上工作，不得随便交叉。由于工作内容都有明文规定，新员工可以照章办事，很快就能掌握工作的内容和程序，这样就大大减少了员工对企业的威胁。另外，由于员

对生产经营过程的了解仅限于局部某一点，因此，在生产经营中的应变能力和协调能力较差。

3）人力资源使用的多口进入和快速提拔

美国企业人力资源使用上的一个重要特点是重视个人能力和素质。员工进入企业后，首先按照其受教育水平的高低分配工作和确定薪酬，随后，不论员工的学历高低，只要有能力，并有良好的工作绩效，就可能很快得到提升和重用，公平竞争，不必论资排辈。企业的中高层领导，可以从内部提拔，也可以从外部选拔，一视同仁。这种用人原则的优点在于，拓宽了人才选择面，增加了对外部人才的吸引力，强化了竞争机制，创造了能人脱颖而出的机会；缺点是降低了内部员工晋升的期望，削弱了工作积极性。由于忽视员工的服务年限和资历，导致员工对企业的归属感不强。

4）薪酬水平的市场调节

美国的各类用人机构特别是企业通常以市场化机制决定和调节各级各类员工的薪酬水平。首先，根据劳动力再生产费用和劳动力市场的供求关系及供求平衡状况，拟定各级各类技术、管理岗位及技术工人或其他岗位的工资价格，这是决定各级各类人力资源工资水平的基本依据。其次，企业本着吸引人才、保持外部竞争和内部平衡等原则，参照劳动力市场上相关岗位的最新工资价格水平，自主决定本企业各级各类岗位的工资价格。最后，劳资双方经过工资谈判，以合同方式确定双方共同接受的工资价格水平。另外，美国企业的员工工资一般每年调整一次。为提高员工工资调整的合理性及科学性，并真正实现对优秀员工的激励和奖励，许多企业在做出员工工资调整决策时，通常综合考虑下列三个因素：①劳动力市场的工资价格水平变化；②消费品物价指数的变化；③以绩效评估方式评定的员工工作绩效。市场机制动态地调整着人力资源的配置和供求，并决定着各级各类人力资源的薪酬水平。

5）对抗性的劳资关系

美国企业中的劳资关系是对抗性的。这种对抗关系主要表现在两个方面：一方面，管理者认为管理工作是自己的事，至于工人的劳动贡献已经用工资补偿了，工人不应该再有别的要求，不应该参加管理，也无权过问企业的经营情况。为此，企业的管理者总是利用自己信息上的优势，想尽办法压低员工的工资。另一方面，工人则觉得自己不参加管理，不了解企业的经营情况，企业为了增加利润而想方设法压低工资，自己的劳动成果大部分都被企业拿去了。因为不参加管理，对自己的命运无法控制。企业需要时才能就业获得收入，市场不景气时，自己就会被一脚踢开，连基本的生活来源都没有保障。基于这些原因，工人对企业完全不信任，对管理者们怀有敌对的情绪，认为只有组织工会，通过斗争才能保障自己的权利。只有通过罢工或者以罢工相威胁，给企业造成足够大的损失，才能迫使企业让步，给自己增加工资和提供就业保障。

6）人力资源的全球化引进

美国能在最近半个世纪以来发展成为经济实力和科学技术方面的世界一流大国，其重要原因之一就是以全球化的方式引进世界其他国家的优秀人力资源。移民在保证美国劳动力的适度增长特别是优秀人才的积聚方面起着十分重要的作用。美国实行比较完全的市场经济制度，竞争环境相对公平，经济发展水平高；美国具有世界先进的科学技术及完善的教育发展条件，优秀人才较易得到良好的培育，并在科学和技术领域得到良好的发展；美国能包容多民族的文化，并以较强的吸引能力兼收并蓄世界各种肤色、种族，各种类型的优秀人才。美国以全球化方式引进的优秀人力资源中，有很多是世界上一流的科学家和工程师，他们在化学、物理、生物、数学及电子、信息等学科、技术领域具有领先世界的水平。在1946—1983年间美国获得化学、物理、生理医学方面诺贝尔奖的127位科学家中，有40%是以移民方式从其他国家引进的。外国科学家和工程师占全美科技人员总数的20%左右，而在美国重要的大公司、大企业中，外国科学家和工程师占全部科技人员总数的一半以上。美国以全球化方式引进的人力资源为美国经济的迅速发展所做出的杰出贡献赢得了历届美国总统的肯定和赞扬。而美国国家科学基金会也曾坦言"美国整个工业界已高度依赖外来智力劳动者"。美国人力资源的全球化引进，虽然也在一定程度上加剧了引进人才与本土人才在就业与发展方面的竞争，并产生了一些新的不平衡，有时甚至引发了排斥外国移民的浪潮，但这些不平衡与人力资源全球化引进给美国经济发展带来的巨大促进作用相比是微不足道的。

1.4.2　日本人力资源管理模式的特点

1）终身雇佣制

终身雇佣制是指工人进入企业以后，除了一些特殊情况，如违法或严重违反企业规定，一般都能在企业中工作到退休。终身雇佣制是日本人力资源管理模式的支柱之一，日本的大中型企业基本上都实行终身雇佣制。日本作为市场经济发达的国家，在劳动力市场上存在着自由的雇佣和被雇佣的选择，日本的法律也规定了雇佣和就业的自由。但是，在一般情况下，企业和员工双方都不愿意破坏终身雇佣的关系。从员工方面看，日本企业的员工一般都不愿更换工作，具体表现在两方面：一是日本企业里的员工就业非常稳定，更换工作的人数很少，使得日本的劳动力市场，特别是已经就业的员工更换工作的二次劳动力市场很不发达；二是劳动力市场对更换工作者有相当的歧视，假如员工中途更换工作，工资平均要损失一半左右，至退休时，其收入仍只相当于同类员工未更换工作者的2/3。从企业方面看，对员工进行了大量的培训以后，一般也不愿意员工离开企业，因此，即使在经济处于萧条时，也不轻易解雇员工，而是在企业内部通过缩短工作时间、调整工资水平等方式维持就业，尽量照顾员工的生计；企业内出现结构性过剩人员时，一般通过扩大营业部门和开发新产品等措施来吸收剩余人员；对于不能胜任本职工作的员工，企业则通过内部职业培训提高其工作能力，将其安排在合适的工作岗位上。因而，重视维持雇佣的稳定是日本企业的普遍倾向。它确保了支撑着日本经济的骨干企业在人力资源上的稳定性和高素质，在一定程度上截断了横向的劳动力市场，有助于员工就业的稳定性，使企业可以节约劳务管理费用，有助于对员工进行长期培训，提高企业的生产经营及研究开发的效率。

2）年功序列制

年功序列制是日本人力资源管理模式的又一重要支柱，它与终身雇佣制紧密相连，主要表现在工资和晋升两个方面。根据这种制度，新员工进入企业后，其工资待遇按照资历逐年平均上升，没有明显的差别。在以后的职业生涯中，员工的工资待遇也是随着工龄的增加而持续上升。这种资历工资制与终身雇佣制遥相呼应，有利于巩固长期雇佣制度和维持激励机制，一方面对企业经营产生积极作用，另一方面对稳定员工队伍，缓解劳资矛盾，增加员工对企业的向心力起着重要作用。从晋升方面来看，员工的职位提升除了与资历条件密切相关外，还与职工的业绩、能力、学历和适应性有关，它的差距会依每个人能力和贡献的不同而逐渐显现。特别是白领职员到了四十岁左右，往往围绕着获取部长、课长的职位而接受严格的选拔和激烈的竞争，年功序列制度是与对员工的长期培养、考察紧密联系的，因此，不会造成待遇上的平均主义和论资排辈现象。

3）企业内工会

企业内工会是指以企业为单位组织的工会。由于日本企业中的员工利益主要是和本企业相连的，各个企业之间的情况又差别很大，因此，工会都是以企业为单位组成的，而不像美国那样跨企业和跨行业。这种以企业为单位的工会制度同终身雇佣制和年功序列制一起被认为是日本人力资源管理模式的三大支柱。日本的企业内工会，对建立和谐的劳资关系，促进企业的发展起着积极的作用。一方面，它在某种程度上代表员工同资方交涉，为员工争取利益；另一方面，它又与资方合作，共同保证企业的生产经营活动顺利进行。

4）注重员工在职培训

日本企业在招聘员工时，不看重个人的具体技能，而是强调基本素质。其基本思想是，高素质的员工可以通过企业自己的培训胜任所有的工作。为了保证获得高素质的员工，日本企业非常注重与学校的合作。在不同学校之间，企业认为好学校的学生素质比较高，更加愿意优先录用。在日本的教育制度下，学生为了进入好学校，竞争相当激烈。学校从自身利益出发，也很愿意与企业合作，并尽量向企业提供有关学生的准确信息。日本企业由于在招聘时注重个人素质而轻具体技能，因此在培训新员工上要下更大的功夫。据估计，日本大、中、小企业在员工在职培训上所花的总费用，分别是美国相应企业的1.8倍、2.4倍和2.2倍。员工在培训中，不仅要学习技术方面的"硬技能"，还要学习企业内部的管理制度、人际关系和行为准则等很多"软知识"和"软技能"。这种软知识和软技能的一个特点是，只有员工继续在本企业工作时，才能发挥作用，帮助员工提高劳动生产率。员工一旦离开企业则不再发挥作用。我们一般习惯上称这种知识和技能为"特殊人力资本"；称那些在不同企业普遍有用的知识和技能为"一般人力资本"。在日本企业中，尤其重视对软知识和软技能的培训。

5）人力资源使用的有限入口和内部提拔

日本企业在有新的工作需要时，尽可能通过内部调节来满足，因为从劳动力市场上招聘的人员，一般只具备工作岗位需要的硬技能，而不具备在企业工作需要的软知识和软技能。重新培训已具备软知识和软技能的员工再去掌握新的硬技能，比从外部招聘员工快捷、划算。因而日本企业人力资源使用的入口狭窄，进入企业必须从基层干起，通过按部就班的培养过程，逐步了解企业、认可企业、完善自身、创造效益，求得提拔重用。对人的评价与提升采取比较慎重的态度和渐进式的方法，不以一时一事取人，侧重于全面、历史地考察。这种用人原则的好处在于能够比较客观地对员工做出评价，鼓励员工踏踏实实工作，树立长远的工作观念，避免短期行为，保证人才选拔的正确性；缺点是缩小了人才选择面，不利于吸引外部人才，不利于企业人才结构的优化。

1.4.3　美国、日本人力资源管理模式的变化

随着国际市场竞争的日趋激烈，经济全球化进程的不断推进，特别是网络经济的迅猛发展，给我们的经济、社会与文化生活带来前所未有的变化。美国、日本人力资源管理模式顺应时代的要求，目前已经发生了一些可喜的变化。总的来说，两种模式出现了

交融的趋势。

1）美国人力资源管理模式的变化

美国人力资源管理模式既有有利的一面，又有不利的一面。美国企业的提拔政策、工资政策，以及培训政策等都能够充分调动人的积极性，特别是对人的潜力的挖掘以及创造性的提高都有很大的促进作用。尤其是美国企业的高刺激、高奖励政策更是网罗了一批世界各地的精英。美国企业开发人力资源的综合政策和各种刺激手段，以及不惜血本地吸收人才的做法大大提高了企业员工的素质。与此同时，任意就业政策、详细的职务分工、严格的评估手段等对于提高企业的竞争力，发挥个体的竞争力和降低企业的成本都起了重要作用。一般来说，美国模式在技术变化急剧的行业中更具竞争力。然而，美国企业高提拔、高奖励、高刺激的管理方式在一定程度上也带来负面影响。短期行为现象特别严重，许多年轻人工作不到一年就更换了五六次工作。这种现象打乱了公司的长期培训计划，影响了公司发展战略的实施。而且随着收入差距的不断加大，普通员工的流失率也在节节攀升，公司的经营效率必然会受到不同程度的影响。另外，任意的就业政策也给许多员工带来了严重的不安全感，降低了他们对企业的忠诚度；劳资对抗、决策权的过度集中也显示出较大的弊病。在这种高度激烈竞争、瞬息万变的市场上，如果决策做不到高度分权，员工必然缺乏高度责任心和自觉性，也难以对市场做出敏捷的反应，其成功也是难以想象的。从这个角度来看，美国人力资源管理模式也难以适应未来知识经济的发展。

为了克服管理中的不利因素，一些著名的经济学家、管理学家和实际工作者纷纷加入到对日本企业成功原因和日本企业管理模式的研究中，推动了美国企业对日本企业人力资源管理模式的学习。当然，在众多企业中，反应最强烈的还是那些受到巨大冲击的汽车业、家电业，他们认真研究了日本制造业就业制度、劳资关系以及全面质量管理的手段和方法。如福特汽车公司和克莱斯勒公司在加强员工培训、吸收一线员工参与管理等方面已经取得了一定的成效。与此同时，美国在金融业和服务业也开始重视对人才的长期培养。20世纪80年代以后，美国的大公司普遍将人力资源管理放在公司发展战略的高度来考虑，这被管理学家认为是80年代以来美国企业管理的一个最大变化。由此可见，美国企业改变了原先漠视人力资源作用的态度，特别是在劳资关系、员工的培养和参与决策上发生了前所未有的变化，并将人力资源的开发与管理上升到企业的战略地位来看待。

2）日本人力资源管理模式的变化

日本人力资源管理模式在发展过程中也同样存在合理和不足的地方。由于日本企业长期稳定的就业政策，他们对于员工的培训以及政策的制定都有一个长期的计划，这有利于提高员工的素质和技术水平，以及知识的积累。而且劳资关系的全面合作也增强了员工的安全感和归属感，提高了员工对企业的忠诚度。一般来说，日本模式在技术变化不大的行业，如制造业，则具有相对较强的优势。然而，日本企业的就业政策同时也给企业带来沉重的包袱，它使得许多日本公司机构臃肿，人浮于事，效率低下。而且优秀人才很难脱颖而出，被压抑和浪费的现象极为普遍。同时，激励手段的单一，特别是收入差别的缩小，严重影响和压制了企业经理阶层的积极性和创造性。随着知识经济的兴起，国际市场的竞争不再直接取决于物质资本和硬件技术的数量、规模和增量，而是直接依赖于知识或有效信息的积累和应用。也就是说，这场残酷的竞争将直接取决于科学技术的发展水平和一个国家创新能力的高低。从这个角度来看，日本企业的人力资源管理模式是需要从根本上改革的。企业经营利润的压力迫使日本企业对其以终身雇佣制为基础的人力资源管理模式进行反思。当今时代，企业所需人才比以往更为多样化，在这种情况下，市场配置资源的作用更加突出，而这恰恰是日本企业最薄弱的环节。

从目前的实际情况来看，许多日本企业也已经取消了终身雇佣制，年功序列制也逐渐被打破。原有的"按部就班、内部提拔"的规则也发生了重大变化。所以，有人说，日本企业人力资源管理模式的"三大支柱"慢慢地倒下了两根。因此，日本人力资源管理模式已逐渐改变了原先那种不重视劳动力市场配置的状况，稳定的就业政策和论资排辈的晋升制度也阻挡不住变革的脚步。

1.5 人力资源管理的发展趋势

1.5.1 新世纪是人才主权的时代，人力资源管理的重心是知识型员工

人才主权是指人才具有更多的就业选择权与工作的自主决定权，而不是被动地适应企业或工作的要求。企业要尊重人才的选择权和工作的自主权，并站在人才内在需求的角度，为人才提供人力资源服务，去赢得人才的满意与忠诚。人才主权时代的动因主要有三个方面：首先，知识与职业经理人成为企业价值创造的主导要素，企业必须承认知识创新者和职业企业家的贡献与价值，资本单方面参与利润分享的时代已经结束，知识创新者和职业经理人具有对利润的索取权。这就彻底改变了资本所有者和知识所有者之间的博弈关系，利润的索取权是人才主权的基础和理论依据。其次，21世纪社会对知识和智力资本的需求比以往任何一个时代都更为强烈，导致知识创新者和职业企业家等人才短缺的现象加剧。这就使得一方面资本疯狂地追逐人才；另一方面，人才揣着能力的选票来选企业，具有更多的工作选择权。人才通过引入风险资本，就是用知识雇用资本，通过知识转化为资本的方式，来实现知识的资本化。最后，世界经济的全球化，使得人才竞争国际化。我国加入WTO后受到冲击最大的不是我们的产品市场，而是人才市场。尤其是企业家人才和热门技术人才的竞争白热化。这就使人才流动的范围拓宽，人才职业选择权加大。人才主权时代使得那些能够吸纳、留住、开发、激励一流人才的企业成为市场竞争的真正赢家。同时，也有可能给企业带来短时间的负面效应。一方面企业一味通过高薪留住、吸纳人才，造成热门人才的价值与价格背离，出现人才泡沫；另一方面，人才流动成为人才价值增值与价值实现的一种途径，使人才跳槽频繁，人才流动风险增大。

为了适应人才主权时代的要求，企业人力资源管理的重心应放在知识型员工上。对知识型员工的管理，要根据知识型员工的自身特点，采取全新的管理策略：

(1) 知识型员工拥有知识资本，因而在组织中有很强的独立性和自主性。这就必然带来新的管理问题：首先，授权赋能人才风险管理。一方面要授权给员工，给员工一定的工作自主权；另一方面却面临在授权时所带来的风险。其次，企业目标要求与员工成就意愿的协调。知识型员工具有很强的成就欲望与专业兴趣，如何确保员工的成就欲望和专业兴趣与企业发展目标一致是一个新问题。最后，知识型工作往往是团队与项目合作，其工作模式是跨专业、跨职能、跨部门的，有时并没有固定的工作场所，因此，如

何进行知识型工作设计是一个新课题。

（2）知识型员工具有较高的流动意愿，希望在能够最大限度发挥自己才能的组织中工作，由追求终身就业饭碗，转向追求终身就业能力。这就使得：①员工忠诚有了新的含义。流动是必然的，关键在于如何建立企业与员工之间的忠诚关系。②由于流动的加速，企业人力投资风险由谁承担成为企业面临的抉择。③流动过频，集体跳槽给企业管理带来危机。

（3）知识型员工的工作过程难以直接监控，工作成果难以衡量，使得价值评价体系的建立变得复杂而不确定。知识型员工更加关注个人的贡献与报酬之间的相关性，这就要求企业建立公正、客观的绩效考评体系。

（4）知识型员工的能力与贡献差异大，出现混合交替的需求模式，需求要素及需求结构也有了新的变化：①报酬不再是一种生理层面的需求，其本身也是个人价值与社会身份的象征，使得报酬设计更为复杂。②知识型员工不仅需要获得劳动收入，而且要获得人力资本的投资收入。③知识型员工出现了新的内在需求要素，如利润与信息分享需求、终身就业能力提高的需求、工作变换与流动增值的需求、个人成长与发展的需求等。

（5）在知识创新型企业中，领导与被领导的界限变得模糊，知识正取代权威。一个人对企业的价值不再仅仅取决于其在管理职务上的高低，而是取决于其拥有的知识和信息量。领导和被领导之间的关系是以信任、沟通、承诺、学习为基本互动准则。

1.5.2　人力资源管理与企业战略规划的一体化

现代企业经营战略的实质，就是在特定的环境下，为实现预定的目标而有效运用包括人力资源在内的各种资源的策略。有效的人力资源管理，将促进员工积极参与企业经营目标和战略管理，并把它与个人目标结合起来，达到企业与员工"双赢"的状态。因此，人力资源管理将成为企业战略规划及战略管理不可分割的组成部分，而不再只是战略规划的执行过程，其战略性更加明显。进入21世纪，如果一个企业想要获得或保持竞争优势的话，战略规划和人力资源管理对其发展和前途都是最重要的，而且这两者必须紧密结合起来，因为战略规划的各个要素都包含人力资源因素，都必须获得人力资源的支持才能实现。这种变化趋势对人力资源管理来说也同样具有重要意义。因为人力资源规划是衡量和评价人力资源对企业效益的贡献的基础，如果不真正清楚企业的战略目标，不将人力资源发展与企业战略目标紧密结合起来，人力资源规划就会变得毫无意义。因此，人力资源管理与企业战略规划的一体化从根本上提供了人力资源管理对企业做出贡献的机会。

1.5.3　企业与员工的关系将出现根本性变化

21世纪，企业与员工之间的关系需要靠新的游戏规则来确定，这种新的游戏规则就是劳动契约和心理契约。企业与员工关系的新模式就是以劳动契约和心理契约为双重纽带的战略合作伙伴关系。一方面依据市场法则确定员工与企业双方的权利、义务和利益关系；另一方面又要求企业与员工一道建立共同愿景，在共同愿景基础上就核心价值观达成共识，培养员工的职业道德，实现员工的自我发展与管理。企业要关注员工对组织的心理期望与组织对员工的心理期望之间达成一种"默契"，在企业和员工之间建立信任与承诺关系。要建立企业与员工双赢的战略合作伙伴关系，企业就要以新的思维来对待员工，要以营销的视角来开发组织中的人力资源。从某种意义来说，人力资源管理也是一种营销工作，即企业要站在员工需求的角度，通过提供令顾客满意的人力资源产品和服务来吸纳、留住、激励、开发企业所需要的人才。企业向员工提供的产品与服务主要包括：①共同愿景：通过提供共同愿景，将企业的目标与员工的期望结合在一起，满足员工事业发展的期望。②价值分享：通过提供富有竞争力的薪酬体系及价值分享系统来满足员工的多元化的需求，包括企业内部信息、知识和经验的分享。③人力资本增值服务：通过提供持续的人力资源开发、培训，提高员工的人力资本价值。④授权赋能：让员工参与管理，授权员工自主工作，并承担更多的责任。⑤支持与援助：通过建立支持与求助工作系统，为员工完成个人与组织发展目标提供条件。

1.5.4　人力资源管理部门的角色从成本中心向利润中心转变

"成本中心"指的是不考核收入而着重考核成本费用的一类责任中心；"利润中心"指的是既要对成本负责，又要对收入负责的一类责任中心。二者的根本区别在于"利润中心"要更多地考虑企业的利润，而不仅仅盯住成本费用。用这两个概念来说明人力资源管理部门的角色转变，就是要求企业用"为企业创造价值"的思想来指导自己的全部工作。传统的人事管理观念将人事部门定位为一个成本集中的消耗中心，主张通过一切可行的措施尽量减少人力投资以控制企业的人工成本，把减少人事管理费用作为自己的核心任务。这种观念比较集中地反映了企业过于重视短期利润。在 21 世纪，企业如何降低成本固然重要，但更应该注重的是企业创造利润的能力，为此要把人力资源视为企业的首要资产。企业可以通过对人力资本的投资，实现利润增长的目标。著名经济学家舒尔茨的研究表明，企业对人的知识、能力、保健等人力资本方面的投资收益率远远高于其他一切形态资本的投资收益率。在具体工作中，人力资源管理部门为企业创造价值主要体现在以下几个方面：

（1）通过对员工职业生涯的设计与实施、全方位的培训、准确的考核、有效的激励，加强员工的团队协作，提高员工的满意度、参与度，降低员工的流动性，减少劳动争议。这样有利于提高员工的工作效率，有利于企业的技术创新，有利于企业核心竞争力的增强。

（2）将人力资源战略与企业的总体经营战略结合起来，积极推进组织的调整和优化，加强关键岗位设置，减少多余岗位和人员，为企业高层决策提供建议，促进企业成功实施整体战略。

（3）在对外的各项活动，如招聘活动、研讨会、缴纳保险与公积金等行为中，以一个良好的形象出现，主动、积极地宣传企业。

1.5.5　人力资源管理者的角色将重新界定

为适应人力资源管理部门的角色转变，企业人力资源管理者的角色将重新界定，主要表现在以下三方面：

（1）经营决策者角色。传统观点认为，人力资源管理部门是一个无足轻重的行政管理部门，同企业经营没有直接关系，只需要负责企业人员的招聘、培训、工资等日常管理活动。21 世纪，随着市场竞争的日趋激烈，人力资源管理在企业的核心地位越来越突出，人力资源管理者不再仅仅局限在人事工作方面，而是更多地参与到企业经营活动中来，成为一个经营决策者。他们一方面要关注企业经营的长远发展；另一方面也要帮助直线经理和员工进行日常管理活动。

（2）CEO职位的主要竞争者。随着企业对人力资源管理的日益重视和人力资源在现实生活中的重要作用，人力资源管理者在企业中的地位不断上升。CEO职位的候选人从最初的营销人员、财务人员逐步扩展到人力资源管理人员，越来越多的高层人力资源主管会问鼎CEO职位，越来越多的人力资源主管会进入企业董事会。如在20世纪90年代，美国排名前200家大企业中就有96位人力资源高层主管出任CEO。

（3）直线经理的支持者和服务者。21世纪，人力资源管理将成为各级管理人员的共同职责，而不再只是人力资源管理部门的任务。对于其他部门的经理，人力资源管理部门应给予培训，推广企业的人力资源管理理念和方法，使各层主管成为内行。同时，企业要把人力资源管理工作的各项指标作为直线经理绩效考评的主要内容。企业各层主管应该主动与人力资源管理部门沟通，共同实现企业目标，而不仅仅在需要招工或辞退员工时，才想到人力资源管理部门。人力资源管理者要与各级管理人员建立伙伴关系，成为他们的支持者和服务者。

1.5.6　人力资源管理的全球化、信息化

经济和组织的全球化，必然要求人力资源管理策略的全球化。第一，人才流动国际化、无国界。21世纪企业要以全球化的视野来招聘和选拔人才，来看待人才的流动。第二，人才市场竞争的国际化。国际化的人才交流市场与人才交流将出现，并成为一种主要形式。人才的价值（价格）不仅仅是在一个区域市场内来体现，它更多的是要按照国际市场的要求来看待人才价值。第三，跨文化的人力资源管理成为重要内容。不同文化背景的人在一起，就构成了跨文化的环境。在跨文化背景下对不同层面的多样化的人力资源进行有效管理，是人力资源管理的重要任务。第四，人才网成为重要的人才市场形式。要通过利用网络优势来加速人才的交流与流动，并为客户提供人力资源的信息增值服务。第五，人才流动速率加快，流动交易成本与流动风险增加，人才流向高风险、高回报的知识创新型企业。面对这种情况，要求企业由筑坝防止人才跳槽流动转向整修"渠道"，即在企业内部创造良好的人力资源环境，对"流水"进行管理，控制好"河水"的流量和流速。

本章小结

人力资源是指能够推动国民经济和社会发展的、具有智力劳动和体力劳动能力的人们的总和，它包括数量和质量两个方面。人力资源是一种特殊资源，同其他资源相比较具有能动性、两重性、时效性、连续性、再生性和社会性的特征。

人力资本是通过对人力资源投资而体现在劳动者身上的体力、智力和技能。它是另一种形态的资本，与物质资本共同构成了国民财富，而这种资本的有形形态就是人力资源。人力资源与人力资本就内容和形式上看，具有一定的相似之处，但就其内涵和本质来看，二者具有明显的区别。

现代人力资源管理是超越传统人事管理的全新的管理模式。人力资源管理是指在人本思想指导下，通过招聘、选择、培训、考评和薪酬等管理形式对组织内外相关人力资源进行有效运用，满足组织当前及未来发展的需要，保证组织目标的实现与组织成员发展的最大化。现代人力资源管理与传统人事管理的差别，不仅仅是名词的转变，二者在性质上已有了本质的差异。

为了保证组织人力资源管理目标的实现，必须明确人力资源管理的任务。归纳起来，人力资源管理的任务包括规划、吸收、保持、开发、考评和调整等六项，规划是整个人力资源管理活动的核心。

人力资源管理不仅是人力资源职能部门的责任，而且是组织全体员工及全体管理者的共同责任。随着组织的变革和发展，直线经理已成为人力资源管理的主要责任者，人力资源管理的职能部门要由行政权力型转向服务支持型，主要任务就是推动和帮助直线经理做好人力资源管理工作。

人力资源管理的演变过程包括福利人事与科学管理、人事管理、人力资源管理和战略人力资源管理四个阶段。

美国、日本人力资源管理模式顺应时代的要求，目前已经发生了一些可喜的变化，总体来说，两种模式出现了交融的趋势。

人力资源管理的发展趋势表现在 21 世纪是人才主权的时代，人力资源管理的重心是知识型员工；人力资源管理与企业战略规划的一体化；企业与员工的关系将出现根本性变化；人力资源管理部门的角色从成本中心向利润中心转变；人力资源管理者的角色将重新界定；人力资源管理的全球化、信息化。

本章案例

欧莱雅人力资源管理的魅力

欧仁·舒莱尔 1908 年创办了法国无害染发剂公司，1939 年，公司更名为欧莱雅。经过几代人的努力，如今，欧莱雅的经营范围遍及 150 多个国家和地区，在全球拥有 283 家分公司、42 家工厂、100 多个代理商及 6 万多名员工。凭借强有力的科研能力和创新精神，欧莱雅把大众喜爱的化妆品带到世界各个角落。

1996 年，欧莱雅正式进军中国内地，成立合资企业，在苏州建立工厂，生产满足中国市场的化妆品并出口到日本和亚洲其他国家。2011 年，欧莱雅集团在中国的销售额首次突破百亿元大关，达到 107 亿元，业绩惊人。欧莱雅中国已保持连续 11 年销售两位数增长的纪录。欧莱雅从零开始，在中国市场上的地位稳步上升，目前已成为中国化妆品市场的领袖之一和知名的跨国公司之一。

欧莱雅作为世界最大的化妆品公司，其人力资源管理之道有许多可取之处。

1）用人标准

欧莱雅的用人标准主要包括岗位标准、价值观标准、潜力、兴趣、诚信五个方面。首先，应聘者必须具备招聘岗位的基本要求，具备相应的工作经历或工作技能，欧莱雅提倡"诗人与农民的完美结合"；其次，重视员工的发展潜力，希望员工能在集团的帮助下成为集团的栋梁之材；再次，俗话说："兴趣是最好的老师"，欧莱雅认为员工只有热爱自己的行业，才会有所作为，认为热情比学历更重要；最后，欧莱雅十分重视员工的诚信，如果员工在诚信问题上越雷池一步，再优秀的人欧莱雅也不会聘用。

2）人才招聘

欧莱雅招募优秀人才的渠道主要分为外部招聘与内部招聘。外部招聘方式包括：广告招聘、猎头公司、校园招聘、实习生制度。欧莱雅通过在报纸和网络媒体上发布招聘广告招募优秀人才。随着网络媒体的发展与普及，网络招募成为有效的招聘方式，它使得 15 个国家 10% 的招聘工作得以在网络上完成。而猎头公司由于成本高等原因，主要用于中高级管理人才的招聘。另外，欧莱雅每年会在知名大学召开校园宣讲会，招聘管培生，为公司未来的发展做好人才储备。在校园招聘中，欧莱雅创造了具有集团特色的选拔方式——校园企划大赛和全球在线商业策略竞赛。随着"拇指时代"的到来，在2015年校园招聘活动中，欧莱雅中国创造性地使用了"微信招聘"，为高效地招聘到合适的优秀人才提供了保障。欧莱雅每年还会通过接收大三、研二学生，为其提供实习机会，期待能招聘到优秀人才并留住人才，加强与外部的交流。内部招聘方式主要为：集团将招聘信息在内部发布，内部人员根据自己的实际情况决定是否参与竞争，在完全公开透明的条件下参与面试，最终录用结果由人力资源部和用人部门决定。

3）培训体系

欧莱雅有非常完整的新员工培训体系，对于新入职的年轻员工，欧莱雅设立了"下泳池"三部曲的培训体系：入职培训、"上路"实习、专业入行。通过三部曲，让新员工立即接触产品，实践销售，对他们进行最有效、最深刻的入职培训。同时，欧莱雅也会为员工提供更具针对性的技能培训和管理培训。欧莱雅会定期为员工提供销售、财务、谈判、沟通等专业技能培训；除此之外，欧莱雅建立了亚太区管理培训中心，为集团具有潜力的员工提供专业的管理培训课程，为他们制定专门的科学培训课程和职业生涯规划。欧莱雅还通过与咨询公司的合作，为公司年轻的管理人才定制如领导艺术、高效团队、时间管理等课程，培养他们成为欧莱雅未来高级的管理人才。

4）激励机制

欧莱雅激励机制的关键是通过综合运用各种激励政策和方式来满足员工各层次的需要。在薪金方面，欧莱雅将一般情况和特殊情况相结合，在基本薪金制度的基础上，特殊情况特殊对待。例如，对刚生完孩子的员工，除了给予规定的薪水外，还多给一个月的薪水。在奖金方面，除了一般形式的奖金外，欧莱雅采用了利润分享政策，从公司的利润中抽取一部分与员工分享。在股权方面，在给予公司管理人员一定股权的基础上，还增加了额外的福利，如给员工提供海外培训的机会。在培训方面，欧莱雅避免使员工认为公司为员工提供培训是理所应当的，而是根据员工的绩效，为优秀员工提供巴黎总部培训的机会。在沟通方面，欧莱雅在公司创造开放、平等的沟通环境，鼓励员工与上级主管进行公平的争论，而且非常注意渠道多样性。例如，被欧莱雅引以为豪的"欧莱雅会议"、专门杂志——《Contact》、"内部公共关系"的专门岗位，都为有效沟通的实现创造了条件。

资料来源　丁伟. 欧莱雅人力资源管理的魅力［J］. 中国外资，2018（11）：64-66.

思考题：

（1）阅读本案例后，请列举欧莱雅人力资源管理的可取之处。

（2）结合本章内容和案例，谈谈企业在人力资源管理中，如何更好地选人、用人、育人、留人？

复习思考题

1.人力资源的概念和特征是什么？

2.人力资源和人力资本有何区别？

3.什么是人力资源管理？它与传统人事管理有何区别？

4.人力资源管理的目标和任务是什么？

5.现代企业为何高度重视人力资源管理？其意义何在？

6.人力资源管理的演变经历了哪些阶段？

7.如何借鉴美国、日本的人力资源管理经验，建立中国特色的人力资源管理模式？

8.人力资源管理的发展趋势是什么？

第2章

人力资源规划

学习目标

通过本章的学习，了解和掌握人力资源规划的含义；了解企业战略和人力资源规划之间的关系；了解制定人力资源规划的程序；掌握人力资源供给与需求的影响因素及预测方法；掌握平衡人力资源供给与需求的政策和措施。

2.1 人力资源规划概述

人力资源规划是人力资源管理的一项基础性工作。不断变化着的内部和外部环境必然会使企业定期进行员工的流入、流出。为保证企业在需要的时候及时得到各种需要的人才，企业在发展过程中要有与其战略目标相适应的人力资源配置。人力资源规划是实现这一目的的重要手段。

2.1.1 人力资源规划的定义

人力资源规划是指为了实现企业的战略目标，根据企业的人力资源现状，科学地预测企业在未来环境变化中的人力资源供求状况，并制定相应的政策和措施，从而使企业的人力资源供给和需求达到平衡，并使企业和个人都获得长期的利益。这一定义包括五层含义：

（1）制定人力资源规划的目的是实现企业的战略目标，保证企业的长期持续发展。在现代社会中，人力资源是企业最宝贵的资源，拥有充足数量和良好素质的人力资源是企业取得成功的关键。人力资源规划就是对企业的人力资源管理进行统筹安排，从而为企业的发展提供人力保证。也就是说，人力资源规划可以为企业配备适宜数量与质量的人力资源，提高企业的效率和效益，使企业的长期目标得以实现。

（2）搞清企业现有的人力资源状况是制定人力资源规划的基础。为实现企业的战略目标，首先要立足于开发和利用现有的人力资源。因此，企业要从人力资源的数量、质量、结构等各个方面出发，对人力资源现状进行盘点，并运用科学的方法，找出现有人力资源与企业发展的差距，为人力资源规划的制定提供依据。

（3）企业制定人力资源规划的主要原因是环境的不断变化。首先，企业外部的政治、经济、法律、技术、文化等一系列环境因素一直处于动态的变化中，相应地就会引起企业内部的战略目标不断地变化，从而又会导致人力资源供求随之变化。因而，必须制定人力资源规划，对这些变化进行科学的预测和分析，以确保企业对人力资源的需求得到满足。

（4）制定必要的人力资源政策和措施是人力资源规划的主要环节。人力资源规划的制定实质上就是在人力资源供求预测的基础上制定出相应的政策和措施，以实现人力资源的供求平衡，确保企业对人力资源需求的顺利实现。

（5）人力资源规划要使企业和个人都获得长期的利益。也就是说，人力资源规划在帮助企业实现战略目标的过程中，还要切实地关心企业中的每个人在物质、精神和业务发展等方面的需要，为帮助他们实现个人目标创造良好的条件。只有这样，才能留住企业的人才，充分发挥企业中每个人的积极性、主动性和创造性，提高每个人的工作效率；才能吸引、招聘到企业所需要的人才，从而最终提高整个企业的效率，实现企业的战略目标。

2.1.2 企业战略与人力资源规划

一般地说，企业战略分三个层次：公司战略、经营单位战略和职能战略。

1）公司战略与人力资源规划

公司战略，亦称企业总体战略，是指在市场经济条件下，企业为谋求长期生存和发展，在外部环境和内部条件分析基础上，对企业发展目标、经营方向、重大经营方针和实施步骤做出的长远、系统和全局的谋划。公司战略类型包括发展型战略、稳定型战略和紧缩型战略，见表 2-1。

表 2-1 公司战略与人力资源规划

战略类型	战略重点	人力资源规划面对的主要问题
发展型战略	内部成长	及时招聘、雇用和培训新员工
		为现有员工的晋升和发展提供机会
	外部成长	提出企业快速增长时期的绩效标准
稳定型战略	维持现状	确定关键员工
	略有增长	制定行之有效的留住人才政策
紧缩型战略	组织压缩	解雇员工，终止合同
		员工提前退休
	精简业务	提出妥善处理劳资关系的相关办法

2）经营单位战略与人力资源规划

经营单位战略，亦称事业战略，是指在给定的产品或市场领域内，如何取得超过竞争对手优势的战略，见表 2-2。

表 2-2 经营单位战略与人力资源规划

战略类型	战略重点	人力资源规划面对的主要问题
成本领先战略	效率	实行以内部晋升为主的体制
	稳定性	培训现有员工技能
	成本控制	为生产和控制进行员工及工作专业化
	增长	加大外部招聘比重
差异化战略	创新	为获得竞争优势而雇用和培训员工
	差异化	拥有权责宽广的、柔性的工作与员工
		组织要为创新提供更多的激励
集中化战略	细分市场	雇用符合目标市场对象的人
	满足特定群体的需求	培训员工，增强员工对顾客需求的理解

3）职能战略与人力资源规划

职能战略是指企业的主要职能部门在执行公司战略、经营单位战略时采用的方法与手段，在企业战略体系中起到基石和支撑作用。职能战略包括市场营销战略、财务战略、研究与开发战略、生产管理战略和人力资源战略。

人力资源战略是企业为实现公司战略目标而在雇佣关系、甄选、录用、培训、绩效、薪酬、激励、职业生涯管理等方面所做决策的总称。人力资源战略是一种集成，它与公司战略、经营单位战略、其他职能战略纵向整合，并与自身内部的各环节横向整合。人力资源战略是由人力资源战略管理方法发展而来的，人力资源规划是人力资源战略的一个组成部分。

4）人力资源规划是战略性人力资源规划

战略性人力资源管理规划吸取了现代企业战略管理研究和战略管理实践的重要成果，遵循战略管理的理论框架，高度关注企业战略层面的内容。一方面把传统意义上聚焦于人员供给和需求的人力资源规划融入其中；另一方面更加强调人力资源规划与企业的发展战略相一致。

战略性人力资源规划是在对内外部环境理性分析的基础上，明确企业人力资源管理所面临的挑战以及现有人力资源管理体系的不足，清晰地勾勒出与企业未来发展相匹配的人力资源管理机制，并制定出能把目标转化为行动的可行措施以及对措施执行情况的评价和监控体系，从而使人力资源战略形成一个完整的战略系统。

战略性人力资源规划的核心任务就是要基于公司的战略目标来配置所需的人力资源，根据定员标准来对人力资源进行动态调整，引进满足战略要求的人力资源，对现有人员进行职位调整和职位优化，建立有效的人员退出机制，以输出不满足公司需要的人员，通过人力资源配置实现人力资源的合理流动。

2.1.3　人力资源规划的作用

（1）人力资源规划是企业制定战略目标的重要依据。任何企业在制定战略目标时，首先需要考虑的是组织内拥有的以及可以挖掘的人力资源。一套切实可行的人力资源规划，有助于管理层全面、深入地了解企业内部人力资源的配置状况，进而科学、合理地确定企业的战略目标。

（2）人力资源规划是企业满足组织发展对人力资源需求的重要保障。企业内部和外部环境是在不断变化的，任何企业的生存与发展都要受到内部和外部环境的制约。在日趋激烈的市场竞争环境中，企业如果不能事先对内部的人力资源状况进行系统分析，并采取有效措施，则很可能受到人力资源不足的困扰。对普通员工的短缺，企业可以在短时间内从劳动力市场上招聘，也可以通过对现有员工进行有目的的培训以满足工作需要。但是，企业经营中面临的中高级管理人员和专业性较强的技术人员的短缺问题，则完全不同，必须未雨绸缪。

（3）人力资源规划能使企业有效地控制人工成本。企业的人工成本中最大的支出是工资，而工资总额在很大程度上取决于企业中的人员分布状况。人员分布状况是指企业中的人员在不同职务、不同级别上的数量状况。当企业处于发展初期时，低层职位的人员较多，人工成本相对便宜。随着企业的发展、人员的职位水平上升、工资的成本增加，在没有人力资源规划的情况下，未来的人工成本是未知的，难免会出现成本上升、效益下降的趋势。因此，通过人力资源规划预测未来企业发展，有计划地调整人员分布状况，把人工成本控制在合理支付范围内，是十分重要的。

（4）人力资源规划有助于满足员工需求和调动员工的积极性。人力资源规划展示了企业内部未来的发展机会，使员工充分了解自己的哪些需求可以得到满足以及满足的程度。如果员工明确了那些可以实现的个人目标，就会去努力追求，在工作中表现出积极性、主动性、创造性；否则，在前途和利益未知的情况下，员工就会表现出干劲不足，甚至有能力的员工还会采取另谋高就的方法来实现自我价值。如果有能力的员工流失过多，就会削弱企业实力，降低士气，从而进一步加速员工流失，使企业的发展陷入恶性循环。

2.1.4　人力资源规划的目标与框架图

1）人力资源规划的目标

第一个目标是要防止人员配置相对过剩或不足。如果拥有过多的员工，组织就会因工资成本过高而损失经营效益；如果员工过少，又会由于组织不能满足现有顾客需求而导致销售收入降低。而且由于人员配置不足而不能满足现有产品或服务需求，还会导致未来顾客的流失，将潜在的顾客推到竞争对手那里。人力资源规划不仅有助于保证组织经营效益的提高，而且有助于及时满足顾客需求。

第二个目标是要保证组织在适当时间、地点有适当数量的且具有必备技能的员工。组织必须从技能、工作习惯、个性特征、招募时间等方面预计其所需要的员工类型，这样才能招聘到最适宜的员工。在此基础上，对他们进行充分的培训，才能使员工在组织需要的时候产生最高的工作绩效。因此，通过人力资源规划把包括技能水平、员工个人与组织的适应程度、培训、工作体系、计划需求等多种因素加以综合考虑，并将这些因素整合起来，是战略性人力资源管理的一个重要组成部分。

第三个目标是要确保组织对外部环境变化做出及时且适当的反应。人力资源规划在客观上要求决策者全面考虑外部环境中各个相关领域里的各类情形，例如：国内经济可能增长或继续停滞或收缩；本行业可能保持现状或竞争变得更加激烈或竞争态势趋缓；政府规制约束可能不变或放松或变得更加严厉；技术可能或不能进一步发展；税率和利息率的提高、降低或维持不变。人力资源规划促使组织对外部环境状态进行思索和评估，预测可能的变化，而不是对某种情况的出现做出被动反应，这将使组织总能比竞争对手先行一步。

第四个目标是为组织的人力资源活动提供了方向和工作思路。人力资源规划，一方面为其他各种人力资源职能（如人员配置、培训与开发，工作绩效测评、薪酬等）确定了方向；另一方面它还确保组织采用比较系统的观点看待人力资源管理活动，理解人力资源计划和组织战略之间的相互关系，以及某一个职能领域的变化会对另一个职能领域产生的影响。例如，一个科学的人力资源计划能够确保对员工进行培训与对员工进行工作绩效测评的一致，并且在薪酬决定中也特别考虑这些因素。

第五个目标是要将业务管理人员与职能管理人员的观点结合起来。虽然人力资源规划通常由公司人力资源部发起和进行，但它也需要组织中所有管理人员的参与协作。公司人力资源部的领导未必会比一个具体部门的负责人更了解其所负责的那个领域的情况。人力资源部与业务管理人员之间的沟通是确保任何人力资源规划活动成功的基础。公司人力资源部必须帮助业务管理人员参与规划过程，但在安排他们参与规划过程的同时，也要考虑到其业务专长和既定的工作职责。

2）人力资源规划框架图

图 2-1 从总体上表示了人力资源规划与组织目标、战略之间的关系。人力资源规划

的出发点是从组织目标和战略开始的。在对影响人力资源供求的外部与内部环境和内部条件进行评估的基础上做出预测。对组织内部人力资源评估的重点在于拥有充足、准确的信息，这些信息可以通过人力资源信息系统提供。

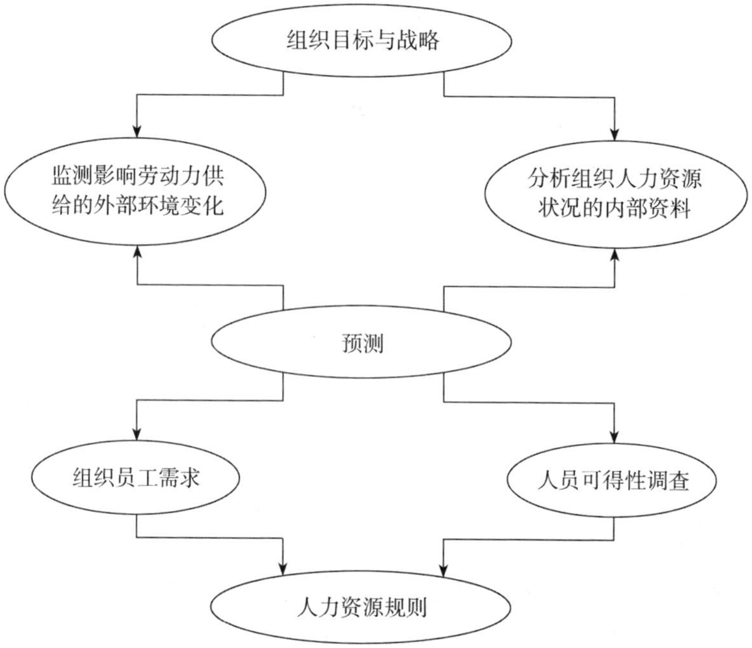

图2-1　人力资源规划框架图

2.1.5　影响人力资源规划的因素

影响人力资源规划的因素多种多样，总体上可以归结为两个方面：

1）企业内部的影响因素

（1）经营目标的变化。随着时代的发展，市场需求日趋多元化，市场竞争空前激烈。企业为了保持长期、稳定的发展，需要根据外部环境的变化和自身情况的变化来相应地调整经营目标，而企业经营目标的改变必然会影响到企业对人力资源的需求。因而，企业的人力资源规划必须做出相应的调整，以适应经营目标的改变。

（2）组织形式的变化。传统的组织形式呈宝塔状，由于它的层次繁杂、人员众多，不仅影响了企业内部纵向和横向的信息传送速度和效果，而且导致企业的人际关系复杂，员工的效率低下。随着现代企业制度的建立，现代企业的组织形式逐渐向扁平化方向发展，目的在于减少中间层次的信息与资源的损耗，改善人际关系，提高员工的效率。由于扁平化组织形式的出现，企业对人力资源的需求必然会相应改变，从而人力资源计划也应该做出调整，以支持现代化的新型组织形式，促进企业制度的合理化和不断完善，直至最终实现现代企业制度。

（3）企业高层管理人员的变化。企业的高层管理人员发生变化，一方面会使企业的经营目标发生改变，从而影响到企业的人力资源规划；另一方面不同的高层管理人员对人力资源管理所持的观念和态度不同，会直接影响到他们对企业人力资源管理活动的支持程度，进而会影响到他们对人力资源规划的重视程度。如果企业的高层管理者能够充分认识到人力资源管理在企业发展中的重要作用，并且能够认识到人力资源规划对开展人力资源管理工作的重要性，那么，人力资源规划的制定工作就能够顺利地进行，而且制定出的人力资源规划也一定会很好地促进企业经营战略的制定和实施。

（4）企业员工素质的变化。随着社会的进步和人民文化水平的提高，现代企业的员工素质也有了普遍的提高。企业中白领员工的比重增加，知识工人成为企业发展的主要力量。在这种形势下，传统的人事管理体制和方法已经无法适应发展的需要，现代的人力资源开发与管理的体制和方法便应运而生，并且开始逐步取代传统的体制和方法。此时，人力资源规划作为人力资源管理的基础工作，必须做出相应的调整，保证人力资源管理活动既能适应员工素质的变化，又能促进员工素质的提高。

2）企业外部的影响因素

（1）劳动力市场的变化。因为劳动力市场是劳动力供给与劳动力需求相互作用的场所，所以，劳动力市场的变化，就表现为劳动力供给的变化或劳动力需求的变化。无论在劳动力市场上发生了哪一种变化，都会对企业的人力资源规划产生影响。由于企业对人力资源的供给和需求预测是制定人力资源规划的依据，因而，在不同的人力资源供求情况下，便会制定出不同的人力资源规划。例如，在目前的劳动力市场上，高级管理人才的供给不足，因此，企业必须根据这种情况调整人力资源规划，完善员工补充计划、员工培训计划和薪酬激励计划等，力求为企业招聘到急需的人才，或培养出合格的员工，并激励他们长期为企业服务。

（2）行业发展状况的变化。行业的发展状况也会对企业的人力资源规划产生影响。例如，一些传统行业，由于其不能适应市场的需求，发展前景很黯淡，因此相关的企业就要考虑调整经营结构，转变经营方向，企业的人力资源规划也应该有所侧重，要着重于引进或培养企业转变所需要的人才，同时还要着重于解聘和安置已不适合企业发展的人员，降低人力资源成本。而对于一些所谓的"朝阳行业"，如高新技术行业，因为其发展前景一片光明，潜力巨大，因此就应该采取不同的人力资源规划，规划的重点应该放在吸引和激励人才方面，以保证企业的持续发展。

（3）政府政策的变化。政府相关政策的制定和修改，也会影响企业的人力资源规划。例如，允许人才自由流动政策、大学毕业生就业政策的实施，就会促使企业制定相应的人力资源规划，来扩大人力资源的招聘范围和吸引全国各地的人力资源来企业工作，为企业的持续发展提供充足的人力保证。

2.2 人力资源规划的程序

人力资源规划的制定大体可分为四个步骤，如图2-2所示。

2.2.1 收集研究相关信息

信息资料是制定人力资源规划的依据。在一般情况下，与人力资源规划有关的信息资料包括三个方面：

1）经营战略

弄清企业的经营战略是制定人力资源规划的前提。企业的经营战略主要包括：战略

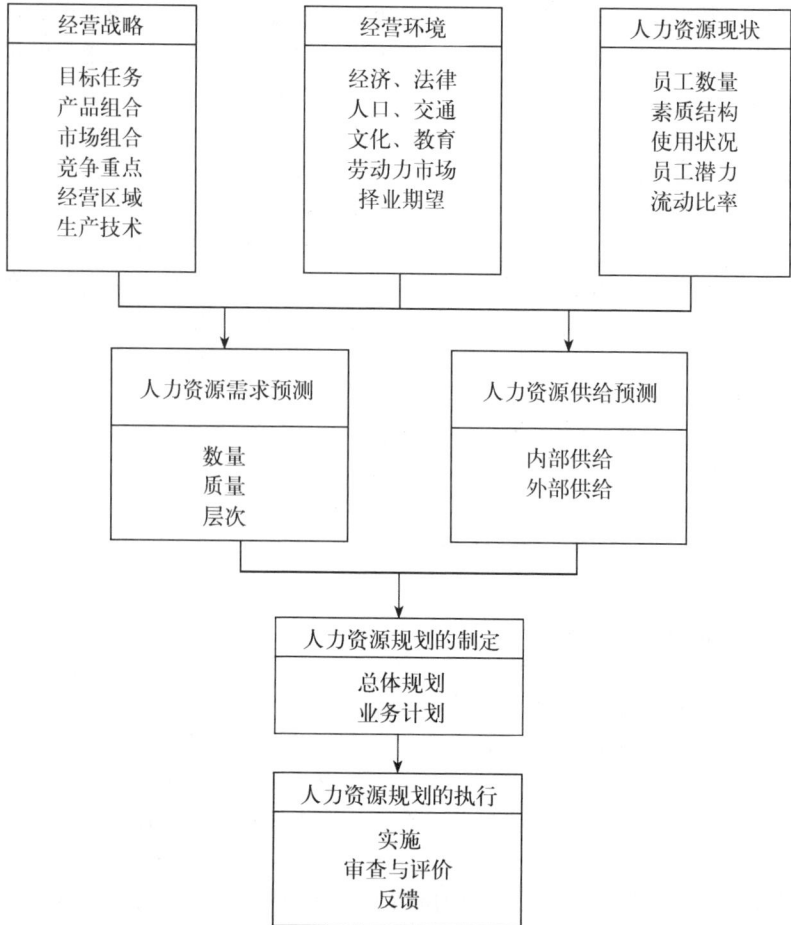

图 2-2 人力资源规划的程序

目标、产品组合、市场组合、竞争重点、经营区域、生产技术等。这些因素的不同组合会对人力资源规划提出不同的要求。因而在制定人力资源规划时，必须了解与企业经营战略有关的信息。

2）经营环境

制定人力资源规划还要受到企业外部经营环境的制约，如相关的经济、法律、人口、交通、文化、教育等环境，劳动力市场的供求状况，劳动力的择业期望等。随着知识经济时代的到来，市场变化愈加迅速，产品生命周期越来越短，消费者的偏好日趋多元化，导致企业面临的经营环境越来越难以预测，对人力资源管理工作，特别是基础性的人力资源规划提出了更高的要求。如何使企业的人力资源规划既能适应经营环境变化导致的人力资源需求变化，又能克服固定人力资源框架造成人力成本过高的缺陷，已成为人力资源规划所面临的核心问题。因而，必须通过制定弹性的人力资源规划来提高企业的应变能力，为企业在未来经营环境中的生存和发展奠定坚实的基础。

3）人力资源现状

分析企业现有的人力资源状况是制定人力资源规划的基础。要实现企业的经营战略，首先应对企业的人力资源现状进行调查研究，即对现有人力资源的数量、素质结构、使用状况、员工潜力、流动比率等进行全面的统计和科学的分析。在此基础上，找出现有人力资源与企业发展要求的差距并通过充分挖掘现有的人力资源潜力来满足企业发展的需要。

2.2.2　人力资源供求预测

在收集和研究与人力资源供求有关的信息之后，就要选择合适的预测方法，对人力资源的供求进行预测了，即了解企业对各类人力资源在数量和质量上的需求，以及能满足需求的企业内、外部人力资源供给情况，得出人力资源的净需求数据。在进行供给预测时，内部供给预测是重点，外部供给预测应侧重于关键人员。人力资源供求预测具有较强的技术性，是人力资源规划中的关键部分。

2.2.3　人力资源规划的制定

这是一项具体而细致的工作，包括制定人力资源总体规划和制订各项业务计划，并确定时间跨度。根据供求预测的不同结果，对供大于求和供不应求的情况分别采取不同的政策和措施，使人力资源达到供求平衡。同时应注意各项业务计划的相互关系，以确保它们之间的衔接与平衡。

2.2.4　人力资源规划的执行

执行人力资源规划是人力资源规划的最后一项工作，主要包括三个步骤：实施、审查与评价、反馈。

1）实施

实施是人力资源规划执行中最重要的步骤。实施前要做好充分的准备工作，实施时应严格按照规划进行，并设置完备的监督和控制机制，以确保人力资源规划实施的顺利进行。

2）审查与评价

当人力资源规划实施结束后，并不意味着对人力资源规划执行完毕。接下来，对人力资源进行综合的审查与评价也是必不可少的。通过审查与评价，可以调整有关人力资源方面的项目及其预算，控制人力资源成本；可以听取管理人员和员工对人力资源管理工作的意见，动员广大管理人员和员工参与人力资源管理，以利于调整人力资源规划和改进人力资源管理。在评价人力资源规划时，需注意两点：

（1）可以从以下几个方面对人力资源规划的合理性进行间接的判断：

①人力资源规划者对问题的熟悉程度和重视程度。规划者对人力资源问题的熟悉程度越高、重视程度越高，人力资源规划的合理性就越大。

②人力资源规划者与提供数据者以及使用人力资源规划的管理人员之间的工作关系。这三者之间的关系越融洽，制定的人力资源规划就可能越合理。

③人力资源规划与相关部门进行信息交流的难易程度。信息交流越容易，越可能制定出合理的人力资源规划。

④人力资源规划在管理人员心目中的地位和价值。管理人员越重视人力资源规划，人力资源规划者也就越重视人力资源规划的制定过程，制定的规划才能更客观、合理。

（2）可以对人力资源规划的实施结果，即人力资源规划所带来的效益进行评价，以判断人力资源规划的合理性和有效性。在评价时可以通过以下方面的比较来鉴别：

①实际招聘人数与预测需求人数的比较；

②劳动生产率的实际提高水平与预测提高水平的比较；

③实际的执行方案与规划的执行方案的比较；

④实际的人员流动率与预测的人员流动率的比较；

⑤实施行动方案后的实际结果与预测结果的比较；

⑥劳动力的实际成本与预算成本的比较；

⑦行动方案的实际成本与预算成本的比较。

以上项目之间的差距越小，说明人力资源规划越合理。在对人力资源规划的审查与评价过程中还要注意选择正确的方法，以保证审查与评价的客观、公正与准确。

3）反馈

对审查与评价的结果进行及时的反馈是实行人力资源规划不可缺少的步骤。通过反馈，我们可以知道原规划的不足之处，对规划进行动态的跟踪与修改，使其更符合实际，更好地促进企业目标的实现。

2.3　人力资源需求预测

2.3.1　影响人力资源需求的因素

企业对人力资源的需求受到诸多因素的影响，其中市场对企业产品的需求是最重要、最根本的。在此基础上，其他影响因素可以被归结为两大类：

1）企业内部因素

（1）企业规模的变化

企业规模的变化主要包括两种情况：

①当业务范围不变时，规模的扩大或缩小使企业对人力资源数量的需求随之增加或减少。

②当业务范围改变时，规模的变化不仅会对人力资源需求的数量产生影响，而且会导致对人力资源的结构需求发生变化，新的业务需要掌握新技能的人员。

（2）经营方向的变化

经营方向发生变化时，企业的规模不一定改变。因此，对人力资源在数量上的需求不一定变化，但人力资源的结构却要随之改变。这是因为不同的经营领域需要具有不同技能的人员。

（3）技术与管理的变化

企业内部引进新的生产技术或管理技巧，一方面，会因为劳动生产率的提高而使企业所需要的人员数量减少；另一方面，会增加对管理人员和技术人员在数量和质量上的需求。

（4）人员流动比率

人员流动比率是指由于辞职、解聘或合同期满后终止合同等原因引起的职位空缺规模。人员流动比率的大小会直接影响企业对人力资源的需求。

2）企业外部因素

影响人力资源需求的外部因素主要包括经济、政治、法律、技术和竞争者等。外部因素的影响多是间接的，通过内部因素而起作用。例如，经济环境的变化会影响企业的规模和经营方向，技术环境的变化会影响企业的技术水平等，从而间接地影响了企业的人力资源需求。

2.3.2　人力资源需求的预测方法

一般来说，人力资源需求的预测方法可分为定性分析预测法和定量分析预测法。

1）定性分析预测法

（1）管理人员判断法

管理人员判断法是指企业内的管理人员凭借个人的经验和直觉，对企业未来的人力资源需求进行预测。这是一种简单的方法，主要用于短期预测。这种方法既可以单独使用，也可以与其他方法结合使用。当单独使用时，在环境变动不大和组织规模较小或缺少足够信息的情况下，能取得良好的效果。当与其他方法结合使用时，常常是利用管理人员的判断对定量方法的预测结果进行必要的修正。因为在某些情况下，定量方法的预测结果会与实际不符。主要有以下三种情况：

①提高产品或劳务质量的决策或进入新市场的决策会影响对企业新进人员和现有人员的能力等特征的需要，这时只有数量分析是不够的。

②生产技术水平的提高和管理方式的改进会减少对人力资源的需求，这在数量分析中难以反映。

③企业在未来能够支配的财务资源不仅会制约新进员工的数量，也会制约新进员工的质量，因为财务资源制约着员工的薪酬水平。

（2）德尔菲法

德尔菲法来源于20世纪40年代末美国兰德公司的"思想库"，是一种专家们对影响企业发展的某一问题的看法达成一致意见的结构化方法。

德尔菲法具有以下特点：

①专家参与。这里的专家是指对所研究问题有深入了解的人员，既可以是基层管理人员，也可以是高层经理；既可以是企业内部的，也可以来自企业外部。

②匿名进行。这是指专家们互不见面，独立地做出判断。

③多次反馈。这是指预测过程必须经过几轮反馈，使专家们的意见互相补充、启发，并渐趋一致。

④采用统计方法。这是指将每一轮反馈的预测结果用统计方法加以处理，做出定量判断。

德尔菲法用于人力资源预测的具体操作过程是：

①确定预测目标，以问卷形式列出一系列有关人力资源预测的具体问题。

②广泛选择深入了解人力资源问题的专家，并取得他们的合作。

③向专家们发出问卷，请他们独立思考并书面回答。

④将专家们的意见进行归纳，并将综合结果反馈给他们。

⑤请专家们根据归纳的结果重新思考，允许他们修改自己的预测并说明原因。

⑥重复进行第④步和第⑤步，直到专家们的意见趋于一致。

⑦用文字、图表等形式将专家们的预测结果予以发布。

德尔菲法主要用于人力资源的中长期预测，要想有效地使用该方法，应该遵循以下原则：

①为专家们提供充足的信息，使他们能做出准确的预测。

②所提的问题要尽量简单，以保证所有专家对问题有相同的理解。

③所提的问题应该是专家能够回答的问题。

④对专家的预测结果不要求精确，但要他们说明对结果的肯定程度。

⑤向高层领导和专家们说明预测对组织的重要性，以取得他们的支持。

2）定量分析预测法

（1）趋势分析法

趋势分析法是指预测者根据员工数量的历史数据来确定其长期变动趋势，从而对企业未来的人力资源需求做出预测。具体做法是：把时间作为自变量，人力资源需求量作为因变量，根据历史数据，在坐标轴上绘出散点图；由图形可以直观地判断应采用哪种趋势线（直线或曲线），从而建立相应的趋势方程；用最小二乘法求出方程系数，确定趋势方程；根据趋势方程便可对未来某一时间的人力资源需求进行预测。

［例1］已知某企业过去12年的人力资源数量如表2-3所示，预测：未来第3年的人力资源需求量为多少？

表2-3　　　　　　　　　　　　**某企业过去12年的人力资源数量**

年度	1	2	3	4	5	6	7	8	9	10	11	12
人数	510	480	490	540	570	600	640	720	770	820	840	930

根据表2-3，将年度作为横坐标，人数作为纵坐标，绘制出散点图（见图2-3）。

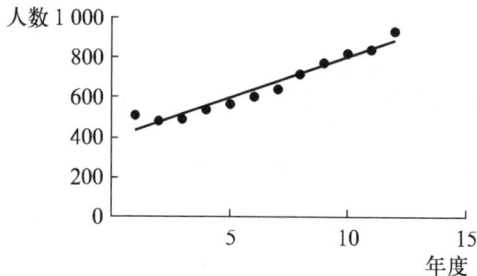

图2-3　散点图

由散点图可知，应建立直线趋势方程：$Y = a + bX$

式中：Y——人数；

　　　X——年度。

利用最小二乘法，可以得出 a，b 的计算公式：

$$a = \bar{Y} - b\bar{X}$$

$$b = \frac{\sum_{i=1}^{n}(X_i - \bar{X})(Y_i - \bar{Y})}{\sum_{i=1}^{n}(X_i - \bar{X})^2}$$

带入数据可得：

$a = 390.7 \qquad b = 41.3$

$Y = 390.7 + 41.3X$

所以，未来第3年的人力资源需求量为：

$Y = 390.7 + 41.3 \times 15 = 1\ 010$（人）

（2）回归分析法

回归分析法是指根据数学中的回归原理对人力资源需求进行预测。其基本思路是：确定与企业中的人力资源数量和构成高度相关的因素，建立回归方程；然后根据历史数据，计算出方程系数，确定回归方程；从而只要得到了相关因素的数值，就可以对人力资源的需求量做出预测。回归模型包括一元线性回归模型、多元线性回归模型和非线性回归模型。一元线性回归是指与人力资源需求高度相关的因素只有一个。多元线性回归是指有两个或两个以上的因素与人力资源需求高度相关。如果人力资源需求与其相关因素不存在线性关系，就应该采用非线性回归模型。多元线性回归与非线性回归非常复杂，通常使用计算机来处理。一元线性回归比较简单，可以运用公式来计算。

［例2］已知某医院病床数和所需护士人数的历史记录如表2-4所示，根据医院的发展计划，要将床位数增至700张，则那时将需要多少名护士？

表2-4　　　　　　　　　　某医院病床数和所需护士人数的历史记录

床位数（张）	200	300	400	500	600	650
护士人数（人）	250	270	450	490	640	670

根据表2-4，将护士人数作为纵坐标，床位数作为横坐标，绘制出散点图（见图2-4）。

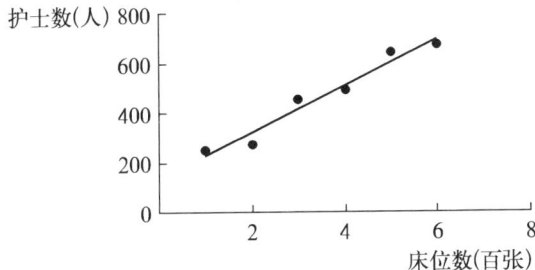

图2-4　散点图

由散点图可知，应建立直线趋势方程：

$Y = a + bX$

式中：Y——护士人数；

X——床位数。

利用最小二乘法，可以得出 a，b 的计算公式：

$$a = \bar{Y} - b\bar{X}$$

$$b = \frac{\sum_{i=1}^{n}(X_i - \bar{X})(Y_i - \bar{Y})}{\sum_{i=1}^{n}(X_i - \bar{X})^2}$$

带入数据可得：

$a = 20 \qquad b = 1$

$Y = 20 + X$

所以，如果床位增加到700张，则需要的护士人数为：

$Y = 20 + 700 = 720（人）$

（3）比率分析法

比率分析法是通过计算某些原因性因素和所需员工数量之间的比率来确定人力资源需求的方法。一是人员比例法。例如，某企业有200名生产人员和10名管理人员，那么生产人员与管理人员的比率就是20，这表明1名管理人员管理20名生产人员。如果企业明年将生产人员扩大到400人，那么根据比率可以确定企业对管理人员的需求为20人，也就是要再增雇10名管理人员。二是生产单位/人员比例法。例如，某企业有生产工人100名，每日可生产50 000单位的产品，即1名生产工人每日可生产500单位产品。如果企业明年要扩大产量，每日生产100 000单位产品，根据比率可以确定需要生产工人200名，也就是要再增雇100名生产工人。

比率分析法假定企业的劳动生产率是不变的，如果考虑到劳动生产率的变化对员工需求量的影响，可用以下计算公式：

$$N = \frac{w}{q(1+R)}$$

式中：N——人力资源需求量；

　　　w——计划期内任务总量；

　　　q——目前的劳动生产率；

　　　R——计划期内生产率变动系数。

$$R = R_1 + R_2 - R_3$$

式中：R_1——由于企业技术进步而引起的生产率提高系数；

　　　R_2——由于经验积累而引起的生产率提高系数；

　　　R_3——由于年龄增大及某些社会因素而引起的生产率降低系数。

（4）任务分析法

将某部门所承担的任务分成A、B、C三类，A类为日常性工作，几乎天天发生；B类为周期性工作，如计划部门制订年度计划，财务部门发放工资等；C类为临时性或突发性工作，具有不可预见性。然后根据过去的统计数据以及计划期内任务的变动情况，对各项任务的工作量进行估计。最后将每类中的各项任务的工作量进行加总，如表2-5所示。

表2-5　　　　　　　　　　　　　　　　任务分析表

A类		B类		C类	
任务	工作量 W_A	任务	工作量 W_B	任务	工作量 W_C
1	W_{A1}	1	W_{B1}	1	W_{C1}
2	W_{A2}	2	W_{B2}	2	W_{C2}
3	W_{A3}	3	W_{B3}	3	W_{C3}
⋮	⋮	⋮	⋮	⋮	⋮
合计	$\sum W_A$	合计	$\sum W_B$	合计	$\sum W_C$

工作量可按小时或工作日计算，则由以下公式可计算出该部门的人力资源需求量：

$$N_A = \sum W_A/q \qquad N_B = \sum W_B/q \qquad N_C = \sum W_C/q$$
$$N = N_A + N_B + N_C$$

式中：q——每个员工的实际工作时间定额；

      N_A——A类任务的人力资源需求量；

      N_B——B类任务的人力资源需求量；

      N_C——C类任务的人力资源需求量；

      N——部门总的人力资源需求量。

（5）生产函数预测法

生产函数预测法是通过建立生产函数来预测人力资源需求的方法。常见的生产函数有考伯–道格拉斯生产函数。它假定产出水平取决于劳动力和资本两种要素的投入水平，于是可列出如下公式：

$$P_t = CM_t^a \cdot K_t^b \cdot U_t$$

式中：C——常数；

      M_t——t时期内使用的劳动力总数；

      K_t——t时期内使用的资本总额；

      U_t——对数正态分布误差项；

      P_t——产出水平；

      a 与 b——劳动力和资本的产出弹性，并且在劳动力和资本互补时，$a + b = 1$。

对上式取对数并调整以后可以得到以下公式：

$$\log M_t = \frac{1}{a}\log P_t - \frac{1}{a}\log C - \frac{b}{a}\log K_t - \frac{1}{a}\log U_t$$

因此，如果已知 t 时期的产出水平和资本总额，通过以上公式就可以计算出 t 时期的劳动力需求量。

2.4 人力资源供给预测

在进行了人力资源需求预测之后，就应开始对人力资源供给进行预测，即估计在未来一段时间企业可获得的人力资源的数量和类型。人力资源供给预测同人力资源需求预测一样是人力资源规划的重要环节，但它与人力资源需求预测存在重要差别：需求预测只研究企业内部需求，而供给预测则包括两个方面，即企业内部人力资源供给预测和企业外部人力资源供给预测。

2.4.1 企业内部人力资源供给预测

虽然企业人力资源供给来自企业内部和企业外部两个方面，但是企业内部人力资源供给通常是企业人力资源的主要来源，所以为了满足企业未来对人力资源的需求，应该先从企业内部着手，充分挖掘现有人力资源的潜力，通过内部的人员选拔来补充未来可能出现的空缺职位或新增职位。

1）对企业内部选拔的评价

从企业内部选拔合适的人员来满足企业的人力资源需求具有明显的优势：

（1）从选拔的有效性和可信度来看，管理者和员工之间的信息是对称的，不存在

"逆向选择"（员工为了入选而夸大长处，弱化缺点）问题或"道德风险"问题。因为内部员工的历史资料有案可查，管理者对其工作态度、素质能力以及发展潜能等方面有比较准确的认识和把握。

（2）从企业文化角度来分析，员工与企业在同一个目标基础上形成的共同价值观和信任感，体现了员工和企业的集体责任及整体关系。员工在企业中工作过较长一段时间，已融入企业文化之中，视企业为他们的事业和命运的共同体，认同企业的价值观念和行为规范，因而对企业的忠诚度较高。

（3）从企业的运行效率来看，现有的员工更容易被指挥和领导，易于沟通和协调，易于消除摩擦，易于贯彻执行方针、政策，易于发挥企业效能。

（4）从激励方面来分析，内部选拔能够给员工提供一系列晋升机会，使员工与企业同步成长，容易鼓舞员工士气，形成积极进取、追求成功的氛围，以实现美好的愿景。

但是，内部选拔的不足之处也是不容忽视的。例如，内部员工的竞争可能影响企业的内部团结；企业内的"近亲繁殖""长官意志"等现象，可能不利于个体创新；领导的好恶可能导致优秀人才外流或被埋没；也可能出现"裙带关系"，滋生企业中的"小帮派""小团体"，削弱企业的效能。

2）企业内部人力资源供给预测方法

（1）人员接续计划

人员接续计划可以预测企业中具体岗位的人力资源供给，避免人员流动带来的损失。人力资源接续计划的过程是：首先，通过工作分析，明确工作岗位对员工的要求，确定岗位需要的人数；其次，根据绩效评估和经验预测，确定哪些员工能够达到工作要求、哪些员工可以晋升、哪些员工需要培训、哪些员工需要被淘汰；最后，根据以上数据，企业就可以确定该岗位上合适的人员补充，如图2-5所示。

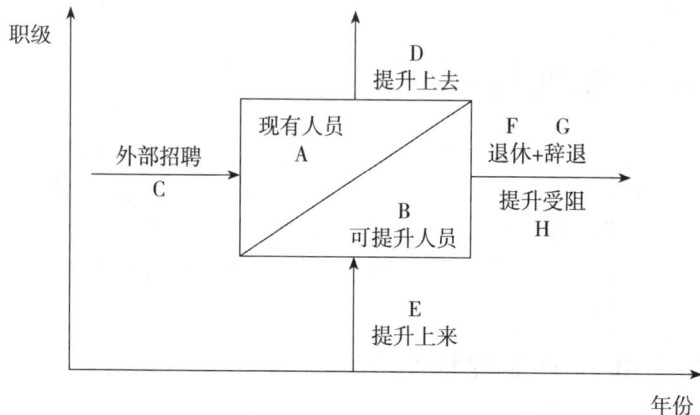

图2-5　人员接续模型

其中：
$$B = D + H$$
$$A_2 = A_1 + C_1 + E_1 - D_1 - F_1 - G_1$$

制订人员接续计划，可以避免企业人力资源的中断风险。通过人员接续计划，建立后续人才储备梯队，根据职位要求提早进行相关培训，这样既培养了后备人才，又有效避免了企业的风险。

（2）管理人员晋升计划

管理人员晋升计划是预测企业内部管理人员供给的一种简单而有效的方法。制订该计划的步骤如下：

①确定管理人员晋升计划包括的管理岗位。

②确定各个管理岗位上的可能接替人选。

③评价接替人员的当前绩效和提升潜力。根据评价结果，当前绩效可划分为"优秀"、"令人满意"和"有待改进"三个级别；提升潜力可划分为"可以提升"、"需要培训"和"有问题"三个级别。

④确定职业发展需要，并将个人目标与企业目标结合起来。

具体的管理人员晋升模型如图2-6所示。

总裁

人事副总裁
★	张辉	50	☆
●	杜云	45	○
▲	白莲	45	△

执行副总裁
●	陈德	45	○
★	万锦江	42	☆
▲	姚历	38	

市场副总裁
★	力娜	45	☆
▲	胡彬	48	△
▲	赵云丹	35	△

财务副总裁
●	任泉	40	○
▲	赵云峰	52	△
★	江波	45	○

家电部总经理
●	陈沸	43	△
★	李小路	40	☆
▲	陆雨	38	○

服装部总经理
★	于平江	50	☆
●	金良	45	△
●	何佳丽	36	○

人事经理
●	赵为	40	○
●	王妃	37	☆
▲	邹迅	49	△

财务经理
★	李佳	40	☆
▲	赵亮	42	○
●	沈丹	33	○

人事经理
▲	金凤	45	△
●	冯玉英	36	○
●	李小茜	39	○

财务经理
●	郭赞军	45	☆
▲	龙以伟	40	○
▲	付晶	39	

生产经理
★	魏丹	50	☆
●	马俊	45	○
▲	冯华	40	○

销售经理
★	孙起辉	42	☆
▲	江南	45	○
▲	程笑凯	38	△

生产经理
●	陆绪	45	☆
▲	韩小红	38	○
▲	遥远	42	△

销售经理
●	李坤	46	○
★	罗绪辉	42	☆
●	肖凡	35	○

优　秀：★　　　可以提升：☆
令人满意：●　　　需要培训：○
有待改进：▲　　　有问题：△

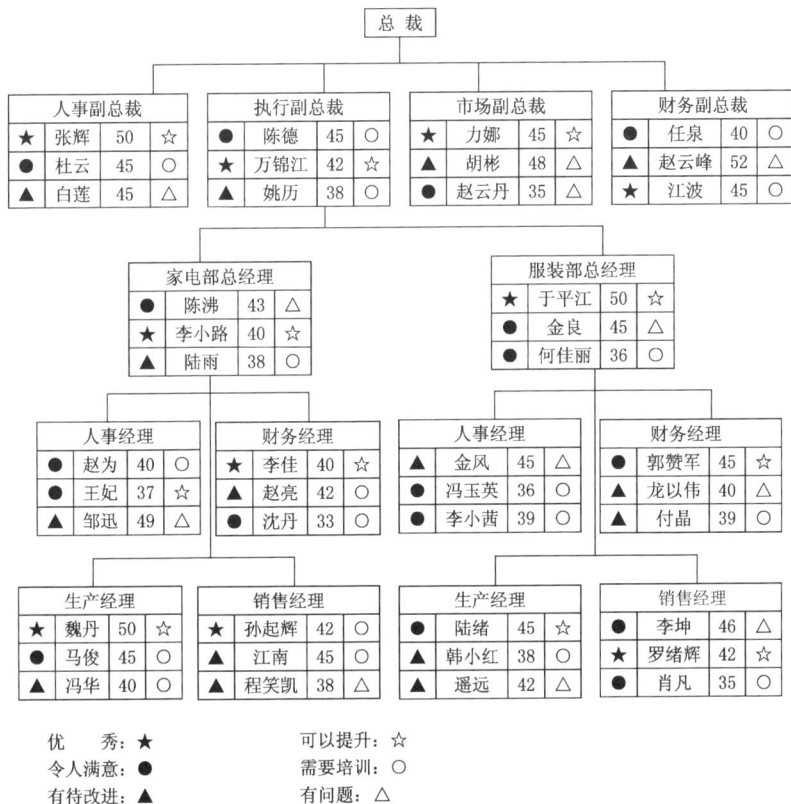

图2-6　管理人员晋升模型

通过管理人员晋升计划，可以优先提拔、培养企业的内部人员，为企业的内部人才提供了一个良好的发展平台，同时也确保了企业有足够合格的管理人员供给，为企业的持久发展提供了保障。

（3）马尔可夫模型

马尔可夫模型是一种定量分析预测企业内部人力资源供给的方法。它是根据企业内某项工作的人员转移的历史数据，来计算未来某一时期该项工作的人员转移的概率，即人员转移概率的历史平均值，从而预测企业内该项工作的人力资源供给。如果给定各类工作的初始人数、转移概率和补充进来的人数，那么各类工作在未来某一时期的人员供给数就可以根据以下公式来预测：

$$N_i(t)= \sum N_j(t-1) \cdot P_{ij} + R_i(t)$$

式中：$N_i(t)$——时刻 t 时，i 类工作的人数；

P_{ij}——员工从 j 类工作向 i 类工作转移的概率；

$R_i(t)$——在时间 $(t-1, t)$ 内，i 类工作所补充的人数；

i,j——1，2，3，…，k，k 为工作分类数。

［例3］某会计师事务所有四类人员：合伙人（P）、经理（M）、高级会计师（S）和会计员（J）。其初始人数和转移矩阵见表2-6（A）。表2-6（A）表明，在任何一年里，有80%的合伙人仍留在该所，20%的合伙人退出；有70%的经理仍在原职，10%的经理成为合伙人，20%的经理离开；有5%的高级会计师升为经理，80%的高级会计师仍在原职，5%的高级会计师降为会计员，10%的高级会计师外流；有15%的会计员晋升为高级会计师，65%的会计员仍在原职，20%的会计员另谋他职。用这些历史数据来代表每类人员转移流动的转移率，可以推算出人员变动情况，即起始时刻每一类人员的数量与每一类人员的转移率相乘，然后纵向相加，就可以得到下一年的各类人员的供给量，见表2-6（B）。

表2-6（A）　　　　　某会计师事务所人力资源供给情况的马尔可夫模型

初始人数		P	M	S	J	离职
40	P	0.8	—	—	—	0.2
80	M	0.1	0.7	—	—	0.2
120	S	—	0.05	0.8	0.05	0.1
160	J	—	—	0.15	0.65	0.2

表2-6（B）　　　　　某会计师事务所人力资源供给情况的马尔可夫模型

初始人数	P	M	S	J	离职
40	32	0	0	0	8
80	8	56	0	0	16
120	0	6	96	6	12
160	0	0	24	104	32
合计	40	62	120	110	68

从表2-6（B）可以看出，该事务所下一年将有相同数量的合伙人（40人）和相同数量的高级会计师（120人）。但是，经理将减少18人，会计员将减少50人。可以根据这些数据和正常的人员扩增、缩减或维持计划来采取措施，使人力资源的供给与需求保持平衡。

马尔可夫模型的关键是确定转移率。假定已有 $t=-T$ 到 $t=0$ 时刻的所有数据，则可根据以下公式计算转移率：

$$p_{ij} = \sum m_{ij}(t) / \sum n_i(t)$$
$$t = -T \sim (T-1)$$

式中：p_{ij}——从 i 类工作向 j 类工作转移人员的概率；

　　　m_{ij}——从 i 类工作向 j 类工作转移人员的数量；

　　　n_i——第 i 类人员的初始数量。

2.4.2　企业外部人力资源供给预测

通常，企业内部的人力资源供给是无法满足企业对人力资源的需求的，企业需要不断地从外部招聘候选人。因而对企业外部的人力资源供给进行预测就成为一项十分重要的工作。

1）对外部招聘的评价

虽然从外部招聘人力资源只是从内部选拔人力资源来满足企业对人力资源需求的一个补充方法。但是，外部招聘也有很多独特的优势：

（1）新员工会带来不同的价值观以及新观点、新思路、新方法。外聘优秀的技术人才、营销专家和管理专家，他们将带给组织的"技术知识""客户群体""管理技能"等，往往都是无法从书本上直接学到的。

（2）外聘人才可以在无形中给企业原有员工施加压力，使其形成危机意识，以激发出斗志和潜能，共同促进企业的发展。

（3）外部挑选的余地很大，使企业能招聘到许多优秀人才，尤其是一些稀缺的复合型人才，这样还可以节省大量内部培养和培训的费用，并促进合理的、社会化的人才流动。

（4）外部招聘也是一种有效的信息交流方式，企业可以借此树立积极改革、锐意进取的良好形象。

当然，外部招聘也不可避免地存在着不足。例如，由于信息不对称，往往造成筛选难度大、成本高，甚至出现"逆向选择"；外聘的员工需要花费较长时间来进行培训和定位；可能挫伤有上进心的内部员工的积极性和自信心；可能引发内、外部员工的冲突等。

2）影响企业外部人力资源供给的因素

影响企业外部人力资源供给的因素是多种多样的，在进行人力资源外部供给预测时应考虑以下几个方面：

（1）宏观经济形势

宏观经济形势越好，失业率越低，劳动力供给越紧张，企业招聘越困难；宏观经济形势越差，失业率越高，劳动力供给越充足，企业招聘越容易。

（2）人口状况

人口状况是影响企业外部人力资源供给的重要因素，主要包括：

①人口总量和人力资源率

它们决定了人力资源供给总量。人口总量越大，人力资源率越高，则人力资源供给越充足。

②人力资源的总体构成

它主要包括人力资源的年龄、性别、教育、技能、经验等。这决定了在不同的层次与类别上可以提供的人力资源的数量与质量。

（3）劳动力市场的状况

劳动力市场，是指劳动力供应和劳动力需求相互作用的市场，即员工寻找工作、雇主寻找雇员的场所。它主要从以下六个方面来影响人力资源的供给：

①劳动力供应的数量。

②劳动力供应的质量。

③劳动力的职业选择。

④当地经济发展的现状与前景。

⑤雇主提供的工作岗位数量与层次。

⑥雇主提供的工作地点、工资、福利等。

（4）政府的政策法规

政府的政策法规是影响企业外部人力资源供给不可忽视的一个因素。各地政府为了各自经济的发展，为了保护本地劳动力的就业机会，都会颁布一些相关的政策法规。例如，不准歧视妇女就业；保护残疾人就业；严禁童工就业；制定员工安全保护法规；颁布从事危险工种保护条例等。

2.5 人力资源规划的制定

2.5.1 人力资源规划的内容

1）人力资源总体规划

人力资源总体规划是人力资源管理活动的基础。它是指在规划期内人力资源管理的总目标、总政策、实施步骤以及总预算的安排。

2）人力资源业务计划

它包括：人员配备计划、人员补充计划、人员使用计划、人员培训计划、绩效考评计划、薪酬激励计划、劳动关系计划和退休解聘计划等。每一项业务计划也都由目标、政策、步骤及预算等部分构成。这些业务计划是总体规划的展开和具体化，其执行结果应能保证人力资源总体规划目标的实现。另外，还应当注意人力资源各项业务计划之间的平衡。例如，人员补充计划与培训计划之间，人员薪酬计划与使用计划、培训计划之间的衔接和协调。当企业需要补充某类员工时，如果信息能及早到达培训部门，并列入培训计划，则这类员工就不必从外部补充。又如，当员工通过培训提高了素质，而在使用和薪酬方面却没有相应的政策和措施，就容易挫伤员工接受培训的积极性。人力资源规划的内容如表2-7所示。

（1）人员配备计划

人员配备计划表示企业中处于不同职位、部门的人员分布状况。企业中各个职位、部门所需要的人力资源都有一个合适的规模，而且人力资源的规模会随着环境的变化而变化。人员配备计划就是为了确定合适的人员规模以及相应的人员结构。

（2）人员补充计划

企业经常会因为各种原因而出现空缺的职位或新职位，如企业规模的扩大、人员的退休、辞职、解聘等。为了保证空缺职位和新职位能够得到及时的补充，企业就需要制订人员补充计划来获得所需的人力资源。

表2-7   人力资源规划的内容

计划类别	目　标	政　策	预　算
总体计划	总目标（绩效、人员总量和素质、员工满意度）	基本政策（扩大、收缩、保持稳定）	总预算：×××万元
人员配备计划	部门编制、人员结构优化、绩效改善	人员配备政策、任职条件	由人员总体规模变化而引起的费用变化
人员补充计划	人员类型、数量、层次对人力资源结构和绩效的改善	人员素质标准、人员来源范围、起点待遇	招聘、选拔费用
人员使用计划	后备人员数量保持、适人适位、职务轮换幅度、改善人员结构、提高绩效目标	人员晋升政策、晋升时间、职位轮换范围和时间、未提升人员的安置	职位变化引起的工资、福利等支出的变化
人员培训计划	人员素质及绩效的改善、培训类型与数量、提供新人员、转变员工劳动态度	培训时间的保证、培训效果的保证	教育培训总投入支出、脱产培训损失
绩效考核计划	增加员工参与、增进绩效、增强组织凝聚力、改善企业文化	绩效考评标准和方法、沟通机制	绩效考核引起的支出变化
薪酬激励计划	人才流失减少、士气提高、绩效改进	薪酬政策、激励政策、激励重点	增加的薪酬额预算
劳动关系计划	减少投诉和不满、降低非期望离职率、改进干群关系	参加管理、加强沟通	法律诉讼费和可能的赔偿费
退休解聘计划	劳动成本降低、劳动生产率提高	退休政策、解聘程序	人员安置费和重置费

（3）人员使用计划

人员使用计划包括人员晋升计划和人员轮换计划。晋升计划是根据企业的人员分布状况和层级结构，来制定人员的晋升政策。轮换计划是为了实现工作丰富化、激发员工的积极性和创造性、培养员工的多方面技能，而制定的大范围地对员工的工作岗位进行定期轮换的计划。

（4）人员培训计划

人员培训计划是在对企业所需知识和技术进行评估的基础上，制订有关员工培训工作的人力资源业务计划。企业根据人员培训计划对员工进行培训，一方面可以使员工更好地适应工作，为企业的发展储备后备人才；另一方面培训计划的好坏也逐渐成为企业吸引力的重要来源。

（5）绩效考核计划

绩效考核就是收集、分析、评价和传递有关个人在其工作岗位上的工作行为表现和工作结果等方面信息的过程。根据绩效考核结果可以决定人员任用、决定人员调配、进行人员培训、确定劳动报酬等，绩效考核还是对员工进行激励的有效手段，因此绩效考核计划是人力资源规划不可缺少的部分。

（6）薪酬激励计划

薪酬激励计划包括薪酬结构、工资总额、福利项目、激励政策、激励重点等。

（7）劳动关系计划

劳动关系计划是关于如何减少和预防劳动争议、改进劳动关系的计划。

（8）退休解聘计划

企业必须通过退休解聘计划来做好员工的退休工作和解聘工作，使员工离岗过程正常化、规范化。

2.5.2　人力资源规划的政策和措施

人力资源规划的政策和措施是人力资源规划的重要组成部分，它的作用是对人力资源供求进行综合平衡。人力资源供求预测结束后，往往会出现三种供求不平衡的结果：人力资源供大于求；人力资源供小于求；人力资源总量平衡，结构不平衡。出现供求不平衡的主要原因在于人力资源的供给和需求刚性，即管理人员对人力资源供给和需求影响的有限性。例如，市场需求变化无常，而企业的员工却无法时进时出，因为企业对员工的就业保障有许诺，这时便表现出明显的供给与需求刚性。所以对于以上三种不平衡的情况，必须分别制定相应的人力资源政策和措施予以调节。

1）人力资源供大于求

对于总量上的人力资源过剩，可以制定以下政策和措施进行调节：

（1）通过开拓新的企业生长点来吸收过剩的人力资源。例如，扩大经营规模、开发新产品、实行多元化经营等。

（2）进行员工培训，一方面，可以扩展员工的技能，增强他们的择业能力，鼓励员工自谋职业；另一方面，可以为企业的发展储备人力资源。

（3）减少工作时间，并随之降低工资水平。例如，用多个员工来分担过去一人就可以完成的工作，并相应地减少工资。

（4）裁员，即以强化企业竞争力为目的而进行的有计划的大量人员裁减。裁员是一种短期行为，可以降低劳动力成本，同时也可能降低员工士气，带来一些负面影响。但裁员仍不失为一种应对人员过剩的有效方法。

（5）提前退休计划，即通过制订提前退休激励计划来使老年员工自愿提前退休。通过该计划，一方面，可以减少老年员工较高的人工成本；另一方面，可以为年轻员工的发展提供机会。因而提前退休计划是一种调节人力资源供大于求的有效而明智的措施。但是，由于老年员工的经验和稳定性，因此，企业也不应该忽视该项计划可能带来的损失。

（6）合并或关闭某些臃肿的机构，以减少人力资源供给，并提高人力资源的使用效率。

2）人力资源供小于求

对于总量上的人力资源短缺，可以制定以下政策和措施进行调节：

（1）通过企业内部的人力资源的岗位流动，将相对富余的合格人员调往空缺岗位，以增加劳动力的供给。

（2）运用科学的激励手段，如培训、工作再设计等，来调动员工的积极性、主动性、创造性，提高劳动生产率，减少对人力资源的需求。

（3）提高企业的资本技术有机构成，提高员工的劳动生产率，相对地减少人力资源需求。

（4）延长员工的工作时间或增加工作量，并相应地提高工资。这种方法比较适用于人员短缺不严重，并且员工愿意的情况。如果过度的加班加点，则会引起员工的反对。

（5）雇用临时工。对于一些临时性的工作，企业可以采用雇用临时工的方法来应付人员短缺。这种方法可以保持企业生产规模的弹性，并可以减少人员福利成本和培训成本。但企业必须注重调节临时工与全职员工的关系，以防负面影响的发生。

（6）制定招聘政策。有计划地进行外部招聘可以满足企业内部某些职位的人员需要。

（7）外包，即企业将较大范围的工作整体承包给外部的组织去完成。通过外包，企业可以将任务交给那些更有比较优势的外部代理人去做，从而提高效率，减少成本，减少企业内部对人力资源的需求。

3）人力资源总量平衡，结构不平衡

结构上的人力资源不平衡是指某些职位的人员过剩，而另一些职位人员短缺。对于这种供求失衡，主要通过以下政策和措施进行调节：

（1）通过企业内部人员的晋升和调任，以满足空缺职位对人力资源的需求。

（2）对于供过于求的普通人力资源，可以有针对性地对其进行培训，提高他们的知识技能，使他们发展成为企业需要的人才，补充到空缺的岗位上。

（3）通过人力资源外部流动，来补充企业某些岗位的人力资源需求，并释放另一些岗位过剩的人力资源。

2.5.3　人力资源规划的制定

在收集相关信息、预测人力资源供求的基础上，就可以制定人力资源规划了。虽然各个企业的人力资源规划不尽相同，但是典型的人力资源规划应该包括以下基本内容，如表2-8所示。

1）规划的时间段

确定规划期的长短，并具体写明开始时间和结束时间。根据规划期的长短不同，人力资源规划可以分为战略性的长期规划（五年或五年以上）和作业性的短期计划（一年或一年以内）。人力资源部门在制定人力资源规划时，究竟是选择长期规划，还是选择短期计划，要取决于企业面临的不确定性大小。不确定性大小的影响因素与计划期长短的关系如表2-9所示。

2）规划的目标

确定规划的目标应遵循以下原则：

（1）规划的目标要与企业整体目标紧密联系起来。因为人力资源规划是企业整体规划的有机组成部分，所以人力资源规划的目标必须服从于企业整体目标。

（2）规划的目标要具体明确，不要泛泛而谈。

（3）规划的目标要简明扼要，以便于理解和记忆。

表 2-8 人力资源规划范本

人力资源规划
1.规划的时间段
2.规划的目标
3.目前情景分析
4.未来情景分析

5.具体内容	执行时间	负责人	检查人	检查日期	预算
(1)					
(2)					
(3)					
(4)					
⋮					

6.规划的制定者
7.规划的制定时间

表 2-9 不确定性与规划期长度的关系

短期计划:不确定/不稳定	长期规划:确定/稳定
很多新竞争者 社会经济条件迅速变化 不稳定的产品/服务需求 变动的政治和法律环境 企业规模比较小 管理水平落后(危机管理)	强大的竞争地位 社会、政治和技术渐进变化 稳定的产品/服务需求 强大的管理信息系统 管理水平先进

3)目前情景分析

主要是指在收集信息的基础上,对企业现有的人力资源状况进行分析,作为制定人力资源规划的依据。

4)未来情景分析

主要指在收集信息的基础上,在规划的时间段内,预测企业未来的人力资源供求状况,进一步指明制定人力资源规划的依据。

5)具体内容

这是人力资源规划的关键部分,涉及人力资源的总体规划和各项具体的业务规划。每一方面都要包括以下几项内容:

(1)具体内容。要表达得十分具体,比如在进行招聘时,不仅要写明招聘人员,而且要详细写明××公司招聘××位××人才。

(2)执行时间。写明从执行开始到执行结束的具体日期,例如:20×6年7月1日至20×7年6月30日。

（3）负责人。写明负责执行该具体项目的人员，如人力资源部经理赵丹女士。

（4）检查人。写明负责检查该项目执行情况的人员，如人力资源管理副总裁林峰先生。

（5）检查日期。写明具体的检查日期与时间，如20×7年7月1日上午8点。

（6）预算。写明每项内容的具体预算，如人民币×万元整。

6）规划制定者

人力资源规划的制定者既可以是人力资源部，也可以是其他人员，如高层管理人员、其他职能部门管理人员以及人力资源专家等。同时既可以是一个人，也可以是一个群体。

7）规划制定的时间

它是指规划正式确定的日期，如董事会通过的日期、总经理批准的日期、总经理工作会议通过的日期等。

本章小结

人力资源规划是指一个企业为实现中长期发展战略目标，在对企业人力资源现状与未来供求进行科学分析的基础上，通过制定相应政策措施，使恰当数量的合格人员在合适的时间进入合适的工作岗位，与企业预期的空缺相匹配，使企业和个人都获得长期利益的系统。

人力资源战略是企业为实现公司战略目标而在雇佣关系、甄选、录用、培训、绩效、薪酬、激励、职业生涯管理等方面所做决策的总称。人力资源战略是一种集成，它与公司战略、经营单位战略、其他职能战略纵向整合，并与自身内部的各环节横向整合。人力资源战略是由人力资源战略管理方法发展而来的，人力资源规划是人力资源战略的一个组成部分。

战略性人力资源管理规划，吸取了现代企业战略管理研究和战略管理实践的重要成果，遵循战略管理的理论框架，高度关注企业战略层面的内容。一方面把传统意义上聚焦于人员供给和需求的人力资源规划融入其中，另一方面更加强调人力资源规划和企业的发展战略相一致。战略性人力资源规划是在对内外部环境理性分析的基础上，明确企业人力资源管理所面临的挑战以及现有人力资源管理体系的不足，清晰地勾勒出与企业未来发展相匹配的人力资源管理机制，并制定出能把目标转化为行动的可行措施以及对措施执行情况的评价和监控体系，从而使人力资源战略形成一个完整的战略系统。

人力资源规划是企业制定战略目标的重要依据，是企业满足组织发展对人力资源需求的重要保障，是企业有效控制人工成本的重要工具。科学的人力资源规划有助于满足员工需求和调动员工的积极性。

人力资源规划有以下主要目标：一是要防止人员配置相对过剩或不足；二是要保证组织在适当时间、地点有适当数量的且具有必备技能的员工；三是要确保组织对外部环境变化做出及时并且适当的反应；四是要为组织的人力资源活动提供方向和工作思路；五是要将业务管理人员与职能管理人员的观点结合起来。

在确定了制定人力资源规划的任务、指导思想和原则的基础上，人力资源规划的制定与实施大体可分为以下阶段：收集研究相关信息阶段、人力资源供求预测阶段、总体规划与业务规划制定阶段、人力资源规划执行阶段。

一般来说，人力资源需求的预测方法可分为两大类：定性分析预测法和定量分析预测法。定性分析预测法包括：管理人员判断法、德尔菲法。定量分析预测法包括：趋势分析法、回归分析法、比率分析法、任务分析法和生产函数预测法。

人力资源供给预测包括两个方面：企业内部人力资源供给预测和企业外部人力资源供给预测。对企业内部人力资源供给预测，有人员接续计划、管理人员晋升计划和马尔可夫模型等。企业外部人力资源供给的来源主要包括各类学校毕业生、转业退伍军人、其他企业流出人员和失业人员等。随着社会主义市场经济体制的确立，各地劳动行政主管部门建立了许多劳动力中介机构，这些机构经常向社会发布劳动力供求信息，这些信息是企业预测外部劳动力供给的重要依据。

人力资源规划的制定工作是由一个专门的工作小组完成的，这个小组通常由公司总裁或分管人事的副总裁直接领导，协调各部门，以利于协同工作。该小组的工作内容包括：收集相关信息，预测人力资源供求，起草及修改规划文件，呈企业高层领导审核批准。

人力资源规划是人力资源管理中的一个重要组成部分，可分为两大类：人力资源总体规划与人力资源业务规划。其中，人力资源业务规划包括人员配备计划、人员补充计划、人员使用计划、人员培训开发计划、绩效考核计划、薪酬激励计划、劳动关系计划和退休解聘计划等。

本章案例

达新公司发展中的艰难抉择

重庆达新汽车零部件有限责任公司（以下简称达新公司）系 WL 集团和 SL 集团两大在各自行业内全球排名第一的上市公司共同投资组建的汽车钣金零部件企业。其业务范围包括前后车身纵梁总成、车门车框、顶盖外覆盖件等，主要客户 CF 汽车公司为国内知名的中外合资汽车生产商。达新公司与 CF 的合作是自 2011 年成立以来开始的，目前有 CF 的在产 6 个车型的 200 多个大小零部件的量产业务，CF 生产的汽车 50% 都有达新公司生产的零部件。

伴随 CF 的发展，达新公司也迎来一个飞速发展时期。从 2011 年至 2017 年，达新自贸易公司转型，通过新项目向政府购地建设新工厂，股东对于达新公司管理层的经营能力和达新未来的发展充满信心。至 2017 年年底，达新投资 5.8 亿元的新工厂基本建成。新工厂引进了激光切割机、多工位压力机、热成型线等高新技术设备，所有设备于 2018 年 2 月前完成安装及调试。同年，达新公司通过竞标，又拿到了 CF 汽车公司未来 4 个新车型大多数主要零部件的生产权，其中包括国内先进的一些热成型件和标志着达新走入新业务范畴的外覆盖件。对于 2017 年达新的成绩单，股东都非常满意，对于达新经营团队提出的追加投资异地开建新工厂和在现有新工厂内追加投资设置新生产线，股东都表示了认可，只待 2018 年 2 月原有规划的设备调试完成就开始进入正式筹建阶段。

2018 年 3 月，达新公司三个工厂的功能分配为：两个老工厂生产原有项目和老车型，待 CF 的新老车型交替后逐步过渡，2021 年将根据生命周期全部被新工厂的新项目替代。在此期间，老项目利润可以支撑新项目量产后的投资摊销，新工厂量产后的产量有一定的不可预测因素，故提前布局了后续的现金流来源。投资 5.8 亿元的新技术生产线的设备调试完成，生产产量根据 CF 的订单，在 7 月前完成制样交样后，将于 9 月进入量产，产量预计 9 月 7 万台套，此后逐月上升，12 月达 10 万台套。

达新公司的总经理凤总是个胆大心细的人，对 CF 公司有自己独特的见解。2017 年的年会上，凤总提出，CF 公司由于新老产品更新太慢，老产品在 2019 年产量可能会突减，而 CF 公司的新产品虽然在 2018 年下半年进入量产，但由于研发时间太长，以致目前市场上已开始出现了 CF 新车型 M 型车的竞争车型，故 CF 之前的订单预测未必准确，很可能在交替期出现断档式销量下滑，达新公司要准备好在 2018 年下半年至 2019 年进入行业冬季，必须在 2018 年下半年完成达新的人员瘦身计划并灵活运用外包，以降低成本。

凤总给经营团队提出了要求，2018 年要在 2017 年的基础上进一步提升效率，并进一步提高自动化生产比率，以减少订单下滑时的人工成本。在2017年新工厂尚未建成前，达新公司的自动化生产比率为20%，人工占比80%，从成本上看，在产量超过月均4万台的时候，人工占比70%，盈利能力尚可，但如果产量低于4万台套，则必须通过降低人工支出来降低成本，否则设备能耗+管理费用+制造费用太高，会出现没有盈利甚至亏损的情况。

2018年3月，CF的订单出现下滑，从2017年12月前稳定的8万，逐步减少至4万台套/月。经营团队在具有风险意识的凤总的领导下，2018年1月起就已经开始实施人工自动化的更替计划和人员减员外包计划，即使下滑至4万台套/月时，达新的盈利能力仍然维持较高水平，且人工成本得到了很好的控制。1—5月，达新公司实现了预期的利润目标。这样的利润目标使凤总认为自己的决策没有问题，而CF公司的订单已经历过一次下滑，CF公司也没有出现任何财务风险的迹象，余下的订单量应该是稳定的。

令凤总没有想到的是，7月CF公司的订单为1万台。从3万台到1万台，对这种跳水式下滑情况，凤总有前所未有的危机感。公司按照3万台订单布置的人力，出现了倍数的冗余，而必要的摊销固定费用和开办费用占比太大，7月的亏损几乎已成定局。然而，8月呢？9月呢？根据市场对CF公司的实际认可程度，新项目投产预期是否也要大打折扣？而现在正在申报筹建的新项目、新投资是否会因为股东失去信心而停摆？新工厂量产开始后，摊销费用巨大，老项目和新项目的量不够，营收不足以支撑的话，持续亏损，股东亦不会再同意新生产线投入。如果不投新线，不筹建异地新工厂，那么达新不仅当下亏损，5年后亦不会再有新的订单（原有老产品周期在2020年几乎全部停止订单自然消亡，新项目生命周期5年）。如何守住盈亏的平衡点？这是一个亟待解决的问题。

凤总明白这次的财务危机问题出在哪里，自己或许对这笔订单有点过度自信，但是生产成本已经按原有的订单量部署下去了，这些已经产生的成本是没有办法再收回来了，那么该从哪里下手，进行成本的缩减，减轻这次财务危机所带来的损失呢？在短暂的思考之后，她提出应对方案，进行大规模瘦身——裁员，以减轻7月的亏损情况，应对即将到来的8月暑期行业淡季。

当天下午，凤总便召集公司各个部门的总监开了一次紧急会议。为了应对这次突如其来的危机，将亏损减至最轻，以此来向股东方传递管理层的经营决心，争取股东信任。凤总认为减员降薪是必需要有的姿态。她让财务提出了基于新的1万台低产量的预算——如果要保持不亏损，除了更好的排产外，人工成本总额必须在原有基础上降50%。"公司的现状就是这样，如果要顺利渡过这次难关，各个部门都要做出牺牲，我希望在这个星期之内，每个部门都能拿出一份人工成本降低50%的方案给我。"

"50%！我部门办不到！"这个数据一出，会议室里的技术部门总监叶铭首先喊出来。凤总回应："哪位总监办不到，就第一个回家去，反省！"叶总叹了一口气，缓缓说道："公司现在出现经营困难，减员降薪都可以理解，但是对于我们技术部门，核心骨干以上的薪酬本身就较高，而普通员工低，成本总额在原有基础上降50%就意味着实际的减员就不止50%了，除非既减员又降薪；但是如果减员又降薪，那么很多表现好的，为后面新项目和公司发展储备的人才很快会流失，在岗人员也将损失工作的激情。那等9月份新项目上量怎么办？新项目筹建怎么办？新的开发任务怎么办？为了短暂的利润，放弃长远的人才储备，我不赞同。这样的决策一旦实施，公司的确可以在近两个月保住不亏，却是以整个公司未来3~5年发展的人才储备为代价，流失掉真正的好员工和储备的骨干力量。几个月的利润不算什么，只要有人才，有技术，不愁拿不到订单啊！"

经过反复沟通和讨论，各部门达成了一致意见，做出了部分部门减员率20%、7月产量下降后总薪资下降10%的初步方案。同时，将节省下来的成本全部移作销售部门激励机制的奖金，并制定当月15 000台的销售指标。在此基础上，所有管理层对目前公司各部门的功能进行重新整合，删除不涉及保供和生产的环节，尽量削减低附件值和不直接产出利润的岗位。这个办法既保证了凤总对利润的要求，又实现了叶总对人才的挽留，在不牺牲公司未来的前提下赢得股东的信任，取得投资追加，也为长远发展奠定了资金基础。这确实是目前能想到的最好的办法了。

但是副总经理宁毅认为这个办法只能解决燃眉之急。如果考虑公司长远的发展，还需要制定一个更为详细的策略。无论是减员降本还是人才储备，都是企业发展中必定会遇到两难问题，而如何在这样的两难问题中找到第三条路径，则需要经营层更多的思考。眼前的成本难关 Vs 未来的人才储备，何去何从。宁毅望望窗外的湛蓝天空，心中万千感慨。

资料来源　吴雨融，钟廷勇，张先玲．进退两难——达新公司发展中的艰难抉择 ［EB/OL］．［2020-08-01］．https：//www.cmcc-dut.cn/Cases/Detail/4584.

思考题：

（1）达新公司面临怎样的艰难抉择？产生艰难抉择的原因是什么？

（2）企业如何通过人力资源规划避免达新公司的困境？

复习思考题

1.什么是人力资源规划？制定人力资源规划的必要性和作用是什么？

2.影响人力资源规划的因素有哪些？

3.制定人力资源规划的程序是什么？

4.预测人力资源供给和需求的方法有哪些？

5.平衡人力资源供求的政策和措施是什么？

第 3 章

工作分析

通过本章的学习，了解和掌握工作分析的含义及进行工作分析所需要的信息；工作分析的重要性；掌握工作分析的主要方法；能够编写工作说明书。

3.1　工作分析的意义

3.1.1　工作分析的基本术语

在说明工作分析之前，首先要明确工作的定义。而要明确工作的定义，又要先明确任务、职责、职位的定义。在人力资源管理中，这些术语在专业上是有严格定义的，有的与人们通常意义上的理解并不相同。

任务，指为达到某一目的所进行的活动。如工人加工工件，打字员打印一份文件都是一项任务。

职责，指个体在工作岗位上需要完成的一项或多项任务。如教师的职责之一是上课，这一职责由下列任务组成：备课、讲课、答疑、批改作业、命题、阅卷、评定成绩。打字员的职责包括打字、校对、打印文件、简单维修机器等任务。

职位，指根据组织目标为个人规定的一组任务及相应的职责。职位与个体是一一对应的，即有多少职位就有多少人，二者数量相等。例如，为了使企业生产的产品在市场上有一定的影响力及一定的市场份额，需要设置营销员、营销经理等职位。其中，营销员负责广告宣传、公共关系推广、销售促进等任务，各自对所承担的任务负责；营销经理完成营销管理各方面的协调、指导、监督和指挥任务，对整个营销工作的效果负责。

工作，也称职务，指一组主要责任相似或相同的职位。例如，如果某个生产组有六个铣工，他们使用的铣床完全相同，按同样的图纸进行完全相同的加工，那么这个生产组共有六个职位，一项工作。当然也有一个职位就是一项工作的时候，如总经理既是一个职位又是一项工作。

通常，职位与工作是不加区分的。但是职位与工作在内涵上是有很大区别的。职位是任务与职责的集合，是人与事有机结合的基本单元；而工作则是同类职位的集合，是职位的统称。一般地说，在进行工作分析时，政府机关多用"职位分析"一词，因为政府部门一个职位是一项工作的情况较为普遍。在工商企业，由于多个职位是一项工作的情况较为普遍，因此多用"工作分析"一词。职位不随人员的变动而改变，当某人的职务发生变化时，是指他所担任的职位发生了变化，即组织赋予他的职责发生了变化，但他原来所担任的职位依旧是存在的，并不因为他的离去而发生变化或消失。

3.1.2　工作分析的定义

工作分析是对组织中某个特定职务的设置目的、任务或职责、权力和隶属关系、工作条件和环境、任职资格等相关信息进行收集与分析，并对该职务的工作做出明确的规定，且确定完成该工作所需的行为、条件、人员的过程。工作分析的结果是形成工作说明书和工作规范。简单地说，工作分析就是确定某一工作的任务和性质是什么，以及哪些类型的人（从技能和经验的角度来说）适合被雇用来从事这一工作。工作说明书主要指明了工作的内容是什么，工作规范则明确了雇用什么样的人来从事这一工作。工作分析是人力资源开发与管理中必不可少的环节，是人力资源开发与管理的基础，与人力资源的开发、报酬、整合及调控等工作有密切的关系。

3.1.3 工作分析的目的

工作分析的目的是了解工作的性质、内容和方法，以及确定从事该项工作需要具备的条件和任职资格。工作分析可以为解决以下问题提供答案：

（1）员工需要完成什么样的工作？

（2）此项工作将在什么时候完成？

（3）此项工作将在什么地方完成？

（4）如何完成此项工作？

（5）为什么要完成此项工作？

（6）完成此项工作需要具备哪些条件？

3.2 工作分析的信息与过程

3.2.1 工作分析信息的种类

为了成功地完成工作分析，需要相当多的信息，通常包括以下几类信息，如表 3-1 所示。

表 3-1　　　　　　　　　　　工作分析中需要收集的信息

1. 工作活动
① 工作活动和过程，如清洁活动
② 活动记录，如列出活动清单
③ 所采用的程序
④ 个人责任
2. 工作中人的行为
① 人的行动，如感知、沟通
② 针对方法分析的基本动作
③ 工作对身体的要求，如体力耗费
3. 所采用的机器、工具、设备和辅助工作用具
4. 与工作相关的有形和无形的内容
① 所涉及或应用的知识，如会计知识
② 加工的原材料
③ 制造的产品和提供的服务
5. 工作业绩
① 错误分析
② 工作标准
③ 工作计量，如完成任务的时间
6. 工作环境
① 工作日程表
② 工作物理环境
③ 组织和社会的环境
④ 物质和非物质奖励
7. 工作对个人的要求
① 个人特性，如个性、兴趣爱好、生理特征和人格品行等
② 所需要的学历和培训程度
③ 工作经验

3.2.2　工作分析的作用

在瞬息万变的工作环境中，一个适当的工作分析体系是至关重要的。工作分析是预测人力资源需求、制定人力资源规划的基础。仅仅知道企业需要 200 名工人在新的生产线上生产产品是不够的，还应该知道每项工作都需要不同的知识、技能和能力，每项工作具有不同的工作要求，因此首先要进行工作分析。

如图 3-1 所示，通过工作分析所获得的信息，实际上成为具有内在联系的几种人事管理活动的基础。

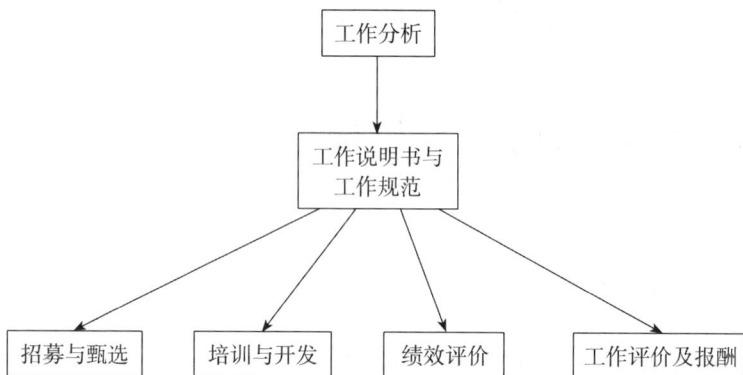

图 3-1　工作分析所获信息的应用

1）招募与甄选

雇主的招聘与挑选的实践试图识别和雇用最适合的求职者。工作分析所提供的信息包括工作的任务和性质以及具备何种条件的人才能完成这些工作任务。这些与工作说明书和工作规范有关的信息实际上决定了需要招聘和选择什么样的人来从事此种工作。如果招聘者不清楚某种工作的任职资格，则招聘来的人很有可能并不适合此种工作。

2）培训与开发

公司可以使用工作分析的信息评估培训的需要以及开发和评价培训的方案。工作分析能够识别一个员工必须完成的任务，通过绩效评估过程，主管人员可以识别哪些任务已被恰当地完成以及哪些任务完成得不恰当，进而确定那些不恰当地被完成的任务能否通过培训加以矫正。工作分析以及作为工作分析结果的工作说明书与工作规范也显示出了工作本身要求员工具备哪些知识、技能或能力，如果在该职位的员工不具备所要求的条件，则对员工的培训和开发就是必要的了。依据工作说明书和工作规范，自然能够了解要对员工进行何种培训。

3）绩效评价

绩效评价过程就是将员工的实际工作绩效同要求其达到的工作绩效标准进行对比的过程。工作分析提供的关于工作内容和绩效标准的信息是企业各项工作任务完成的标准，对员工的工作绩效评价应依据员工完成工作说明书中规定的职责的好坏来进行。如果对员工的绩效评价依据的不是工作说明书中包括的因素，则这种评价在很大程度上带有不公正性。

4）工作评价及报酬

工作分析所得信息可以用来确定工作的相对价值，进而确定对该项工作支付的报酬。一般来说，工作的职责越重，要求的知识、技能和能力越多，工作的相对价值越大。工作的相对价值又是确定报酬的重要依据，一般二者呈同向变化。另外，报酬（如工资和奖金）通常都是同工作本身要求工作承担者所具备的技能、教育水平、能力以及工作中可能会出现的危害人身安全的因素等联系在一起的，而所有这些因素必须通过工作分析才能确定。

此外，工作分析在很多方面也起到重要作用。当企业要解聘现职人员时，可以工作说明书为依据，说明该员工不能胜任其工作的理由。工作分析提供的各职位的职责信息，可以方便授权，使各级人员在自己的职责范围内负起责任来，避免遇事不论大小层层请示的现象发生。工作说明书和工作规范中反映的工作的危险性，在考虑安全与健康问题时具有重要作用。通过工作分析，可以检查各职位之间的工作内容是否重复，各职位的工作负荷是否均衡，各项工作流程是否合理，从而对组织结构和工作流程进行必要的调整。工作分析还可以挖掘一些被忽略了的工作职责，确保所有必须完成的工作任务都确定无疑地被分配到各个特定的职位上去。企业也需要工作分析的信息为有关晋升、调动和降级等人事决策提供依据，工作说明书提供了一个比较个人才干的标准。可以这样说，工作分析所提供的信息影响着人力资源管理方方面面的活动。

3.2.3 工作分析的过程

工作分析是对工作进行全面评价的过程，这个过程可以分为四个阶段：准备阶段、调查阶段、分析阶段和完成阶段。

1）准备阶段

准备阶段是工作分析的第一个阶段，主要任务是了解情况，确定样本，建立关系，组成工作小组。具体工作如下：

（1）确定工作分析信息的用途。首先，要明确工作分析所获得的信息将用于何种目的。这是因为工作分析所获得信息的用途直接决定了需要收集何种类型的信息，以及使用何种技术来收集这些信息。有些技术如对在工作岗位上的员工进行访谈，让他们说出自己所从事的工作的任务以及他们自己所负有的责任，对于编写工作说明书和为空缺岗位甄选员工是极为有用的。而另外一些分析技术如职位分析问卷法则不能提供上面所述的描述性信息，但可以运用职位分析问卷法得出的结果对工作进行对比，以确定各种工作的相对价值，进而确定此种工作的报酬（各种工作分析的方法将在下一节中详细介绍）。

（2）组成由实际承担工作的员工、承担工作员工的直接上级主管以及工作分析专家参加的工作小组来收集工作分析信息。利用现有的文件与资料，如组织结构图、工作流程图、岗位责任制、工作日记等对工作的主要任务、主要职责、工作流程进行分析总结。如果有现成的工作说明书，则它将成为审查并重新编写工作说明书的一个很好的起点。工作分析小组可以提出原来的工作说明书中存在的不清楚、模棱两可的问题或对新的工作说明书提出拟解决的主要问题。

（3）确定调查和分析对象的样本，选择有代表性的样本进行分析。当需要分析的工作很多但它们又比较相似的时候，对工作进行逐个分析必然非常耗费时间。此时，选择典型的工作进行分析显然是必要且可行的。

2）调查阶段

调查阶段是工作分析的第二个阶段，主要任务是收集工作分析的信息。通过收集有关工作活动、工作对员工行为的要求、工作条件、工作环境、工作对员工个人的要求等方面的信息，来进行实际的工作分析。分析的工作不同，所采取的方法也不同，通常可以结合多种方法进行分析。具体工作如下：

（1）编制各种调查问卷和调查提纲。

（2）到工作现场进行现场观察，观察工作流程，记录关键事件，调查工作必需的机器、工具、设备，考察工作的环境。

（3）对主管人员、承担工作的员工进行广泛问卷调查，并与主管人员、"典型"员工进行面谈，收集有关工作的特征及需要的各种信息。

3）分析阶段

分析阶段的主要任务是对有关工作特征和工作人员特征的调查进行全面的总结分析。工作分析提供了与工作的性质和功能及任职资格有关的信息，而这些信息只有与从事这些工作的员工及他们的直接主管人员进行核对才有可能不出现偏差。这一核对工作有助于确保工作分析所获得的信息的正确性、完整性，同时也有助于确定这些信息能否被所有与被分析工作相关的人所理解。具体工作如下：

（1）仔细审核、整理获得的各种信息。

（2）创造性地分析、发现有关工作和员工的关键成分。

（3）归纳、总结工作分析的必需材料和要素。

4）完成阶段

这是工作分析的最后阶段。前三个阶段的工作都是为此阶段工作奠定基础的。此阶段的主要任务是依据前三个阶段所得材料编制工作说明书与工作规范。在本章第1节中已经提到过，工作说明书主要指明了工作的内容是什么，工作规范则指明了需要雇用什么样的人来从事这一工作。有时候，工作说明书和工作规范分成两份文件来写，有时候则合并在一份工作说明书中。具体工作如下：

（1）根据所得信息草拟工作说明书与工作规范。

（2）将草拟的工作说明书和工作规范与实际工作对比，根据对比结果决定是否需要再次调查研究。

（3）修正工作说明书与工作规范。

（4）若有必要，可重复（2）、（3）的工作，对待特别重要的职位，可重复修订工作说明书及工作规范。

（5）形成最终的工作说明书和工作规范。

（6）将工作说明书应用于实际工作中，并对其不断完善。

（7）对工作分析工作本身进行总结评估，将工作说明书和工作规范存档，为今后的工作分析工作提供经验与信息基础。

3.3 工作分析的方法

对工作任务、职责和活动等方面的信息进行实际的收集时，可以运用多种技术来收集这些资料，在实际中，可以根据企业工作分析的目的来选择一种进行分析，也可以将几种技术结合起来使用。西方发达国家经过工作分析专家与企业的共同努力，已经形成许多较为成熟的方法。我国在工作分析方面，尚处于起步阶段，许多企业往往只限于岗位规范的规定，还不是真正意义上的工作分析。现将西方国家较为成熟的工作分析方法做一个简单的介绍。

3.3.1 定性的工作分析方法

1）实践法

实践法指的是分析人员亲自从事所需研究的工作，由此掌握工作要求的第一手资料。这种方法的优点是可以明确地了解工作的实际任务和体力、环境、社会方面的要求，适用于那些短期内可以掌握的工作；缺点是不适用于需要进行大量训练和危险的工作。

2）观察法

观察法指分析人员从旁观察员工的工作活动，并用文字或图表形式记录下工作过程、行为、内容、特点、工具、环境等，然后进行分析与归纳总结。这种方法主要用来收集强调人工技能的那些工作信息，像门卫、流水线上的作业工人所做的工作。

（1）观察法的优缺点

通过直接观察员工的工作，分析人员能够比较全面、深入地了解工作要求，适用于那些工作内容主要是由身体活动来完成的工作。而且采用这种方法收集到的多为第一手资料，排除了主观因素的影响，比较客观、准确。但观察法也有其自身的缺点：首先，它不适用于工作周期较长和以脑力劳动为主的工作，如设计师、精算师的工作。其次，它不宜观察紧急而且非常重要的工作，如急救护士的工作。再次，观察法工作量太大，要耗费大量的人力和财力，时间也过长。有关任职资格方面要求的信息，通过观察法也难以获得。此外，有些员工对于观察法难以接受，因为他们会感到自己正在受到监视甚至威胁，所以会在内心对分析人员产生反感，同时也可能导致动作变形。因此，在使用观察法时，应将分析人员以适当的方式介绍给员工，便于分析人员被员工所接受。

（2）观察法的使用原则

①被观察的员工的工作应相对稳定，即在一定时间内，工作内容、程序、对工作人员的要求不会发生明显的变化。

②适用于大量标准化的、周期较短的工作，不适用于包含了许多难以测量的脑力活动的工作以及偶然发生的重要工作。

③不能只观察一名任职者的工作，应尽量多观察几名，然后综合工作信息。同时注意要选择有代表性的样本。

④观察人员尽可能不干扰被观察员工的工作。

⑤观察前要有详细的观察提纲，以使观察及时、准确（如表3-2所示）。

观察法通常与访谈法结合使用。两者结合的一种方式是：首先对员工在一个完整工作周期中所完成的工作进行观察，并把所观察到的工作记录下来（工作周期是指完成工作所需要的时间：对于一位流水线上的工人来说它可能是一分钟，而对于从事复杂工作的员工来说则可能是一小时、一天或更长时间）。然后，到积累了足够多的信息的时候

表3-2   工作分析观察提纲（部分）

被观察者姓名：	日期：
观察者姓名：	观察时间：
工作类型：	工作部门：

观察内容：

1.什么时候开始正式工作？

2.上午工作多少小时？

3.上午休息几次？

4.第一次休息时间从＿＿＿＿＿＿到＿＿＿＿＿＿

5.第二次休息时间从＿＿＿＿＿＿到＿＿＿＿＿＿

6.上午完成产品多少件？

7.平均多长时间完成一件产品？

8.与同事交谈几次？

9.每次交谈约多长时间？

10.室内温度为＿＿＿＿＿＿摄氏度

11.上午抽了几支香烟？

12.上午喝了几次水？

13.什么时候开始午休？

14.出了多少次品？

15.搬了多少次原材料？

16.工地噪声为＿＿＿＿＿＿分贝

再同员工面谈。由于员工在被观察过程中往往会受到鼓舞，因此他们愿意就工作分析人员所不懂的要点进行解释，并会说明一些分析人员还没有观察到的工作活动。两者结合的另一种方式是：在员工工作时，一边进行观察一边访谈，二者同时进行。不过在通常情况下，最好等到员工结束工作后再进行访谈，这样可以使分析人员有充分的机会在不受影响的情况下进行观察，同时也避免了干扰员工工作，降低了他们因焦急而不按常规操作的可能性。

3）访谈法

对于许多工作，分析人员不可能实际去做（如飞行员的工作）或者不可能去观察（如设计师的工作），在这种情况下，需要请员工讲述他们自己的工作目标、工作内容、工作的性质与范围及所负的责任等。与观察法一样，访谈时也应使用标准格式来收集资料，这样才能使所有的问题和回答限制在与工作有关的范围内。更重要的是，使用标准格式便于比较调查过程中不同的人反映的情况。

在收集工作分析信息时，可以使用以下三种访谈法：个人访谈法、群体访谈法和主管人员访谈法。个人访谈法适用于各个员工的工作有明显差别、工作分析时间又比较充分的情况；群体访谈法适用于多名员工做同样工作的情况。需要注意的是，在进行群体访谈时，应让这些工作承担者的上级主管人员在场。如果主管人员当时不在场，事后也应请主管人员谈一谈他对于被分析工作中所包含的任务和职责持有何种看法；主管人员访谈法指同一个或多个主管人员面谈。因为主管对工作内容有相当多的了解，主管访谈法可减少工作分析时间。采用访谈法时，必须使被访者明确访谈的目的。由于访谈常常被误解为对员工的绩效评价，若被访者是这样理解的话，他们往往不愿意对他们自己或他们下属的工作进行较为准确的描述。

（1）访谈法的优缺点

访谈法适用面广，通过与工作承担者面谈，员工可以提供从任何其他来源都无法获得的资料，特别是平常不易观察到的情况，使分析人员了解到员工的工作态度和工作动机等较深层次的内容。此外，访谈还为组织提供了一个良好的机会来向大家解释工作分析的必要性及功能。访谈也可以使被访者有机会释放因受到挫折而带来的不满。最后，访谈法还是一种相对来说比较简单但却十分迅速的信息收集方法。

访谈法的最主要问题是收集上来的信息有可能是被扭曲的。由于员工可能对访谈人员及访谈动机持怀疑态度（他们常常将工作分析看成是工作绩效评价，并且认为这种"工作绩效评价"会影响到他们的报酬），加上访谈人员可能会问一些含糊不清的问题，从而使信息失真（或因误解，或因有意扭曲事实），被访者可能会强化或弱化某些职责。为了避免这种情况，分析人员可以使用集体面谈法或先与员工面谈，然后再与员工的直接上级主管接触，获得其他信息，以检验从员工那里获得的信息的准确性。

（2）访谈准则

为了使访谈法取得成功，工作分析人员应注意以下细节问题：

①应与主管人员密切配合，从而找到最了解工作内容、最能客观描述职责的员工。

②必须尽快与被访者建立融洽的关系。其要点包括：知道对方的名字；尽量避免使用专业术语，应用通俗的语言交谈；简单介绍访谈的目的；解释挑选他们做访谈对象的原因等。

③在访谈过程中，应该只是被动地接受信息。在与员工有不同看法时，不要与之争论；若员工对主管人员进行抱怨，也不要介入；不要流露出对工资待遇方面有任何兴趣，以免员工夸大自己的职责；不要对工作方法和组织的改进提出任何批评和建议，以免招致员工对组织的反感情绪。

④当完成工作任务的方式不是很有规律时，应要求任职者按照任务的重要性大小和发生频率的高低将它们一一列举出来，以防止遗漏那些虽然是偶然发生但却十分重要的任务。

⑤应事先准备一份完整的问题提纲，并留出空白供员工填写。重要的问题先问，次要的问题后问，让对方有充分的时间作答。最后还可以请对方对问题提纲进行补充。

⑥访谈结束后，还要对所得资料进行检查和核对。将收集到的资料请任职者和他的

直接上级主管仔细阅读一遍，做适当的修改和补充。

访谈法是工作分析中大量运用的一种方法，访谈中既可以提一些结构性的问题（如与工作经历有关的问题），也可以提一些开放性的问题（如谈谈你所在职位的主要职责）。典型的提问方式如：

你所做的是一种什么工作？

你所在职位的主要职责是什么？

你的工作环境与别人有什么不同？

做这项工作所需具备的文化程度、工作经历、技能是怎样的？它要求你必须具有什么样的文凭或工作许可证？

你真正参与的活动有哪些？

你的工作环境和工作条件是怎样的？

工作对身体的要求有哪些？工作对情绪和脑力的要求有哪些？

工作对安全和健康的影响如何？

在工作中你有可能受到身体伤害吗？你在工作时会暴露于非正常的工作条件之下吗？

运用访谈法进行工作分析时可以提出的问题远不止这些。一般认为，最富有成效的访谈是依据一张结构合理且可以加以核对、对比的问卷来进行的。这种问卷如表3-3所示。分析人员在运用这种问卷收集资料时，既可以应用前面已讲述过的观察法来观察实际工作情况并自行填写问卷，也可以应用下面所讲的问卷调查法，即先由任职者填写问卷，然后由工作分析人员来加以整理。访谈法通常不单独使用，而是与观察法、问卷调查法相结合。

4）问卷调查法

这是工作分析中最常用的一种方法，也是获取工作信息的一种较好的方法，就是让员工通过填写问卷来描述其工作中所包括的任务和职责。问卷法适用于脑力工作者、管理工作者或工作不确定因素很大的员工，比如软件开发人员、行政经理等。问卷法比观察法更便于统计和分析。工作分析问卷见表3-3。

（1）问卷调查法的形式及特点

问卷通常包括结构化问卷、开放式问卷两种。结构化问卷由分析人员事先准备好的项目组成，代表了分析人员希望了解的工作信息。问卷回答者只需要在问卷项目后填空、选择或对各个项目进行分数评定。回答结构化问卷简单、明确，不占用任职者太多时间，但回答方式比较呆板，不允许回答者有发挥的余地。如果问卷中有的项目表达模糊或不切实际，回答者也只能勉强作答或空着不答。开放式问卷让回答者用一段话表达自己的意见，这就给他们提供了发表不同看法的机会，如"请叙述工作的主要职责"。最好的问卷介于两者之间，既有结构化问题，也有开放式问题。

（2）问卷调查法的优缺点

问卷调查法有许多优点：第一，它能够从许多员工那里迅速得到进行工作分析所需的资料，节省时间和人力，费用低，速度快；第二，问卷可以让任职者在工作之余填写，不会耽误工作时间；第三，它可以使分析的样本量很大，因此，适用于需要对很多工作进行分析的情况；第四，分析资料可以数量化，由计算机进行数据处理。

表 3-3   工作分析问卷实例

工作分析问卷
卡恩制造公司

姓　　名：_____　　工作名称：_____
部　　门：_____　　工　　号：_____
主管姓名：_____　　主管职位：_____

1.任务综述：请用你自己的语言简要叙述你的主要工作任务。如果你还负责写报告或做记录，请同时完成第 8 部分的内容
_____
_____

2.特定资格要求：请列举为完成由你的职位所承担的那些任务，需要具有哪些证书、文凭或许可证
_____
_____

3.设备：请列举为了完成本职位的工作，你通常使用的所有设备、机器、工具（比如打字机、计算器、汽车、车床、叉车、钻机等）
　　　机器名称   平均每周使用小时、次数
_____
_____

4.常规工作任务：请用概括的语言描述你的常规工作任务。请根据各项任务的重要性以及每个月每项任务所花费时间的百分比将其从高到低排列，并尽可能多地列出工作任务，如果此处空白不够，请另外附纸
_____
_____

5.工作接触：你所从事的工作要求你同其他部门和其他人员、其他公司或机构有所联系吗?如果是，请列出要求与他人接触的工作任务并说明其频繁程度
_____
_____

6.监督：你对职位负有监督职责吗?（　）有　（　）没有。如果有，请另外填写一张附加的监督职位工作问卷，并把它附在本表格上。如果你的职位对其他人的工作还负有责任但不是监督职责的话，请加以解释
_____
_____

7.决策：请解释你在完成常规工作的过程中所要做出的决策有哪些
_____
_____
_____
_____

（a）如果你所做出的判断或决定的质量不高或（b）所采取的行动不恰当，那么可能会带来的后果是什么

8.文件记录责任：请列出需要由你准备的报告或保存的文件资料，并请概括说明每份报告都是递交给谁的

（a）报告　　　　　　　　　　　　　递交给

（b）保存的资料

9.监督的频率：为进行决策或决定采取某种正确的行动程序，你必须以一种怎样的频率同你的主管或其他人协商

（　）经常　　　　（　）偶尔　　　　（　）很少　　　　（　）从来不

10.工作条件：请描述你是在一种什么样的条件下进行工作的，包括内部条件、外部条件、空调办公区域等。请一定将所有令人不满意或非常规的工作条件记述下来

11.资历要求：请指出为令人满意地完成本职位的工作，工作承担者需要达到的最低要求是什么

（a）教育：

最低学历_____

受教育年限_____

专业或专长_____

（b）工作经验：

工作经验的类型_____

工作经验的年限_____

（c）特殊培训：

　　　　类　　型　　　　　　　年　　限

（d）特殊技能：

打字：_____字/分钟　　　速记：_____字/分钟

其他：

12.其他信息：请提供前面各项中所未能包括，但你认为对你的职位来说是十分重要的信息

员工签名：_____　　　日　　期：_____

同时，问卷调查法也存在着一些问题：首先，设计理想的调查问卷要花费大量的时间、人力和物力，费用比较高。而且，在问卷使用前，还应该进行测试，以了解员工理解问卷中问题的情况。为了避免误解，还经常需要工作分析人员亲自解释和说明。其次，问卷缺乏面对面交流带来的轻松合作的气氛，缺乏对被调查者回答问题的鼓励或支持等肯定性反馈，因此被调查者可能不积极配合与认真填写，从而影响调查的质量。

5）工作日志法

工作日志法又称工作写实法，是由员工本人自行进行的一种工作分析方法。要求从事工作的员工每天写现场工作日志，即让他们每天按时间顺序记录下他们在一天中所进行的活动。通过对员工工作日志的分析来了解员工实际工作内容、人际关系及工作负荷等，从而收集工作信息。

工作日志法的优点是可以长期对工作进行忠实全面的记录，提供一个非常完整的工作图景，不至于漏掉一些工作细节。这是其他方法所不具备的特点。它的缺点是任职者每日程式化的日志记录活动对他们来说缺乏长久的动力，难免马虎和敷衍，员工可能会夸大某些活动，同时也会对某些活动低调处理，可能存在一些误差。因此，工作日志法最大的问题可能是工作日志内容的真实性问题，要求事后对记录和分析结果进行必要的检查。检查工作可由工作者的直接上级来承担。表3-4、表3-5列举了工作日志实例。

表3-4　　　　　　　　　　　　**工作日志实例**

工作日志

姓名：

年龄：

岗位名称：

所属部门：

直接上级：

从事本业务工龄：

填写日期：自＿＿＿＿＿月＿＿＿＿＿日至＿＿＿＿＿月＿＿＿＿＿日

表3-5　　　　　　　　　　　**工作日志填写实例（正文）**

5月29日　　　　　　工作开始时间：8：30　　　　　　工作结束时间：17：30

序号	工作活动名称	工作活动内容	工作活动结果	时间消耗	备注
1	复印	协议文件	4页	6分钟	存档
2	起草公文	贸易代理委托书	8页	1小时15分钟	报上级审批
3	贸易洽谈	玩具出口	1次	40分钟	承办
4	布置工作	对日出口业务	1次	20分钟	指示
5	会议	讨论东欧贸易	1次	1小时30分钟	参与
⋮					
16	请示	货代数额	1次	20分钟	报批
17	计算机录入	经营数据	2屏	1小时	承办
18	接待	参观	3人	35分钟	承办

6）典型事例法

典型事例法也称关键事件扩展法，指的是对实际工作中工作者特别有效或者特别无效的行为（即关键事件）进行简短的描述，通过积累、汇总和分类，得到实际工作对员工的要求。关键事件记录既能获得有关工作的静态信息，也能获得工作的动态信息。例如，一项有关销售的关键事件记录，总结了销售工作的12种行为：

（1）对用户、订货和市场信息善于探索、追求；

（2）善于提前做出工作计划；

（3）善于与销售部门的管理人员交流信息；

（4）对用户和上级都忠诚老实、讲信用；

（5）能够说到做到；

（6）坚持为用户服务，了解和满足用户的要求；

（7）向用户宣传企业的其他产品；

（8）不断掌握新的销售技术和方法；

（9）在新的销售途径方面有创新精神；

（10）保护公司的形象；

（11）结清账目；

（12）工作态度积极主动。

在此基础上，可以设计销售人员的选拔方案、销售工作的考评表、销售人员的薪资标准和培训方案等。

典型事例法直接描述工作者在工作中的具体活动，因此可以揭示工作的动态性质；因为它所研究的工作可以观察和衡量，所以用这种方法获得的资料适用于大部分工作；又因为它所收集的都是典型的实例，因此，它对于防范事故、提高效率能起到较大作用。该种方法的缺点在于收集归纳事例并把其进行分类需要大量时间。另外，由于描述的是具有代表性的工作行为，这样可能会漏掉一些不明显的工作行为，很难对通常的工作行为形成总体概念，因此难以非常完整地把握整个工作实际。

7）美国公务员委员会工作分析程序

为了制定一套能够对不同的工作进行比较和分类的标准化程序，美国公务员委员会（The U.S. Civil Service Commission）专门设计了一种工作分析技术，所有的信息都被编排在一张工作分析记录单中，如表3-6所示。首先在表中列出工作标识信息以及工作简述，再由专家按重要性顺序列出工作中所包含的各项任务，然后由分析人员根据知识要求、技术要求、能力要求、工作中所包含的身体活动、工作的特定环境条件、典型工作事件、对员工兴趣的要求7项要素来分别对每一项任务进行分析。

3.3.2　定量的工作分析方法

尽管观察法、访谈法、问卷法等描述性方法常被用来收集工作分析的信息，但有些工作分析并不适合使用定性的方法，特别是当需要对各项工作价值进行比较来决定薪酬和待遇高低的时候，就应该采用定量的工作分析方法。三种常用的定量分析方法是职位分析问卷法（Position Analysis Questionnaire，PAQ）、管理职位描述问卷法（Management Position Description Questionnaire，MPDQ）和功能性工作分析法（Functional Job Analysis，FJA）。

表 3-6　　　　　　　　　一份联邦公务员委员会工作分析记录单的节选

工作分析记录单

工作标识信息

　　任职者姓名：A.艾德勒

　　组织/单位名称：福利委员会

　　职位名称：福利资格审查员

　　日期：11/12/1992

　　访谈者：E.琼

工作简述

进行面谈、审查申请、确定申请人的福利享受资格、向社区公众提供食品券计划方面的信息；向无资格获得食品券的人推荐其他可以求助的社区服务机构

工作任务

1.以福利管理政策为指导，确认申请人是否有申请食品券的资格，保证只有合格的福利申请人领到食品券

　　所要求的知识：

　　　　了解标准化申请表格中的内容以及表格中各项目含义

　　　　了解社会健康服务食品券管理政策

　　　　了解与社会健康服务食品券计划有关的其他知识

　　所要求的技术：

　　　　无

　　所要求的能力：

　　　　阅读和理解比较复杂的工作指导书的能力，如对福利管理政策的阅读和理解能力

　　　　阅读和理解各种程序性指导书，并且将书面或口头的指导转化为适当行为的能力

　　　　运用简单数学知识的能力：加法和减法

　　　　将申请食品券的要求用外行人也能明白的语言讲述出来的能力

　　身体活动：

　　　　坐着

　　环境条件：

　　　　无

　　典型工作事件：

　　　　同那些既不是发出指令也不是接收指令的人打交道

　　兴趣要求：

　　　　信息交流的兴趣

　　　　与人保持工作接触的兴趣

　　　　为别人的可能利益工作的兴趣

2.为了帮助申请人从其他社区机构获得服务，运用对其他社区机构的了解以及对申请人所提要求的了解，确定申请人应求助于哪一机构并向申请人进行说明和解释

　　所要求的知识：

　　　　有关各种求助机构功能的知识

　　　　有关社区机构及其地点的知识

所要求的技能:

    无

所要求的能力:

    从口头谈话中总结（推理）出申请人需要的能力

    对申请人进行简单的口头和书面指导的能力

环境条件:

    无

典型工作事件:

    同那些既不是发出指令也不是接收指令的人打交道

兴趣要求:

    信息交流的兴趣

    与人保持工作接触的兴趣

    抽象地、创造性地解决问题的兴趣

    为别人的可能利益工作的兴趣

注：这一工作比较典型地包括了 5 ~ 6 项任务，对于每一项任务都分别列出知识、技术、能力等 7 项要素，此处省略了其他几项任务的具体内容。

1）职位分析问卷法

职位分析问卷法是于 1972 年由麦考密克（E.J.McCormick）提出的一种适用性很强的工作分析方法。PAQ 是一种结构严密的工作分析问卷，由工作分析人员填写，这就要求分析人员对被分析的职位相当熟悉。PAQ 包括 194 个项目，其中 187 项被用来分析完成工作过程中员工活动的特征，另外 7 项涉及薪酬问题。工作分析人员需要确定的是这 194 个项目在工作中的重要程度如何。如表 3-7 中，数据材料被评定为第二等级，说明数据材料（如会计报表、数字表格等）在工作中只是偶尔使用，并不是十分重要的。PAQ 中的所有项目被划分为六部分：第一部分包括工人在完成工作过程中使用的信息来源方面的项目，用来了解如何和从何处获得完成工作所需要使用的信息，共 35 项；第二部分是工作中的思考过程，回答工作需要进行哪些推理、决策、规划和信息处理活动的问题，共 14 项；第三部分是工作产出部分，回答工作需要哪些体能活动和使用哪些工具、仪器和设备的问题，共 49 项；后三项考虑工作中的人际关系（36 项）、工作的物理和社会环境（19 项）以及其他工作特征（41 项）。在应用这种方法时，工作分析人员要对以下各方面给出一个 6 分的主观评分：使用程度、对工作的重要程度、工作所需时间的长短、发生的概率、适用性及其他。表 3-7 是一个职位分析问卷示例的节选。

2）管理职位描述问卷法

管理者的工作不同于一般的工作，有其自身的特殊性。一是管理者经常试图使他们的工作内容适应自己的管理风格，而不是改变风格去适应工作的需要。在使用访谈法时，他们总是描述自己实际做的，而不是应该做的。二是管理工作是非程序化的活动，经常随时间的变化而变化，因此需要较长的时间考察。一般分析管理人员的工作应使用管理职位描述问卷法。该方法是由托纳（W.W.Tornow）和平托（P.R.Pinto）在 1976 年提出的，包括 208 个问题，被划分为 13 个类别。这些类别包括：

表 3—7　　　　　　　职位分析问卷示例（选自收集资料的资料来源部分）

1.信息输入

1.1　工作信息来源

　　根据员工在工作时将下列各项作为信息来源的使用程度评定
　　其等级

使用工作信息的程度
0 不使用
1 很少/不太经常
2 偶尔
3 中等/适度
4 比较频繁
5 经常/大量使用

1.1.1　工作信息的可见来源

1. _4_　书面材料(书籍、报告、文章、工作指示、说明书等)

2. _2_　数据材料(与数量或数字有关的材料，如图表、会计报表、数字表格等)

3. _1_　图画性材料(如图形、设计图、X光片、地图、描图等)

4. _1_　模型及相关器具(如模板、钢板、模型等，不包括第3项所包括的内容)

5. _2_　视觉装置(罗盘、仪表、信号灯、速度仪、钟表等)

6. _5_　测量仪器(直尺、天平、厚度仪、温度计、量杯等，不包括第5项所描述过的装置)

7. _4_　机械装置(工具、设备、机器等)

8. _3_　在制原料(在改造、加工的过程中成为信息来源的零部件、材料、物体等)

9. _4_　非在制原料(非加工过程的零部件、材料、物体等在受检验、处理、包装、配售、选品过程
　　　中均是信息源)

10. _3_　自然特征(被观察的风景、气候等其他自然特征均可提供信息)

11. _2_　人为环境特征(被观察或检验的建筑、堤坝、高速公路、水库、铁路等，不考虑第7项中
　　　已经提到的机器设备等)

（1）产品、市场和财务规划，指的是进行思考并指定计划以实现业务的长期增长和公司的稳定性。

（2）与组织其他部门和人事管理工作的协调，指的是管理人员对自己没有直接控制权的员工个人和团队活动的协调。

（3）内部业务控制，指的是检查与控制公司的财务、人事和其他资源。

（4）产品与服务责任，指的是控制产品和服务的技术方面，以保证生产的及时性和质量。

（5）公众与客户关系，指的是通过与人们直接接触的办法来维护公司在客户与公众之间的名誉。

（6）高级咨询，指的是发挥技术水平来解决企业中出现的特殊问题。

（7）行为的自治，指的是在几乎没有直接监督的情况下开展工作活动。

（8）财务审批权，指的是批准企业的大额财务投入。

（9）职能服务，指的是提供诸如寻找事实和为上级保持记录这样的服务。

（10）员工监督，指的是通过与下属员工面对面的交流来计划、组织和控制这些人的工作。

（11）工作的复杂性与压力，指的是在很大的压力下工作以在规定的时间内完成所

要求的工作任务。

（12）高层财务管理责任，指的是制定对公司的绩效构成直接影响的决策、大规模的财务投资决策和其他财务决策。

（13）广泛的人事责任，指的是从事公司中对人力资源管理和影响员工的其他政策具有重大责任的工作。

在应用管理职位描述问卷法时，管理人员自己填写问卷，与PAQ方法相似，分别对每个项目进行评分。分析人员以上述13个要素为基础来分析评价管理工作。

3）功能性工作分析法

这种方法是由美国培训与职业服务中心（U.S. Training and Employment Service）开发出来的。它主要是把每一项工作均按照承担此工作的员工与信息、人和物之间的关系进行等级划分在各项要素中。各类基本功能都有其重要性的等级，数值越小，代表的级别越高；数值越大，代表的级别越低。如表3-8所示，假设分析接待员的工作，分析人员把这项工作根据与信息、人和物的关系分别标注上5、6、4，则分别代表复制信息、同别人交谈/传递信息、处理事情。采用这种方法进行分析时，各项工作都会得出分数，把三项得分（如5、6、4）加总所得的分数就成为决定薪酬和待遇的基础。

表3-8　　　　　　　　　　**功能性工作分析法中员工的基本功能**

	信息	人	物
	0 综合	0 指导	0 创建
	1 协调	1 谈判	1 精密加工
	2 分析	2 教育	2 操作与控制
	3 汇编	3 监督	3 驾驶与运行
基本活动	4 计算	4 引导	4 处理
	5 复制	5 劝解	5 照料
	6 比较	6 交谈-示意	6 反馈-回馈
		7 服务	7 操作
		8 接受指示	

一种改进的功能性工作分析法是在上述分析方法的基础上进行扩充，即除了采用信息、人和物三项要素来分析工作以外，还考虑了以下因素：执行工作时需要得到的指导程度；执行工作时需要运用的推理和判断能力应达到的程度；完成工作所要求具备的数学能力和所需要的语言表达能力的程度。此外，扩充的功能性工作分析法也确定了工作的绩效标准和对任职者的培训要求。

表3-9是一张已经完成的功能性工作分析综合表。该表所分析的工作是平路机操作工（一种从事筑路工作的重型设备的操作工人）。

表 3-9　　　　　　　　　　功能性工作分析任务明细表

工作承担者的功能及定位						需要得到的指导	总体教育开发		
物	%	信息	%	人	%		逻辑推理	数学	语言
3	65	3	25	1	10	3	2	1	3

目标：
操作平路机

工作中心：
覆土、翻松路面、铺平、构筑防火隔离带、维修运输路面、清除路面积雪

任务：为了完成平路机的日常工作任务，如回填土方、路面维护、路面积雪清除等，操纵平路机的控制系统，将定位轮和机片置于正确的角度，前后、上下、左右移动机片；按工作程序，借助知识和经验，监督设备的运行，根据情况的变化不断地做出调整，时刻注意其他工人和设备的位置及安全

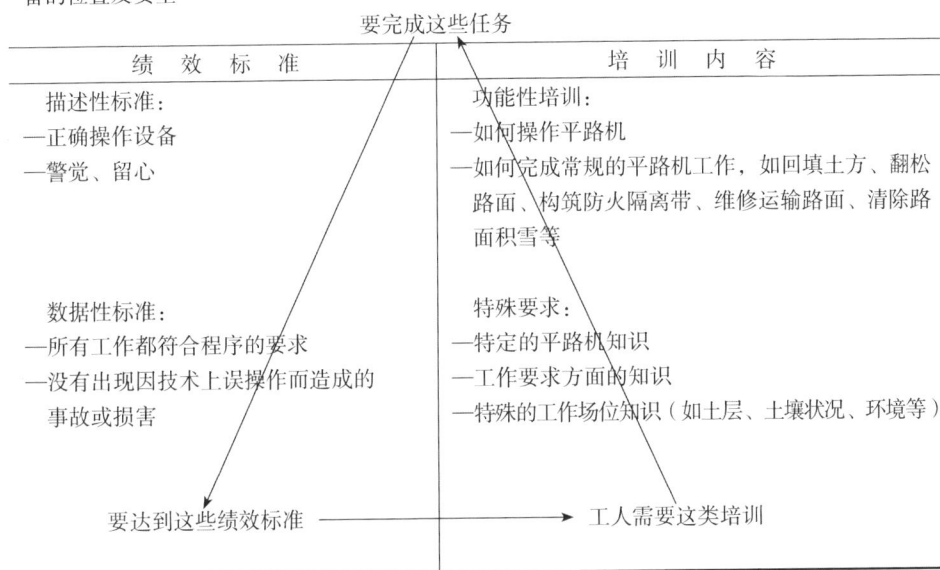

要完成这些任务

绩　效　标　准	培　训　内　容
描述性标准： —正确操作设备 —警觉、留心	功能性培训： —如何操作平路机 —如何完成常规的平路机工作，如回填土方、翻松路面、构筑防火隔离带、维修运输路面、清除路面积雪等
数据性标准： —所有工作都符合程序的要求 —没有出现因技术上误操作而造成的事故或损害	特殊要求： —特定的平路机知识 —工作要求方面的知识 —特殊的工作场位知识（如土层、土壤状况、环境等）

要达到这些绩效标准 ——————→　　　工人需要这类培训

3.4　工作说明书和工作规范

工作分析只是人力资源管理活动的起点，为了便于应用在工作分析中得到的数据，需要把这些数据综合整理并制成表格，形成书面文件，即工作说明书（也称职位说明书）。它指明了任职者实际在做什么、如何做以及在什么样的条件下做该种工作。工作规范说明了任职者为了圆满完成工作所必须具备的知识、技术、能力及经验等。工作说明书和工作规范是工作分析的最终成果，工作规范可以单独编写，也可以包括在工作说明书中。

3.4.1　工作说明书的编写

工作说明书的编写并没有一个标准化的模式，根据应用需要的不同，工作说明书的侧重点也有所不同，但大多数工作说明书都可以包括以下几项内容：

（1）工作标识。它包括工作名称、工作地位、工作部门、工作地点、工作分析时间

等。在美国，工作名称要符合劳工部出版的《职位名称词典》制定的规范，如销售经理或库存控制员等。工作身份指是否豁免加班费和最低工资保障。在美国，有豁免身份的主要是行政和专业性职位。这些资料的目的是把这项工作和那些与之相似的工作区别开来。

（2）工作概述。这部分应当描述工作的总体性质，列出工作的主要功能或活动。如数据处理主管人员的工作概述可描述为"指导所有的数据处理操作、对数据进行控制以及满足数据准备方面的要求"。应力图避免在工作概述中出现模糊的语句，如"执行需要完成的其他任务"，因为这可能会成为员工逃避责任的一种托词。

（3）工作联系。这部分说明任职者与组织内以及组织外的其他人之间的联系情况。下面以某公司人力资源部经理为例来加以说明：

报告工作对象：人事副总裁。

监督对象：人力资源部工作人员、行政助理、劳工关系主管、一名秘书。

工作合作对象：所有部门的经理和行政主管。

外部关系：职业介绍所、猎头公司、工会代表、政府劳动管理机构、各种职位应征者。

（4）工作职责。这部分要把每一种工作的详细职责列举出来，并用一到两句话分别对每一项任务加以描述。如人力资源经理的任务之一是"为填补空缺职位而进行员工招募、面谈与甄选"。这一任务可进一步定义为"仔细阅读应聘者简历并进行初步筛选"，"组织符合条件的应聘者面试并进行再次筛选"，"考核新员工试用期内业绩并决定最终的录用人员"。

（5）工作的绩效标准。这部分内容说明员工在执行每一项任务时被期望达到的标准。工作的绩效标准应具体而明确，以下举例说明：

任务：完成每日生产计划。

标准：

①生产群体每一工作日所生产的产品不低于426个单位。

②在下一工作程序被拒绝的产品平均不得超过2%。

③在每周延时完成工作的时间平均不得超过5%。

（6）工作条件。它包括噪声水平、危害条件、湿度或热度等。

（7）工作规范。这部分是以上述几部分的内容为依据的，它指明了要完成该项工作，承担者需要具备什么样的特点、知识、技术等。工作规范可以单独编写，但通常都把它编写为工作说明书的一部分。

表3-10是一个工作说明书（包括工作说明和工作规范）的例子。

3.4.2　工作规范的编写

工作规范要说明一项工作对承担这项工作的员工在教育、经验和其他特征方面的最低要求，而不应该是最理想的工作者的形象。在建立工作规范时要综合考虑以下三个方面：第一，某些工作可能面临着法律上的资格要求。例如，在美国，飞行员必须具备空中运输资格，这就要求具备1 500小时的飞行经历，在书面和飞行测试中表现出很高的分析水平、良好的道德品质和23岁的最低年龄限制。第二，职业传统。例如，员工进入某些行业以前必须经过学徒阶段。第三，被认为是胜任某一工作应该达到的标准和

表3-10　　　　　　　　　　美国Midway医院护士工作说明（部分）

工作职称：注册护士

工作概述：

负责病人从入院到转院或出院的全部护理，包括病情评估、治疗计划和实施、治疗效果的评价；对值班期间的护理和可以预见的患者和家庭将来的需要负责；在保证专业护理标准的前提下指导助手

工作职责与绩效标准：

1.评估患者的体力、感情和心理与社会方面

标准：在患者入院1小时之内或至少每次值班出具一份书面诊断。按照医院规定把这份诊断交给该患者的其他医护人员

2.撰写患者从入院到出院的护理书面计划

标准：在患者入院24小时之内设计短期和长期的目标，然后每次值班中根据新的诊断检查和修改护理计划

3.实施护理计划

标准：在日常护理中，按照但不局限于书面的《注册护士技能手册》在指定的护理区域应用这些技能。以一种系统的和及时的方式完成患者护理活动，并恰当地重新评判轻重缓急

工作联系：

报告工作对象：护士长

监督对象：注册见习护士、助理护士、勤杂工

工作合作对象：协助护理部

外部关系：医生、患者和患者家属

任职资格：

教育：授权护士学校毕业生

工作经历：关键护理要求一年的医疗/外科护理经验(有特殊护理经验者优先)，医疗/外科护理经验(应届毕业生可以考虑非重要职位)

证书要求：持有注册护士证书或被州政府许可

身体要求：

1.能够屈体、运动或帮助转运50磅以上的重物

2.能够在8小时值班中站立或行走80%以上的时间

3.视力和听力敏锐

具备的特征。这在很大程度上取决于组织管理人员的主观判断。这通常是通过综合工作说明中的信息，对现在承担该工作的员工和其主管人员的特征进行概括之后总结出来的。例如，申请秘书工作的人经常被要求录入速度在100字/分钟以上正是这种情况。

根据实际情况的不同，工作规范的侧重点也有所不同。例如，当正在寻找一名熟练的汽车修理工时，工作规范可能会集中在任职者以前的工作经历、相关培训的质量方面。而当寻找一名未受过训练的修理工时，就需要明确哪些特点能够说明求职者具备完

成此项工作的潜力或具备接受训练的潜力，如身体特点、个性、兴趣等。确定每一种工作对人员的要求既可以使用主观判断性的方法，即主管人员和人力资源管理人员依据自己的经验来编写工作规范，又可以使用统计分析的方法，即把工作绩效和人员特点联系起来编写工作规范。表3-11给出了一个工作规范的例子。

表3-11　　　　　　　　　　某银行贷款助理的工作规范

工作名称：公司贷款助理

年龄：25～35岁

性别：不限

学历：大学本科以上

工作经验：在银行工作3年以上

体能要求：

听力良好，能听见6米以外的说话声；对数字口头表达能力强；有充沛的体力巡访客户；能用手书写；无严重的疾病和传染病

知识与技能：

良好的语言沟通能力，如倾听与提问能力；具有一般会计能力；有良好的书写能力；有良好的综合分析能力，能对财务文件进行研究分析；有能力代表公司的形象；具有销售技能；具有企业管理与财务知识，具有银行信用政策和服务知识，熟悉与银行相关的法律知识术语；能熟练运用计算机；有独立工作的能力，能适应高强度的工作；具有面试能力；对经济/政治事件有分析能力

其他特征：

有驾驶执照；愿意偶尔在下班后或周末加班，能每月/周出省出差；愿意在下班后参加各种活动；平时衣着整洁

3.4.3　工作说明书编写注意事项

要编写出一份好的工作说明书，要注意一些技巧：

（1）清楚。工作说明书要清楚地描述职位的工作情况，不能与其他职位说明书混淆不清，要做到一岗一书。

（2）指明范围。在界定职位时，要确保指明工作的范围和性质，并且包括所有重要的工作关系。

（3）文件格式统一。可以参照工作说明书编写样本。

（4）工作说明书的详略和格式不尽相同。通常较低层次职位任务比较具体，可简短而清楚地描述；较高层次职位处理涉及面更广一些，可用含义较广的词语概括。

（5）说明书可充分显示工作的真正差异。各项工作活动，以技术或逻辑顺序排列或依重要性及所耗费时间多少顺序排列。

工作说明书是用来指导人们如何工作的，是用来规范人们的工作的，它是企业巨大的财富，是经验和教训的积累。工作说明书不是用来约束人的，而是用来激励人的，它使员工做得更好，成为员工的好帮手。

本章小结

工作分析是对组织中某个特定职务的设置目的、任务或职责、权力和隶属关系、工作条件和环境、任职资格等相关信息进行收集与分析，并对该职务的工作做出明确的规定，且确定完成该工作所需的行为、条件、人员的过程。工作分析的结果是形成工作说明书和工作规范。工作分析的目的是了解工作的性质、内容和方法，以及确定从事该项工作需要具备的条件和任职资格。

工作分析是预测人力资源需求、制定人力资源规划的基础。工作分析所获信息可以应用于招聘与甄选、培训与开发、绩效评价、工作评价与报酬等人力资源管理工作。

工作分析是对工作的一个全面评价过程，这个过程可以分为四个阶段：准备阶段、调查阶段、分析阶段和完成阶段。

定性的工作分析方法包括实践法、观察法、访谈法、问卷调查法、工作日志法和典型事例法。定量的工作分析方法包括职位分析问卷法、管理职位描述问卷法和功能性工作分析法。

工作说明书指明了任职者实际在做什么、如何做以及在什么样的条件下做该种工作。工作规范说明了任职者为了圆满完成工作所必须具备的知识、技术、能力及经验等。

本章案例

河北中润制药有限公司的人岗匹配困惑

河北中润制药有限公司坐落于河北省省会石家庄市，是全球最主要的抗生素原料供应商。公司成立于1989年，是石药集团控股的香港中国制药集团有限公司的境内投资子公司。公司总资产23亿元人民币，现有职工3 600余名，其中中专以上学历的1 800多名，占职工总数的50%以上。

2009年10月的一个上午，每月一次的总经理办公例会在公司三楼会议室召开。由于要讨论公司目前正在规划的一个投资项目，企管部的刘经理通过PPT向总经理班子汇报该项目的详细规划和投资测算。其中，一个重要的市场数据来源需要通过网络连接到外部数据库中，但是刘经理连续点了四次鼠标，出来的网页都提示"网络无法连接"。总经理王总皱起了眉头，问怎么回事，正在做会议记录的办公室主任不好意思地说："昨天办公楼的网络坏了，还没修好。"

王总知道，去年公司专门成立了网管中心，负责公司办公电脑的日常维护。但是，目前网络中心的员工都不是网络工程专业的。一旦公司的网络遇到问题，就一筹莫展，为此楼里的办公人员没少发牢骚。

今天的会议就因为网络问题卡了壳，王总有些上火。一定要让合格的人做合适的工作！王总暗暗下定决心要解决这个问题。可是，如何使人岗匹配？按什么标准进行人岗匹配？王总陷入了沉思。

不久，王总就召开了中层以上经理参加的专题会议，专门讨论人岗匹配问题。会议上大家七嘴八舌地讨论着，有人抱怨关系户的难缠，有人试图出招应对。

"老张，你来谈谈你的看法"，王总用征询的眼光看着人力资源部的张经理。张经理拿出自己事先准备好的材料，开始向大家汇报公司人力资源管理方面存在的问题。

人才选聘上存在以下问题：①缺乏公开民主机制，很大程度上停留在神秘化和封闭式的状态。这种权力高度集中的用人体制不仅造成信息不畅，视野不宽，透明度差，渠道狭窄，难以全面、准确、客观地评价和使用每一位员工，而且容易产生任人唯亲的弊端。②人才能否被发现和使用主要取决于是否被领导者相中。这种被动状态遏制了广大人才自我发现、自我评价、自我推荐、自我展示的主动进取精神，从而造成了严重的人才资源闲置和浪费。能上不能下，能进不能出，既堵塞才路，又影响事业发展。③人才选聘受论资排辈、迁就照顾等传统观念和习惯势力的影响。很大程度上不是因事设职，因职择人，而是因人设岗，因人设事。升迁主要不是以实绩为准绳，而是以领导人的主观评价为依据，这就很难做到客观和公正，从而造成优劣错位，严重挫伤员工的积极性。④人才选聘缺乏法治化规范和科学操作程序。以用人标准而言，从理论上讲应当是德才兼备，缺一不可；客观依据应当是一重业绩，二重公论。而在实际选用的过程中，由于缺乏具体可行的操作规程，往往因领导人的导向不同而大相径庭。

为了让各位老总认识到问题的严重性，张经理事先对企业员工进行了抽样调查，结果显示：61%的员工对企业的招聘不满意，65%的员工认为人岗不匹配，岗位聘任不是基于能力；69.19%的员工认为其薪酬与现时的工作岗位不相符，49.19%认为其薪酬比得上同类公司所付的水平；74.05%的人认为没有足够的在职训练去把工作做好；64.86%的人认为公司提供的晋升和发展机会是有限的。

张经理最后说："公司要想高速发展，必须重新梳理职位，对职位分类、分层、分等，做到人岗匹配，人的素质与岗位要相符。"

张经理的话让大家大吃一惊，想不到问题这么严重，看来变革也许是最好的办法，但如何去做呢？推行任职资格管理会有效吗？没有一个肯定的答案。

于是王总找到了本地大学的几位教授，诚恳地将企业的问题摆在他们面前，请求教授为公司把脉。几位教授研究后，认为企业应该以能力标准作为人岗匹配的依据，并注重培养职业化的员工，要为不同的员工设计不同的晋升通道。

能力标准描述的是每个职种不同级别的员工应该知道什么，应该能做到什么，做到什么程度；它是企业或组织对任职者任职资格的要求。它包括：①知识，包括专业知识、环境知识、公司知识。②专业技能，包括业务变革能力、业务运作能力、人际关系能力。③专业经验与成果，是企业员工知识与专业技能的集中反映，是获得相应资格的显性标志。

明确了能力标准后，就要明晰岗位职责，清楚责任与能力的关系，做到岗位与能力相匹配，为高绩效提供可能。通过工作分析，决定岗位数量，做岗位描述和岗位说明书，说明岗位的任职资格、该岗位对员工应有能力的要求，做到人的能力与岗位责任相匹配、人的素质与岗位要求相匹配，最终做到人岗相匹配。只有这样才能充分发挥员工的能力，为高绩效提供可能。继而通过任职资格类型与等级设计，为企业员工设计晋升的多条通道，为员工的职业生涯设计提供参考依据和标杆。同时对任职资格做动态调整。根据任职人员能升能降原则，任职资格管理要进行动态调整：任职资格定级、任职资格保级、任职资格升级、任职资格降级、任职资格取消。

几天后，王总带着教授们的意见再一次来到了三楼会议室。经过讨论，王总最后总结了四点：第一，我们可以借鉴华为提出的以任职资格为基础的思路及其成熟的体系。第二，赞同教授们提出的以能力作为人岗匹配基础的观点。但公司面临的人岗不匹配问题不能仅仅靠工作分析，必须改变公司用人机制，特别注意的是不能仅用业绩决定任职资格的升降。第三，不同岗位的任职资格应该根据公司的发展战略、企业文化岗位特点来确定，同时要制定相应岗位任职资格的客观标准。第四，要在公司全面开展"基于能力的任职资格管理体系"的建设工作。

会议责成人力资源部张经理牵头负责此事，公司领导班子承诺给予大力支持。

资料来源　康凯. 河北中润制药有限公司的人岗匹配困惑［EB/OL］.［2020-04-01］. http://www.doc88.com/p-75929099964732.html.

思考题：

（1）通过阅读案例，请简要分析河北中润制药有限公司出现人岗匹配困惑的原因。

（2）结合案例和本章内容，谈谈工作分析在人力资源管理中的作用。

复习思考题

1. 在人力资源管理中，工作分析有哪些用途？
2. 工作分析过程包括哪几个阶段？
3. 定性的工作分析方法有哪些？各自的含义及利弊是什么？
4. 工作分析的定量方法有哪些？它们各自有何特点？
5. 工作说明书的主要内容有哪些？在实际应用中，它可能会存在什么问题？
6. 假如你是某公司销售部门的一名经理，设想正式的工作说明书是如何帮助你管理工作的。

第 *4* 章

员工招聘

学习目标

通过本章的学习，了解员工招聘的目标和原则；熟悉员工招聘工作的一般程序；掌握招聘评估工作的内容和指标；掌握内部招聘和外部招聘的利弊；掌握各种招聘渠道和方法的优缺点；掌握弹性工作安排的各种形式；理解各种招聘渠道的适用范围和网络招聘的方法。

4.1 员工招聘概述

4.1.1 员工招聘的概念

员工招聘就是企业采取一些科学的方法寻找、吸引应聘者，并从中选出企业需要的人员予以录用的过程。它包括招聘、筛选和录用三个阶段。

员工招聘作为一种科学管理活动出现得很早，在泰罗的科学管理时代，就已经创造了招聘、筛选、工作分析等工作。这些工作一直是人力资源管理的具体业务活动，是人力资源管理的基础和主要职能。不管是新企业，还是老企业都要进行员工的招聘。因为对于企业的员工来说，随着组织环境和组织结构的变化，员工的素质也在不断地变化，因此，员工要不断更换，老的退休、不合格的解雇。具体来说，员工招聘工作主要在以下几种情况下提出的：第一，新组建一个企业。第二，原有企业由于业务发展，而人手不够。第三，员工队伍结构不合理，在裁减多余人员的同时，需要及时补充短缺专业人才。第四，企业内部由于原有员工的调任、离职、退休或死伤出现职位空缺。

总之，人力资源部门需要不断吸收新生力量，为组织不断适应市场和发展需要，提供可靠的人力保障。

4.1.2 员工招聘的目标

（1）获得企业需要的人员。新补充进来的员工就像制造产品的原材料，他们的素质高低对企业今后的生产经营活动会有很大的影响。如果不能招聘到适合的员工，企业在时间和资金等方面的投入都会有很大的浪费，并且可能影响企业员工的士气。因而，以获得企业需要的人员为招聘目标，有利于保证企业人员的素质，提高人员的使用效率，同时为增加企业员工满意度和凝聚力创造条件。

（2）减少不必要的人员流失。企业不仅要招聘到人更要留住人。能否留住有用的员工，招聘工作的好坏是一个重要的因素。应该肯定的是，那些认可公司的价值观，在企业中能找到适合自己兴趣、发挥自己能力的岗位的人，在短期内离开公司的可能性就比较小一些。而这就有赖于招聘过程中双方信息的有效传递和企业对应聘者的准确评价。

（3）树立企业形象。招聘过程是企业代表与应聘者直接接触的过程。负责招聘的人员的工作能力、招聘过程中对企业的介绍、面试的程序以及招聘或拒绝什么样的人等都会成为应聘者评价企业的依据。招聘过程既可能帮助企业树立良好的形象、吸引更多的应聘者，也可能损害企业形象，使应聘者失望。

4.1.3 员工招聘的原则

（1）公开招聘的原则。招聘信息、招聘方法应公之于众。这样做，一方面可将录用工作置于公开监督之下，以防止不正之风；另一方面可吸引大批的应聘者，从而有利于找到一流的人才。

（2）平等竞争的原则。对所有应聘者应一视同仁，不得人为地制造各种不平等的限制，要通过考核、竞争选拔人才，"赛马不相马"。以严格的标准、科学的方法对候选人进行测评，根据测评的结果确定人选，创造一个公平竞争的环境。这样既可以选出真正优秀的人，又可激励其他员工积极向上，减少"相马"的主观片面性。

（3）效率优先的原则。这是指以尽可能少的招聘成本录用到合适的人员。选择最适合的招聘渠道、考核手段，在保证任职人员质量的基础上节约招聘费用，避免长期职位空缺造成的损失。

（4）双向选择的原则。它是指企业根据职位说明书的要求自主地选择需要的员工，同时劳动者也可根据自己的条件自主地选择职业。在招聘过程中，招聘者不能以主观意志为转移，只一味地去选择，更要考虑所需人员的需求，创造吸引他们的条件，使他们愿意为企业工作。

4.1.4　招聘工作的新变化

在当今的人力资源实践中，招聘工作已经发生了一些新的变化，具体表现在：

（1）人力资源管理已经从战术管理的层次上升到战略管理的层次，招聘工作也向着战略化的方向发展。在战略人力资源管理中，越来越需要招聘工作对企业战略发展目标有支持作用。战略层次的人力资源管理已经越来越讲究进行长远的人力资源规划，在以前最多也只进行2年的计划，现在已经远远不能满足需要。5年乃至10年的人力资源规划已经开始流行。尤其重要的是建立起内部招聘系统，进行接班人规划，依靠这样的体系来发现企业新一代的经理人员。

（2）招聘在企业人力资源的形成过程中的作用主要表明在筛选和录用工作中。人力资源专家和部门经理在筛选上更加细致而审慎。在测验中，心理测验的地位在上升。优秀的企业普遍进行复杂的心理测验来选拔与企业文化相融的人。筛选的时间越来越多，花费也越来越大。同时，筛选工作也越来越严格。

（3）计算机等新的技术在招聘中得到普遍运用。计算机在就业计划和职务分析这两个招聘工作的理论基础上被广泛使用，而且越来越有效；在招聘中，使用计算机资料库和互联网进行招聘广告和搜选应聘者，已经开始变得普遍。在筛选和测验中使用计算机化的手段也得到认可，取得了很好的效果。

（4）招聘越来越被看成一个与其他人力资源管理活动密切相关的阶段。因为招聘的人如何，直接决定着培训和开发工作的状况，也直接影响着工作的绩效、劳动关系的融洽程度。招聘工作涉及广告、宣传以及与公众的广泛交流，直接关系着企业的组织形象。

（5）招聘工作更多地被下放到各个职能和专业部门。人力资源部门的经理职责由提供从头到尾的全面服务转变为向各个部门提供支持，使它们能够合理、有效地实施相应的招聘计划。从事务性工作中解脱出来的人力资源管理部门可以更多地去关注筛选和录用工作。

（6）招聘工作内容在扩大。一些适应性培训阶段进行的工作现在已经提前到招聘阶段进行，如让应聘者充分了解企业的工作环境，了解企业的文化，了解他们正在申请的职位的工作优点和缺点，从而避免招到企业不适宜的员工，缩短现实和员工预期的差距，并减少员工因工作环境不适宜而产生的压力。

4.2 员工招聘的程序

招聘程序是指从出现职位空缺到候选人正式进入公司工作的整个过程。这个过程通常包括确定职位空缺、制定招聘策略、人员的筛选和评价、录用与试用、招聘评估等一系列环节。

4.2.1 确定职位空缺

根据企业的人力资源规划，在掌握有关各类人员的需求信息、明确哪些职位空缺的情况后，人力资源管理部门要考虑招聘是否是最好的方法。因为除了招聘，企业还可以通过以下方式解决问题：

（1）现有人员加班。如果工作任务是阶段性的，招聘正式员工进来会在短期繁忙阶段过后出现冗员。现有人员适当加班就可以解决的问题就不必再招聘新人了。

（2）工作的重新设计。有些人手上的不足是由于工作流程的不合理或者工作分配的不合理造成的。这时对工作不合理的地方进行再设计，人手的问题就迎刃而解了。

（3）将某些工作外包。一些非核心的工作任务是可以外包给其他机构去做的，这样就可以免去招聘人员的麻烦，并且减轻管理的负担。

如果企业根据实际情况认为招聘是一个最佳方式的话，就要编制招聘计划了。招聘计划包括：招聘人数、招聘标准、招聘对象、招聘时间和招聘预算等。在招聘过程中，企业必须吸引到比空缺职位更多的求职者。但究竟吸引到的应聘者应该比录用的人数多多少才合适，需要计算投入-产出的比例。投入是指全部应聘者的数量，而产出则是招聘结束后最终到企业报到的人数。估算投入-产出比例一个有用的工具是招聘产出金字塔，如图4-1所示。

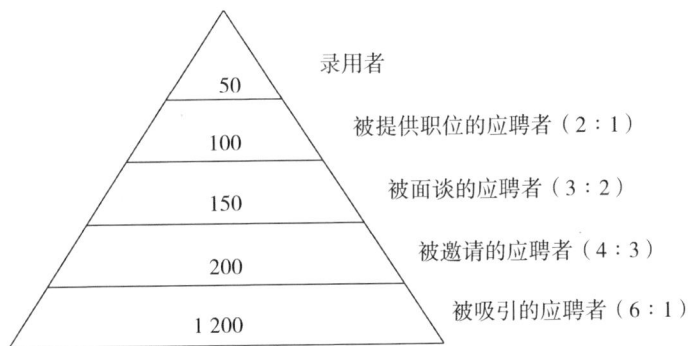

50	录用者
100	被提供职位的应聘者（2：1）
150	被面谈的应聘者（3：2）
200	被邀请的应聘者（4：3）
1 200	被吸引的应聘者（6：1）

图4-1 招聘产出金字塔

例如，一家企业需要在明年招聘50名初级水平的财务会计人员。同时，企业也知道，最近在劳动力市场上一般被提供职位的人有一半的人可能不到企业报到，即发出通知的人数与录用的人数比例为2：1。而被面谈的应聘者和被提供职位的应聘者的比例为3：2，即参加面谈的应聘者中3个有2个被挑选。而被邀请参加面谈的人与实际被面谈人的比例为4：3，即4个被邀请参加面谈的应聘者只有3个参加了面谈。这些被邀请参加面谈的人又是从最初的被吸引的应聘者中产生出来的，假设其比例为6∶1，即从各种招聘途径被企业吸引到的应聘者中间，6个申请者中可以挑选1名被邀请面谈。那么，这个企业最初被吸引的应聘者应为1 200人。

当然，在不同国家、不同的时期，甚至在同一国家的不同地区，每一步的产出率都是不一样的。这些比例的变化与劳动力市场供给有很大的关系，劳动力供给越充足，比例会越小；反之，亦然。需要的劳动力素质越高，产出比例越小。这些比例也是要不断地调整的，如在招聘广告中如果招聘要求说明得非常详细，那么就可以提高应聘阶段的产出率，因为详细的说明会使一些不合格的潜在申请者对自己进行自我淘汰。

4.2.2 制定招聘策略

招聘策略是为了实现招聘计划而采取的具体策略，具体包括招聘地点的选择、招聘时间的确定、招聘渠道和方法的选择、招聘中的组织宣传等。

1）招聘地点的选择

为了节省费用，企业应将其招聘的地理位置限制在最能产生效果的劳动力市场上。一般来说，高级管理人员倾向于在全国范围内招聘；中级管理人员和专业技术人员通常在跨地区的劳动力市场上招聘；操作工人和办事人员常常在企业所在地的劳动力市场上招聘。企业之所以在这样的地理范围内进行招聘，是因为在不同范围内的市场提供的劳动力素质是不同的。

2）招聘时间的确定

这是指为保证新聘人员准时上岗，在什么时间开始招聘工作最合适。一般来说，招聘日期的具体计算公式为：

招聘日期=用人日期−准备周期

=用人日期−培训周期−招聘周期

式中：培训周期——新招员工进行上岗培训的时间；

招聘周期——从开始报名、确定候选人名单、面试直到最后录用的全部时间。

3）招聘渠道和方法的选择

任何一种确定的招聘方案，对应聘者的来源渠道，以及企业应采取的招聘方法都应做出选择。这是招聘策略中的主要部分，将在本书4.3员工招聘的途径中做专门讨论。

4）招聘中的组织宣传

在招聘过程中，企业一方面需要吸引更多的有效应聘者，增加筛选的余地并且减轻工作负担，还要从人力资源战略管理的角度出发考虑员工的稳定性；另一方面还必须利用招聘的过程进行积极的企业形象或者声誉的宣传活动。为了在招聘中达到这些目标，企业不仅需要提供包括职位薪水、工作类型、工作安全感、晋升机会等与职位相关的信息，还要让求职者了解企业的文化、管理方式、工作条件、同事、工作时间等企业信息。只有准确、有效地传达了这些信息，求职者才会在评价自身的基础上思考自己是否适合这样的工作，这就在企业筛选之前由求职者自己完成了一个自我筛选的过程。真实可靠的企业信息还可以使应聘者降低过高的期望，建立起心理应对机制，并由于感觉到企业的真诚而产生信赖感。那么，如何将企业和职位的情况真实地表现出来，并有效地传递给求职者呢？在这里介绍一种招聘的新技术——真实工作预览。

所谓真实工作预览（realistic job previews，RJPs）是指招聘单位给应聘者预览未来的真实工作信息，包括积极和消极两个方面。这些真实的信息可以通过小册子、电影、录像带、面谈、上司和其他员工的介绍等多种方式来提供。这些信息对应聘者产生的效果取决于接受RJPs的应聘者的知觉和内化信息的状况。为了更好地发挥RJPs的作用，我们必须了解真实工作预览及其背后的心理过程，从而找到哪些因素会影响真实工作预览的效果。

（1）信息源

信息源必须是可靠的。经验表明，最好选取各个部门的各层管理者，通过访谈和其他方式收集客观而可靠的信息。

（2）信息内容

真实工作预览最大的特点就是传递全面的信息，既包括积极的信息，也包括消极的信息。因此，RJPs的内容应该是有代表性的、全面的工作信息。否则，真实工作预览就失去了其本身的意义。

（3）实施RJPs的时间

目前，招聘组织主要会在三个时段实施RJPs：①组织与应聘者双方初次接触时；②组织同意接受而应聘者还未答应时；③应聘者开始工作后。据研究，普遍认为雇用前实施RJPs比雇用后实施的效果好。因为这样可以给应聘者权衡利弊、拒绝工作的机会，若他还是接受了这份工作，那么他会对组织怀有更积极的情感，提高工作绩效，减少离职。

一项心理学研究表明，初次接触时就给予RJPs，才能达到应有的效果。因为根据研究，付出努力会增加承诺。招聘过程早期，应聘者与组织初次接触，还没有付出太多的应聘努力，在这个时候实施RJPs，可使他更客观地对信息进行分析，权衡工作与自己的期望。而一旦进入得到了组织接受这一阶段，他已经付出了相当的时间、精力和努力来赢得组织的认可，在这个过程中会对组织建立起一种承诺感。此时，即使RJPs后发现自己不太适合这份工作或者难以接受不利的条件，一般他也不会拒绝组织的聘用。这就为以后的工作带来不利的影响，难以达到RJPs的效果，有时还可能有副作用。

而另一种观点则认为：寻找工作者在最初搜寻职位时，首先想到的和注意到的往往是一般的信息，然后才会关注更具体的细节和工作信息。因此，在与应聘者初次接触时就实施RJPs并不能收到最好的效果，因为在这个时候他们不能完全注意或更好地理解RJPs所传递的特定职位的信息。

可以看出，组织选择在什么时机实施RJPs取决于应聘群体的情况和组织的需要。

（4）使用的沟通形式

真实工作预览可以被看作一种说服性的沟通。因此，沟通的形式会影响沟通的效果。目前，实施真实工作预览的方式主要有三种：书面演示、口头演示和音像演示。书面演示可以节约时间和精力，尤其是当面对大量的应聘群体时更是如此；口头演示的优点在于沟通过程是互动的；而音像演示直观而生动。组织可根据具体情况来选择RJPs的形式或不同RJPs形式的组合。

（5）RJPs实施者

组织派来的RJPs实施者对真实工作预览的效果影响是直接的。他们直接接触应聘者，是应聘者了解组织、解释所接收信息的窗口，因此，选择RJPs的实施者要慎重。他们是招聘单位的代言人，必须具有良好的个人素质和组织荣誉感，表达能力强，举止得体。只有这样才能正确地传递信息，收到应有的效果，并且一个团结合作的RJPs团队也可以传递组织的文化气息，这会在无形中打动应聘者。

（6）接受者的个体差异

应聘者的个体特征，如性别、年龄、个性特征、学历、工作背景等都会影响真实工作预览的效果。例如，工作背景既对应聘者有积极影响又有负面影响。有过工作经验的人能更好地把握真实工作预览的信息。但是，当他曾碰到过类似的工作消极方面，并且因此而有过挫折经历时，他有可能夸大真实工作预览传递的消极信息，不自主地产生回避意向。

4.2.3　人员的筛选和评价

筛选候选人是招聘过程的一个重要组成部分，其目的是将不合乎职位要求的求职者排除掉，最终选拔出最符合企业要求的人员。职位说明书是筛选的基础，也就是说，以职位说明书中所要求的知识、技术和能力来判断候选人的资格。如何能够测试和判断候选人是否符合这些职位要求，将在第5章作详细讨论。

4.2.4　录用与试用

对经过筛选合格的求职者，应做出录用决策。通知被录用者可以通过电话或信函进行联系，联系时要讲清企业向被录用者提供的职位、工作职责和月薪等，并讲清楚报到时间、报到地点以及报到应注意的事项等。

对决定录用的人员，在签订劳动合同以后，要有3～6个月的试用期。如果试用合格，试用期满便按劳动合同规定享有正式合同工的权利和责任。

4.2.5　招聘评估

这是招聘工作的最后一项工作。一般来说，评估工作主要从人员的数量、质量、招聘效率等方面来进行，包括招聘成本和效益评估和招聘工作评估两项内容。研究表明，通过不同的招聘渠道和方法，产生的招聘效果是大大不同的。用不同的方法招聘进来的员工也可能表现出不同的工作绩效、流失率、缺勤率。如果对招聘工作进行及时评估就可能找到招聘工作中可能存在的问题，从而适时地对招聘工作进行修整，提高下一轮的招聘工作质量。

1）招聘成本评估

招聘成本评估是指对招聘中的费用进行调查、核实，并对照预算进行评价的过程。招聘成本评估是鉴定招聘效率的一个重要指标。如果成本低、录用人员质量高，就意味着招聘效率高；反之，则意味着招聘效率低。相同的招聘成本水平，如果录用的人数多或录用人员的素质高，也意味着招聘效率高；反之，意味着招聘效率低。

招聘预算费用包括招聘广告费或中介机构费用、招聘测试费、体格检查费和其他费用，一般来说按4∶3∶2∶1比例分配预算较为合理。在招聘工作结束之后，要对实际的招聘费用进行度量、审核和计算，并与预算经费进行对比，就可以知道是否符合预算以及主要差异出现在哪些环节上。

2）招聘工作评估

招聘工作评估就是对招聘过程中的工作要项进行评估，它是判断招聘工作质量的另一个重要指标。具体来说，招聘工作评估包括招聘评估和筛选评估两项工作。

（1）招聘工作评估

人员招聘工作的成果就是寻找或吸引到一定数量和质量的求职者。因此，对人员招聘工作的评估主要有两方面的内容：量的评估和质的评估。

对人员招聘工作量的评估一般利用三组数据作为评估指标：一是在一定时间内前来交谈询问的求职者人数；二是主动填写或递交求职材料的求职者人数；三是通过审查求职材料初步合格的求职者人数。

通过以上三组数据，便可算出求职者数目与需招聘的新员工数目的比率。招聘来的求职者越多，企业就越有可能成功；相反，如果前来应聘的求职者为数很少，就可能无法完成招聘的任务。此时，企业应及时找出原因，调整或改用其他有效的招聘渠道和方法。

招聘来的求职者不仅要有数量的要求，还要有一定的质量要求。对人员招聘工作质量的评估一般采用的指标有：在不同筛选阶段被选出的人数和最终被录用的人数这两组数据。因为企业即使招聘到了许多求职者，但如果在筛选过程中被证明大多是不合格的，那么这次招聘工作也可能是失败的。只有测验证明很多求职者是合格的，才能说明招聘阶段的工作是成功的。

另外，在进行招聘工作评估时，还应该考虑其他易给人员招聘带来不利影响的一些因素，分析这些影响因素对改进人员招聘工作也有着重要的作用。例如，一些招聘方法比另外一些招聘方法更为有效，可能是因为这些方法所提供的有关招聘职位信息质量的不同，也可能是因为招聘方法本身对特定人群的影响不同。如果评估中发现，招聘工作效果上的差异是由于所传递的信息质量不同引起的，那么就应致力于提供更完整的和更准确的信息。而如果效果差异是由于招聘方法上的不同，就应确认最可能有资格的求职者属于哪个层次，并把确认结果作为改善招聘方法的依据。

（2）筛选工作评估

人员筛选工作的评估也有两个方面的内容：一是效率评估；二是正确率评估。效率评估主要看人员筛选工作的进度和每个阶段的产出率。人员筛选工作的进度越快，时间越短，新员工走上工作岗位就越及时，发挥作用也就越快。而正确率的评估主要是看测验方法的效度和信度，这是加强和改进人员筛选工作的重要依据。如果某种测验方法的效度和信度不高，在筛选过程中就容易将优秀人才淘汰，而将不合格的人招进来。因此，企业不仅在筛选前要进行测验方法的效度和信度检验，选择效度和信度较高的测验方法，在筛选结束后还要对之进行评估，以便在以后的工作中改进或淘汰。

在完成所有工作后，就要撰写招聘总结。招聘总结由招聘主要负责人撰写，并要真实地反映招聘的全过程，明确指出招聘成功之处和失败之处。典型的招聘流程如图4-2所示。

管理层　　　　　　　　用人部门　　　　　　　人力资源部

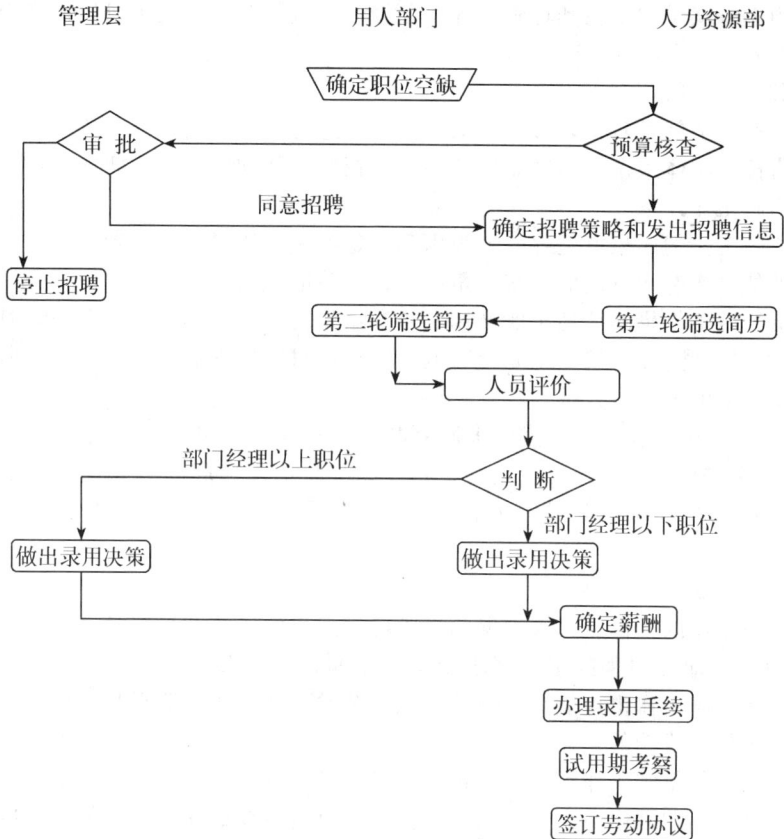

图 4-2　典型的招聘流程

4.3　员工招聘的途径

在企业进行了人力资源的需求与供给预测后，就要根据所获得的信息进行具体的招聘工作。招聘工作的成败很大程度上取决于有多少人来应聘和应聘者的素质，有针对性地吸引更多目标群体来应聘是招聘工作的目标。

招聘候选人的途径有两种：内部招聘和外部招聘。从表 4-1 可以看到，外部招聘和内部招聘各有所长，使用时要根据企业的战略计划、招聘岗位、上岗速度以及经营环境等综合考虑。例如，通用电气数十年来一直都从内部选拔 CEO，而 IBM、HP 等公司则多从外部招聘 CEO，因而哪个招聘途径更好并没有标准答案。

4.3.1　内部招聘的渠道和方法

内部招聘候选人的来源主要有：公开招聘、晋升、平级调动、岗位轮换、重新雇用或召回以前的员工等。其中，公开招聘是面向企业全体员工，晋升、平级调动和岗位轮换则局限于部分员工，重新雇用或召回以前的员工就是吸引那些因企业不景气等原因而被裁撤的人或者在竞争中被暂时淘汰的人。

表4-1 内部招聘与外部招聘的利弊

	内部招聘	外部招聘
优点	①了解全面，准确性高 ②可鼓舞士气，激励员工进取 ③应聘者可更快适应工作 ④使组织培训投资得到回报 ⑤选择费用低	①人员来源广，选择余地大，有利于招到一流人才 ②新员工能带来新技术、新思想、新方法 ③当内部有多人竞争而难做出决策时，向外部招聘可在一定程度上平息或缓和内部竞争者之间的矛盾 ④人才现成，节省培训投资费
缺点	①来源局限于企业内，水平有限 ②容易造成"近亲繁殖"，出现思维和行为定式 ③可能会因操作不公或员工心理原因造成内部矛盾	①不了解企业情况，进入角色慢，较难融入企业文化 ②对应聘者了解少，可能招错人 ③内部员工得不到机会，积极性可能受到影响

内部招聘的方法主要有职业生涯开发系统和公告招聘两种。

1）职业生涯开发系统

职业生涯开发系统就是针对特定的工作岗位，在企业内挑选出最合适的候选人，将他们置于职业生涯路径上接受培养或训练。这种方式的优点是能够帮助企业留住核心人才，而核心人才对于企业来说，是一种不可替代的竞争力来源，所以这一点对企业就显得格外重要。并且它还有助于确保在某个重要职位出现空缺时，及时填补上合格的人员，而这可以使企业避免由于重要职位上的人员突然离职而带来的损失。但是职业生涯开发系统潜在的问题就在于它在对企业核心人才培养的同时可能忽视那些未被选中的人员，这可能会对他们产生负激励作用，企业可能也会因此失去一些优秀的员工。另外如果目标职位一直不出现空缺，那么就可能会使被选中的人员由于期望没有兑现而感到灰心。

目前，一些企业为避免职业生涯开发系统对未被选中员工带来的负面影响，借助计算机化的技能清单资料提供的信息来完善对员工的挑选。这样，既保证了企业时刻能找到最适合的人才，又可以避免未选上的员工丧失工作积极性。

技能清单包括员工的资格、技能、智力、教育和培训等方面的信息，并对这些信息进行及时的更新，来全面和及时地反映所有员工的最新技能状况。首先，人力资源管理部门可以通过对个人记录进行查询，总结所有员工的资料。这样可以发现那些所受教育和具备的技能低于现在的职位的人，也可以发现那些有进一步培训潜力的人或者那些恰恰有空缺职位且具备资格的人。人力资源管理部门可以运用计算机建立资料库来开展这项工作。然后，企业建立技能银行，也就是技能资料库。在这种银行里，可以设置许多技能项目，如"微波通信工程师"项目之下，有所有那些接受过相关教育或者有相关经历的人的有关信息。对于这些信息可以根据日常的变化加以调整。我们可以惊奇地发现，其实一些员工不需要从外部招聘，原来企业已经有了，只不过是由于信息的不通畅而没有发现而已。

2）公告招聘

公告招聘是一种向员工通告现在企业内部职位空缺以进行内部招聘的方法。公告中应描述工作职位责任和义务、工资水平、工作日程和必要的资格条件，并告知与这次公告相关的信息，如公告的日期和申请截止日期、申请的程序、测试内容和联系方式等，所有认为具备资格的员工都可以申请该职位，通过投标选出最合适的人选。公告招聘给员工提供了一个平等竞争的机会，让员工看到了可能的晋升机会，这样他们就会更加努力提高自己的工作绩效了。同时，公告招聘还确保了企业内最适合的员工有机会从事该项工作。工作公告是面向全体员工的，所以职位候选人的范围会更广，从而保证选择的效果。但是这种方法也有很多的缺点，比如这种方式比较费时，职位候选人多导致招聘花费的时间往往会很长。企业内部可能还会缺乏一定的稳定性，如有的员工由于不明确方向而跳来跳去。

4.3.2 外部招聘的渠道和方法

1）广告

广告是通过广播、电视、报纸、网络或行业出版物等媒体向公众传送企业的就业需求信息。广告可能是能够最广泛地通知潜在求职者工作空缺的办法。借助不同的媒体做广告会带来非常不同的效果，选择哪种媒体最好，是由企业所要招聘的职位类型决定的。

（1）报纸

报纸的优点在于它的发行量大，广告篇幅的大小可以灵活选择，发行范围集中在一个特定的区域。由于报纸将栏目分类编排，有专门的求职类型的报纸或版面，不容易被积极的求职者忽视，利于他们查找。但是由于发行对象无特定性，会带来大量水平参差不齐的应聘者，增加人力资源部门的工作负担。又由于报纸保留的时间较短，很多报纸只能在某一天内被人看到，导致潜在的候选人可能会错过这个时间没有看到，并且报纸的纸质和印刷质量会对广告的设计造成限制。因而，报纸广告适用于想在某个特定地区招聘一些短期内就需要补充上空缺职位的企业。如果企业所在行业或空缺职位具有高流失率的特点，地方报纸往往是最好的选择。

在报纸上做广告之前，应该了解当地有什么报纸，各家报纸的发行数量并且要了解它的受众群体情况。一个媒体的受众是哪些人远比它的受众人数有多少更为重要，因为这会关系到有多少潜在的职位候选人在看广告。另外，要考虑广告的版面大小。一般大版面要比小版面更吸引人，但研究表明，小版面通常也能够吸引相当于大版面的70%～80%的读者注意，企业要根据自身的情况加以选择。

（2）杂志

杂志的优点在于接触目标群体的概率比较大，便于保存，能够在较长时间内被看到，并且纸质和印刷质量好，可以产生较强的视觉冲击力。杂志的缺点是，每期的发行时间间隔较长，地域范围较分散，广告的预约期较长。针对杂志的特点，企业可以在空缺职位非迫切时补充，职位候选人集中在某专业领域时使用，这时选择该专业领域阅读范围较广的杂志会比较好。

（3）广播、电视

广播、电视最不容易被人忽视，能够更好地让那些不是很积极的求职者了解到招聘信息。而且，广播电视较强的视听感觉比印刷广告更能有效地渲染雇佣气氛。如果选择在黄金时段，则受众人数众多，容易给人留下深刻印象。但广播、电视的成本较高，并且持续时间短，不能查阅。但是当招聘处于竞争的情况下，急需扩大影响，将企业形象的宣传与人员招聘同时进行的时候，广播、电视很容易达到这种效果。

（4）其他印刷品

海报、广告、招贴、传单、宣传旗帜、小册子、直接邮寄、随信附寄等都是在特殊的场合，如展示会、招聘会或校园等有特别效果的方法。这些方法与其他招聘方法结合使用能够产生更好的效果。值得注意的是，要充分考虑印刷品发放的场合，以免街头发放带来的环境污染和对企业形象的损害。

（5）招聘广告设计的原则

招聘广告设计的原则可以概括为所谓的注意-兴趣-愿望-行动四原则，即 AIDA（Attention Interest Desire Action）原则。A 代表广告要吸引人的注意，在报纸的分类广告中，由于广告密度很大，印刷得很紧凑的广告常常被忽略。如何让广告与众不同是要特别关心的问题。I 是要发展应聘者对职位的兴趣，这种兴趣既要来自广告语的生动，又要从职位本身挖掘，如工作的挑战性、收入、地理位置等。D 是要激起求职者申请空缺职位的愿望，这需要与求职者的需求紧密联系在一起，如职位的满足感、发展的机会、合作的气氛等。由于在发布广告之前已经对公司或职位要吸引的对象做了调查，撰写广告就是要针对这种对象的特点。A 代表广告要有让人马上采取行动的力量，如"想要了解最新职位空缺，欢迎点击 www.xcompany.com"，这样的语言可以使对公司感兴趣的职位候选人看了后采取行动。

（6）招聘广告的内容

一般来说，招聘广告的内容包括：本企业的基本情况；招聘是否经过有关部门的批准；空缺职位的情况；申请者必须具备的条件；报名的时间、地点和联系方式；需要的证件及材料等。职位的情况可以参照职位说明书，但应该把职位情况转换成以读者的角度加以介绍。

2）人才招聘会

人才招聘会可以分为两大类：一类是专场招聘会，即只有一家公司举行的招聘会。专场招聘会是公司欲招聘大量人才或面向特定群体（如校园招聘会）时举行的。另一类是非专场招聘会，即由某些人才中介机构组织的有多家单位参加的招聘会，通常是成百上千家单位参加的大型招聘会。

很多公司反映从招聘会中取得的收获甚微，其主要原因是没有做好充分的准备工作。他们没有应用营销策略，把公司很好地宣传出去。例如，用非常简易的纸板写着招聘职位的信息，没有任何宣传公司的迹象，招聘人员缺乏招聘知识等。因而，如果决定以招聘会方式招聘员工，那么就要做好下述准备工作：

（1）选择对自己有价值的招聘会

各种各样的招聘会繁多，要想选择到适合公司招聘职位的人才就要先选择恰当的招聘会。首先，要了解招聘会的档次，如果与其他参加的公司不属于同一个档次，来参加的应聘者就可能不会满足公司的需要或者公司无法满足应聘者的需要。其次，要看招聘会的组织者，组织者的组织能力、社会影响力、宣传力度等都将影响招聘会的声势以及参加的人员数量和质量。另外，应该注意的是，招聘会的时间是否与其他的招聘会冲突，是否有竞争对手来参加。如果有竞争对手参加，而且竞争对手提供的条件要更胜一筹，就不要轻易同时参加招聘会，因为应聘者会更容易选择竞争对手。

（2）准备一个有吸引力的展位

参加招聘会对公司来讲也是一件具有挑战性的工作。因为只有自己的公司出类拔萃才能在招聘会上竞争取胜。因此，如果有条件的话可以争取选择一个尽量好的位置，并且有一个比较大的空间。在制作展台方面最好请专业公司帮助设计，并留出富裕时间，以便对设计不满意的地方进行修改。在展台上可以利用计算机投影等方式放映公司的宣传片。在展位的一角设置一个较安静的区域，公司的人员可以和有必要进行较为详细交谈的应聘者谈话。

（3）准备好会上所用的资料

在招聘会上，通常可以发放一些宣传品和登记表格。这些宣传品和登记表格要事先准备好，并要足量。如果准备一些小的纪念品，将会更受应聘者的喜欢，如一些印有公司标志和网址的笔、鼠标垫、钥匙扣等，或者制作精美的纸袋，将宣传资料放在里面。

（4）准备好相关的设备

必要时，在招聘会上可以使用电脑、投影仪、电视机、录像机、照相机等设备加强公司招聘的效果。这些设备要提前备好，并要注意现场是否有合适的电源。

（5）招聘人员应做的准备

参加招聘会的人员要做好充足的准备，对应聘者可能要提出的问题以及公司方面、职位方面、待遇方面等情况要了解清楚。招聘人员应该由人力资源部门和用人部门两方面人员共同组成，并设计好工作流程。

（6）与有关的协作方沟通联系

在招聘会开始之前，要与有关的协作方进行沟通。这些协作方包括招聘会的组织者、负责后勤事务的单位，还可能会有学校的负责部门等。在沟通中，一方面了解协作方的要求；另一方面提出需要协作方帮助的事项，以便早做准备。

在招聘会上，招聘人员代表着公司的整体形象，因而要时刻保持良好的精神风貌，不要在展台里交头接耳，要目视应聘者，微笑礼貌地回答问题。展台前面不要有障碍物影响视线，把展台充分暴露在求职人员面前。不要在展台内使用手机，以免错过求职者。也不要在求职者走后对他们进行评论，这样对应聘者的不尊重会令其他的求职者望而却步。招聘人员反应要迅速、果断，给求职者留下高效率的印象。

在招聘会后，要用最快的速度将收集到的简历整理出来，通过电话或电子邮件的方式与应聘者取得联系，防止由于反馈过慢而给求职者留下管理效率低下的印象或合适的应聘者被其他公司抢去。对公司满意的求职者，通知他们到公司来面试；对不合适的应聘者，也应该给他们一个答复，告诉他们虽然很遗憾这次没有适合他们的职位，但他们的个人信息已经进入了公司的人才库，有合适的职位时会主动与之联系。

3）员工推荐

员工推荐是指员工从他们的朋友或认识的人中引荐求职者。这种方法特别是在缺乏某种技术人员的企业中十分有效。这种招聘技术可以使企业和应聘者双方能迅速了解，又节省招聘费用。推荐者通常会认为被推荐者的素质与他们自己有关，只有在保证其不会给自己带来坏的影响时才会主动推荐。因而罗宾斯认为，员工推荐是所有招聘来源中最好的一种。

4）就业服务机构

社会上有各种就业服务机构，其中有人事部门开办的人才交流中心、劳动部门开办的职业介绍机构，还有一些私营的职业介绍机构。这些中介机构都是用人单位和求职者之间的桥梁，为用人单位推荐人才，为求职者推荐工作，同时也举办各种形式的人才交流会、洽谈会等。

一般看来，企业在以下三种情况下会愿意借助就业服务机构的力量来完成招聘工作：一是企业没有自己的人力资源管理部门，不能较快地进行人员招聘活动；二是某一特定职位空缺需要立即有人填补；三是当企业发现自己去招聘有困难，比如招聘对象是目前仍在别的组织中工作的人，他们可能不太方便直接同当前组织的竞争对手接触，那么就可以通过就业服务机构来解决人员招聘问题。

企业要借助就业服务机构，首先，要选择一家好的就业机构，目前市场上的就业机构良莠不齐，选择一家正规合法、声望好、有实力的就业机构是重要的；其次，必须向他们提供一份精确而完整的工作说明，这有利于就业机构找到合适的人员；再次，要参与监督就业机构的工作，比如限定他们使用的筛选技术和方法，定期检查那些被就业机构接受或拒绝的候选人资料，以及时地发现他们工作不合意的地方。根据美国的经验，通过就业服务机构帮助获得的求职者主要是蓝领工人或低层次的管理者，很难获得专业技术人员和高级人才。从我国现实来看，也明显存在这样的问题。

5）校园招聘

由于社会上有经验的员工数量有限，而且获取这些人才成本往往比较高，因此越来越多的企业瞄准了校园这个大市场。高校每年都有大量的毕业生走向社会，在他们当中有不少人会成为企业中最富有提升潜力的员工，无论在技术岗位上还是管理岗位上都是如此。

校园招聘的优点是，企业可以找到足够数量的高素质人才，而且新毕业学生的学习愿望和学习能力较强，可塑性很强；另外，与具有多年工作经验的人比起来新毕业学生薪酬较低。但校园招聘也存在不足：学生没有工作经验，需要进行一定的培训；并且往往有过于理想化的期待，对于自身能力也有不现实的估计，容易对工作和企业产生不满；在毕业后的前几年一般更换工作频率较高；在校园招聘需要经过系统的策划，在组织方面也需要付出较大的努力。

为了提高校园招聘的质量和效率，企业可以在以下几方面进行工作：①根据企业空缺职位情况选择好学校及学生群体。②与学校学生工作部门建立长期联系，为宣传企业，可以组织学生到企业实践，尽早相互了解，使他们在毕业时把本企业看作首选目标。③为优秀人才设立奖学金，设立的奖学金一般要针对企业所要获得的目标人才群体。④让企业形象经常出现在校园里，让学生知道企业、了解企业，如赠送一些带有企业标识的纪念品和公共设施。⑤一旦决定录用就与学生签署协议，协议要明确双方的责任，尤其是违约的责任，并且要适当做好准备，留有备选名单，以便替换。⑥对学生感兴趣的问题要做好准备。

6）猎头公司

猎头公司是指专门为企业招聘中级或高级管理人员或重要的专门人员的私人就业机构。由于人才的短缺，且这些人才主动求职的愿望相对较低，并且他们已经有了很好的工作，因此运用公开的招聘方法难以吸引他们。而猎头公司拥有自己的人才数据库，并经常主动去发现和寻找人才，还能够在整个搜寻和筛选过程中为企业保守秘密。所以，如果企业要招聘一些核心员工，猎头公司的帮助是必不可少的。猎头公司服务费相对较高，一般是招聘职位年薪的 1/3 ~ 1/4。

企业在确定与猎头公司合作时，应该注意以下几个问题：第一，选择猎头公司时要对其资质进行考察，尽量与少数背景和声望较好的公司合作。第二，在与猎头公司合作时，要在开始时约定好双方的权利和义务，并就一些容易发生争议的问题达成共识，例如费用、时限、保证期承诺、后续责任等。第三，要让猎头公司充分了解企业对候选人的要求，确立对理想候选人的技能、经验和个性的理解。第四，猎头公司所推荐的人与原来工作的公司应该已经解除聘用关系，特别是涉及企业的技术开发人员，必须小心。第五，如果与一家信誉好、服务质量满意的猎头公司合作愉快的话，今后类似的招聘工作就可以继续与之合作，避免与过多的猎头公司合作。

4.4 员工招聘的新发展

4.4.1 弹性工作安排

现代企业既希望聘用到合格的员工，也希望适应不断变化的工作规则，因为它们越来越明显地认识到，要想保持有效的生产率，就必须提供不同于传统的弹性工作制。许多方案，如兼职就业、电子办公和应急工在过去很少使用，而现在各个工作层面上都在使用，并且还进行了变通。当然，并不是每一种环境都可以使用上述工作安排，因此企业越积极尝试，就越能收到良好的效果。随着这一趋势的发展，许多公司将会有各种各样的工作日程安排，薪水也高低不同，事实上不久的将来，正规的全日制就业很有可能成为例外。

1）工作分享

工作分享是一种工作安排，即两位员工分享一份全职工作。工作分享不同于正常的兼职，兼职的岗位往往是那些不能一分为二的岗位。尽管工作分享由来已久，但是直到 20 世纪 80 年代中期，才有像桂格和列维·斯特劳斯这样的公司开始把工作分享看成是一种可行的工作安排。一开始，工作分享被看成是一种解决妇女就业难的办法，现在，工作分享可以满足许多员工的就业需求，如有孩子的双亲、老年人和学生。

企业从中得到无数好处：员工带到岗位上的技能宽泛了，留住了那些依赖工作分享的好员工，员工的精力充沛了，降低了缺席率，而且工作分享消除了员工工作时需要照顾私事的要求，即使一个人辞职了，工作也可以做一半。

工作分享也有一些缺点：工资名单和人事档案增加了一倍，日程安排上的重叠产生了后勤问题，客户有可能抱怨总是遇不到同一个人；福利也有问题，有的企业给两个人同时提供全额福利，有的企业让两人分享同一份福利。

企业实施工作分享时要进行全面分析，包括审核工作要求和职责，评估员工的技能、能力、不足和兴趣，确定薪水和福利水平，制定合适的日程表。

2）弹性工作制

弹性工作制是指在完成规定的工作任务或固定的工作时间长度的前提下，员工可以自由地安排工作时间，以代替统一固定的上下班时间的制度。

典型的弹性工作制要求员工每天都工作同等量的工作时间，设定统一的核心工作时间，但不同的员工开始工作和结束工作的时间不一样。企业根据自身的特殊要求制定工作日程表，需要不同的弹性程度。

弹性工作制，作为一种弹性工作安排，于1972年在惠普公司正式启用，随后逐渐普及，越来越多的私营和公共企业开始使用弹性工作制。弹性工作制使员工可以在工作需求、家庭需求、教育需求和外部活动之间找到平衡。它帮助员工减轻了交通烦恼，而且让员工参与制定自己的工作时间表，使员工感到参与了公司的决策过程，反过来又促进了劳资关系；员工使工作日程更符合自己的"生物钟"，也就是说，他们选择自己反应最灵敏、状态最好的时候工作。

企业从中获得的益处有：企业整体上有了更长的工作时间和服务时间，消除了超时工作；减轻疲劳，减少缺勤和辞工；改善了聘用效果，提高了工作绩效和员工士气。作为一个系统，弹性工作制适合许多情境，也很容易实施，最适合自主性高和自我激励强的工作，不太适合组装线上的工作，组装线上的工作要在短时间内完成。

弹性工作制包括以下三种形式：

（1）核心时间与弹性时间结合制。一天的工作时间由核心工作时间（通常5~6小时）和环绕两头的弹性工作时间所组成。核心工作时间是每天某几个小时所有员工必须到岗的时间，弹性时间是员工可以在这部分时间内自由选定上下班的时间。

（2）成果中心制。公司对员工的劳动只考核其成果，不规定具体时间，只要在所要求的期限内按质量完成任务就照付薪酬。

（3）紧缩工作时间制。员工可以将一个星期内的工作压缩在两三天内完成，剩余时间由自己支配。职工上班时间减少，可以节省交通费，提高公司的设备利用率。

正如其他系统一样，弹性工作制也有缺点：它会给管理者对核心的共同工作时间以外的下属人员工作进行指导造成困难，并导致工作轮班发生混乱；当某些具有特殊技能或知识的人不在现场时，还可能造成某些问题难以解决，同时使管理人员的计划和控制工作更为麻烦，花费也更大；许多工作并不宜转为弹性工作制，如百货商店的营业员、办公室接待员、装配线上的操作工，这些人的工作都与组织内外的其他人有关联，只要这种相互依赖的关系存在，弹性工作制通常就不是一个可行的方案。

3）电子办公

在家里工作曾经是很多人的梦想，近10年来随着互联网和信息技术的发展，很多人已经加入了SOHO一族。

许多公司认为电子办公有诸多优点：降低办公室空间成本；企业可以聘用那些不能到办公室工作的员工（老人、残疾人、自由职业者）；缺勤率低；节省交通时间等。

电子办公也有缺点：对员工缺乏直接控制和监督；有些员工会感到孤独等。

【案例】 **在家工作成为女性职业发展的时尚**

小月在某国有企业办公室工作，她的自主性非常强，不爱在领导面前趋炎附势，每天处理办公室的日常事务让她感到心浮气躁，而且同事之间人际关系特别难处，大家表面上很客气，其实暗地里都较着劲，小月特别不习惯这种明一套暗一套的做法，每天上班都感到憋闷。

她酷爱写作，上学时就梦想当一个作家，考大学时鬼使神差地被录取到了政治系，她不甘心与文学绝缘，时常自己在家写点东西，希望有一天也能结集发表。

结婚了，怀孕了，女儿出生了，小月五年迈了三大步，步入了妈妈的行列。休产假时，每天照顾女儿之余，小月开始动笔写一些育儿随笔，她翻阅了大量育儿书籍，撰写了大量心得体会，俨然一个儿童心理专家。有一天丈夫看了她的文章后，大加赞赏，小月就稍做改动后投了稿，没想到居然在报纸上刊登了，小月欣喜异常，写作的兴趣更浓了。

产假马上就要到期，可小月烦透了办公室的气氛，每当想到要去上班她都痛苦不堪。有一天，在经过深思熟虑后，小月和丈夫认真探讨了育儿计划，她提出辞职在家的愿望。她说："在家里可以专心致志地写稿子，挣稿费一样可以养家，而且不用雇保姆，省去了一笔费用，还不用天天朝九晚五地上班和看领导的眼色。"丈夫考虑到小月的个性不适合在单位发展，家里也正好缺人带孩子，就同意了。

小月开始在家工作了，每天早晨她收拾完家务后，就坐在书桌前开始写东西，其间要照顾孩子吃奶、换尿布……要完成每天的工作量看来还挺难，小月感到非常吃力。丈夫看她写得辛苦，就劝她先放下笔管好孩子。小月说："那不行，我不能靠你养活，我会照顾好孩子，也会把稿子写好，如果想帮我，每天就早点下班回家，我可以在晚上抽两个小时写东西，然后白天集中精力带孩子、看书，只要适应一段时间，我会干好的。"

小月的现象不是个别的，现在在家里工作已经成为全球职业发展的新时尚、新趋势。无论从事哪种自由职业，是自由撰稿人、广告设计师，还是通过网络在家办公都成为人们对工作方式的新选择。在家工作，省去了每天挤车的苦累，也省去了与同事之间的钩心斗角，更不用看老板的脸色，何其乐也。

4）其他弹性工作安排

（1）辅助劳动。辅助劳动是一种早就有了的工作安排，员工招募到以后接受某种岗位培训和行业培训，然后存入备用劳动力蓄水池，企业需要时可以每周给一些工作。辅助劳动提供的员工具有正常员工所没有的技能水平。

（2）自愿减少工作时间。员工自愿从全职员工变成6个月至1年的兼职员工。兼职工作时，员工的薪水和福利也做相应调整；兼职工作结束，员工又变成全职员工，薪水和福利又相应恢复。员工只要得到最大限度的弹性工作日程，就会从中受益，企业也可以节约成本。但是这种安排也有破坏性，工作日程难以实施，其他员工对兼职时间过长有反感。

（3）独立承包人。独立承包人是指各个领域的自我聘用者。企业可以聘用独立承包人完成短期或长期工作，而不必承担劳资关系需要履行的责任。通常企业和独立承包人会签订书面合同，勾画出大致的工作轮廓、大约或具体的工作期限、报酬多少和支付时间，解除协议的条件也列在合同中。

（4）员工租用。员工租用是一种独特的工作安排，员工人数少于300人的小企业常常使用这种方法，以避免管理上的麻烦。其运作方式是专业雇主组织从某一企业中聘用该企业待岗的一批员工，然后过段时间再把这些员工还给员工原来工作过的企业；由专业雇主组织来完成所有的管理文件，给员工提供边缘福利，收企业薪水的20%～35%作为资料费。

（5）阶段退休或部分退休。阶段退休或部分退休是指员工通过减少全职工作而在某段时间内自愿退休。这样企业有可能聘用年轻人，退休员工能够辅导新员工接替自己。阶段退休始于20世纪70年代的欧洲，到1987年才生根于美国，因为那时候美国摒弃了强制退休制度，1988年，美国规定企业要为继续工作的65岁及以上的职工交纳退休保障基金，这成为阶段退休制度发展的契机。在大多数情况下，阶段退休制度允许享受该制度的员工调整自己的薪资水平，使工作量和福利也做相应调整。尽管实施阶段退休制度受到各种限制，但是越来越多的企业开始使用该制度，如安泰（Aetoa）、列维·斯特劳斯和宝丽来。

4.4.2 劳动场所多元化

工作场所多元化的最终目的是所有在一起工作的人既能达成一个共同的组织目标，又能获得个人的成功。企业要达成共同的组织目标，雇员必须具有灵活性和合作精神。劳动场所多元化会为组织带来很多优势。雇主可以从更大的劳动力市场中挑选雇员，增加找到优秀人才的概率，而一旦雇用了那些具有多元化背景和经验的候选人，他们就可以为组织贡献更多的聪明才智。在多元化的组织中，雇员将会感激组织提供的多元文化环境，他们会以更大的积极性、更好的工作态度以及由此产生的更高的工作效率来回报组织。同时，多元化的工作环境还可以减少对不公平待遇的控告和诉讼。

为了组织的发展和利益，每个人都必须赞成和适应多元化，尤其是高层管理人员。没有高层管理者的支持，多元化的努力必定会失败。高层管理人员必须强调多元化是一个经营问题，而不是解释其他问题的一句口头上说的好听话。但如果只是高层管理者赞成多元化，那么多元化也只能是一个美好的愿望，而永远无法引起组织中底层雇员的关注。越来越多的组织认识到了多元化和商业利益之间的联系，于是它们把对管理者工作的评价与其所在地区多元化的发展程度联系了起来，要求管理者以最大限度利用所有雇员的技巧、才能和兴趣为己任。这就是说实行多元化是管理者工作的一个组成部分。

多元化员工在多元化场所中共同为实现组织目标做贡献。作为应急工，一周工作不到40小时，不享受所有工作福利，带着自己的技能从一个工作换到另一个工作，包括兼职、临时工、自由职业者、合同工、咨询人员。2003年美国1/4的就业属于应急就业，2005年约1/3的就业属于应急就业。

从应急工与企业的关系上看，应急工工作信息不全面、不准确，绩效评估标准不同于正式员工，有职位空缺时不考虑他们，缺少保障，没有福利。

1）优先雇用行动与多元化工作环境

优先雇用行动和多元化工作环境经常被错误地理解为同义语。在大多数情况下，多元化工作环境被认为是优先雇用行动的政治化译本。

优先雇用行动和多元化工作环境都试图将来自不同背景、具有不同特征的人带进同一个组织，但它们的相似之处也仅仅是这一点。优先雇用行动只是一个法律驱动器，是20世纪60年代国外为修正企业中的歧视行为而制定的。它要求组织设定目标，确定雇用、培训和提升弱势群体代表成员的具体比例，并强调这个比例要不断上升。这些人作为执行优先雇用行动法案的一部分进入组织后，他们实际上并没有受到平等对待，而是常常被以各种各样的方式排斥在从决策到公司资助的社会活动之外。掌握主流文化的官僚层几乎全部是白人男性。

多元化工作环境在培养个性、制造变化以满足雇员、顾客和组织的需要方面远远超出优先雇用行动。不同的观点和经历被视为通向解决问题、制定决策的一条更富有创造性的途径。这种包容的观念带来分权、合作、共识，在这种情况下，工作环境更健康，每个人都感觉更接近平等。

如果企业愿意从组织结构方面的变化着手，那么企业就可以实现上面描述的劳动力多元化。高层管理者的责任就是通过对多元化工作环境这一概念的认同和支持启动这一过程，并监督对现行的政策和活动所进行的评估，如果现行的体制与多元化的目标不适应，就应该做出修正或改变，这个过程包括检查工作任务的分配、对雇员的评价、提升的依据、工作小组的构成、正当的行为，如增加利润的建议。多元化的主要目标应该是创造一个能够使雇员变得更有成效、组织变得更有效率和竞争力的模式。

2）多元化和招聘

对优先雇用行动方案评估之后，大多数公司都同意这样的观点，仅靠优先雇用行动并不能达到组织的目标，它们需要建立多元化的工作环境。在多元化的工作环境中进行招聘，要求各种各样群体的代表都成为招聘的资源。这些具体的资源与他们在工作中如何被使用常常没有多大的联系。对于文化多元化评估委员会来说，下一步要做的应该是回顾一下公司现行的招聘实践和资源。这里介绍一些改进多元化招聘行动的方法：

（1）将职位空缺情况登在公告栏中向感兴趣的雇员公布，通过这种方式寻找内部候选人。鼓励对那些虽然目前达不到岗位的具体要求但表现出潜能和兴趣的雇员进行培训。

（2）鼓励组织中各个不同群体的代表，如老年员工、少数民族、妇女、残疾人，帮助介绍候选人。

（3）主动通过在公共场合发布招聘广告的形式，吸引具有多元化资格的妇女和其他群体的求职者。一定要树立你的公司作为多元化的支持者的形象。

（4）与那些代表各个不同群体的当地职业组织取得联系。它们可以提示你如何吸引更多不同群体中的人，同时它们也可以成为你招聘的一个来源。

3）多元化教育和培训

假定你认为多元化的工作环境是有益的，而且你已成功地招募了具有多元化特征的雇员，你可能会认为你的工作已经完成了，毕竟你已用行动证明了你对多元化的承诺，现在可以坐下来静观新形成的劳动力队伍的绩效了。

不错，这是一个良好的开端，但工作却远远没有完成。现在，你面临的问题是如何使现有的劳动力接受这种多元化，以便实现绩效增长的目的。你可以通过多元化的教育和培训来使雇员认同多元化的现实。教育可以帮助雇员学会如何看待与自己不同的人，以及如何认识与此相关的其他问题，而培训可以用来开发促进组织绩效提高的新技能。

成功的多元化教育和培训二者应该紧密地结合在一起。教育项目的目标是提高认识和增加知识，而培训是为了开发特殊的技能，但是二者之中的任何一个都不能单独解决整体问题，或改变一个组织系统运作的方式。事实上，以空洞的方式进行多元化教育培训是有害而无益的。雇员们感到他们与公司格格不入。他们需要建立新的观念来适应组织的要求。如果教育和培训不能满足雇员们自身的期望和要求，他们就不会愿意参加培训讨论。教育和培训应该成为企业实现多元化既定目标的一部分。

多元化教育和培训没有什么不同。雇主把工人们从工作中调离出来，用几小时甚至几天的时间，给他们放映有关多元化功绩的电影，给他们发材料，举办讲座，但他们的活动并没有成功。在多元化教育和培训中，高层管理者们应该从履行承诺开始——不是书面上的承诺，是用持续的、看得见的行动来向雇员们证明，他们确信多元化是一个至关重要的经营问题，对公司的成长和成功是必不可少的，是教育过程的一部分。文化多元化评估委员会可以通过评估具体的内部问题来确定公司多元文化的基本标准，然后，委员会可以通过个别访谈、召开焦点小组讨论会或通过调查来发现雇员们认为在工作环境多元化方面公司存在的问题，这样，就可以找出具体的反对意见、态度和设想。

以全球化目标对雇员进行教育，增进他们对多元化的理解和接纳，减少多元化方面存在的障碍，然后，将教育培训聚焦在评估阶段确定的具体问题上。成功的多元化培训需要花费很长的时间，不能操之过急，期望太高。让雇员们学会如何一起工作、相互理解，并在行为方面发生永久改变是一项长期的任务。

虽然在开会之前强制出席可能会产生强烈的反应，但组织中的每一个人，从高层管理者到刚入公司的新雇员，都应该参加多元化教育和培训的讨论。应该把多元化教育培训项目同整个组织的目标联系起来，使组织中的每一个人都从中受益。提前安排好各种教育培训活动，以免影响组织的其他更重要的活动。要确保描述多元化讨论会的材料不像那些唯我独尊的人先前所描述的那样，把劳动力队伍人为地分成受益人和受害者两部分。

你的公司可能已经根据公司群体的构成、课堂的大小、培训材料和持续的时间形成了自己的培训方式，虽然多元化的培训不适合用标准化的模式，但任何培训活动和方法的选择都应该着眼于多元化和公司成功以及个人成长的关系。雇员们需要时常感受到他们所学的东西是可以运用的。由不同层次、部门和职能的雇员组成的培训课堂，比由同一个层次做同样工作的雇员组成的培训课堂效果好。这种混合型的雇员结构有利于探讨各种类型的多元化问题，如工作职能、性别、个性等。采用案例研究的方式要比小组活动的结果好，可视录像带、角色扮演可以产生富有启发的效果，但如果它被过早地引进，或者是面对不恰当组合的雇员，它也有可能引起更大的抵抗。还要考虑自我评估的优越性，雇员可以与他人分享评估的结果。

讨论会的领导应该对研讨的主题有足够的知识和经验，对所有的参与者有高度的敏感，能有效地调动群体的积极性，能够确定问题的范围，还能够避免潜在的不稳定因素。领导者要在一开始就建立起信誉，以引起和保持参与者的注意。讨论会可以单独由人力资源工作人员，或是外部中立的教育者和培训者组成，也可以把二者结合起来。同时，可以考虑脱离工作现场接受培训的好处，这样休息时就可以不受工作的打扰和诱惑。脱离工作现场的培训还可以传递这样一个信息，即讨论的话题对于组织来说确实是十分重要的。

为了确保教育和培训的效果，反馈是必不可少的。这种反馈不仅仅是对课程的评估，更重要的是要和具体的目标相联系，不定时地进行反馈，可以阶段性地召开焦点小组会议或进行广泛的调查来评价多元化教育和培训活动的有用性。由于多元化教育和培训是持续不断、重复进行的，反馈也必须如此。正式的培训还需要非正式的指导，即一对一的讨论，以帮助某些雇员处理那些具体的多元化问题。量身定做的教育和培训可以取得最大的效果。

4.4.3 网络招聘

互联网的出现给社会生活的方方面面都带来了革命性的变化，因此员工招聘的工作方式也深受互联网的影响。现在，越来越多的公司使用网上资源，在网上自我介绍或求职的人也正以成倍的速度增加。据美国一家咨询公司日前公布的一项追踪研究报告，《财富》全球500强中使用网上招聘的已占88%。按地区来说，目前北美地区93%的大公司都使用网上招聘，欧洲有83%，亚太地区有88%。按行业来说，使用因特网招聘员工最普遍的是医疗保健行业，全球500强中达到了100%，制造和运输两个行业也在95%以上。越来越多的公司希望看到求职者的电子邮件而不是邮寄传送的个人简历。

网络招聘是指企业利用计算机、互联网和其他信息技术完成招聘的过程。网络招聘借助互联网和组织内部的人力资源信息系统，将申请过程、招聘过程及录用过程有机融合，形成一个全新的网络招聘系统，使组织能够更好、更快，并且以更低的成本吸引并招聘到组织所需的人才。

高级网上招聘实质是公司在网站上发布招聘信息，并通过电子邮件或简历库收集应聘信息，利用软件测试考察应聘者。初级网上招聘是指公司在网上发布招聘信息，但仍鼓励应聘者通过传统渠道应聘。

网络招聘受到普遍欢迎的原因就在于它有许多其他媒体不具有的优势：它方便快捷，成本较低，并且不受时间的限制；网上招聘不仅可以接触到更大范围、更多人群，以致有更多的选择余地，还使得存储与检索简历更加容易；它使世界变小，身处何处都无关紧要，跨国公司有能力在世界各地安置员工，面试、能力测试以及背景审查都可以通过互联网来进行；借助互联网不仅可以发布招聘广告，而且可以建立多种功能的招聘服务系统。

随着互联网的发展，一些公司专门创办网站提供招聘服务。近些年来我国也出现了不少专业的人才招聘服务网站，如 www.zhaopin.com、www.51job.com、www.chinahr.com 等。这些招聘服务网站同时为企业和个人服务，提供大量的招聘信息，并且也提供网上的招聘管理和个人求职管理服务。因此，企业可以借助下列互联网的招聘管理功能：

（1）发布招聘信息。招聘者只要在网上进行注册之后，就可以按照指定的方法将自己的职位空缺和用人要求在网上发布出去，求职者马上就可以看到，并将简历发送给招聘者。这样，从出现职位空缺到补充职位空缺的时间就会大大缩短了。

（2）自动管理简历。网上的招聘软件可以自动将简历形成数据库系统，从而形成对招聘的管理。这些简历将会按照招聘者所设置的条件自动进行分类、保存，使用者查询起来将会非常方便，对不予录用的应聘者的回复也可以自动进行。

（3）跟踪招聘过程。网上的招聘系统通常具有招聘过程跟踪的功能，可以让公司了解一个人处于招聘过程中的哪个过程，从与应聘者的第一次接触直到公司录用他的过程，包括面试、各种测评都会记录在其中。

（4）监控招聘效果。它可以帮助招聘者通过互联网随时了解本公司在网上职位发布的效果，协助招聘者更好地管理自己的网上招聘。例如，系统能够自动提供该公司在网上发布的所有职位在最近一周媒体那里被浏览的总次数，所有职位在最近一周内每天被浏览的总次数等。

另外，一些公司还建立了自己的网站，以方便那些可能对特定公司职位的空缺或某些类型的空缺感兴趣的人的需要，而且公司自己的网站可以更充分地体现企业文化、产品、业务、理念等，成为公司和人才之间交流的窗口、互动的平台。

网络招聘也存在一些问题和局限性：如信息真实度较低，成效不大；为了提高点击率，过时招聘信息仍发布在网上；网络带来的"信息爆炸"让求职者和人力资源经理双方都感到头疼；一些非法网站利用求职心切的心理进行诈骗等违法活动。

本章小结

员工招聘就是企业采取一些科学的方法寻找、吸引应聘者，并从中选出企业需要的人员予以录用的过程。它包括招聘、筛选和录用三个阶段。招聘过程通常包括识别职位空缺、确定招聘策略、招聘、筛选、试用、招聘评估等一系列环节。招聘候选人的途径有两种：内部招聘和外部招聘。

真实工作预览是一种新的招聘方法，指招聘单位给应聘者预览未来的真实工作信息，将企业和职位的情况真实地表现出来，并有效地传递给求职者，增加招聘的成功率。招聘结束后需要对招聘过程中的工作要项进行评估。招聘工作评估是判断招聘工作质量的重要指标，包括招聘评估和筛选评估两项工作。

内部招聘候选人的来源主要有公开招聘、晋升、平级调动、岗位轮换、重新雇用或召回以前的员工等。广告、人才招聘会、员工推荐、校园招聘、利用中介机构和猎头公司招聘和网络招聘都是有效的外部招聘方式。

企业要想聘用到合格的员工，适应不断变化的工作规则，保持有效的生产率，就必须提供不同于传统的弹性工作制。许多方案，如兼职就业、电子办公和应急工在过去很少使用，而现在各个工作层次上都在使用。多元化员工在多元化场所中共同为实现组织目标做贡献。

互联网的出现给社会生活的方方面面都带来了革命性的变化，员工招聘也深受互联网的影响。网络招聘是指企业利用计算机、互联网和其他信息技术完成招聘的过程。它方便快捷，成本较低，并且不受时间的限制；网上招聘不仅可以接触到更大范围、更多人群，还有更多的选择余地。但其信息真实度较低，成效不大；过时招聘信息仍在网上发布等，也会为网络招聘带来一些问题和局限性。

本章案例

宁夏盛达行地产投资顾问有限公司的员工招聘

宁夏盛达行地产投资顾问有限公司诞生于 2005 年，是一家专业从事地产营销的代理销售机构。公司以银川本土市场为主，异地（城市项目）为辅的经营策略，专注房地产全程营销、策划谋略、顾问服务、广告代理等全方位服务，以"推动地产价值"为己任，与行业文明并驾向前。经过 13 年的发展，公司由几个人组成的小团伙变成了现在由 33 人组成的专业地产团队，长期从事地产开发、代理、营销策划、销售等业务。

盛达行地产投资顾问有限公司主要分为三大部门：营销部、人事部、财务部。其中营销部下设市场部、销售一部和销售二部，各部的人数分别为 6 人、10 人和 9 人，占公司总人数的 76%。同时，营销部也是流动率最高的一个部门，每年的流失人员占营销部总人数的 50% 以上。相比较而言，人事部和财务部人员较稳定，流失率较低。所以，每年主要为营销部门招聘新员工。公司在运作过程中，经常出现部分岗位人员流失或紧缺的状况，这使得人事部门的工作压力陡增。

盛达行地产投资顾问公司招聘管理如下：

1）招聘计划

盛达行地产投资顾问有限公司以代理地产销售为主营业务，内部人员架构主要以销售人员为主，销售岗位普遍存在的问题即人员流动性强，对此，公司在招聘销售岗位时，会在招聘说明中强调销售岗位预期的薪资，以及三险、年终奖金、高提点提成等丰厚的福利待遇。

公司进行人员招聘时，各部门主要根据当年企业发展所需人员拟定人员需求，向人事部提出招聘申请，在招聘申请中阐述应招岗位名称、所需人员数量，随即提交人事部，由人事部按照各部门招聘需求发布相应的招聘信息进行招聘。

2）招聘渠道的选择

公司成立后，一直采用第三方网站招聘的模式进行纳新，以需要时就在网站上发布招聘信息为主要手段。应聘者看到信息后以邮件或电话的方式提交应聘信息，人事主管看到后根据应聘者的应聘岗位和应聘信息进行筛选，符合要求者会进行电话邀约面试，先后通过了人事主管初试、需求部门主管复试后，方可上岗。

3）面试的流程与方法

盛达行地产投资顾问有限公司面试的流程包括筛选简历、初试、复试，再到正式录用。

（1）筛选简历

①人事部进行简历的初步筛选；②根据需要，初步筛选人员填写"应聘申请表"；③人事部综合判断是否进入面试初试。

（2）初试

①由于各部门主管日常业务繁忙，经常外出办公，初试面试时由人事部主管作为面试官；②初试为面试考察，主要以结构化面试为主，根据各部门、岗位的要求，向应聘者提出相应的面试问题；③初试为1人单独进行面试，时间控制在30分钟之内；④人事部主管根据对应聘者的第一印象、学历、相关工作经验，以及对面试问题回答的满意程度，给出是否进行复试的结论。

（3）复试

①复试由所需部门主管进行；②复试为全面考察，以情景模拟角色扮演形式进行考察，充分考验应聘者的专业技能水平；③根据现场发挥情况判断应聘者是否可以胜任相应的工作岗位，做出是否录用的决定；④电话通知复试结果。

通过以上面试官的问题，可以基本了解应聘者的学习经历、职业经历，对所要应聘的岗位的想法和职业规划，算是较全面地掌握应聘者的信息和想法，有助于面试官对应聘同岗位的人员进行横向比较，择优录取进入复试。

资料来源　张沐晨.浅析宁夏盛达行地产投资顾问有限公司招聘管理现状［J］.科技资讯，2019（30）：79-80.

思考题：

（1）阅读本案例后，说明盛达行地产投资顾问有限公司员工招聘的流程。

（2）结合本章内容，谈谈盛达行地产投资顾问有限公司还可以选择哪些员工招聘渠道。

复习思考题

1.企业招聘人员的一般程序是什么？

2.什么是真实工作预览？影响真实工作预览的效果有哪些因素？

3.内部招聘和外部招聘各有何利弊？企业应如何运用内部招聘和外部招聘这两种途径？

4.内部招聘和外部招聘的各种渠道和方法均有何优缺点？

5.在日常生活中，你还发现了哪些可以用作员工招聘的渠道和方法？

6.谈谈网络招聘的优缺点。

7.弹性工作安排对企业的利弊如何？

8.结合实际谈谈招聘工作对企业有哪些重要意义。

第 5 章

筛选与录用

学习目标

通过本章的学习，了解筛选的概念、作用和原则，理解测量筛选工具的指标；熟悉筛选的程序；初步掌握心理测验、面试和评价中心等筛选测评技术，并可以对它们进行合理选择和初级运用。

5.1 筛选概述

5.1.1 筛选的概念及作用

招聘中的人员筛选是指综合利用心理学、管理学和人才学等学科的理论、方法和技术，对候选人的任职资格和对工作的胜任程度进行系统的、客观的测量、评价和判断，从而做出录用决策。候选人的任职资格和对工作的胜任程度主要包括与工作相关的知识和技能、能力水平及倾向、个性特点和行为特征、职业发展取向和工作经验等。

对于企业来说，筛选已经在招聘过程中占据了核心地位。据 20 世纪 70 年代美国的一项调查，筛选一名年薪为 6 万美元的经理全部的筛选成本高达 4.7 万美元，占其年薪的 80%。在我国，企业也越来越重视招聘的质量和更多地开始采用筛选技术甄别应聘者。那么，为什么筛选工作这么重要呢？

1) 降低人员招聘的风险

通过各种人员测评方法对候选人进行筛选和评价可以了解一个人的能力、个性特点、工作风格等与工作相关的各方面素质，得出一些诊断性的信息，从而分析该候选人是否能够胜任工作。这样可以使企业找到适合职位要求的人，有效地避免不符合任职资格的人，降低由于雇用不胜任的人员而带来的人事风险。

2) 有利于节省人工成本

有效的筛选工作可以使进入企业的人员素质更符合空缺职位的要求，从而可以降低培训工作的投入。因为当人员素质低于职位要求时，企业支付的工资就可能大于该员工为企业创造的实际价值；反之，招进人员的素质如果远远高于工作所需，企业是难以留住人才的。人员与工作的匹配带来组织的稳定，减少人员流失造成的其他成本耗费，如新一轮招聘的费用、培训费等。

3) 为人员的预测与发展奠定基础

招聘员工时不仅要看到他的目前特点和职位适应情况，更要根据人与环境的变化预测他的未来发展可能性。人员筛选技术不仅可以了解候选人当前的素质状况，为目前的人职匹配提供信息，而且还可以提供人的未来发展可能性的信息。这样就可以根据一个人的未来发展潜能来制定职业发展规划并提供适当的培训与提高的机会。

5.1.2 筛选的原则

要搞好人员筛选工作，除了要有一套科学的选人方法和技术之外，还必须遵循一定的原则和标准。为此，在介绍各种筛选的方法之前先着重介绍筛选工作的基本原则和标准。

1) 合法的原则

企业招聘筛选工作首先应当遵循国家有关法律、政策，这也是一个组织生存所必需的。如自 1995 年 1 月 1 日起施行的《中华人民共和国劳动法》（以下简称《劳动法》）规定，实际中除非岗位有特殊要求，企业不得因为性别、种族等方面的问题而拒绝录用符合条件的人选。这类歧视问题在国外屡见不鲜，我国最近几年才开始出现类似问题引起的法律纠纷。但随着入世与国际劳工标准的实施，企业必须增强法律意识，以适应社会的发展。

2）公平竞争的原则

公平是一个极其重要的原则。只有采取对所有应聘者一视同仁，公开考核办法，严格考核程序等公平措施，才可能使真正的人才脱颖而出，保证录用人员的质量，为企业广招贤能。同时公平竞争还可以为企业树立良好的形象，增强员工的内部凝聚力，提高企业对人才的吸引力。

3）用人所长的原则

这一原则是美国著名的管理学者杜拉克提出的。这一原则指出，用人之道不在于如何减少人的短处，而在于如何充分发挥人的长处。在人员的筛选与配备中，并非最优秀的才是最好的。工作的难易程度和性质的不同，对人员的要求也各异，重要的是找到最合适的人选；否则，既是人才的浪费，也会给企业带来负担。

4）宁缺毋滥的原则

滥竽充数的员工，不仅不能为企业做出应有的贡献，还会增加企业的负担，如招聘成本、重置费用、员工离职带来的机会成本等。因而筛选工作应以找到企业和职位恰当的人选为目标，进行全面的考核，筛选出有可能胜任工作的人员。

5.1.3　筛选工具的基本要求

信度和效度是人员筛选工作中对测评方法的基本要求，只有信度和效度达到一定水平的测验，其结果才适于作为录用决策的依据，否则将误导面试者，影响其做出正确的决策。

1）信度

信度是人员测评工具稳定性和可靠性的指标。如果把人员测评工具比作一把用来测量物体长度的尺子的话，那么这把尺子在测量同一物体时，无论测评者、时间、地点怎样变化，结果都基本一样，说明这把尺子是一个可靠的测量工具，也就是说它有好的信度。测试结果的差异来自两方面，即被测方和施测方（包括测试者、测试工具、测试内容等），而信度主要以施测方为依据进行度量。

2）效度

效度即测评的有效性，反映运用某种技术得出的测试结果所能真正衡量被测试对象的程度。一个测评工具也许很可靠、很稳定，但并不能保证它一定有效，从而也就无法保证它是科学的测评工具。如一把尺子，用它来测长度会有很好的效度，但用它来测体重就不会有很好的效度。可以看出，工具本身并不存在是否有效的问题，也就是说，不要把效度理解为判断一项测试工具是否有效的指标。运用某工具或技术进行测试得出结果，并对结果做出推断进而形成结论，此结论的有效性才是所指的效度的真正含义。

信度和效度是表示测评质量的重要指标，两者既相互区别，又存在着联系。测评结果的一致性与稳定性用信度来反映，而其正确性与可靠性则由效度来表示。概括地讲，信度是效度的必要非充分条件，即正确与可靠，则必然稳定与一致；反之，则不一定成立。因此，在测评中如果效度较高则信度也一定较高，就不必再做信度检验了；但若有较高的信度，则还需要对效度进行检验。

5.2　筛选简历

在大多数的招聘过程中，企业都要先从应聘者提供的简历中对应聘者做出初步的判断。查看应聘者的简历使我们有了第一次了解应聘者的机会，能够简便、快捷地掌握应聘者的一些基本信息，如姓名、地址、电话号码、文化程度、受到的相关培训、专业程度或者在相关行业的经历，以及应聘者的个人兴趣和爱好等。如果一切都等到面试的时候才去花时间了解这些重要的信息的话，那么就会发现自己几乎没有时间去深入考察应聘者的实际工作表现了，而后者对于希望做出可靠的雇用决策来说又是必不可少的。所以，简历是整个筛选过程中不可缺少的一个部分，招聘人员要花费大量的时间和精力查看简历，将应聘者的数量缩小到能够应对的数目。

简历要仔细研读、消化，并要做记录，努力使自己能够根据简历上的信息对应聘者做出尽可能多的假设和判断。最重要的是，如果准备对他面试的话，就要设计好面试的时候需要考察和询问的地方。

5.2.1　筛选简历信息

1）工作经历

简历中的工作经历一栏对于企业招聘者的招聘决策是重要的。因为在工作经历中可以查找到与应聘职位相关的工作经验，应聘者有更多的相关信息无疑可以更快地适应工作职位的要求。想要知道应聘者是否有与应聘职位相关的工作经验，不能只是注意简历上所注明的各种工作头衔，更重要的是要看在每一个岗位上，应聘者具体负责什么样的工作。看应聘者在原公司的哪个部门工作，向谁负责，接触什么产品，做什么项目，获得过什么样的成果，取得了什么样的业绩，除了名义上所做的那份工作，他们还参与了什么工作等。根据应聘者提供的这些信息和对应聘者所接触产品、从事的项目或服务过的公司的了解来判断应聘者曾经是否将这种工作做得很出色。

例如，要招聘销售方面的人员。如果应聘者曾经有过销售方面的工作经验，就要给他加上1分；如果他在本行业中工作过，那就再加1分；如果他做过竞争方或相关的产品系列，就再加1分；即使对方从事过的销售领域跟这份工作所涉及的领域完全不同，但是他所推销过的产品无论从广度上讲，还是从复杂程度上来讲都跟应聘工作中面临的产品相当的话，也应该加1分。以此类推，就会知道应聘者中谁在工作经历上更胜一筹。

2）教育背景

教育背景资料可以提供关于受教育程度、教育类型、所学科目等信息。在教育类型中，最理想的情况是应聘者受到了综合的教育，既有理科方面，如化学、物理、生物等，这可以说明应聘者对科技方面的内容的爱好，同时，又要有些"软件"方面，比如文史方面的熏陶，这样的应聘者才会是一个具有广泛兴趣的比较完善的人。应该注意的是，对于企业的某些工作来说，是否一些应聘者某些方面所受教育过于超前了，目前还不能有明显的用途，或者应聘者在大学里花了几年时间学习了某些课程，而事实上希望从事的工作却与这些课程毫不相干。

同样，还应该留心应聘者所学科目。分数较高的科目部分是集中在那些具有实际价值的课程还是那些抽象推理的课程，这可以判断应聘者更适合的工作类型。

3）职业方面的进展

在通常情况下，了解应聘者在过去的职业生涯中取得过哪些进展是很重要的。因为一个一直进步很快的人很可能在今后的工作中仍然保持这种状态。这还可以说明他具有较好的自我激励措施、魄力和能力。

这里所指的事业进展不是那种随时间推移带来的例行升迁，而是应聘者总结性介绍自己以往取得的事业进展中每一次进步之间的相互联系。例如，从应聘者关于事业进展的介绍中看出应聘者所受的教育才使他能够有之后的工作经历，而他在工作中的表现也证实了他所受到的教育水平。而且随着应聘者承担的职责不断扩大，不断接受更有挑战性的任务，则可以判断他的整个职业发展正呈现一个向上的走势。相反，如果应聘者虽然做过几份工作，但是却没有迹象表明他所承担的责任越来越重要，那这里面就有些问题了。可能是因为对方缺少魄力和野心，不愿意承担更多、更重要的责任，担负更多的压力。当然，除非掌握了十分确凿的证据，否则不要急于在这个阶段下任何肯定的结论。

4）应聘者身上的无形资产

应聘者来应聘这份工作的时候，是随身携带了一些无形资产的，如能力、经验、受到的培训、对事物的洞察力或者对相关产品的了解等。

一般来讲，应聘者身上具备的这些无形资产越多，在进入新的工作岗位时，他需要的调整期就越短，就越能在短期内做出成绩。假如企业招聘的职位是客户服务代表，则要关注应聘者以往接触到的商品的种类和复杂程度以及他具体处理过哪些问题和客户要求，还要看以前他是习惯在什么样的监督体系下工作及他和客户联系的紧密程度等。

5）沟通的能力

简历还可以显示其与人沟通的能力，如简历的组织结构、表达方式、简历的设计等。简历中涉及的信息应该具体、真实，在列出成绩时应给出具体的事实和可以考证的数字。如果简历语言含混不清或过于概括，字迹不整，错误百出，会给人留下很糟糕的印象。重要的是，这就是应聘者平时工作时的典型状况，不难想象这样的应聘者在以后的工作中也会以同样的方式来对待客户或其他同事。

6）应聘者态度的特征

应聘者在介绍情况时会不经意地透露很多信息。例如，在讲述为什么会离开某份工作时，他会这样写："我离开原来的单位是因为对某些原则上的东西持有不同意见"，或者"我从来没有受到公正待遇"，或者"因为我跟上司无法和谐共处"。这样的一些描述反映应聘者一方面不能很好地融入一个企业的文化中，或者是那种凡事都想要归咎于别人的人。这种表达方式会让人觉得他比较幼稚。

从态度方面来看，一份成功的简历应该能够表现出应聘者很有礼貌、观点很专业、做事果敢、有人情味、思维有条理等。如果在阅读简历时，对应聘者产生了任何一种不好的感觉，都应该引起注意，除非这种感觉纯粹来自个人的偏见。

5.2.2　简历筛选的方法

简历是筛选人才的第一个环节。跟这一过程中的其他环节一样，通过阅读应聘者的简历，可以从中排除一些不合格的人，让其他的人进入下一个环节。应该注意的是，在这个阶段将应聘者淘汰出局应该有充分的理由，以致不需要与之交谈就可以断定他不是企业要的人。

在筛选中将全部的应聘者削减到可以应对的数量有两种办法：

1）将简历分成两堆

一堆放着因为各种原因而明显不合适的人选的简历；另一堆放着还需要进一步考察的应聘者的简历。对于被归入第一类的应聘者，要采用电话或信函的方式通知他们求职申请已经被拒绝，并感谢他们对企业的支持。而对被归入第二类的应聘者，就要发出通知，请他们来参加面试。

这种方法适用于那种相对来说应聘者不是很多的情况。

2）将简历分成三堆

如果应聘人数相对较多，第一种方法就明显不适合。这时，可以同样将明显不合适的应聘者的简历放在第一堆，而第二堆放入那些很感兴趣、特别想见的应聘者的简历，其他的应聘者的简历归入第三堆。

这样一来，就可以在两个相互对立的因素中找到合理的平衡。一方面，可以尽量缩短面试的时间；另一方面，则确保了有足够的应聘者参加面试。从而保证了最终被选中的人即使不是最好的也是企业现有应聘者中最优秀的。

录用比率和平时招聘者的决策风格都会影响到筛选方法的选择。但是不论怎样选择，都应该坚持一定的原则，就是既不要过分依赖，也不要过于看轻简历作为一个筛选工具的作用。单纯凭借从纸面上了解到的一些信息就做判断是困难的，所以就算是犯了尺度放得过宽的错误，让太多的应聘者过了这一关，也总要比在这最初的环节里就将大多数应聘者排除要好得多。

5.3 心理测验

5.3.1 心理测验的概念及实施步骤

1）心理测验的概念

在筛选员工时，为了能够准确判断应聘者的气质、思维敏捷性、才能等，常常采用心理测验的手段。心理测验是指在控制的情境下，向应聘者提供一组标准化的刺激，以所引起的反应作为行为的样本，从而对其个人的行为做出评价。其中，行为样本就是一组具有代表性的行为，这种行为既不是反射性的生理行为，也不是内部的心理活动，而是一种外显的、间接的行为。大家所熟知的笔试实际是对心理测验的简化，完整意义的心理测验所包含的内容其实要复杂得多，其运用方法也不仅限于笔试。从内容上讲，心理测验可以分为认知测验和个性测验两大类。

2）心理测验的实施步骤

心理测验的实施过程大体包括以下几点：

（1）先确定测验的目的和对象，再根据各种心理测验方法的适用范围和功能，选取合适的方法作为筛选手段。如测验对象的背景如何？是测量智力还是个性呢？

（2）收集有关的资料。如是使用已有的测验工具，还是开发和设计新的工具？好的心理测验所测的内容应该与测验目的相一致，并且有一套标准化的过程和较高的信度和效度。因而通常情况下是选取现成的测验，以省去编制新测验的大量花费。

（3）培训工作人员。实施心理测验的工作人员可以是专业的心理学工作者，也可以是经过这些专业人员培训和指导的企业内部人员。整个工作应该按照固定的规范化的程序进行。

（4）实施。

（5）结果分析。测验的结果也应该由心理学的专业工作者来进行分析或者在其指导下进行。此时，必须有一个可以比较的适当的常模。同时由于心理测验涉及个人的能力、人格等问题，分析人员要谨慎行事并严格遵守职业道德，既要向对方解释测验的结果，又要为其结果保密，以维护其利益。

5.3.2　认知测验

认知测验的内容是认知行为，通常包括智力测验、性向测验和成就测验。

1）智力测验

智力测验是对智力水平的科学测验。但是，什么是智力？现代心理学界有不同的看法。我们认为，智力是个人适应新环境的能力，是人的行为表现。行为表现是心理现象，所测验的智力不只是一个单独的智力特征，而是一组能力，包括观察能力、记忆能力、想象能力、思维能力等。智力的高低直接影响一个人在社会上是否成功。一般来说，智商比较高的人，学习能力比较强，但这两者之间不一定是完全正相关的。因为智商还包括社会适应能力，有些人学习能力强，而社会适应能力并不强。在筛选阶段运用智力测验，可以了解一个人的基本水平。但并不是对所有的工作，智力高的人都适合。在实际操作中，智商太高并不一定有利于工作。在一个团体中，所有的人智商都很高，往往容易产生矛盾。一般来说，智商高的人可以担任比较重要、比较高难度的技术工作，而一般智商的人可以担任一般的操作性工作。

在智力测验中，智力水平的高低以智商IQ来表示。智商有两种表达方式：一种叫比率智商；另一种叫离差智商。比率智商针对儿童比较常用，它的计算方法是用智力年龄（MA）和实际年龄（CA）之比乘以100，即：

比率智商（IQ）=（MA/CA）×100

由于智力并非永远随年龄的增长而发展的，显然比率智商对成人来说不太合适，因此在表达成人的智力水平时通常采用的是离差智商。离差智商假设的是，从人类总体来看，人的智力的测验分数是按正态分布。计算离差智商时以平均数为100，标准差为15来计算。某一个人的离差智商（IQ）应是100+15Z，其中Z代表标准差的个数。

也就是说，一个人的智商水平的高低取决于他在一个特定团体中的位置，是一种相对的比较。如果一个人的智商恰好得了平均分100分，那么就说明有50%的人比他的分数低，50%的人比他的分数高；如果分数在一个正的标准差位置，即115分，那么就说明有84%的人比他的分数低，有16%的人比他的分数高。

2）性向测验

性向指的是学习能力，是在给予适当的机会时获得某种知识或技能的能力。这种能力是在一定的遗传素质的基础上各种经验累积的结果。性向测验有两种：综合性向测验和特殊性向测验。在招聘选拔中，最经常测量的能力倾向测验一般是综合性向测验。其内容主要包括：言语理解能力、数量关系能力、逻辑推理能力、综合分析能力、知觉速度与准确性等。这些能力往往是在各种工作中比较经常运用的能力。如美国著名的"区别性向测验",就包括 8 个分测验——语文推理、数学推理、抽象推理、空间关系、机械推理、文书速度与准确度、语文拼字习惯和语文造句习惯。测验后,根据个人在各个方面所得分数,评估其在哪些方面性向较高。

而特殊性向测验是在一些特定的职业或职业群中所需要的,它在一般的招聘中并不常用。所谓特殊能力就是指某些人具有他人所不具备的能力,如美术能力。对美术能力倾向进行测验并不是要知道这个人的目前已有的美术水平,而是想测量该个体在未来有没有潜在的美术能力,从而以后在美术方面有所成就。飞行能力测验是较早编制并应用于实践中的一种特殊能力测验,它测量的是一个人是否具有潜在的飞行能力,从而降低飞行员的淘汰率。

3)成就测验

成就测验是用来鉴定一个人在一般的或是某一特殊的方面,经过学习或训练后实际能力的高低。根据成就测验的反映方式,可以分为操作测验和书写测验。操作测验如表演操纵一种机器,组装零件或者排除机器故障等。书写测验又可以分为再认式与回忆式两类。再认式题目是把若干学习或培训过的事物,重新呈现在被试者面前,让被试辨认或加以排列组合,如是非题、多选题、顺序题、匹配题;回忆式题目是学习过的东西或者事物不被呈现在被试者面前,题目必须通过回忆才能写出答案,题目形式如填空题、简述题、论述题等。

成就测验使用于招聘专业管理人员、科技人员和熟练工人,特别是当对应聘者实际具有的专业知识和技能不能确认时,便于应聘者间的公平竞争。

5.3.3 个性测验

1)个性的含义

个性,也可称为人格,是在人们先天和后天的交互作用下形成的个体独特的和稳定的对待现实的态度和习惯化了的行为方式,是一个人区别于其他人的稳定的心理特征。个性包括三层意思:

(1)人们的行为是有规律可循的

如果对某人的行为仔细观察一段时间的话,就会发现一些规律。在他每日每时的行为中总会有一些共同的规律贯穿其中,虽然场合有所变化,但是这些规律却恒久不变。如有些人不愿意冒风险,与人相处时显得谨小慎微;有些人不注意细节,处理问题大刀阔斧;有些人眼光狭窄,只见树木,不见森林。

当然,人们的行为规律也并非体现在每时每刻。一个专横跋扈总爱指使别人的人在接待总部派来的视察工作的官员时,不会表现出其性格中的这一面;而善解人意的经理有时也会对人严厉。但尽管如此,人们根本的行为习惯是隐藏不了太久的,只要稍稍再往下挖掘一点,就会发现这些"本性"。

(2)这些规律可以从人们过去的行为中总结出来

如果能够尽可能仔细地观察一个人的行为举止,就会发现其中的规律逐渐显现出来,并且在各种行为规律之间相互存在着联系。例如,在与应聘者交谈时发现他对提出来的问题直截了当地正面回答,不绕任何圈子,甚至有时在还没任何结果的情况下就会显出不耐烦的样子,那么他在处理复杂精细的问题时,可能会我行我素,全然不理会这种问题实际上根本不可能给出一个简单、直接的解决方案。而一个在工作中井井有条的人在持家方面一般也会一样井井有条。了解应聘者过去的行为，就可以总结出他的个性模式。

（3）这些规律在人们未来的行为中仍然会起作用

最重要的是，这些行为习惯通常都是在一个人的早期生活经历中形成的，除非采取特殊的方式来改变它们，否则它们将一直会影响着应聘者的未来行为。因为这些行为已经在很大程度上和应聘者融为一体了，深深地嵌入应聘者看待事物的方式中，甚至应聘者本人都无法察觉到。

这些行为规律对于筛选员工是极其关键的一个参照因素，这就要求企业能够从一个人过去的行为中寻找有代表性的行为规律，从而用来推断应聘者在未来的工作表现。

2）空缺职位所需的应聘者的个性特点

要对人的个性进行详细的分类是要花去很多时间的。而如果应聘者的个性特征与公司或部门的特点和要求格格不入的话，最终工作就可能失败。通过与应聘者进行一般的短时间交谈，对于这些复杂多面的人性无法详细了解，因此更多时候我们可以先粗略评估一下应聘者的个性和素质，在必要时再做详细的了解。

按照大卫·麦卡兰德博士所著的《进取的社会》一书中的理论，人与其工作的关系是建立在自我认知的基础上的，这种自我认知感包括三个基本的动机需要：

（1）成就需要（任务或成就型的人）。

（2）融入、友谊和接受的需要（融入型人）。

（3）权力感的需要。这种权力感体现在觉得自己有领导他人和统治他人的地位（权力型人）。

尽管每个人或多或少都具有上面三个动机需求，但是有的人在某种压力下会在某一种需求上表现得特别突出。而在压力下显现出的这种动机需求正是左右人的大多数行为的主要因素。这样，通过测评，就会知道三种动机当中应聘者哪种动机分数最高，也就知道是哪种动机在左右应聘者的行为方式了。

其实，不需要心理学的知识就可以发现应聘者的这些动机需求特点。大卫·麦卡兰德从成百上千客户的经验中发现，只要掌握应聘者行为方式的主要动机特点，任何对应聘者个性特征的评估的正确率就都可以在98%以上。

例如，任务型应聘者往往想找一些有难度、富有挑战性的工作；喜欢加班、全身心地投入工作；注重自己努力的数量而不看重所取得的成绩；喜欢用具体的材料——图表、备忘录、文章等来叙述他们的工作情况，简历往往很厚；喜欢创新等。而融入型应聘者在各个方面与任务型应聘者几乎是相反的，他们把工作看成是一种社会场合，并不主动寻找；对人际关系表现出强烈的兴趣；不愿意独立思考，并经常把周围人的行为作为衡量自己行为的依据；喜欢群体生活，不愿意自己独立工作等。权力型应聘者则通常对管事或管人表现出浓厚的兴趣；喜欢承担责任；喜欢被赋予某种地位；喜欢和有权势的人在一起工作；对自己的形象十分重视；善于利用各种手段提升自己的位置等。

这样，在我们清楚地掌握了人的三种动机后，就可以在招聘前先评定空缺职位对个性特征的要求，以及空缺职位所要求的个性特征在任务、融入和权力三个要素上各占的比例，也就可以通过在筛选中了解应聘者的个性特征，来确定应聘者的个性特点和职位要求是否相符，以找出适合企业空缺职位所需的应聘者。对于空缺职位所需要的个性特征可以从以下三个方面进行考察：①高层管理者的管理风格；②工作团队（即现有员工）的特点；③工作本身的要求。

从这三方面考察，你就不会再赞成努力就会做好工作的观点了。比如，当公司中高层管理者多数是完美主义者时，他们就会希望招聘来的是那些习惯上班时间只考虑工作，下班后才想其他社会事情的任务型员工，而绝对不是那些把工作职位作为其个人社会圈子并使用公司通信工具和亲朋好友联系的融入型员工。当招聘的职位是需要工作团队的互动才能实现目标的工作时，那些不积极与其他人合作的任务型员工就是不适合的。而当空缺职位需要一定的灵活性时，比如客户服务代表，需要善于灵活运用规章制度，并根据客户的需求调整要求，这时权力型的员工将更能胜任。

一旦知道了职位对个性特征的要求后，就要在筛选中关注应聘者的个性特征，将他们对号入座，达到职位与个性的最佳组合。

如果这样的分类仍然不能满足需要，企业还想对应聘者有更深入的了解，特别是在招聘高级管理层成员时，那么还可以选用细致测试应聘者个性特征的方法。

3）个性测验的主要方法

测验个性的方法有很多种，在招聘筛选中最常用的是自陈式量表法。另外，投射测验和情景测验在招聘筛选中也有一定的应用。

（1）自陈式量表法

自陈式量表法是问卷式量表的一种形式。问卷式量表一般可以分为两类：一类是自我报告量表，也叫自陈式量表，是由被测评者自己作答的；另一类是问卷式的评定量表，是由熟悉被测评者的人作答或对被测评者进行观察的人作答的。

自陈式量表法是测量个性最常用的方法。所谓自陈，就是让被测评者自己提供关于自己个性特征的报告。这些问卷是将主观式的自我报告进行客观化和标准化，使其易于评分。自陈式量表的基本假设是，被试者最了解自己，且个性特征具有内隐性，有时不能从外部观察到。

自陈式量表的题目一般都是关于个性特征的具体行为和态度的描述，被测评者需要提供封闭式的答案。对自陈式量表的结果应该有可供参照的常模资料，也就是将某个被测评者的得分放在一个特定的常模团体中进行比较，从而判断被测评者是否符合要求。

自陈式量表中比较有名的是明尼苏达多项人格测验（MMPI）、卡特尔16种人格因素测验（16PF）、爱德华个体偏好量表（EPPS）、艾森克人格问卷（EPQ）和加州心理调查表（CPI）等。

（2）投射测验

所谓投射就是让人们在不自觉的情况下，把自己的态度、动机、内心冲突、价值观、需要、愿望等在潜意识水平下的个性特征在他人或环境中其他事物上反映出来的过程。投射测验是通过向被测评者提供一些意义不明确的刺激情境，让被测评者在不受限制的条件下，自由表现他的反应，这样可以通过分析反应的结果来推断被测评者的某些个性特征。由于人格结构的大部分处于潜意识中，很难凭意识去说，当时测验本身不显示任何目的，被测试者就不会有所防范而做出虚假的反应，而常常将隐藏在潜意识中的欲望、需求、动机冲突等表现出来。

投射测验根据被测评者的反应方式可以分为四类：①联想法：要求被测评者根据刺

激说出自己联想的内容。例如，荣格的文字联想测验和罗夏克的墨迹测验等。②构造法：要求被测评者根据他所看到的，编造出一个包括过去、现在和未来发展的故事，可以从故事中探测其个性。例如，主题视觉测验。③完成法：要求被测评者对一些不完整的句子、故事进行自由补充，使之变得完整，从中探测其个性。例如，句子完成测验。④表达法：要求被测评者用某种方法（如绘画）自由地表露其个性特点。例如，画人测验、画树测验等。

一般来说，在招聘筛选中不主要依据投射测验的结果做出决策，而是将投射测验的结果作为参考性的信息。由于这些测验在解释上的复杂性，更多是在临床和咨询领域使用。

（3）情境测验

情境测验是将被测评者置于特定的情境中，由测评者观察其在此情境下的行为反应，从而判断其个性特点。情境测验很早就已经在人员筛选中使用了。例如，第二次世界大战中，美国战略情报局为了选拔派往海外的间谍，多采用情境测验。其中最常用的一个是"无领袖团体情境"。在情境中安置数人，彼此互不相识，受命完成一项任务，必须数人通力合作，并限于规定时间内完成，否则，将会受到惩罚。在这一过程中能主动出面担任领导并能赢得他人支持的人将被认为是具有领导能力的人。情境测验是评价中心采用的代表性测评方法，将在有关评价中心的讨论中详细介绍。

5.4　面试

面试是使用得最为普遍的一种选拔测评方法，几乎所有的人员筛选过程都会使用面试，而且还常常在一个招聘筛选程序中不止一次地使用。面试的方法以其方便、容易操作、不需要额外的资料设备等特点而深受喜爱。但是往往越是熟悉的方法越是让人不以为然，招聘者和管理者很少觉得自己不会面试，但是事实上，面试却又总是不能达到满意的效果。

严格地说，面试是指在特定时间、地点所进行的，有着预先精心设计好的明确的目的和程序的谈话，通过面试者与被面试者双方面对面的观察、交谈等沟通方式，了解被面试者的个性特征、能力状况以及求职动机等方面情况的一种人员筛选与测评技术。通过面试并不能获得被测评者的全部特征信息，但与其他方法相比，面试往往可以给被测评者更大的发挥余地，面试者也可以根据行进中的状况灵活决定某些问题的取舍与先后次序。面试既可以被看作测验的方法之一，也可以看作测验之后的进一步的筛选工作。

5.4.1　面试的种类

（1）根据面试的结构化程度，可分为结构化面试和非结构化面试。结构化面试的问题与回答均经过事先准备，面试者根据设计好的问题和有关细节逐一发问。为了活跃气氛，面试者也可以问一些其他方面的问题。这种面试适合于招聘一般员工、一般管理人员等。非结构化面试则是漫谈式的，即面试者与被面试者随意交谈，无固定题目，不限定范围，海阔天空，无拘无束，让被面试者自由地发表言论、抒发感情。这种面试意在观察被面试者的知识面、价值观、谈吐和风度，了解其表达能力、思维能力、判断能力和组织能力等，需要面试者有丰富的知识和经验，以及掌握高度的谈话技巧，否则很容易使面试失败。这种面试的方式适用于招聘高级管理人员。

（2）根据对面试的控制方式，可分为：

①一对一面试与多对一面试。一对一即单独面试，是由一个考官面试一个应聘者。多对一面试即集体面试，是由多个考官面试一个应聘者。

②连续性面试与一次性面试。连续性面试即多轮面试。例如，先由人力资源部人员面试，再由用人部门主管面试，之后由企业高层管理人员面试。一次性面试通常是由面试小组主持，小组中的成员来自企业各有关方面。

③计算机面试与人工面试。计算机面试是让应聘者在计算机上回答选择题，通过答案及应聘者的反应速度来对其做出评判。

5.4.2　面试准备

1）明确面试的目的

我们发现，在面试中许多主试者总是问一些漫无目的的问题，这是因为他对自己希望通过这次面试达到什么样的目的感到模糊，过于概括。因此，在面试之前一定要用一些时间想清楚面试的真实目的。除了最基本的考察应聘者是否具备成为企业员工的基本个人素质外，是否还有想通过面试掌握应聘者从前工作的行业或企业信息，或者宣传企业的诸多优势，使对方了解企业和工作等其他面试目的。

2）回顾职位说明书

对职位的描述和说明是在面试中判断一个候选人能否胜任该职位的依据，因此面试者在进行面试之前必须对职位说明了如指掌。在回顾职位说明的时候，要侧重了解的信息是职位的主要职责，对任职者在知识、能力、经验、个性特征、职业兴趣取向等方面的要求，以及工作中的汇报关系、环境因素、晋升和发展机会、薪酬福利等。

为了判断是否对职位说明书足够熟悉，可以向自己提问来测验一下。例如，对判断候选人身上应具备哪些重要的任职资格了解足够吗？能够将该职位的职责清晰地向候选人沟通吗？能够回答候选人提出的关于职位信息和公司信息的问题吗？

3）阅读应聘者简历

在面试之前，一定要仔细阅读被面试者的应聘简历。这样做的原因主要有两点：一是熟悉被面试者的背景、经验和资格并将其与职位要求和工作职责相对照，对被面试者的胜任程度做出初步的判断；二是发现被面试者的应聘简历中的问题，供面试时讨论。对被面试者的应聘简历阅读的内容包括教育背景、工作经历、工作调换频率以及应聘者身上的无形资产等，对照在筛选简历时记录下来的疑问和重点，重新构思和整理在面试中需要从应聘者那里得到的信息。

4）制定面试评分表

在市场上找到十全十美的应聘者是不可能的，有些应聘者在某些方面很强，但在其他方面却可能很弱。这就需要一种方法能将应聘者多方面的特点化作一个整体，以便面试之后各不相同的应聘者之间的比较，这种方法就是面试评分表。面试评分表能够使面试者把精力集中到某一职位的具体要求上，然后再根据这些要求对每个应聘者进行测评并做出判断（即打分）。这样就可以有效客观地评估应聘者了。

一般来说，面试者很容易说出不希望应聘者具备的东西，却很难说出究竟希望应聘者应该具备什么。面试评分表根据职位说明书的要求为每一个职位设计表格，并按照重要性将这些要求从左到右排序，并分别赋予权重，计算出各个项目的总分。比如，若职位要求的语言表达能力所占权重是10%的话，就应该给它的总分记为10分，以此类推，如表5-1所示。这样就可以清楚地看见职位真正需要应聘者具备的素质了。

表5-1 　　　　　　　　　　××公司行政经理职位的面试评分表

职位：行政经理

应聘者姓名	相关工作经验	领导才能	人际关系能力	处理矛盾和冲突的能力	进取心	语言表达能力	学历	举止仪表	备注
总分	20	15	15	15	10	10	10	5	
李明									
张鹏									
孙立									
周特									
赵前									

面试评分表的另一个好处就是可以避免面试者个人偏见带来的错误。所有的面试者都会有各自的偏见，如对于喜欢衣着整洁的面试者，在面对穿着十分邋遢的应聘者时就会认为他在工作中也一定邋遢，且办事很不细心。这是个人的偏见，事实上并不一定是这样，面试者的这种假设可能是错误的。而面试者如果时刻提醒自己要避免各种各样的偏见，就不可能有时间全神贯注地倾听应聘者的讲话。面试评分表可以使面试者将注意力全部集中在表中重要的项目上，而把偏见放到次要的地位上。

需要强调的是，面试评分表要把每个项目具体化，确定不同的等级分数、每个等级的标准，以便详细地了解每个项目的含义。并根据每个项目有针对性地准备几个问题，确保在面试中准确了解应聘者各个方面状况。

5）确定时间和场地

面试双方必须事先约定好时间，约定的时间应该是双方都可以将此时间全身心地投入到面试中的时间。为此，面试者应该特别注意计划好自己的时间，避免面试的时间与其他重要工作的时间发生冲突。

在场地的选择上，一般公司会选择办公室作为面试场所，但要注意的是不要让电话和意外的事情干扰面试的进行。面试的环境要舒适、安静、整洁，座位摆放要合理，因为任何一点不恰当的摆设可能都会影响被面试者的心情，影响他们水平的发挥，影响面试的效果。另外，面试的场所也可以突出本企业的特点，这会便于双方的交流。

当万事俱备之时，面试的组织者在面试前最好再审视一遍，检查面试问题是否考虑周全，评价标准可操作性如何，面试者的素质是否胜任工作，确认无误后，就可以实施面试了。

5.4.3　面试技巧

在面试中经常使用四种提问方式：直接式、开放式、澄清性和自我评价式。当然，还有行为型问题和测验型问题，但这两种都属于开放式问题的范畴。每一种提问方式在面试中都起到举足轻重的作用，只有掌握了各种提问方式的特点才能对面试驾轻就熟，掌握面试的节奏和脉搏，保证面试的有效性。

（1）直接式的提问可以使被面试者把注意力集中在某一信息上，提供具体、直接的答案。答案一般是"是""不是"，或者是一些微小的信息和数据，如一个日期、数字等。但这种答案不会使面试者清楚被面试者是如何思考、了解自身和评价自身所处环境的。并且连续的直接式提问会给人感觉带有谴责和威胁的意思。

（2）开放式提问是向被面试者提出一些没有固定答案的问题，允许被面试者在较大的范围内回答。这样面试者就可以在被面试者较多的话语中捕捉信息，从中观察其思考问题的方法和观点、某些决定或行为后面的逻辑推理以及解释某些过程的思维表达。开放式提问能使双方关系融洽，并可以问出一些意想不到的问题，但它花费时间较长，使面试过程不容易控制。

（3）澄清性提问是为了问出更多的信息或是为了使被面试者对其答案做出进一步的解释。当认为被面试者所给的答案不清楚或不完整时，可以使用澄清性提问。应该知道，被面试者使用的词语和面试者所使用的词语的方式是有所区别的。若让被面试者来澄清他们自己所说的话，就不用对他们的某些词语的含义进行猜测了。当被应聘者想要轻描淡写、敷衍了事地用套话来应对某些重要问题时，这种方法尤为有用。此外，经过几次类似的澄清性问题后，被面试者便能明白，肤浅和陈词滥调式的回答是不会被面试者接受的。

（4）自我评价式提问是要让被面试者对他们自己、他们的行为以及技能进行分析和评估，如：你认为你的最大长处和优势是什么？应该注意的是，不要直接让被面试者评价自己的缺点和不足，这只会使被面试者装傻，将自己一些正面的东西说成是自己的不足和缺点。

在掌握了这四种提问方式的技巧后，我们有必要了解一下提问中应该注意的问题。

（1）不要问带有提问者本人倾向的问题，例如，以"你一定……"或"你没……"开头的问题。

（2）避免提出引导性的问题，例如，"当你接受一项很难完成的任务时，会感到害怕吗？""你不介意加班，是吗？"

（3）提出的问题应该尽量能让被面试者用其过去的言行实例来回答。

（4）提问应由浅到深、由易到难、循序渐进，使被面试者进入最佳状态。

（5）面试要把握好节奏和进度，不要与细枝末节的问题纠缠。

（6）努力营造和谐的谈话气氛，以便被面试者能够将真实的信息自然地流露出来。

5.4.4　面试的过程

大多数面试的过程都包括四个阶段：关系建立阶段、导入阶段、核心阶段和结束阶段。每个阶段有各自不同的主要任务，在不同阶段中，适用的面试题目类型也有所不同。

在开始面试之前，面试者应该努力营造一种轻松、友好的氛围，使双方能够消除紧张感，更加有效地沟通。通常的方式是讨论一些与工作无关的问题，如天气、交通等。这部分大致占整个面试的2%的比重。在这个阶段中通常不采用基于关键胜任能力的行为性面试题目，而主要是简短的直接性问题。

在这之后，面试者首先要问一些被面试者一般有所准备的比较熟悉的题目，如让被面试者介绍自己，介绍自己过去的工作等。这段导入期一般占面试的比重为8%，以开放式问题为主。提供这样的问题可以留给被面试者较大的自由度，可以使答复的内容很丰富。而这些内容不仅为面试者提供了谈话的素材，也使双方减少紧张感，逐渐进入角色。

这时，面试者应该知道面试已经进入到了最为重要的核心阶段。在核心阶段，面试者应该通过引导被面试者讲述一些关于核心胜任能力的事例来收集被面试者的核心胜任能力的信息，并对这些信息做出基本的判断和评价。核心阶段占整个面试的比重为80%，最主要的就是灵活运用直接式、开放式、澄清式以及自我评价式的问题和其他的面试技巧与被面试者进行交流，控制面试的节奏，有效获得被面试者的胜任能力的信息。

当面试接近尾声时，面试者应该检查自己是否有遗漏的问题和不能确认的信息需要在最后的阶段加以追问。由于面试者已经获得了被面试者关于职业目标的很多信息，在最后阶段如果已经初步认定被面试者合适，那么就可以向他"推销"一些空缺职位和公司的情况以及个人的福利和与之有关的好处，以增加被面试者对公司的兴趣，有利于录用工作。如果面试者还无法肯定他是否是企业所需要的人，结束时就要用一些感谢的话来表明对对方的友好和尊重。

5.5　评价中心

评价中心是近几十年来西方企业流行的一种筛选和评估管理人员或专业人员的人员选拔测评方法。它最早起源于第一次和第二次世界大战中德国和英国军方对于军官的选拔。第一次世界大战期间，德国的军事心理学家采用多种评价程序对军官进行评定，这实际上是评价中心的前身。后来这种方法被带到了美国。在第二次世界大战中，美国部队中流行使用小组讨论和情景模拟练习来选拔情报人员。第二次世界大战结束后，这种方法被广泛推广到工业企业。据统计，到20世纪80年代中后期为止，仅在美国就大约有3 000多家企业、非营利性组织和政府机构建立并使用着各种各样的评价中心技术。自20世纪80年代以来，评价中心技术在我国企业和国家机关的招聘中也开始有了初步的应用。

5.5.1　评价中心的概念和特点

1）评价中心的概念

评价中心是一种综合性的人员测评方法，而不是一个地理概念。它通过评估参加者在相对隔离的环境中做出的一系列活动，以团队作业的方式，客观地测评其专业技术和管理能力，为企业发展选择和储备所需的人才。评价中心综合使用了各种测评技术，包括心理测验和面试，以及显示其自身特点的情境性模拟。通过这些方法，评价中心不但可以从个体的角度进行测评，还能够从群体活动中对个体的行为进行测评。

评价中心是对一组个体（通常是 12 人）同时测试，评价者（通常是 6 人）由企业或其他招聘单位内部的高级管理人员和组织外部的专家共同组成。时间跨度从几个小时到几天不等。在测评活动中，人力资源的专业人士和用人部门的负责人共同观察被测评者的表现，每个被测评者至少由 3 名评价者观察，并且一个评价者观察被测评者数量不超过 3 人，最后依据一定的标准对其行为给出得分，使评价者达成一致意见。

2）评价中心的特点

许多研究者和实际应用工作者都认为评价中心具有突出的特点，这些特点中有其他测评方法不可比拟的一些优点，同时也具有一定的局限性。

评价中心的优点主要表现在：

（1）评价中心综合使用了多种测评技术，由多个评价者进行评价，依次提供了从不同的角度对被测评者的目标行为进行观察和测评的机会，能够得到大量的信息，从而能够得出较为可靠和有效的结果。

（2）评价中心多采取的情境性测评方法是一种动态的测评方法，在被测评者与其他人进行交往和解决问题的过程中，被测评者的某些特征会得到更加清晰的暴露，有利于对其较复杂的行为进行评价。

（3）评价中心所采取的测评手段很多是对真实情境的模拟，而且很多情境是与拟任工作相关的情境。这样，根据在测评中考察应聘者的实际工作能力和潜在的能力选拔上来的人员，可以直接上岗，节省了大量的培训费用。

但是评价中心也有其自身的缺点：首先，它的成本较高，包括货币成本、时间成本、精力成本等。其次，这种测评形式复杂程度较高，任务的设计和实施的控制也较困难。另外，其中运用的技术的有效性也需要进一步的理论解释与验证。

5.5.2 评价中心的内容

评价中心综合应用了各种人员测评技术，但这些方法并不是评价中心的主要组成部分。评价中心的一个重要特征就是在情境性的测验中对被测评者的行为进行观察和评价。情境性测验通常是将被测评者置于一个模拟的工作情境中，采用多种评价技术，由多个评价者观察和评价被评价者在这种模拟工作情境中的行为表现。情境性测评方法有各种不同的形式，其中最普遍使用的情境性测评方法的类型主要有无领导小组讨论、文件筐或公文处理测验、角色游戏、演讲、模拟面谈以及案例分析等。一项粗略的统计显示了情境性测验的每一个类型在评价中心中使用的比例，如表 5-2 所示。

1）无领导小组讨论

很多职位的任职者特别是管理者在日常工作中的一个重要工作就是与他人沟通，他们可能会与别人一起讨论某些问题，并对这些问题做出决策，或者需要说服他人，为自己的组织争取更大的利益，或者与一些不同背景的人合作共同完成一个项目。无领导小组讨论这种情境性测评方法就是设法模拟这些重要的沟通情境，旨在考察被测评者的组织协调能力、领导能力、人际交往能力、辩论说服能力以及决策能力等，同时考察被测评者的自信心、进取心、责任感、灵活性、情绪稳定性以及团体精神等个性方面的特征和风格。

表5-2 各种测评方法在评价中心中的使用

	测评方法的类型		在评价中心中使用的比例
比较复杂的	角色游戏		25%
	文件筐		81%
	小组任务		未调查
	小组讨论	分配角色的	44%
		未分配角色的	59%
	演讲		46%
	案例分析		73%
	搜寻事实		38%
比较简单的	模拟面谈		47%

无领导小组讨论是指一组被测评者在给定的时间里在既定的背景下围绕给定的问题展开讨论，并得出一个小组意见。参加讨论的被测评者一般是4～8人，最好是6人；讨论持续时间通常是1小时左右。在无领导小组讨论中，可以给参加讨论的每一个被测评者分别指定一个角色，即有角色的无领导小组讨论，也可以不给被测评者指定角色，即无角色的无领导小组讨论。但是，不论参加讨论的被测评者有无角色，在参加讨论的一组被测评者中事先并不指定谁担任小组的领导者，即"无领导"，他们在讨论问题的情境中的地位是平等的。被测评者自行安排、组织发言次序并进行讨论。所讨论问题的内容根据招聘的职位特点而确定。在被测评者进行讨论过程中，评价者并不参与，他们的任务是在讨论之前向被测评者介绍一下讨论的问题，给他们规定所要达到的目标以及时间限制等，最重要的是在被测评者进行讨论时对他们的表现进行观察和评估。

作为一种人员筛选方法，无领导小组讨论具有突出的优点：第一，它是对被测评者所做而非所说进行评价，趋近于真实的行为更能反映被测评者的实际情况；第二，被测评者的相互作用使一个人的能力和风格能够充分地展示出来，便于评价者观察到被测评者真实的与人交往能力以及在团队工作中的特点；第三，讨论内容多是与实际工作密切相关的话题，被测评者易于接受，表面效度高；第四，它能够在同一时间内对多名被测评者进行评价，减轻因时间、题目、评价者等因素对被测评者评价的影响。

但是无领导小组讨论这种测评方法也存在编制题目难度大、对评价者的要求高的问题，测评仍会受到评价者主观因素的影响。另外，领导能力的表现还会受到小组成员的影响，也就是说，如果一位领导才能不强的被测评者被安排在领导能力更弱的群体中，他的才能就会突现出来，反而会得到高分。

如何提高无领导小组讨论的效果呢？第一，在无领导小组讨论中，小组成员的距离应适合从事所欲完成的工作任务；第二，评价者和被测评者之间的位置关系的处理要妥当，以尽量减少被测评者的心理压力；第三，讨论中，评价者不予介入，但如果被测评者自动分成两个或几个小组，应提醒他们作为一个大组来讨论；第四，确定清晰的测评要素，如表5-3所示。并在此基础上明确观察点，如对于沟通能力，其观察点可以是清晰、明确地表达自己的意思；善于运用语音、语调、目光和手势；在他人发言时认真倾听；强调自己的观点有说服力等。

表5-3　　　　　　　　　　　　　　　无领导小组讨论评分表

评价要素	被测评者					
	A	B	C	D	E	F
沟通能力						
组织协调能力						
计划性						
人际合作						
自信心						
分析能力						

2）文件筐测验（公文处理练习）

在办公室工作的人员，特别是管理人员，每天都要面对大量的文件，他们有效地解决问题的关键信息很多来自这些文件，他们了解组织中的关系与问题是通过这些文件，他们领会领导的意图、了解下属和同事是通过这些文件，他们也通过文件来表达自己，因此能否很好地处理这些文件是他们工作中的关键。文件筐测验就是为了测量应聘者这方面的能力而设置的。

文件筐测验，也称公文处理练习或公文处理测验，它已被多年实践充实完善并被证明是很有效的管理人员测评方法。在该测验中，被测评者将扮演某一管理者的角色，他将面对一堆文稿需要处理。这些文稿包含通知、报告、客户的来信、下级反映情况的信件、电话记录、关于人事或财务等方面的一些信息以及办公室的备忘录等。它们或来自上级，或来自下级；有组织内部各种典型问题和指示，有日常琐事，也有重要大事，有打印稿，也有手写稿。所有的这些要求被测评者在一个规定的时间内，在没有其他人的帮助下采取措施或做出决定，比如写出处理意见、安排会议或将任务分配给其他人等。通常还要让被测评者在书面上说明所采取措施或做出决定的原因，或者在完成任务后评价者就特定问题要求被测评者做口头回答。

评价者一般按既定的测评维度与标准对被测评者的公文处理情况进行测评。通常测评不是定性式地给予评语，而是就那些维度逐一定量式地评分（通常是5分制）。最常见的测评维度有7个，即个人自信心、组织领导能力、计划安排能力、书面表达能力、分析决策能力、敢担风险倾向与信息敏感性。另外，为了保证文件编写的逼真与准确，可以以企业的存档文件、记录、函电、报告及现场调访收集的信息做素材来提炼加工。

文件筐测验的方法非常适合对管理人员，尤其是中层管理人员进行评价。相对于其他测评方法而言，文件筐测验具有实施操作简便，对实施者和场地的要求低，易被测评者所理解和接受的特点。而且已有研究证实文件筐测验具有良好的内容效度。它作为一种纸笔测验，是对被测评者的静态考察，除了通过实际操作的动态过程才能体现的要素外，其他任何静态的内容，如背景知识、专业知识、操作经验以及能力性向等都可隐含于文件中，通过文件处理对被测评者的潜在能力和综合素质进行考察。

但在设计文件时，除真实具体外，还应该注意与待测评的各维度相联系，并考虑评分的可操作性。这种方法若与其他测评方法结合使用，则更会收到取长补短、相得益彰之效。

3）管理游戏

管理游戏是一种比较复杂的测评方法。被测评者每4~7人组成一个小组，就算是一个"微型企业"。组员自愿组合或指派均可，但每个人在"企业"中分工承担的责任或职务，则由每个人自报或推举，小组协商确定。组内是否有分工或分工到什么程度由各组自定。各组按照游戏组织者所提供的统一"原料"（可以是纸板和糨糊或积木或电子元件与线路板等），在规定的工作周期时限内，通过组合拼接，装配"生产"出某种产品，再"推销"给游戏的组织者。然后评价者根据每人在此过程中的表现，遵循既定测评维度进行评分。

这种方法不仅可以测评进取心、主动性、组织计划能力、沟通能力、群体内人际协调团结能力等，还可以对这样的一个集体的某些方面，如"产品"质量和数量、团结协作状况等进行评定，并对优胜队给予象征性奖励，使活动具有游戏性质。

近年来，管理游戏越来越向计算机化发展，设计了专门的软件。组织者向各组提供"贷款"来源与条件、市场需求与销售渠道、竞争者概况及市场调研咨询服务等信息，由各组自行决定筹款、生产、经营策略，输入计算机，求得决策盈亏结果，并据此做出下一轮决策。这使得测试越来越真实了。

4）模拟面谈

模拟面谈是评价中心中角色扮演的一种形式。它是让被测评者与经过培训的面试助手交谈，由评价者对面谈的过程进行观察和评价的测评方法。在这种测验中，面试助手可以充当各种与被测评者有关的角色。例如，被测评者拟任职位的下属、客户或其他可能与被测评者在工作当中发生关系的角色，甚至可以充当对被测评者进行采访的电视台记者。按照具体情境的要求，面试助手遵循标准化的模式向被测评者提出问题、建议或反驳被测评者的意见，拒绝被测评者的要求等。模拟面谈主要考察的是被测评者的说服能力、表达能力和处理冲突的能力以及其思维的灵活性和敏捷性等。

对于许多在工作中经常需要与他人进行交谈的职位来说，如何通过交谈来获取信息、准确地表达自己的意思以及说服他人都是非常关键的技能。因此，通过模拟面试的方法来模拟与被测评者未来工作相关的谈话情境，考察被测评者在面谈中的表现将是一种非常有用的评价手段。

模拟面谈的关键在于对这位与被测评者交谈的面试助手的选择。首先，这个人必须非常了解模拟面谈方法的意图，知道通过什么方法来引发被测评者的反应；其次，这个人必须具备灵活、快速的反应能力，能够根据被测评者的不同反应对事先准备好的脚本进行调整；最后，这个人要有表演能力，可以将情境表现得逼真。

5）即席发言

即席发言就是指给被测评者一个题目，让被测评者稍做准备后按题目要求进行发言，以便了解其有关的心理素质和潜在能力的一种测评方法。即席发言主要了解被测评者快速思维反应能力、理解能力、思维的发散性、语言的表达能力、言谈举止、风度气质等方面的心理素质。即席发言的主题往往是做一次动员报告、开一次新闻发布会、在职工联欢会上的祝词等。在即席发言以前应该向被测评者提供有关的背景材料。

其他同类性质的测评技术还有案例分析、搜寻事实、答辩等，都属于在模拟工作状况下揭示特定职位上所需的胜任特质，从而对被测评者的分析、沟通、决策、领导等方面能力进行评估。不同的测评情境只是一种手段，一种为引出被测评者的管理行为的手段。这些测评方法在实际运用中可能会是结合在一起的。例如，在公文处理练习的过程中插入模拟面谈，并根据文件的信息进行演讲等。

应该说，评价中心的应用前景是乐观的。因为它明显具有信度高和效度高的特点。在西方管理学家对评价中心的效果调查中发现，由企业领导随意选拔的管理人员，按照使用的结果，其正确性只有15%；经过各级经理层层提名推荐的，其正确性达到35%；而通过评价中心测验选拔的，其正确性在70%以上。匹兹堡大学职业研究院的威廉·C.柏海姆调查了评价中心的研究项目后也指出，经过评价中心技术选拔的管理人员比仅仅凭主管人员判断而提拔的管理人员，其成功率要高 2 ~ 3 倍。但是，由于评价中心具有时间长、费用高、需有专家支持和指导的特点，决定它不能大规模地推广，在员工招聘中一般局限于高层次的管理人员或特殊的专门人员。

5.6　人员的录用

我们在运用面试、心理测验和情境性测评方法等多种对职位候选人进行选拔评价之后，就得到了关于他们的胜任表现的信息，根据这些信息，可以做出初步的录用决策。在对职位候选人进行选拔评价的全过程中，有若干位评价者参加，他们当中有用人部门的主管，也有人力资源部门的专业人员，以及企业管理者等，在进行录用决定时就可以由他们讨论做出最终的结论。

5.6.1　对未录用应聘者的处理

很多企业往往只关注在那些将要被录用的候选人身上做工作，而忽视了对未被录用的应聘者的回复。其实，对未被录用的应聘者进行答复是体现公司形象的重要方面。公司在答复未被录用的应聘者方面最好采取书面的形式，如 E-mail。在信上，语言要尽量简洁、坦率、礼貌，同时应该具有鼓励性，并表示希望与应聘者建立长期的联系。这样就可以方便快捷而且又不失尊重地传达公司的决定了。

值得注意的是，在决定未被录用者时要留有一定的名额。对于一个职位，初步录用的人选名单要多于实际录用的人数。这样做是因为企业还要对初步录用的人选进行背景调查，因此可能会有一些原因导致无法录用某些人。而应聘者个人也可能由于无法离开原单位、找到了更好的职位等各种原因而不来企业任职。这样我们留有备选人名单，以便随时能有合适的人选来代替。

5.6.2　背景调查

在整个招聘选拔过程中，所有的信息都是从应聘者那里直接获得的：审阅应聘者自己提供的简历，与应聘者面谈，在各种人才测评活动中观察应聘者的表现。尽管在选拔人员时，最关键的是这些从应聘者那里直接获得的信息，最重要的是应聘者的胜任力，但是也不排除应聘者的其他一些背景信息的重要性。

背景调查就是对应聘者与工作有关的一些背景信息进行查证，以确定其任职资格。通过背景调查，一方面可以发现应聘者过去是否有不良记录；另一方面也可以对应聘者的诚实性进行考察。

背景调查的主要内容有：

（1）学历学位。在应聘中最常见的一种谎言就是在受教育程度上的作假。因为在很多招聘的职位中都会对学历提出要求，所以有些没有达到学历要求的应聘者就有可能对此进行伪装。目前，大学的毕业证书已经进入计算机系统管理，可以在互联网上进行查询，这为招聘单位进行有关的背景调查提供了便利条件。

（2）过去的工作经历。背景调查的另一个重要方面就是对过去的工作经历进行调查。过去的工作经历调查侧重了解的是受聘时间、职位和职责、离职原因、薪酬等问题。了解过去工作经历最好的方式就是向过去的雇主了解，此外还可以向过去的同事、客户了解情况。

（3）过去的不良记录。主要调查应聘者过去是否有违法犯罪或者违纪等不良行为。尽管我们相信一个人过去犯过错误会改过自新，但这些信息仍然要引起注意。

在进行背景调查时要注意从各个不同的信息渠道验证信息，不要听信一个被调查者或者一个渠道来源的信息，必要时可以委托专业的调查机构进行调查。

5.6.3　员工入职程序

当一名职位候选人经过层层选拔被录用后，在正式进入该单位工作前，还要经过以下一些入职程序，参见图5-1。

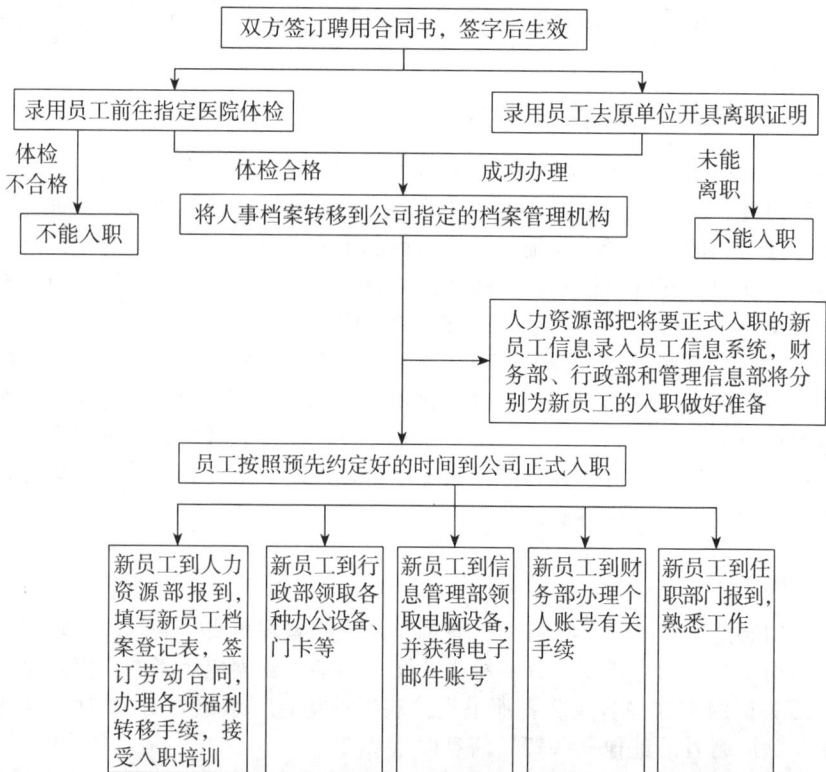

图 5-1　入职程序图

（1）人力资源经理与录用员工签订《聘用意向书》，双方签字后生效，人力资源部保存原件，录用员工留存复印件。

（2）录用人员前往原单位处开具离职证明，并加盖原单位的公章或人事章。

（3）体检合格。录用员工前往指定医院进行身体检查，并将体检结果交到人力资源部，以确保身体条件符合所从事工作的要求。

（4）录用人员到人力资源部领取"入职介绍信"，前往人才交流中心开具档案转移的商调函，并回到原存档单位将人事档案转移到公司指定的档案管理机构。有的公司有自己的档案管理部门，有的公司的人事档案委托专业机构来管理，无论采取哪种形式，新员工的人事档案都应该转入公司统一的档案管理机构。

（5）人力资源部门把将要正式入职的员工信息录入员工信息管理系统，与新员工预先约定时间到公司办理正式入职。

（6）让新员工填写档案登记表，并与新员工签订劳动合同，办理各种福利转移手续。

本章小结

筛选是企业招聘工作的一个重要环节。所谓筛选，就是指综合利用心理学、管理学和人才学等学科的理论、方法和技术，对候选人的任职资格和对工作的胜任程度进行系统的、客观的测量、评价，判断应聘者和招聘企业可能的合作对双方是否有利，从而做出录用或不录用的决策的人力资源管理工作。

筛选工作应当坚持合法、公平竞争、用人所长和宁缺毋滥的原则，必须保证达到一定的信度和效度，筛选方法稳定可靠，考核内容与企业的未来发展相关。

筛选工作已经总结出许多成熟有效的方法，如简历法、心理测验法、面试法、评价中心法等。

简历法通过仔细阅读应聘者提供的简历发现其工作经历、教育背景、职业方面的进展、所具有的无形资产、沟通的能力以及就职态度等特征。此法可以分为两堆法和三堆法。

心理测验通过认知测验和个性测验，判断应聘者的气质、思维敏捷性、才能等。

面试通过面试者与被面试者双方面对面的观察、交谈等沟通方式，了解被面试者的个性特征、能力状况以及求职动机等方面情况。面试通常在特定的时间、地点进行，有着预先精心设计好的明确的目的和程序。按照不同的标准，面试具有各种分类。在短兵相接的面试过程中，灵活运用好直接式提问、开放式提问、澄清性提问、自我评价式提问等提问技巧，可以大大提高面试效率。

评价中心通过评估应聘者在相对隔离的环境中做出的一系列活动，以团队作业的方式，客观地测评其专业技术和管理能力，为企业发展选择和储备所需的人才。评价中心采用的方式有无领导小组讨论、文件筐测验（公文处理练习）、管理游戏、模拟面谈及即席发言等。

运用面试、心理测验和情境性测评等多种方法对职位候选人进行选拔评价之后，就得到了关于他们的胜任表现的信息，根据这些信息，可以做出初步的录用决策。

本章案例

A公司的结构化面试

A公司位于河源市，成立于2009年，是一家主要从事服装设计、生产以及销售的大型公司。其旗下涉及服装、皮鞋以及装饰品等多个领域。经过近10年的发展，公司凭借良好的品牌效应、卓越的企业文化、科学的管理团队以及对行业敏锐的洞察能力，取得了年销售额过千万的成绩。从专业结构上来看，A公司员工主要是以营销类居多，占据总人数的38%；研发人员居于第二位，占据员工总人数的20%；采购类人员居于第三位，占据员工总人数的15%；经营类、人资行政类以及财务类人员分别占据员工总人数的12%、10%以及5%。通过数据可看出，该公司人员配置较为合理。

A公司在员工招聘过程中，一般采用比较传统的招聘方式，大多数局限于筛选员工的个人简历，然后设定一个进入复试的比例，根据大概成绩的排名选定参加复试的人员；在员工复试过程当中，一般仅根据人员的语言表达和衣着仪表来确定员工的基本素质水平，再通过一些必要问题的简单交流确定最终录用的人选。人与岗位的匹配度较低，人员稳定性差，导致重复招聘，增加了公司的成本。

1）A公司新员工招聘工作存在的问题

①招聘选择的随机性较大。同一名参加招聘的人员在应聘不同的岗位时，可以通过修改简历，让招聘工作人员产生不同印象。另外，招聘工作人员在招聘同一个岗位人员时，由于个人偏好的不同，可能影响最终的招聘结果，导致随机性较大。②不能科学系统地从岗位需求信息中提取关键要素，不能采用科学的方法对参加面试的人员进行有效的测评，从而无法对一个人进行深入的了解。同时，由于传统应聘方式存在的缺陷，应聘者无法对企业提供的岗位有深刻的认识和了解，从而增加了员工离职的可能性。③招聘工作的实施不够规范。在人员招聘过程中，组织实施不力、操作程序不规范，面试的标准不统一，从而容易产生较大的随机性。招聘工作人员经常会根据自身主观判断或者以貌取人，这种操作存在着一定的不合理性，从而在一定程度上使应聘者产生一定的不公平感，最终损害了公司的企业形象。④招聘基础工作薄弱。A公司采用现缺现招的办法进行人员招聘，这种招聘办法对于岗位分析的方法而言不够系统，存在一定的片面性，并且招聘的渠道比较单一，对于招聘人员标准的尺度往往无法准确地把握。此外，在招聘中也存在临时招聘的行为，从而无法达到合理配置人员的要求。

2）A公司在新员工招聘工作上出现问题的原因

①不同工作性质的岗位采取同样的招聘方法，招聘方法千篇一律，最终导致招聘的结果不够合理。②招聘工作人员在思想上存在误区，很多情况下是通过人与人之间的比较进行选择，而不是通过研究应聘人员的技能与工作岗位的匹配程度进行选择。③招聘过程中没有相关技术支持，在面试过程中大部分采用的是非结构化面试，其设置的问题比较开放，通常招聘工作人员想到哪里就说到哪里，整个招聘过程不够规范，缺乏统一的尺度。④面试前期缺乏充分的沟通、交流，致使面试结束后的讨论、打分、总结与甄选人员难度增大，工作负荷也随之加大。

3）结构化面试的内涵及类型

所谓结构化面试，是相对于传统的经验型面试而言的，是指按照事先设定好的面试提纲上的问题一一发问，并按照标准格式记下面试者的回答和对其评价的一种面试方式。

结构化面试问题的类型大致分为以下7类：背景性问题、知识性问题、思维性问题、经验性问题、情境性问题、压力性问题、行为性问题。

结构化面试最主要的方法有以下两种：

（1）情境性面试。情境性面试的基本假设是基于目标设置理论，在此基本假设下，招聘工作人员可以设置一些应聘者在未来工作岗位当中可能会遇到的问题，让应聘者回答，根据应聘者的回答，招聘工作人员可以判断出应聘者在入职之后的行为意向。

（2）行为描述性面试。行为描述性面试是基于一个人过去的行为模式去分析其将来在工作中可能具有的行为模式。在面试过程当中，面试工作人员根据面试者过去的某些经历，再结合公司应聘岗位所要求具备的特质，从应聘者过去的行为模式当中分析出其能否胜任应聘岗位，从而对应聘者进行相应的评价。

4）A 公司结构化面试的流程及应用

为了公司更好的发展，人事部门综合评估 A 公司在未来一年的人力资源需求，制订招聘计划，最终确定在 2018 年春季到某高校招聘 20 名营销人员。为了避免原有招聘方式存在的缺陷，决定在此次校园招聘中应用结构化面试方法。

在明确了招聘岗位以及相应的能力需求基础上，结合 A 公司的实际情况，人事部门制订了结构化面试方案：

（1）组建专业的面试团队。面试团队应该包括人力资源部人员、招聘岗位所在部门的主管和招聘岗位的资深任职者。

（2）确定考核要素。其主要考虑两个方面：①通用项目，主要包括应聘者教育背景与知识结构、求职动机，以及应聘者仪表举止。②专用项目，主要包括语言表达能力、沟通协调能力、应变能力、逻辑思维能力、团队合作能力和心态与情绪控制能力。

（3）设计面试提纲。由于在结构化面试的过程中，每一位应聘者所需回答的问题都是一致的，因此，问题设置的水平在一定程度上决定了获取人才的水平。结构化面试的问题要有针对性，针对不同岗位、不同人群设置问题应该不一样。A 公司此次面对的是应届毕业生，那么行为描述问题尽量不设置或少设置，以免其缺乏社会经验无法回答而被考官断定为不能胜任该工作岗位。

（4）制定评分标准及权重分配。评分标准应该明确，权重分配要合理。

（5）培训结构化面试考官。要求面试官具有营销专业知识，了解营销岗位需求，清楚每一个评价要素及评分标准，面试前要进行充分的沟通，对标准的把握尽量做到一致，这样才能真正做到公平、公正地打分。

（6）提前在某高校做好准备工作。在招聘网站上发布招聘信息→召开校园宣讲会→接收应聘者的简历→通知面试人员。

（7）组织面试官进行面试并评分。根据每一个应聘者的反应，面试官对其进行评分并对一些细节表现进行记录，因为这些细节有可能会影响到招聘结果。

（8）整理分析面试结果并进行决策。根据成绩结合一些记录情况决定选择哪些人作为候选人。

5）结构化面试应用效果

A 公司此次招聘，招聘到的人员与岗位的匹配度有了较大的提高，新员工流失率得以降低。

综上所述，应用结构化面试方法能帮助 A 公司招聘到合适的人员，从而减少了公司在人才招聘中的损失。建议 A 公司在以后的人才招聘中推广此方法。

资料来源 巫艳芬.经典测评方法在企业招聘中的应用探究 ——以结构化面试在 A 公司的应用为例［J］.人才资源开发，2020（04）：76-77.

思考题：

（1）阅读案例，分析结构化面试与传统面试的优缺点。

（2）结合本章内容，谈谈 A 公司的人员招聘和甄选过程还可以如何改进。

复习思考题

1.人员筛选的基本原则是什么？

2.什么是测验的信度和效度？

3.简历筛选应包括哪些内容？

4.心理测验应该怎样进行？

5.智力测验、能力性向测验、成就测验、个性测验各有什么作用？

6.面试前应该做哪些准备？面试时可以用到哪些技巧？

7.请你设计一份招聘市场营销部经理的情景模拟试卷提纲。

第 **6** 章

员工培训与开发

学习目标

通过本章的学习，了解员工培训与开发的含义、意义；了解员工培训的形式、内容与原则；了解员工培训的类型与方法；了解员工培训的系统模型；了解员工职业开发的方法与用途等，以便掌握为什么要进行和如何进行员工培训与开发，以及如何评价培训与开发的效果等。

6.1　员工培训与开发概述

6.1.1　员工培训与开发的含义

就人力资源管理的内容及全过程来看，员工培训与开发是人力资源管理的重要组成部分，是提高组织运转绩效、使组织获取和增强竞争优势、维持组织有效运转的重要手段。在一般意义上，所谓培训与开发是指组织根据发展和业务需要，通过学习、训练等手段进行的旨在改变员工的价值观、工作态度和工作行为，提高员工的工作能力、知识水平、业务技能并最终改善和提高组织绩效等的有计划、有组织的培养和训练活动或过程。美国学者L.S.克雷曼（Lawrence S.Kleiman）认为，培训与开发是"教会工人们怎样去有效地完成其目前或未来工作的有计划的学习经历"，"培训与开发的实践旨在通过提高雇员们的知识和技能去改进组织的绩效"[①]。

培训与开发有时也被称为训练与培养或训练与发展，包括培训和开发两方面内容。实际上，培训与开发在内涵上略有区别，各有所侧重。一般认为，培训是为了提高员工的理论素养、知识水平和业务操作技能，或改变员工的价值观、工作态度和工作行为，使他们在现在或未来的工作岗位上的工作表现达到组织的要求而进行的各种形式的教育与训练活动，它主要集中于现在的工作，侧重于提高员工当前的工作绩效；而开发是指为员工未来发展或为员工准备将来的工作而对员工开展的教育、工作实践等以提高员工的综合素质和各种潜能的培养、测评等活动。在传统意义上，人们认为培训与开发的区别主要体现在：培训由于侧重于现在的工作和目标，因此是以现在为导向的；而开发由于侧重于培训员工特别是管理人员的综合素质，为未来发展做准备，提高其面向未来职业的能力，因此具有未来导向。培训的着眼点主要在于传授专门的具体的知识和技能，帮助员工获得胜任目前职业所需要的知识和能力；而开发的着眼点主要在于员工的成长，培养和开发面向未来的素质和能力，希望员工和组织一起成长。此外，传统观念还认为，培训的对象主要是一般员工，而开发的对象通常是较高层次的管理和专门的技术人员。近些年来，由于市场竞争的加剧，特别是随着培训与开发的重要地位越来越显现，其重要性越来越被人们所认识，加之两者的功能和所使用的技术手段越来越趋同，培训与开发的界限已日益模糊。在现代意义下，两者都注意员工与组织现在和未来的发展，而且一般员工和管理人员都必须接受培训与开发，人们已经越来越习惯于把两者并称为培训（T&D）。

具体地说，对于培训与开发的含义可以掌握以下几点：

1）培训与开发是一种人力资本投资

人力资本是与物质资本、金融资本相并列的三种资本存在形态之一，表现为员工所具有和掌握的科学文化知识、专门的职业技术知识和专业技术技能及体力状况（健康状况）等。根据劳动经济学中的人力资本理论，人力资本是一种稀缺的生产要素，是组织发展乃至社会进步的决定性因素，但它的取得不是无代价的，要取得它，必须通过投资活动，即人力资本投资。也就是说，人力资本投资是形成人力资本的必要条件。在人力

---

① 克雷曼. 人力资源管理——获取竞争优势的工具［M］. 孙非，译. 北京：机械工业出版社，1999：5.

资本投资形式中，培训包括职前（岗前）培训、在职培训、脱产培训等，是仅次于教育的重要形式，而这里所谓的培训就是人力资源管理中所指的培训与开发，其目的也在于训练和培养员工的知识、技能，以提高员工的职业适应性和工作绩效。因此，从人力资本理论角度来看，培训与开发也是一种人力资本投资。

2）培训与开发是为组织实现目标服务的

就培训与开发与组织目标的关系来看，培训与开发必须为实现组织的目标服务。有利于实现组织的目标，这是培训与开发的根本目的，也是在进行员工培训与开发时必须首先明确的。应该说，员工培训与开发的直接目的是提高员工现在及将来的职业能力，包括员工个人的职业发展，但从根本上说还是为组织实现目标服务的。这就要求组织在计划及实施员工培训与开发时，必须首先明确这样一些问题：为什么要进行培训，需要进行什么样的培训，哪些人需要接受培训，由谁来进行培训，如何评价培训的效果，如何进行员工开发等，不能为培训和开发而培训和开发，更不能做表面文章，否则这些问题不明确，只能使培训与开发的效率和效果大打折扣。

3）培训与开发是一种管理手段

培训与开发是通过教育、训练及培养旨在改变员工的工作态度和工作行为以达到为实现组织目标服务的一种活动。它包括培训需求分析、制订培训方案、实施培训方案、评价培训的效果等内容和环节，且是由组织有计划、有组织、有目的进行的，因此，从管理的全过程看，培训与开发同样是一种管理手段，也是一个管理过程。根据组织行为学理论，一个人的工作绩效取决于其工作行为，而其工作行为又由这个人在具体工作情境下所选定的行为目标决定。组织期望通过培训与开发活动促进组织目标的实现，这一过程必须通过影响员工在特定的工作情境下的行为选择来实现，也就是必须影响甚至改变、塑造员工的工作态度、工作行为，使其符合职业需要并有助于实现组织的目标。把员工培训与开发视作一种管理手段，就要求组织应把其作为组织整个管理活动总体来对待，不应割裂其与其他管理活动及内容的关系而孤立进行培训与开发活动。

4）培训与开发是员工职业发展的助推器

由于人力资源是组织资源中最重要的组成部分，因而现代人力资源管理理论认为，不仅员工作为组织中的一员，要为组织目标的实现努力，以推动组织绩效的提高，同时组织也要帮助员工完成各自的职业发展计划，通过培训与开发活动使员工的人力资本价值得以增值，使员工的职业能力得以增强。换言之，培训与开发应该带来的是组织与个人的共同发展。从实际效果来看，无论是知识、技能等的培训，还是素质、管理潜能的开发，无论是现在导向的，还是未来导向的，尽管组织会从中大受其益，但是员工个人自身的知识、技能等人力资本无疑得到增值，使其增强适应各种工作岗位和职业的能力，提高工作绩效。从组织角度来说，在实施培训和开发过程中，绝不能忽视员工的个人职业发展，这样才能进一步增强组织的凝聚力，以更好地提高组织的运行绩效。因此，培训与开发是促进员工个人职业发展的助推器。

6.1.2 员工培训与开发的意义

从根本上说，人是生产力诸要素中最活跃、最重要的因素，一个组织大到国家，小到各企事业单位其命运如何归根结底取决于人员素质的高低。"市场竞争的实质在于人才的竞争"这一命题已广为人们所接受。因此，加强员工的培训与开发具有十分重要的意义。近些年来，世界著名的跨国公司都非常重视员工的培训与开发工作。如在20世纪90年代，美国摩托罗拉公司每年在员工培训上的花费达到1.2亿美元，这一数额占工资总额的3.6%，每位员工每年参加培训的时间平均为36小时。美国《财富》杂志曾经把摩托罗拉公司称为公司培训的"金本位"。有资料显示，美国100名员工以上的组织在1992年的培训开支为450亿美元，比1988年增长12%。美国联邦快递公司每年花费2.25亿美元用于员工培训，这一费用占公司总开支的3%。同时该公司创建了一种根据知识对员工付酬的报酬系统，每两年对员工的工作进行一次测试，并把测试的结果与报酬的增减幅度联系起来。[1]20世纪末和21世纪初，伴随世界经济的全球化、信息化、知识化和网络化时代的到来以及与此相适应的市场竞争范围的日益扩大和程度的日益加深，员工培训与开发更是受到企业的广泛重视，并被普遍视为获取竞争优势的工具。具体地说，员工培训与开发的重要意义体现在以下几点：

1）培训与开发是提高员工素质和职业能力的重要手段

员工作为组织人力资源的载体是组织资源中弹性最大的因素，是组织生存与发展的根本。如果员工普遍具有较高的素质和极强的职业能力，那么就将成为组织的宝贵财富；否则，员工素质低下，跟不上时代发展的要求和职业需要，那么它就将成为一种无用资源，甚至成为组织的负担；通过员工的选拔、录用等固然可以为组织招聘到素质较高和职业能力较强的员工，但现代社会发展的一个重要趋势就是新技术、新知识、新工艺、新产品层出不穷，特别是知识、技术的更新速度在近些年明显加快，加之市场需求变化多端，市场竞争日趋激烈，这些都对员工素质和职业能力提出了更高的要求。事实上，最近几年伴随社会经济的发展和知识经济时代的快速到来，我国各类企事业单位甚至包括政府部门员工素质不高、职业能力不强的问题已经越来越凸显，只有通过不断进行各种形式的训练和培养，通过员工不断地学习，才能不断提高员工的素质，使其知识、技能、工作态度、工作方法等跟上时代发展的步伐，适应工作岗位发展变化提出的高要求，避免由于员工素质和综合能力低而不适应新的工作岗位和工作内容的局面的发生。

2）培训与开发是组织获取竞争优势以有效应对激烈市场竞争的重要途径

世界经济的知识化、全球化、网络化时代的到来，新技术革命的日新月异，市场竞争的日趋激烈和市场需求的日益复杂多变，对企业等各类组织提出了前所未有的挑战，有人甚至认为已把其推向了"不进则退"甚至生死存亡的境地。任何一个企业如果不具备较强的综合素质或特有的核心专长，将很难获得竞争优势甚至立足于市场。由于人力资源在企业各类资源中所具有的独特地位，包括员工培训与开发在内的人力资源开发与管理显得比以往任何时候都更加重要。而员工培训与开发则是提高员工素质与能力，发现人才、快出人才、多出人才的重要途径。它可以使组织拥有更多的高素质员工，进而拥有更多的人力资本，从而有效应对市场竞争，获得竞争优势，并最终赢得胜利。

3）培训与开发是提高组织工作质量的重要措施

组织的工作质量包括生产过程质量、产品质量、客户服务质量等[2]，通过员工培训和开发，可以使员工明确自己的工作职责、任务和目标，提高自身的知识和技能，并具

①　孙健. 海尔的人力资源管理［M］. 北京：企业管理出版社，2002：150.
②　李燕萍. 人力资源管理［M］. 武汉：武汉大学出版社，2002：204.

备与实现组织目标相适应的自身素质与业务技能及人际交往、沟通协调、集体参与等其他能力，这样就可以有效地解决组织中"人"与"事"的矛盾，实现"人"与"事"的和谐发展；可以有效地提高员工的工作质量和工作效率；使员工适应在新的工作环境和业务流程下工作角色转变的需要，从而为整个组织工作质量的提高奠定坚实的人力基础。

4）培训与开发是实现员工个人发展和自身价值的必要措施

与传统的人事管理不同，现代人力资源管理把员工视为一种资源，以人为中心的管理、人本管理、尊重人、关心人等口号的提出和管理理念的确立就是明显的例证。以人为中心的管理或人本管理思想，其核心就是组织在谋求组织整体利益、追求最佳绩效的同时，也把员工个人的成长、员工自身人力资本价值的增值和员工个人的职业发展放在与组织利益同等重要的地位。从员工角度来看，在现代组织中，员工为组织工作的目标已不仅仅停留在满足低层次需要上，绝大多数员工工作的目的在于追求高层次的需要，即自尊的需要和自我实现的需要，实现自我价值。而培训与开发能给员工不断提供学习和掌握新知识、新技能的机会，使其能适应和接受新的工作岗位所提出的挑战和任务，能够跟上时代发展的步伐，实现自我成长和自我价值。这不仅能够使员工得到物质的满足，而且能使员工得到精神上的成就感。这就是所谓的培训与开发的激励作用。事实上，国内外不少企业都非常重视员工的培训和个人发展，并把员工的个人发展与组织发展有机结合起来。如神龙汽车有限公司就实施了以员工职业生涯管理为主线的员工管理模式，在员工的聘用和开发方面，安排员工从事符合个人能力和适应个人发展需要的工作。海尔集团不仅始终贯彻"以人为本"的培训思路，而且建立了一套被实践证明行之有效的人力培训机制，充分开发利用了人力资源，保证了企业的高速稳定发展。该集团在培训机制中建立了个人生涯培训，上至集团高层领导，下至车间一线操作工，集团均根据每个人的职业生涯为每个人制订了个性化的培训计划，搭建了个性化发展的空间，提供了充分的培训机会，并实行培训与上岗资格相结合。[①]

6.1.3　员工培训与开发的特点

从知识与技能获取角度看，培训与开发属于继续教育范畴，具有以下几个特点：

1）培训与开发的广泛性

所谓培训与开发的广泛性，首先，是指组织内培训与开发的网络涉及的面广，不仅决策层需要培训，而且中间管理层和一般员工也需要进行培训和开发，体现出一种全员培训的性质；其次，是指培训内容的广泛性，不仅涉及一般管理知识如计划、组织、领导、控制的培训，而且也包括技术、财务、统计、营销、生产等各个经营环节的内容，还包括面向未来的新知识、新技能等。

2）培训内容的层次性、针对性和实用性

组织内员工培训应该是分层次的，而且要有针对性，对于不同的培训对象、不同知识和文化背景、不同工作任务及不同知识和技术需要的员工，培训的内容和重点应有所不同。一般员工侧重于一般知识和最基本技能，解决基础知识和技能差等问题，防止员工工作技能退化；中间管理层主要应解决拓宽知识面、掌握管理知识和技能问题；高层

---

① 孙健. 海尔的人力资源管理［M］. 北京：企业管理出版社，2002：142.

决策者应主要解决创新和企业家经营意识等问题。同时，培训形式和培训内容要做到理论与实践相结合，不能和实际工作脱节，要使员工所学到的知识、技能能够适应工作需要。

3）培训与开发的长期性和速成性

员工的培训与开发是伴随员工在组织内工作的全过程的，不能指望一次或几次培训就能解决全部问题，特别是随着现代科学技术的日新月异，新知识、新技术、新行业、新工种不断涌现，对员工培训与开发的需要不仅日益强烈，而且要求培训与开发必须是长期性的、永恒的，就像在学习型社会要树立终身学习观念一样，员工培训与开发也必须树立终身观念，只要员工在组织内工作，培训与开发就应根据需要进行。同时，强调长期性，并不是指一次培训时间的长期化，由于培训所具有的鲜明针对实际工作需要的针对性，每次培训应强调周期短、见效快，特别是技能性培训尤其应如此，以提高培训与开发的效果。

4）培训组织形式和方法的灵活性、多样化

培训组织形式和方法应该灵活、多样，不应追求统一模式，而决定取舍的原则就是符合实际需要。在时间上，应有长有短，既有短期培训，也有长期培训；在培训组织上，既应有岗前培训，也应包括岗位培训、转岗培训、在职培训、脱产培训等，既应有在国内的培训，也应有出国考察或进修培训，既有定期培训，也有非定期的临时培训等；在培训方法上，既应包括讲座、视听教学、电脑辅助教学（电子学习、远程学习）、讨论会或研讨会等，也应包括角色扮演、情景模拟、商业游戏、个案研究与分析、行为模仿等，做到因材施教、因需施教，并充分发挥员工的主动性和积极性，增强培训效果。

5）培训与开发的协调性

员工的培训与开发，应视作一个系统工程，它要求各环节、各层次应保持协调，从而使培训与开发网络协调有效运转起来。首先，应根据组织的发展战略和实际运营需要，制订恰当的培训方案，包括在进行培训需求分析的基础上确定培训对象、培训内容、培训组织形式等；其次，是组织各方面力量实施培训方案，包括根据业务工作需要合理调配培训时间和地点，根据组织经营发展的需要确定员工培训的总量与结构；最后，要对培训效果进行恰当的评估、总结，找出成绩与不足，使培训与开发工作能够满足整个组织运转的需要。

6.2　员工培训的形式、内容与原则

6.2.1　员工培训的形式

根据不同的培训目的、培训对象和培训内容的要求，培训可采取多种组织形式。

1）岗前培训、岗位培训、转岗培训

岗前培训也叫职前培训或新员工培训，是对组织新进员工在任职上岗前给予的培训，以使新员工对组织、组织文化、工作环境、拟担任的工作有基本的认识和了解。应该说这种形式对于促进新员工尽快熟悉、适应组织环境，进入工作角色具有十分重要的意义，因此，各类组织都十分重视这种培训。一般地，岗前培训主要包括两方面内容：

一是进行组织文化教育，包括组织的总体目标、使命、管理哲学、价值观、组织的历史及发展现状、有关规章制度及政策、组织期望、工作内容、工作职责、工作关系等。这方面内容的培训主要培养和激发员工的个人责任心、组织荣誉感、价值追求、品格、信誉、效益观、质量意识等，以便为培训组织归属、集体主义和合作精神奠定基础。二是进行业务知识教育，使新进员工掌握必要的业务知识和业务技能，然后根据需要和最初的适应性考察把新员工分配到不同部门中去。

岗位培训就是针对员工在某一工作岗位的需要进行的在岗培训。应该说每个岗位都有员工工作所必须了解和掌握的理论知识、专业知识和实践知识及技能，许多在岗职工可能只会机械地操作而缺少必要的理论知识和专业知识，因此定期或不定期地进行在岗培训也是十分必要的。一般地，岗位培训除了进行必要的理论知识、专业知识培训教育外，重点是对员工的业务能力进行培养和训练，以使员工熟练掌握操作技能。如海尔集团设有专门的培训学位，在岗位培训中着重对员工进行专门的业务知识和技能教育与训练，同时还针对工作中易出现的问题进行重点讲解，而且培训教师主要来自集团内部的各级管理人员，对这些人员来说，培训下级是其职责范围内必需的项目，每位领导（上到集团总裁，下到班组长）都必须为提高部下素质搭建培训平台，提供培训资源，并定期对部下进行培训。[①]目前，国内外各类企业的岗位培训主要由企业自己办班、办学或通过职工培训中心进行，且有专门的培训教材和师资队伍，还建立了配套的考核结业制度。

转岗培训就是针对员工工作岗位调动及新岗位工作需要进行的培训。员工内部工作岗位的调整多是出于工作和人员配置的需要，而且其本身就是一种培训方法——在职培训的一种方法。无论是各级管理人员还是一般职工在进入新岗位前或后，都要进行这种培训。一般地，转岗培训主要是向转岗员工进行新岗位所必需的新知识、新技术和新能力培训，使其能尽快地适应新的工作岗位需要。海尔集团不仅十分重视转岗培训，而且把这种培训作为培养大批掌握多种知识和技能的复合型人才的重要途径。如为了使科研人员的科研创新工作与市场紧密结合，采取了让科研人员参与营销工作的方式，通过营销理论的培训及营销实践工作的参与，大大提高了科研人员的市场意识及科技创新工作的效率。

2）长期培训、短期培训

长期培训是指根据组织现在特别是未来发展需要及员工未来的职业定向而进行的时间较长的培训。这种培训一般都具有综合性和未来导向，所培训的内容涵盖理论、业务等多方面，培训的方法多采取全脱产类型下的进入大学深造、出国研修等，主要是提高受训者的综合素质、学历水平、领导才能或业务技能。

短期培训是指根据工作岗位急需或其他原因而对员工进行的时间较短的培训。这种培训的一个鲜明特点是现在导向，且专业性、针对性较强，急用先学，立竿见影，近期效益突出。如为开发新产品，学习产品开发的知识和技能；为从事营销工作，学习市场营销的基本知识和基本技能等。

3）全脱产培训、半脱产培训、业余培训

从受训者是否脱离工作岗位来划分，培训的形式分为全脱产培训、半脱产培训和业

---

① 孙健. 海尔的人力资源管理［M］. 北京：企业管理出版社，2002：142-143.

余培训。全脱产培训是受训者在一段时期内完全脱离工作岗位、接受专门培训后，再继续工作；半脱产培训是受训者每天或每周抽出一部分时间接受培训；业余培训是受训者完全利用业余时间如周末、晚上接受培训，而不影响正常生产或工作。

4）初级培训、中级培训、高级培训

从培训的层次上来划分，培训可分为初级培训、中级培训和高级培训。在一个组织内部，不仅管理人员，一般员工也可分初级（基层）、中级和高级三个层次。这三个层次的培训不仅组织形式应该有差别，而且培训内容及方法也应该根据各层次不同的工作内容和工作需要有所区别。一般地，初级培训在内容上侧重于一般的理论知识、专业知识和业务操作技能，在方法上多采取听讲座、视听教学、学徒制等。中级培训在内容上较初级培训相比，一般适当增加理论内容。高级培训则主要侧重于学习新理论、新观念、新方法。如对高级管理人而言，侧重于培训思想技能、管理理论与方法等的内容；对高级工人而言，侧重于培训高、精、尖知识与方法。

6.2.2 员工培训的内容

合理确定员工培训的内容，对于实现培训的目标，提高组织绩效具有至关重要的意义。在组织中员工培训是围绕工作需要和提高工作绩效展开的，而从大的方面来说，影响工作绩效的因素可分为三类：一是员工所掌握的知识，包括理论知识和业务知识；二是员工的业务技能；三是员工的工作态度，包括责任心、敬业精神、奉献精神、对组织的忠诚度等。实际上，这三类因素也就构成了员工培训的内容结构，如图6-1所示。

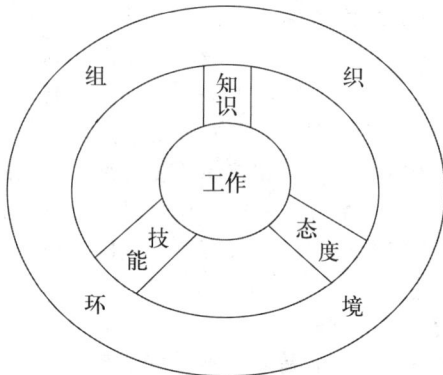

图6-1 员工培训的内容结构

1）知识培训

与工作有关的各方面知识是员工培训的首要内容，组织应通过各种形式的培训使员工学习和掌握相关知识。内容主要包括：①经济学、心理学、社会学、政治学、文化与伦理学等相关理论知识；②管理学、市场营销学、企业战略管理、财务管理、生产管理、人力资源管理、组织行为学等业务知识；③组织的发展战略、发展目标、经营方针、经营状况、规章制度、组织文化等组织的总体情况。其中，不同的培训对象和不同的培训目标应在培训内容上有所区别、有所侧重，如管理人员应侧重培训计划、组织、领导、控制等管理知识，以及心理学、市场营销学、经济学、人力资源管理等基本的业务知识。

2）技能培训

员工从事本职工作需要掌握熟练的业务、人事交往等技能，这些技能除了通过干中学之外，主要通过培训取得。这些技能主要包括：各项业务操作技能即技术技能、处理人事关系技能即人际技能、谈判技能、计算机运用技能、基本的文秘技能、管理技能等。对于从事不同工作性质和不同职级层次的一般员工和管理人员来说，技能培训的内容是各有侧重的。根据管理学的一般原理，其中对管理人员来说，高层管理人员最需培训的是思想技能，即判断与决策能力、改革创新能力、灵活应变能力等；而对中层和基层管理人员则主要侧重人际技能和技术技能，如业务操作技能、人际交往技能等。

3）态度培训

态度是影响工作绩效的重要因素，而员工态度能否转变以适应组织文化和工作需要又主要取决于培训，特别是对新进员工来说，态度培训尤其重要。员工态度是指员工的工作态度，当然也包括员工的工作士气、精神状态等。一般地说，每一个组织都有其特定的组织文化氛围以及与此相适应的行为方式，如价值观、组织精神（如团队精神、敬业精神等）、人际关系等。要想最大限度地提高组织运转绩效，必须使全体员工认同并自觉融入这一氛围之中，这就是所谓的工作态度的转变。组织应通过态度培训，培养员工对组织文化的认同和逐渐融入，建立组织与员工以及员工与员工之间的相互信任关系，培养员工的团队精神，培养员工的价值观和对组织的归属感、荣誉感，培养员工对组织的忠诚等。

上述三方面的内容是培训内容的一般概括，实际上，每一方面的内容都可以进行具体的细分，比如在技能培训方面，就可以细分为最高层管理人员技能培训、管理技能培训、主管技能培训、职业技能培训、营销技能培训、安全和健康技能培训、新员工上岗技能培训等。[①]据有关资料介绍，美国企业在20世纪80—90年代培训的内容着重在基本的计算机技能、沟通技巧、行政能力、个人成长等15个方面[②]，参见表6-1。

6.2.3　员工培训的原则

员工培训的原则是组织在培训工作中应遵循的基本指导思想和应坚持的基本原则，这是提高培训绩效所必须把握的。

1）理论联系实际、学用一致原则

员工培训是为了改变员工态度、提高员工素质和工作技能，补充学能不足，因此培训必须做到理论联系实际，切实做到学用一致。也就是说，培训要有明确的针对性，要紧紧围绕培训目标，从实际工作的需要出发，与职位特点相联系，与培训对象的年龄、知识结构、技能结构、工作态度紧密结合；同时做到培训与使用不脱节，组织发展需要什么，员工缺少什么理论与技术，员工发展需要什么，员工培训就要及时、准确地予以体现和实施。

2）讲求实效原则

培训的效果和质量是决定培训绩效和成败的关键。员工培训必须讲究实际效果，追求培训质量，不能为培训而培训，只图虚名或流于形式，更不能摆花架子。讲求实效原则，一方面要求组织要做好培训规划工作，要在科学、准确地做好培训需求分析的基础

---

① 秦志华. 人力资源管理［M］. 北京：中国人民大学出版社，2000：214.
② 张一弛. 人力资源管理教程［M］. 北京：北京大学出版社，1999：149-150.

表6-1　　　　　　　　　　　　　　美国企业员工培训内容

培训类别	1987年员工数量在50人以上提供培训的组织所占的比重（%）	1992年员工数量在100人以上提供培训的组织所占的比重（%）
管理技能/管理发展	78.5	86
基本的计算机技能	51.2	86
沟通技能	66.3	84
监督技巧	69.3	83
技术和知识	65.0	82
新方法/新程序	56.5	75
客户关系/服务	55.3	73
行政能力	57.8	73
个人成长	49.1	69
文秘技能	56.7	65
雇员/劳动关系	39.9	59
保健知识/福利	37.6	57
客户教育	29.7	57
销售技巧	40.2	55
补习教育	18.8	40

资料来源　张一弛. 人力资源管理教程［M］. 北京：北京大学出版社，1999：149.

上，科学地制订和实施培训方案；另一方面，培训的内容、组织形式及方法手段都要有极强的针对性。

3）因材施教原则

组织内工作岗位较多，工作性质和内容差别较大，而且员工的文化基础、知识水平、技能结构也有较大差异，这就要求应针对每个员工的特点和实际工作需要科学地确定培训内容及形式，不能采取类似普通教育"齐步走"的模式。

4）全员培训与重点提高原则

全员培训就是有计划、有步骤地对在职各类人员进行全面培训，而不是只培训管理人员或一般工作人员。进行全员培训是提高全部员工素质和增强组织整体竞争能力的需要，因为在知识经济时代，每个人都面临知识更新和再学习问题。目前凡是比较正规的组织，都建立了全员培训制度。但是全员培训不等于没有重点，在实行全员培训的同时，应重点地培训一批技术骨干和管理骨干，特别是中高级管理人员和关键技术骨干，使这些重点培训对象发挥"火车头"式的带动作用。

5）激励原则

从人力资本理论角度讲，培训也是一种人力资本投资，它不仅可以满足组织发展需要，而且可以使受训者个人的人力资本得到增值，从这个意义上讲，培训可使员工个人受益，从而对员工产生一种激励作用。但从组织角度讲，在对员工进行培训时，应通过一定机制把培训的激励作用外在化，使员工充分体会到培训所带来的好处，以便以积极而不是消极、被动的态度参与培训。一般地，组织可把培训与员工个人的任职、晋升、奖惩、工资福利衔接起来。当员工受训完毕达到预期效果后，可通过增加报酬或职务晋升来鼓励员工，让员工充分了解培训对自己的益处，从而进一步提高员工士气，进一步调动员工的积极性、主动性和创造性，最大限度地发挥潜能。

6.3　员工培训的类型与方法

6.3.1　员工培训的类型

一般地说，员工培训根据组织的不同需要而有所差别，组织的规模、经营内容、项目经费、培训目的、参加培训的人数等都影响到培训类型的选择。员工培训类型大体上可分为两类，即在职培训和非在职培训。也有学者认为，职前培训也属培训的一种类型[①]，但把它作为一种培训组织形式则更为恰当。

1）在职培训

在职培训是指员工不离开工作岗位，由上级或有经验的员工对新进员工、需要培训的员工或下级进行现场指导、讲授和示范，由受训者通过实际操作来完成的一种培训。这种培训是最常用、最必要的一种培训方式。其最大特点是受训者不离开现工作岗位，节省培训成本，因此广为企业等各类组织所采用。在国外，这种培训类型也得到广泛采用，有的企业甚至还受到政府的支持，如美国，政府为了鼓励企业实施在职培训，对那些为不经过培训就无法胜任工作的人提供在职培训的企业提供资助。

在职培训的优点主要表现在：①节约培训成本，员工不必离开工作单位，一般也不需要专门的训练设备或教材。一方面可节省很多学费、差旅费、资料费等直接成本；另一方面由于边工作边学习，对工作影响相对较小，可节省很多机会成本。②受训者所学到的知识和技能直接在实际工作中得到运用和验证，而且培训情况能迅速在实际工作中得到反馈，便于检验培训效果以及进行必要的、及时的纠正，因而有助于提高培训的针对性和实效性。但在职培训也有缺点，主要是有时缺乏良好的组织，受训者边工作边接受培训容易分散精力，同时一些昂贵的仪器设备和工作场所也会限制受训者操作，因而影响培训效果。

在职培训的方法有很多种，主要有教练法或学徒培训（让有经验的员工或上级进行培训）、工作轮换、自我指导培训等。此外，从管理学角度，对于各级管理人员的培训来说，培训方法主要有工作轮换、设置助理职务、临时职务代理及委员会制等。

2）非在职（脱产）培训

非在职培训是指员工暂时离开现职，脱产到有关高等院校、科研机构或其他组织参加为期较长的培训。这种培训类型主要用来培养组织所紧缺的人员，或为组织未来培养和选拔高层次技术人才、管理人才，或为了引进新设备、新工艺、新产品，或为开办新

---

① 韩岫岚. MBA管理学——方法与艺术［M］. 北京：中共中央党校出版社，1998：545.

业务，由组织挑选员工进行脱产集中学习。

这类培训的优点是能使受训者集中精力和时间接受培训，免受工作等其他事情的干扰，因而有助于受训者获得更多的知识和技能，从而有助于增强培训效果。缺点主要在于，由于受训者要脱离现工作岗位专门接受培训，因而会使工作受到影响，进而影响组织绩效。同时进入高等院校、科研机构等进修学习，往往还须支付学费、伙食补助费、差旅费、资料费等费用支出，因此，非在职培训的成本往往较高。这里所谓的培训成本包括两部分：一是机会成本，即受训者放弃工作使组织绩效（如产值、销售额或利润等）受到的损失；二是直接成本，即受训者的学费、差旅费、伙食补助费、资料费等因参加脱产培训而发生的直接费用支出。事实上，从成本角度讲，非在职培训要比在职培训的成本高得多，因此，是否采用非在职培训方式，要综合比较培训的收益与成本。

非在职培训的方法主要有听讲座、视听教学、电脑辅助教学、参加讨论会或研讨会及模拟训练等。

6.3.2　员工培训的方法

员工培训的方法有很多种，不同的培训类型往往需要采用不同的培训方法。目前国内外教科书在阐述培训方法时，往往也采用不同的角度，有的是按培训类型来阐述，有的是按培训内容来阐述，有的是按培训的技术或手段来阐述等。按培训类型来阐述的培训方法主要有：在职培训的方法，如工作轮换、学徒培训、自我指导培训等；非在职培训的方法，如讲座、视听教学、电脑辅助学习、讨论会或研讨会、案例分析与研究、商业游戏、角色扮演等。按培训内容来阐述的培训方法有：以开发技能为主的培训方法，如商业游戏、案例分析与研究、文件处理等；以传授知识为主的培训方法，如讲座、视听教学、程序化教学、电脑辅助学习；以改变态度和行为为主的培训方法，如角色扮演、行为模仿等。按培训的技术或手段来阐述的方法有：演示法，如讲座法、远程学习、视听法等；专家传授法，如在职培训、情景模拟法、商业游戏、个案研究法、角色扮演、行为塑造、交互式视频、互联网培训等；团体建设法，如探险性学习、团队培训、行动学习等。本书采用按培训内容来阐述培训方法的方式来介绍培训方法。

1）讲座法

讲座法有时也称课堂教学法，是员工培训中最为普遍的方法。它是由培训者（教师）用语言向受训者传授知识的一种方法。这种方法最适合于以简单地获取知识为目标的情况。讲座的形式多种多样，如有标准讲座、团体讲座、客座讲座、座谈讲座等。讲座法的优点是：在时间、资金、人力、物力上都很经济，成本较低，并可一次性地、系统性地将知识传授给很多人，易于掌握和控制培训进度；缺点是：比较单调，基本上属于一种单向沟通，受训者比较被动，参与程度低，与实际工作环境联系不密切，很少有实践机会，因此，用这种方法来培训技能就不合适，比如人们不能光靠讲授就能学会开汽车。目前，讲座法更多是与其他培训方法结合起来使用或作为一种辅助手段。

2）视听教学法

视听教学法就是把要讲授或示范的内容做成幻灯、电影、录像、录音等视听教材进行培训。这种方法主要是利用人的感觉，通过视听感官刺激向受训者传授知识或技能，其中通过录像方式是最常用的培训方法。视听教学法的优点是：视听教材可反复使用，能更好地适应学员的个性差异和不同水平的要求；教材内容与现实情况比较接近，易使受训者借助感觉理解培训内容，同时借助生动的图像、声音等，可以给受训者留下深刻印象。视听教学法的缺点主要是：成本较高且制作培训内容的时间较长，而且合适的视听教材也不易选择，受训者易受视听教材和视听场所的限制等。因此，这种培训方法很少单独使用，往往是与讲座法等一起使用。

3）程序教学法

程序教学法就是培训前把培训教材的内容划分为若干个单元，每个单元的后面都设有自我测验题，由受训者按顺序自主学习，培训者不介入。受训者通过自主学习，要回答自我测验题，同时回答会得到培训者的即时反馈。如果回答正确，就进入下一单元学习；如果回答错误，则要重新学习。这种方法的优点是受训者可以按自己的能力安排学习进度；缺点是课程设计的成本往往较高。

4）电脑辅助学习法

电脑辅助学习法就是利用电子计算机并通过计算机操作、模拟软件或远程学习进行培训。如在航空和航天工业中大量应用计算机模拟来培训飞行员、巡航员和空中交通管制员，就是一种电脑辅助学习方法。现在利用互联网或电子邮件（或称电子学习）进行的培训也是这种方法的具体实践，如 E-learning。E-learning 是一种新的以互联网技术和卫星通信技术为依托，通过局域网、广域网、个人电脑等通信技术设备共同组建，向培训对象提供培训课程的学习方式。E-learning 培训方法所具有的灵活性特征尤其适用于工作技术更新较快、员工工作专业化程度较高的岗位培训。

5）商业游戏

商业游戏是通过把培训内容制作成模拟仿真的游戏，让受训者通过游戏进行训练的一种培训方法。其实质是一种模拟训练。利用商业游戏进行培训时，一般是让受训者模拟担任游戏中的某一角色，如决策者，通过模拟设定的情景，培训受训者提出、分析和解决问题的能力。如让受训者根据市场供求和竞争态势进行产量、价格、促销渠道等决策，从而训练其决策能力。这种培训方法特别适用于培训和开发管理技能，因而特别适合各级管理人员培训。

6）案例分析与研究法

案例分析与研究法是通过给受训者一定的案例资料，由其进行分析并提出解决对策的一种培训方法。这种方法与商业游戏法和角色扮演法类似，都特别强调培养和训练受训者发现问题、分析问题和解决问题的能力。这种方法的有效性取决于培训者所提供和编写的案例的适用性。

7）文件处理

文件处理是将一些待处理的文件（如消费者的投诉信、会议通知或上级指示等）交由受训者，让其在规定的时间内对这些文件进行正确的处理。这种培训方法可以使受训者从处理这些文件中得到锻炼，培养其分析和处理问题的能力。

8）角色扮演

角色扮演是设定一个最接近真实情况的培训环境，指定受训者扮演环境中的某一角色，借助所扮演角色的演练来增强其对所扮演角色的感受，并培养和训练其解决问题的能力，如人际交往技能、解决冲突技能及推销技巧等。这种方法的一个最突出特点是让受训者有机会实践所学的技能，并在角色扮演所提供的人员互动中加深对技能的理解和掌握。在这一点上，角色扮演法比案例分析与研究法更前进了一步。利用角色扮演法培训员工应注意解决如下几个问题：在角色扮演之前向受训者说明活动目的，使其感到活动的意义，增加其参与兴趣；向受训者说明角色扮演的方法、各种角色的情况及活动时间安排；在活动时间内培训者要监管活动的进程、受训者的感情投入等；在培训结束后，应向受训者提问，以帮助受训者理解这次活动的经历、存在的问题及应对对策等。

9）行为模仿

行为模仿就是利用演示、影片或录像向受训者展示培训内容，然后要求受训者模仿某一角色的行为或做法，并在模仿中随时与培训者进行互动（如由培训者进行反馈、纠正或表扬），直至做到正确的一种培训方法。这种方法与角色扮演类似，即受训者都要扮演某种角色，表演出某些情形。但这两种方法有两个明显的区别：第一，行为模仿给受训者"正确"执行任务的方法；第二，行为模仿中发生的互动行为是实践，而不是角色扮演，受训者只能以正确的方法做事，如果他们犯错误，培训者会立即纠正，并让他们正确地重复该步骤。这一方法对于培训管理能力与技巧十分有效，所以已为国内外企业所普遍采用。

10）工作轮换

工作轮换就是定期或不定期地让受训者转换工作岗位，变换不同的工作内容促使受训者不断地学习新工作岗位的知识和技能，以此达到培训目的。工作轮换被普遍认为是培养管理技能的一种有效方法，它不仅可以使受训者不断丰富技术知识和提高管理能力，掌握组织业务与管理活动的全貌，而且可以培养他们的协作精神和全局观念，激发工作兴趣，增进相互交流，使他们明确组织系统的各组成部分在整体运行和发展中的作用，从而在解决具体问题时能自觉地从整体角度出发，处理好局部和整体的关系。

11）学徒培训

学徒培训是一种兼有在职培训和课堂教学、兼顾工作和学习的一种培训方法。该方法是选择一名有经验的员工对受训者进行行为示范、实践、反馈和强化，以达到培训的目的。这些受训者被称为学徒。许多行业如木匠、建筑、修理等多采用这种培训方法。这种培训方法的基本过程是：先由"师傅"向受训者讲授某一工种或工作的基础知识，使其先有个大概的了解；然后由"师傅"向受训者示范工作过程的每一步骤，让受训者学习、观摩；最后让受训者自己亲自操作工作过程，并由"师傅"现场指导和纠正，直到受训者学会和掌握全部工作过程。目前，这种培训方法在德国等国家得到广泛采用，如德国目前有300多个职业采用这种培训体系，向没有上大学的学生提供从事某种职业所需要的知识和技能的机会。

12）讨论会或研讨会

讨论会或研讨会培训法就是通过举办专题或综合讨论会或研讨会的形式，通过与会者的共同讨论、争论，找到问题的答案或解决办法或搞清问题的发展变化规律及关键环节，使受训者学习和掌握有关的知识与技能，从而达到培训的目的。目前这种方法在工业操作领域和管理领域被广泛采用。

需要指出的是，上述各种培训方法各有优势与缺点，其大体上是与特定的培训内容相适应的，但绝不是说某种培训内容或培训类型就只能用某种方法。事实上，各种方法可以为不同的培训内容和培训类型所兼用，在培训实践中究竟采用哪种方法，最终取决于培训的目标和效果，以及组织领导者的主观偏好、成本收益比、组织的客观条件等。1972年美国学者小卡罗尔（S.J.Carroll，Jr.）和佩因（F.T.Paine）以及伊凡采维奇（J.J.

Ivancevich）发表了一项对美国最大的500家企业中200位培训专家关于各种培训方法有效性的调查结果，如表6-2所示。这项调查结果可以为我们提供许多启示。

表6-2 培训方法的有效性比较

培训方法	获得知识	改变态度	解决难题技巧	人际沟通技能	参与许可	知识保持
案例研究	2	4	1	4	2	2
讨论会	3	3	4	3	1	5
讲课（带讨论）	9	8	9	8	8	8
商业游戏	6	5	2	5	3	6
电影	4	6	7	6	5	7
程序化教学	1	7	6	7	7	1
角色扮演	7	2	3	2	4	4
敏感性训练	8	1	5	1	6	3
电视教学	5	9	8	9	9	9

资料来源 LEAP L T，CRINO D M.Personal，Human Resource Management ［M］. London：Macmillan，1989：291.

从表6-2可以看出，培训的目标有六个，即获得知识、改变态度、解决难题技巧、人际沟通技能、参与许可及知识保持。每种培训方法所对应的表中的次序越低（如1），则这种培训方法越有效。结果发现，培训方法中以程序化教学和案例研究对知识的掌握为最佳，对知识的保持有较佳的效果。角色扮演和敏感性训练则适用于态度的改变和人际沟通技能培训。电视教学的形式则不太适合，效果较差。案例研究和商业游戏更易被受训者接受。

6.3.3 员工培训方法的选择

1）培训方法要与培训目标、培训内容等合理匹配

培训方法是为了有效实现培训目标而挑选的手段和方法。因此，选择培训方法必须考虑培训需求、培训内容和受训者个体特征等因素。例如，从培训的实际效果看，进行专业知识培训时可以选择讲座法、试听教学法等。如果偏重解决问题能力等运用性技能，那么案例分析与研究法、行为模拟法等都不失为有效的方法。

2）选择培训方法需要考虑组织资源

不同的培训方法在使用过程中需要的费用差异很大，有些培训方法前期投入较大，如案例分析与研究法和商业游戏法等；而有些培训方法在后期的任务较多，如文件处理法。不论选择哪种培训方法，都需要考虑到组织资源是否丰富，这些资源包括培训资金、组织文化氛围、管理者态度等。

3）将多种方法有效整合能够充分体现培训的整体效果

由于每一种培训方法都存在自身无法克服的问题，单独使用一种培训方法并不利于

培训对象全面掌握所需内容。有机地将几种培训方法进行整合，合理分配每种培训方法的运用顺序和比例，有可能极大地调动培训对象的学习热情，同时提升培训效果。

6.4   员工培训的系统模型

既然员工培训对于组织绩效具有十分重要的意义，同时培训还要力求收益最大化，那么精心组织培训过程就显得十分重要。目前，在培训实践中各类组织都强调把员工培训视为一项系统工程，采用系统的方法组织培训活动，从而开发了一种员工培训系统模型。该模型把培训系统细分为若干环节，并明确界定了每个环节的基本内容。这些环节主要包括确定培训需求、设定培训目标、拟订培训方案、实施培训方案和培训效果评价与反馈等，见图6-2。

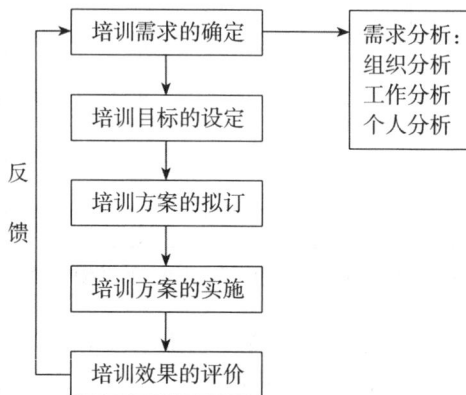

图6-2   员工培训的系统模型

6.4.1   培训需求的确定

培训需求是进行培训的前提，只有先确定组织在员工培训方面的需求，才能有的放矢地进行有针对性的培训。培训需求是通过培训需求分析确定的。所谓培训需求分析，就是在规划与实施每项培训活动之前，由培训部门、主管人员或工作人员对组织的任务及其成员的知识、技能等进行系统的鉴别与分析，以确定是否需要培训以及培训内容的一种活动或过程。它既是确定培训目标、制订和实施培训方案的前提，也是进行培训成果评价的基础。培训需求分析的作用主要在于确认差距，前瞻性分析，保证人力资源开发系统的有效性，满足需求方法的收集汇总，获取内部与外部的多方支持等。培训需求分析主要分为三个层次或包括三个方面的内容：

1）组织分析

组织分析主要是就组织整体战略、发展目标、人力资源需求结构与规模、企业效率等进行的分析，以从组织角度确定培训的总体设计。战略和目标分析，主要包括分析组织的发展战略及长期、中期和短期目标，这些事关组织长远发展方向及具体目标决定培训的总体需求；人力资源需求结构与规模分析，主要分析在当前及今后几年组织所需要的人力资源的数量和质量；企业效率分析，主要是分析组织的成本、产量、质量、废品率、设备利用及维修情况等。组织分析的关键是把对培训需求的估计与组织将要达到的目标联系起来，而培训需求一旦确定下来，接下来就该是进行工作分析了。

2）工作分析

工作分析与前述工作分析有所不同，这里的工作分析主要是分析员工如何具体地完成各自所承担的职责，包括员工执行任务所需的知识、技术和能力，或者说就是研究员工的工作行为与期望的行为标准，找出其间的差距，从而确定此人需要接受什么样的培训。工作分析的重点和关键是分析、比较并发现现实状态下和理想状态下从事一项工作所需要的知识、技能以及员工的实际表现方面存在的差距，从而确定其需要接受的培训。

3）个人分析

个人分析，主要是分析员工的工作表现，现在的知识、技能及所承担的责任，重点是衡量员工的能力是否足以应付目前及将来的职位需要，如果发现存在不足，则需要进行培训。个人分析可以帮助培训者确定谁需要培训。个人分析的培训需求，可用以下公式表示：

培训需求=理想的工作绩效-实际工作绩效

理想的工作绩效可由工作分析阶段确定的绩效标准来表示，个人的实际工作绩效可以根据过去的员工工作状态记录，如工作绩效数据、上级给员工的评分、态度调查、测验、面谈等获得。理想工作绩效与实际工作绩效之间的差距就是培训需求，通过培训应弥补或缩小这种差距。

6.4.2 培训目标的设定

设定培训目标是员工培训的一个必不可少的环节，因为只有明确培训的目标，才能明确培训的方向、内容以及组织形式等。一般地说，培训目标是指培训活动的目的或预期成果，它可以是针对每一阶段设置的，也可以是面向整个培训计划的。设定培训目标的作用在于：第一，它能结合受训者、管理者及组织方面的需要，满足受训者方面的需要；第二，帮助受训者理解其为什么需要培训；第三，指导培训过程，帮助培训者明确需完成的任务；第四，有助于明确培训成果的类型，也可使培训成果的评价有一个明确的基准。

培训目标一般包括以下内容：一是员工的知识、技能等综合素质通过培训应达到的标准；二是员工的工作态度及工作行为通过培训应转变的程度。具体也就是：提高员工的知识水准和技能水平，从而带来更高的工作效率和生产效率；转变员工的工作态度和工作行为，使之适应组织文化和组织发展的需要，如建立员工间的信任与合作关系，改善上下级关系，明确组织文化的内涵及具体要求等。设定培训目标，应注意以下问题：一是目标必须明确、具体，便于衡量和操作；二是目标必须建立在可靠的基础上；三是目标要有激励作用，不能太易或太难；四是目标要保持相对稳定性，不能朝令夕改；五是目标必须是从全局出发，整体考虑结果。

6.4.3 培训方案的拟订

培训目标设定后，接下来就是根据培训需求分析和培训目标的要求，具体拟订培训方案，这是培训活动据以进行的、用以指导和规范具体培训活动的行动指南。它主要是明确应该做什么、如何做。一般地说，一个完整的培训方案主要包括以下内容：①选择适当的培训项目；②确定培训对象；③培训项目的负责人、组织者和工作人员等；④培训的内容、形式及方法；⑤培训地点、场地及设施；⑥培训经费的预算及筹集方式；⑦培训课程设置、课程大纲、培训教材及参考资料、培训教师、教学方法、考核方法、学制等；⑧培训时间及进度安排；⑨住宿、饮食等后勤保障措施。

6.4.4　培训方案的实施

培训方案的实施是整个培训活动的关键环节。目前各类组织根据规模不同，有的设有专门的培训机构或培训中心、培训学校甚至大学等，而小型组织一般不设专门的培训机构，培训时往往临时组建培训机构。现在企业越来越倾向于与高等学校、科研院所或咨询服务机构联合组织培训工作。不论采用哪种方式，有一个专门或临时的培训机构是组织培训工作的重要前提。

在实施培训方案时，以下一些问题必须加以解决：

1）选择好培训项目负责人

项目负责人即培训项目的组织和领导者，其选择是否恰当对决定培训效果和质量有至关重要的作用。如果项目负责人工作认真、素质精良、富有培训经验、善于组织领导，则可为培训的成功奠定坚实的基础。因此，在实施培训时，一定要选择好恰当的项目负责人，同时为其配备好助手和下属工作人员，以组建一个精干的培训组织机构。

2）制订好培训教学计划

培训教学计划主要是培训课程的设置、进度安排、学习目标及培训内容的选定等。这一环节也是决定培训成败的重要因素。首先，培训课程设置一定要符合培训目标和培训需求的要求，内容难易适度、针对性强，同时课程结构搭配合理；其次，课程进度要合理，合理安排学时结构；最后，学习目标与培训目标要保持高度一致。

3）选择好培训教师及培训教材

培训教师的选择同样是决定培训成败的关键。组织应选择那些有教学愿望、表达能力强、有广博的理论知识和丰富的实践知识及扎实的培训技能和教学经验的教师担任培训教师。教师在授课或指导学员时，应注意教学方法与技巧，做到理论联系实际，深入浅出。

培训教材及相关参考资料的选择也很重要。所选择的教材及参考资料一定要适合培训需要。

4）科学地确定培训时间

在培训时间安排上，一定要充分考虑员工的特点和实际工作需要，与培训内容的多少和目标的要求紧密结合，尽量降低和节省培训成本。

6.4.5　培训效果的评价

1）培训效果的概念与评价培训效果的目的

培训效果评价是整个培训系统工程的最后一个环节。所谓培训效果，就是指在培训过程中受训者所获得的知识与技能状况、态度改变程度、工作效率与绩效的提高程度及组织绩效的改进程度。一般地说，培训效果可能有三种情况：一是积极的，这时工作绩效得到提高；二是消极的，这时工作绩效恶化；三是中性的，即培训对工作绩效没有产生明显影响，这种情况下的损失是培训的直接成本和机会成本。

评价培训效果的目的主要在于考查上一阶段所进行培训的效果状况，通过评价，了解培训项目是否达到预定的培训目标和要求，并总结经验与教训，以使以后的培训工作能够做到更加完善和更有针对性，改进培训工作，提高培训实效。一般地说，重点要研究和解决四个问题：一是员工的态度和行为是否发生了变化；二是这些变化是否是由培训导致的；三是这些变化是否有助于组织目标的实现；四是下一批受训者在完成相同的培训后是否会发生相同或相似的变化。

2）培训效果评价的标准

关于培训效果评价的标准，国内外的许多学者都进行了研究，提出许多标准，其中美国著名学者D.L.柯克帕特里克（D.L.Kirkpatrick）教授提出的四层次框架体系是广为人们接受的标准。他认为，培训效果测定可分为四个层次：第一层次是评价受训者对培训项目的反应，受训者是否感到培训项目有好处，包括受训者对培训科目、培训教师和自己收获的感觉，如果受训者对所学内容不感兴趣就不会认真学习，培训效果也不会好；第二层次是评价受训者对所学内容的掌握程度，即学习效果，如受训者是否能够回忆和理解对他们进行培训的概念和技能，这些评价可以用培训后卷面考试的方式或实际操作来测试，如果受训者对培训内容没有学会，则培训就不会发挥作用；第三层次是评价受训者在参加培训后，与工作相关的行为上发生了哪些变化，如果受训者把学到的知识运用于工作，提出更多的合理化建议，改革了工作方法，工作效率明显提高，就说明培训是有效的；第四层次是评价有多少与成本有关的行为后果，如生产率的提高、质量的改进、离职率的下降及事故的减少等，通过评价组织绩效提高程度，测评培训的影响力。其中，对反应和学习效果的评价主要是主观感受，所以有时称内部标准；而对行为和培训后果的评价则主要是客观结果，所以有时也称为外部标准。柯克帕特里克的四层次评价标准框架如表6-3所示。

表6-3 **柯克帕特里克的四层次评价标准框架**

层次	标准	评价重点
1	反应	受训者的满意程度
2	学习	知识、技能、态度、行为方式方面的收获
3	行为	工作中行为的改进
4	结果	受训者获得的经营业绩

资料来源 KIRKPATRICK D L.The ASTD Training and Development Handbook ［M］. New York：McGraw-Hill，1996.

3）评价培训效果的方法

（1）测试比较评价法。这种方法就是分别在培训开始和结束时用卷面测试题或实际操作对受训者进行测试，然后将前后两次测试成绩进行比较。如果受训者在培训之后的测试成绩明显比之前高许多或熟练许多，则表明通过培训确实增加了受训者的知识、技能，从而说明培训确实是有效的。

（2）工作态度调查评价法。这种方法就是用调查表的形式对受训者在培训前后的工作态度的变化情况进行调查。如果通过培训后，发现员工的工作责任心、敬业精神、对组织的忠诚度、遵守工作纪律和规章制度的情况明显好转，则说明培训的效果较好；反之，则说明培训效果不佳。

（3）工作绩效对照评价法。这种方法就是把员工参加培训前后的工作绩效情况进行对比，了解受训者工作数量和工作质量的变化情况。如果通过培训，工作数量明显增加，工作质量有明显改进，则说明培训效果较好；反之，则说明培训效果一般或不佳。

（4）成本收益评价法。这种方法就是通过比较培训的成本和收益来评价培训效果。培训的成本就是组织开展培训活动所需支付的直接成本和机会成本，而收益可分为直接收益和间接收益。直接收益就是培训后增加的产量、产值或利润额与培训前的产量、产值或利润额相减的结果；间接收益是通过培训获得的员工及组织整体素质的提高、整体竞争能力的增强、组织形象的改善等。用成本收益评价培训效果应注意以下几个方面：培训目标要明确，且便于衡量；真实反映培训工作的质量；要考虑培训项目的机会成本；只有具有可比性的培训项目才相互比较，且比较的口径和单位应一致；评价的依据只能是培训对公司生产经营实际起作用的费用和收益等。

本章小结

员工培训与开发作为人力资源管理的重要组成部分，是提高组织绩效、使组织获取和增强竞争优势、维持组织有效运转的重要手段。在内涵上，所谓培训与开发，是指组织根据发展和业务需要，通过学习、训练等手段进行的有计划、有组织的培养和训练活动或过程，是"教会工人们怎样去有效地完成其目前或未来工作的有计划的学习经历"。员工培训与开发既是一种人力资本投资，同时对于提高员工的素质和职业能力、提高工作质量、实现员工个人发展和自身价值也具有重要意义。员工培训与开发的特点主要表现为广泛性、层次性、针对性、实用性、长期性或速成性、灵活性、多样性、协调性等，而形式主要包括岗前、岗位与转岗培训，长期与短期培训，全脱产与半脱产及业余培训，初级与中级及高级培训等。员工培训与开发的内容主要包括知识培训、技能培训、态度培训三个方面。员工培训必须坚持理论联系实际与学用一致、讲求实效、因材施教、全员培训与重点提高、注重激励等原则。员工培训的类型主要分在职培训、非在职培训两种，而培训方法主要是讲座法、视听教学法、程序教学法、电脑辅助学习法、商业游戏、案例分析与研究法、文件处理、角色扮演、行为模仿、工作轮换、学徒培训、讨论会或研讨会12种。随着人力资源作为一种生产要素重要性的日益显现，员工培训的重要性也普遍为人们所认同，精心组织培训过程以提高培训的效果也就是必然的了。目前在培训实践中各类组织都强调把培训作为一项系统工程，采用系统的方法组织培训活动，从而开发了一种员工培训系统模型。该模型主要是把培训系统细分为若干个环节，并明确每个环节的内容。这些环节主要包括确定培训需求、设定培训目标、拟订培训方案、实施培训方案及培训效果评价与反馈等。

本章案例

云南白药"花儿朵朵"培训体系的迭代之路

云南白药是中华老字号中的"金字招牌"。1902年，云南名医曲焕章根据明、清流传于云南民间的中草药物，创制出具有止血止痛、活血化瘀、解毒消肿、去腐生肌的"曲焕章百宝丹"，即"云南白药"。这个功效奇特的产品一经问世，就因其独特疗效被誉为"伤科圣药"。云南白药1971年建厂，1993年在云南首家改制上市，是首批国家创新型企业，被誉为中医中药的重要代表和云南省的一张名片。1999年，公司实施组织变革、企业再造，推动公司进入健康高速的发展轨道。自2006年起，各项指标跃居中国中医药行业首位。

2018年10月，云南白药集团股份有限公司登上福布斯2018年全球最佳雇主榜单。从1999年到2017年，在没有任何资金注入的情况下，营收从2.32亿元跃升到243.15亿元，增长近104倍，年复合增长率达到29.49%，市值过千亿元。经过117年风雨历程，今天的云南白药集团，已发展成为首批国家创新型企业、国家科技进步一等奖及中国工业大奖等多项国家级奖项的获奖企业。"中华老字号"云南白药以"白药·大健康"为发展战略，从产品战略转向产业战略，追求产业发展的规模化、集约化效益，成功实现了从传统中药品牌向现代健康消费品牌的成功跨越。

为配合公司发展战略和规划，合理有效配置人才资源，公司人力资源中心树立"培训也是投资"的管理理念，在人才培养机制方面积极创新，根据业务生长周期的差异性及不同业务领域的能力需求，建立差异化有针对性的人才培养体系。为了匹配人才发展战略，公司围绕核心业务建立和完善了分层级的"花儿朵朵"系列干部员工培训体系；为了跟随成长业务，放手二级公司自己进行贴近客户需求的针对性培训；在发展新兴业务时，因为无可借鉴的成功培训模式，培训都是处在探索期，切实为业务"从0到1"创新过程中出现的学习需求提供支持，搭建即时灵活的"按需学习"的培训体系。为员工提供及时有效的能力成长支持，实现公司与员工的共同发展。

1）创立"花儿朵朵"人才培养体系

针对核心业务，公司的业务重心聚焦于组织内部运营效率的提升，人才战略也倾向于用一种渐近的方式对员工的能力进行持续性培养。为此自2011年起，公司建立了以员工职业发展为导向的"花儿朵朵"系统化培训体系。"花儿朵朵"培训体系在推进实施的过程中始终保持高速发展、不断完善的运转状态，在坚实前行的同时，分阶段有步骤实现在面授课程、内训师的培养、后备人才发展、E-learning、M-learning、行动学习等领域的不断探索、创新，日益显现出云南白药独具特色的人才发展模式。

（1）芝麻开花人才培养计划：新员工入职培训体系，该体系通过入职培训和岗位技能培训，引导新员工了解企业历史文化和相关岗位职责，旨在帮助他们更快适应和融入公司新环境。

（2）金银花人才培养计划：生产技术骨干培训体系，该体系针对生产技术类骨干人员进行培养，以公司生产业务发展情况及相应岗位能力素质模型为基础设计培养方案，通过系统学习和工作实践相结合，提升学员专业能力，旨在为企业发展培育一批优秀的技术骨干。

（3）石斛花人才培养计划：高技能人才培训体系，该体系以培养复合型技能人才为目标，从各技术部门筛选出技能突出且发展潜力较好的技术骨干，通过课程培训和项目实践，提高其职业素养和职业技能，提升其解决实际问题的能力，旨在为企业培养和塑造一批技艺精湛、技能高超的复合型技能人才。

（4）三七花人才开发培养计划：后备人才开发培养体系，该体系以公司发展所需的后备干部为培养目标，通过专业知识技能、自我发展能力、运营管理能力、领导统御能力这四个方面的系统培训，帮助学员提升经营理念、管理素养和领导能力，旨在为公司培养一批杰出的后备管理人才。

（5）重楼花人才培养计划：中层管理人员培训体系，该体系针对公司中层管理人员进行培训，分阶梯、以学分制为基础，根据胜任能力素质要求设计培训课程，提升中层管理人员的专业管理和领导能力，旨在为企业培养一批优秀的中坚力量。

（6）宝相花人才培养计划：高层管理人员培训体系，该体系以公司高层管理人员为培养目标，根据公司的战略发展方向、国内外经济发展趋势及行业发展形势，有针对性地设计培训方案，强化高层管理人员对市场发展的敏感度，及时调整和优化公司战略布局，旨在引领公司迈上新的阶段。

该培训体系是以组织的岗位序列（如生产、营销、研发、职能）为纵向维度，以岗位序列中员工的职业发展层级为横向维度（如新员工、后备干部、中层、高管），纵横交叉形成分职能、分层级的培训路径。当员工岗位发生变化时，可参与与之相匹配的学习路径，从而帮助员工突破"彼得原理"。通过该人才培养体系为人才赋能，为组织打造"结实"的领导梯队，系统性提升组织能力。

"花儿朵朵"培训体系是在互联网+背景下提出的人才培养新模式，考虑到了员工的需求，结合了具体的业务，对企业新员工、生产技术骨干、后备人才、中层管理人员和高层管理人员分别建立了不同的培训方案。

2）创立"按需学习"的人才培养体系

基于新兴业务对资源配置效率有较高要求的特点，培训要做到"刀刀见血"，为业务"从0到1"创新过程中出现的学习需求提供支持。在培训体系的建立上，搭建即时灵活的"按需学习"的培训体系。该体系构建基本的培训运营流程，根据员工实践需求快速搭配学习资源，强调员工个体把所学快速迁移到专业和业务中去。

2019年，结合投资并购及零售门店规模扩展新需求的提出，有针对性地设计了"项目经理特训营""投资并购特训营""连锁药店门店管理及店长技能提升"等系列课程，及时为业务赋能，成效良好。经过近几年的努力实践和不断完善，该人才培育体系目前保持着高速运转的状态。同时，公司人力资源中心在企业内训师培养、线下线上培育方式相结合、行动学习能力打造等方面也在不断探索和积极创新，紧跟当前培训趋势和潮流，不断优化员工培育机制，使人才培育的效果更佳，培训成果的转化更快、更直接。

实践证明，该人才体系是云南白药基于经营实践，解决实际问题的一次成功尝试，很好地解决了公司培训针对性及培训效果等问题，形成了企业人才培养与经营效益提升双赢的格局，也让公司的培训创新工作实实在在落了地。

资料来源　黄波，等．云南白药"花儿朵朵"培训体系的迭代之路［EB/OL］．［2020-10-12］．https：//www.cmcc-dut.cn/Cases/Detail/4694.

思考题：

（1）请简要分析云南白药公司人才培养体系的优缺点。

（2）结合本章内容，请分析人力资源的培训与开发有什么区别与联系。

复习思考题

1.如何理解员工培训与开发的含义？员工培训与开发的意义是什么？

2.员工培训的形式、内容及原则是什么？

3.比较员工培训的类型及各种培训方法的优缺点。

4.结合员工培训实际谈谈如何制订培训方案。

5.如何理解员工培训的系统性及员工培训系统模型的主要内容？

6.如何评价我国企业在员工培训方面存在的问题？应如何改进？

第 **7** 章

职业生涯管理

学习目标

通过本章的学习，在理解职业含义的基础上，掌握两种著名的职业选择理论；在掌握职业生涯、职业规划、职业生涯管理内涵的基础上，了解职业生涯发展及其阶段理论和职业锚理论；在了解影响职业选择因素之后，掌握个人职业计划的制订方法，了解实现职业与家庭平衡的意义和措施；掌握组织职业计划的构成因素以及不同职业生涯阶段企业职业管理的特点及内容，了解员工帮助计划的含义和基本内容。

7.1　职业及职业选择

7.1.1　职业的含义

职业的产生和发展是人类社会文明的标志，是社会发展与进步的反映。在人类社会经济发展的历史长河中，职业是社会劳动分工的产物，并且在多种因素的作用下不断变化与发展。明确职业的含义，是开展职业生涯及其管理的基础和准备。

职业的概念由来已久，但由于研究目的的不同，学者们从不同的角度、不同的侧面对职业的内涵进行了不同的界定，概括起来看，主要是从社会学和经济学意义上进行的理解和界定。从社会学视角对"职业"的界定，以日本社会学家尾高邦雄的观点最具代表性。他认为职业是某种一定的社会分工或社会角色持续地实现，因此职业包括工作、工作的场所和地位。他指出："职业是社会与个人，或整体与个体的节点；通过这一点的动态相关，形成了人类社会共同生活的基本结构；整体靠个体通过职业活动来实现，个体则通过职业活动对整体的存在和发展做出贡献。"[①]而从经济学角度理解的"职业"，则与劳动的精细社会分工紧密相连。劳动者相对稳定地参与某项具体的社会劳动分工，或者较稳定地从事某类专门的社会工作，并从中取得收入，那么这种社会工作便是劳动者的职业。

综合社会学和经济学对"职业"的理解，所谓职业，一般是指人们在社会生活中所从事的以获取报酬为目的的工作。人类社会的发展与文明的进步为人们提供了越来越多的职业，而人们通过职业活动又推动了包括企业组织在内的社会发展。从微观角度来看，职业不仅是谋生的手段，也是个人在社会中的存在意义和价值的证明。对个人而言，选择一个合适的职业、度过一个成功的职业生涯，是每个人一生的理想和追求；而对企业组织来说，组织的目标也要靠员工个人的职业活动来实现。因此，职业的选择和职业体系的设计作为一种人力资源的配置方案，既关乎个人，又关乎企业，也是社会经济制度的重要组成部分之一。

7.1.2　职业选择理论

在《小的是美好的》一书中，舒马赫（E.F.Schumacher）指出职业具有三个关键功能："一是给人们提供一个发挥和提高自身才能的机会；二是通过和别人一起共事来克服以自我为中心的意识；三是提供生存所需的产品和服务。"而职业选择实际上是实现上述三方面功能的前提。在人的整个职业生涯乃至整个人生当中，职业选择是极其重要的环节。正如大哲学家罗素所言："选择职业是人生大事，因为职业决定了一个人的未来……选择职业，就是选择将来的自己。"

职业选择就是劳动者依照自己的职业期望和兴趣，凭借自身能力挑选职业，使自身能力素质与职业需求特征相符合的过程。职业选择是一项非常复杂的工作，会受到多种因素的影响，人们一般会从自己的职业期望和理想出发，根据个人的兴趣、能力、特点等自身素质，从社会现有的职业中选择适合自己的职业。鉴于职业选择对个人事业及生

---

① 陈婴婴. 职业结构与流动［M］. 北京：东方出版社，1995.

活的重要影响，许多心理学家和职业指导专家对职业选择问题进行了专门的研究，提出了自己的理论。

1）帕森斯的人与职业相匹配理论

人与职业相匹配的职业选择理论由美国波士顿大学的帕森斯教授提出，是用于职业选择与职业指导的最经典理论之一。1909年，帕森斯在其所著的《选择一个职业》一书中提出了人与职业的匹配是职业选择的焦点的观点。他认为，每个人都有自己独特的人格模式，每种人格模式的个人都有与其相适应的职业类型，所以人们选择职业应寻求与个人特性相一致的职业。他认为，有三大因素影响职业选择：第一，要了解个人的能力倾向、兴趣爱好、气质性格特点和身体状况等个人特征。第二，分析各种职业对人的要求，以获得有关的职业信息。这包括职业的性质、工资待遇、工作条件以及晋升的可能性、求职的最低条件（如学历要求、身体要求、所需的专业训练等）以及其他各种能力、就业的机会等。第三，以上两个因素的平衡，即在了解个人特征和职业要求的基础上，选择确定一种适合个人特点又可获得的职业。

帕森斯理论的内涵即是在清楚认识、了解个人的主观条件和社会职业需求条件的基础上，将主客观条件与社会职业岗位（对自己有一定可能性的）相对照、相匹配，最后选择一种职业需求与个人特长匹配的职业。该理论在职业指导和职业选择实践中有着深刻的指导意义。

2）霍兰德的职业性向理论

美国约翰·霍普金斯大学心理学教授约翰·霍兰德（John Holland）是美国著名的职业指导专家。他于1971年提出了具有广泛社会影响的职业性向理论（career orientation）。他认为职业选择是个人人格的反映和延伸，职业选择取决于人格与职业的相互作用。

这一理论首先将职业归属为六种典型的"工作环境"中的一种，分别是：

（1）现实性的：建筑、驾驶卡车、农业耕作；

（2）调查研究性的：科学和学术研究；

（3）艺术性的：雕刻、表演和书法；

（4）社会性的：教育、宗教服务和社会性工作；

（5）企业性（开拓性）的：销售、政治和金融；

（6）常规性的：会计、计算机技术、药理学。

根据自己对职业性向测试（vocational preference test，VPT）的研究，霍兰德认为职业性向（包括价值观、动机和需要等）是决定一个人选择何种职业的重要因素，进而提出了决定个人选择何种职业的六种基本的"人格性向"：现实型、调研型、艺术型、社会型、企业型、常规型。由于不同类型的人的人格特点、职业兴趣各不相同，从而所选择和匹配的职业类型也不相同。因此，所能选择和对应的职业也相应分为六种基本类型，如表7-1所示。

霍兰德职业性向理论的实质在于寻求人的人格类型所对应的职业性向与职业类型的对应。按照这一理论，最为理想的职业选择应是个人能够找到与其人格类型相重合的职业环境。在这样的环境中工作个人就容易感到内在的满足和舒适，最有可能发挥其才能，即职业性向与职业类型的相关系数越大，二者适应程度越高；二者相关系数越小，相互适应程度就越低。为了直观地说明自己的观点，霍兰德设计了一个平面六角形图，

表 7-1 　　　　　　　　　　　霍兰德人格性向与职业类型对应表

人格性向	人格特点	职业兴趣	代表性职业
现实型	真诚坦率，重视现实，讲求实际，有坚持性、实践性、稳定性	各类工程技术工作、农业工作，通常需要一定的体力，需要运用工具或操作机器	体力员工、机器操作者、农民、矿工、园艺工人、工程技术人员等
调研型	分析性、批判性、好奇心、理想的、内向的、有推理能力的	各项科学研究与科学实验工作	物理学家、化学家、生物学家、医学技术人员等自然科学与社会科学方面的研究与开发人员
艺术型	感情丰富的、理想主义的、富有想象力的、易冲动的、有主见的、直觉的、情绪性的	各类艺术创作工作	诗人、艺术家、文学家、音乐家、演员、画家、编辑、设计师等
社会型	富有合作精神的、友好的、肯帮助人的、和善的、爱社交和易了解的	各种直接为他人服务的工作，如医疗服务、教育服务、生活服务等	教师、行政人员、医护人员、社会工作人员、咨询师、精神健康工作者等
企业型	喜欢冒险的、有雄心壮志的、精神饱满的、乐观的、自信的、健谈的	那些组织与影响他人共同完成组织目标的工作	企业经理人、推销员、政府官员、律师、政治家等
常规型	谨慎的、有效的、无灵活性的、服从的、守秩序的、能自我控制的	各类与文件档案、图书资料、统计数据及报表等相关的行政工作	会计、出纳、银行职员、统计员、图书及档案管理员、邮递员、文秘等

而六种职业性向和职业类型分别位于六角形的六个角上（如图 7-1 所示）。某个人的职业性向类型与其所选择的职业类型的连线越短，其相关系数就越大，适应程度就越高。

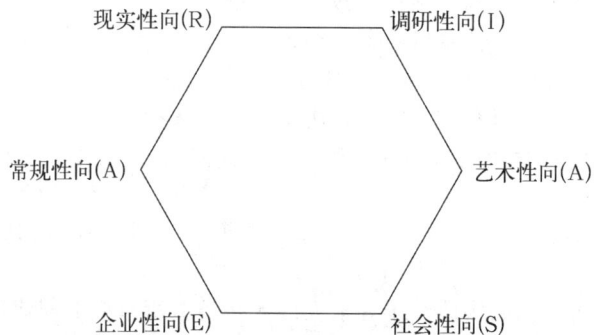

图 7-1　霍兰德职业性向选择图

霍兰德模型中的六种职业性向并非完全独立，在一些性向之间存在着重要的相关性。一般地，相关程度较高的职业性向是在六角形中相邻的两方面，那些极不相关的方面则位于六角形中较远的位置。模型的六角形状暗指，当人们无法在个人所偏好的部门找到合适的工作时，往往在六角形相邻近的部门找到的工作比在与之位置相距较远的部门更能成为令人满意的选择。另外，大多数人实际上都并非只有一种职业性向，具有多种职业性向的人，其性向之间越相似，则在选择职业时所面临的内在冲突和犹豫就会越少；否则就会面临更多犹豫不决的情况。

奥尼尔（O'Neil）等人进行了一项七年的跟踪研究，研究结果有力地支持了霍兰德模型预测的有效性。他们发现，被自我指导研究归类为调研型的男学生喜欢获得研究生学历，接受在调查研究性领域的教育，也更偏好在那些职业中就业。

7.2 职业生涯及发展理论

7.2.1 职业生涯与职业生涯管理的内涵

1）职业生涯

职业生涯是指一个人一生在职业岗位上度过的、与工作活动相关的连续经历。职业生涯是一个动态过程，它一方面反映人们参加工作时间的长短，另一方面也涵盖了人们职业的发展、变更的历程和过程。也有学者将职业生涯定义为：以心理、生理、智力、技能、伦理等人的潜能的开发为基础，以工作内容的确定和变化、工作业绩的评价、工资待遇、职称职务的变动为标志，以满足需求为目标的工作经历和内心体验的经历。

2）职业规划与管理

职业规划是指对人们职业生涯的规划和安排，包括个人计划与组织计划两个层次。从个人层次看，每个人都有从现在和将来的工作中得到成长、发展和获得满意的强烈愿望和要求，为了实现这种愿望和要求，他们不断地追求理想的职业，并希望在自己的职业生涯中得到顺利的成长和发展，从而制订了自己成长、发展和不断追求满意的计划。从组织的层次看，职业计划是指组织为了不断地增强员工的满意感并使其能与组织的发展和需要统一起来而制订的，协调员工个人成长、发展与组织需求和发展相结合的计划。

3）职业生涯管理

职业生涯管理，又称职业管理，是对职业生涯的设计与开发的过程。它同样需要从个人和组织两个不同的角度进行。从个人角度讲，职业生涯管理就是一个人对自己所要从事的职业、要加入的工作组织、在职业发展上要达到的高度等做出规划和设计，并为实现自己的职业目标而积累知识、开发技能的过程。它一般通过选择职业、选择组织、选择工作岗位，通过在工作中技能得以提高、职位得到晋升、才干得到发挥等来实现，而从组织角度讲，则是指对员工所从事的职业所进行的一系列计划、组织、领导和控制的管理活动，以实现组织目标和个人发展的有机结合。

现代企业人力资源管理要求企业组织具有"职业发展观"。职业发展观的主要内容是：企业要为其成员构建职业发展通道，使之与组织的需求相匹配、相协调、相融合，以达到满足组织及其成员各自需要，同时实现组织目标与员工个人目标的目的。职业发展观的核心是要使员工个人职业生涯与组织需求在相互作用中实现协调与融合。要实现该目标，组织对员工的职业管理就必不可少。职业生涯管理是组织与员工双方的责任，它贯穿于员工职业生涯发展的全过程和组织发展的全过程，是一种持续的、动态的管理。

根据职业生涯管理的内涵与特点，其管理流程如图7-2所示。

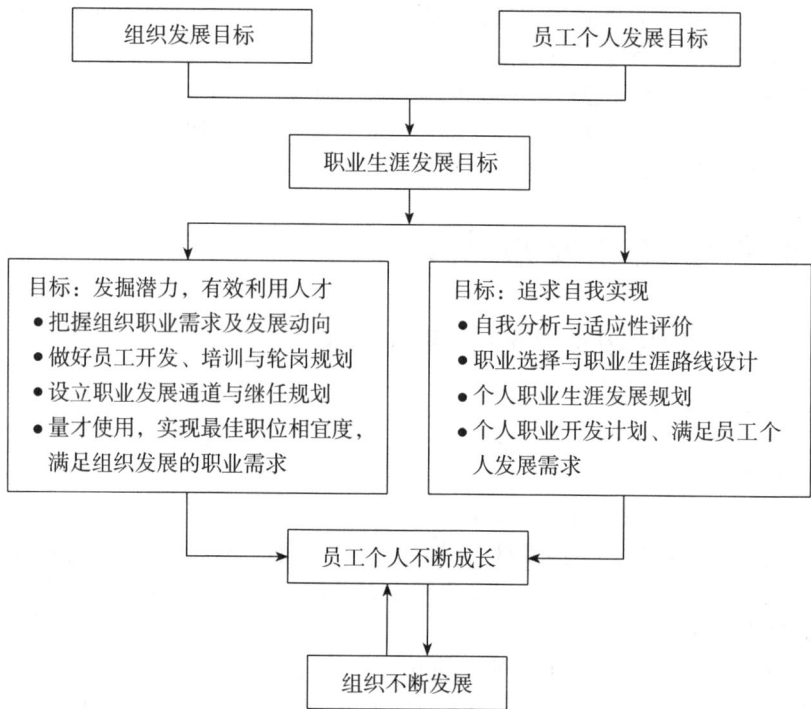

图7-2　职业生涯管理流程图

资料来源　张再生. 职业生涯管理［M］. 北京：经济管理出版社，2002：25.

7.2.2　职业生涯管理的意义

现代社会，人的一生中大部分时间是在工作中度过的，职业生涯跨越人生中精力最充沛、知识经验日臻丰富和完善的几十年，职业成为绝大多数人生活的最重要组成部分。职业不仅提供了个人谋生的手段，而且创造了迎接挑战、实现自我价值的大好机会和广阔空间。企业也越来越认识到，人才是其最本质最重要的资源。企业一方面想方设法保持员工的稳定性和积极性，不断提高员工的业务技能以创造更好的经济效益；另一方面，又希望能维持一定程度的人员、知识、观念的更新换代以适应外界环境的变化，保持企业活力和竞争力。而开展职业生涯管理则是满足员工与企业双方需要的最佳方式。

1）职业生涯管理对员工个人的意义

职业生涯管理对员工个人而言其意义与重要性主要体现在以下三个方面：

（1）职业生涯管理可以增强员工对职业环境的把握能力和对职业困境的控制能力。职业生涯开发与管理及其所开展的职业生涯规划等方面的工作，不仅可以使员工个人了解到自身的长处和不足，养成对环境和工作目标进行分析的习惯，又可以使员工合理计划、安排时间和精力开展学习和培训，以完成工作任务、提高职业技能。这些活动的开展都有利于强化员工的环境把握能力和困难控制能力。

（2）职业生涯管理可以帮助员工协调好职业生活与家庭生活的关系，更好地实现人生目标。良好的职业规划和职业生涯开发与管理工作可以帮助员工从更高的角度看待职业生活中的各种问题和选择，将各个分离的事件结合在一起，相互联系起来，共同服务于职业目标，使职业生活更加充实和富有成效。同时，职业生涯管理帮助员工综合地考虑职业生活同个人追求、家庭目标等其他生活目标的平衡，避免顾此失彼、左右为难的困境。

（3）职业生涯管理可以使员工实现自我价值的不断提升和超越。员工寻求职业的最初目的可能仅仅是找一份可以养家糊口的差事，进而追求的可能是财富、地位和名望。职业规划和职业生涯管理对职业目标的多层次提炼可以逐步使员工的工作目的超越财富和地位之上，追求更高层次自我价值实现的成就感和满足感。因此，职业生涯管理可以发掘出促使人们努力工作的最本质的动力，升华成功的意义。

2）职业生涯管理对组织的意义

职业生涯管理对组织而言也同样具有深远的意义，主要体现在：

（1）职业生涯管理可以帮助组织了解内部员工的现状、需求、能力及目标，调和它们与存在于企业现实和未来的职业机会与挑战间的矛盾。职业生涯管理的主要任务就是帮助组织和员工了解职业方面的需要和变化，帮助员工克服困难、提高技能，实现企业和员工的发展目标。

（2）职业生涯管理可以使组织更加合理与有效地利用人力资源。合理的组织结构、组织目标和激励机制都有利于人力资源的开发利用。同薪酬、地位、荣誉的单纯激励相比，切实针对员工深层次职业需要的职业生涯管理具有更好的激励作用，同时能进一步开发人力资源的职业价值，而且，职业生涯管理由于针对组织和员工的特点"量身定做"，同一般奖惩激励措施相比具有较强的独特性与排他性。

（3）职业生涯管理可以为员工提供平等的就业机会，对促进企业持续发展具有重要意义。职业生涯管理考虑了员工不同的特点与需要，并据此设计不同的职业发展途径和道路，以利于不同类型员工在职业生活中扬长避短。在职业生涯管理中的年龄、学历、性别差异，不是歧视，而是不同的发展方向和途径，这就为员工在组织中提供了更为平等的就业和发展机会。因此，职业生涯管理的深入实施，有利于组织人力资源管理水平的稳定与提高。尽管员工可以自由流动，但职业生涯管理的开展使得全体员工的技能水平、创造性、主动性和积极性保持稳定甚至提升，这对于促进组织的持续发展具有至关重要的作用。

7.2.3 职业生涯发展阶段

在个人漫长的职业生涯中，尽管个人的具体情况、职业选择与职业转换等情况各不相同，但是职业发展却是每个人的共同追求。职业生涯发展是指个体逐步实现其职业生涯目标，并不断制定和实施新的目标的过程。职业生涯发展的形式多种多样，主要可分为职务变动发展与非职务变动发展两种基本类型。职务变动发展包括晋升与平行调动两种形式，而非职务变动发展则包括工作范围的扩大、观念改变及方法创新等内容。两种形式都是个人发展的路径选择，也都意味着个人能力的提高和收益的增长。

更普遍的是，伴随着年龄的增长，每个人在不同的年龄阶段表现出大致相同的职业特征和职业需求以及职业发展任务。因此，一些著名的职业管理专家对于职业生涯的发展过程经过长期研究，发现并总结出了许多关于职业生涯发展的理论和规律。这些理论主要有：职业生涯发展阶段理论及职业锚理论。

1）职业生涯发展阶段理论

人的生命是有周期的，我们常常把人生分为幼年、少年、青年、壮年和老年几个阶段，而作为人生组成部分的职业生涯同样也要经历几个阶段，通常也将其称作职业周期。在职业周期的不同阶段，人的性格、兴趣、知识水平及职业偏好都有不同。美国著名的职业管理学家萨柏（Donald E.Super）将人的职业生涯分为五个主要阶段：

（1）成长阶段（growth stage）

成长阶段大体上可以届定为 0～14 岁这一年龄段上。在这一阶段，个人通过对家庭成员、朋友、老师的认同以及与他们之间的相互作用，逐渐建立起了自我的概念。在这一时期，儿童将尝试各种不同的行为方式，使得他们形成了人们如何对不同行为做出反应的印象，并帮助他们建立起一个独特的自我概念和个性。到这一阶段结束的时候，进入青春期的青少年经历了对职业的好奇、幻想到兴趣，就开始对各种可选择的职业进行带有现实性的思考了。

成长阶段又由三个子阶段构成：①幻想期（10 岁之前）：儿童从外界感知到许多职业，对于自己觉得好玩和喜爱的职业充满幻想，并进行模仿。②兴趣期（11～12 岁）：以兴趣为中心理解、评价职业，开始做职业选择。③能力期（13～14 岁）：开始考虑自身条件与喜爱的职业是否符合，有意识地进行能力培养。

（2）探索阶段（exploration stage）

探索阶段大体上发生在 15～24 岁这一年龄段上。在这一时期，人们将认真地探索各种可能的职业选择。人们试图将自己的职业选择与他们对职业的了解以及通过学校教育、休闲活动和业余工作等途径所获得的个人兴趣和能力匹配起来。在这一阶段的初期，人们往往做出一些带有试验性质的较为宽泛的职业选择，但随着个人对所选择职业以及自我的进一步了解，他们的这种最初选择往往又会被重新界定。待这一阶段结束的时候，一个看上去比较恰当的职业就已经被选定，他们也已经做好了开始工作的准备。人们在这一阶段及以后阶段需要完成的最重要任务就是对自己的能力和天资形成一种现实性的评价，并根据各种职业信息做出相应的教育决策。

探索阶段又可分为以下三个子阶段：①试验期（15～17 岁）：综合认识和考虑自己的兴趣、能力与职业社会价值、就业机会，开始对未来职业进行尝试性选择；②转变期（18～21 岁）：正式进入劳动力市场，或者接受专门的职业培训，由一般性的职业选择转变为特定目标职业的选择；③尝试期（22～24 岁）：选定工作领域，开始从事某种职业，对职业发展目标的可行性进行实验。

（3）确立阶段（establishment stage）

确立阶段一般为 25～44 岁这一年龄段。这是大多数人职业生涯中的核心部分。人们一般希望在这一阶段尤其是在早期能够找到合适的职业，并随之全力以赴地投入到有助于自己在此职业中取得永久发展的各种活动中。然而，在大多数情况下，在这一阶段人们仍然在不断地尝试与自己最初的职业选择所不同的各种能力和理想。

确立阶段本身又由三个子阶段构成：①尝试期（25～30 岁）。在这一阶段，个人确立当前所选择的职业是否适合自己，如果不适合，就会重新做出选择。②稳定期（31～

44岁）。在这一阶段，人们往往已经定下了较为坚定的职业目标，并制订较为明确的职业计划来确定自己晋升的潜力、工作调换的必要性以及为实现这些目标需要开展哪些教育活动等。③职业中期危机阶段（30~40岁的某个时段）。在这一阶段，人们往往会根据自己最初的理想和目标对自己的职业进步情况做一次重要的重新评价。人们有可能会发现，自己并没有朝着自己所梦想的目标靠近，或者已经完成了他们自己所预定的任务后才发现，自己过去的梦想并不是自己所想要的全部东西。在这一时期，人们还有可能会思考，工作和职业在自己的全部生活中到底有多重要。在通常情况下，在这一阶段的人们第一次不得不面对一个艰难的抉择，即判定自己到底需要什么，什么目标是可以达到的以及为了达到这一目标自己需要做出多大的牺牲。

（4）维持阶段（maintenance stage）

此阶段约在45~65岁，是职业的后期阶段。这一阶段的人们长时间在某一职业上工作，在该领域已具有一席之地，一般达到常言所说的"功成名就"，已不再考虑变换职业，力求保住这一位置，维持已取得的成就和社会地位。重点是维持家庭和工作间的和谐关系，传承工作经验，寻求接替人选。

（5）衰退阶段（decline stage）

人达到65岁以上，其健康状况和工作能力逐步衰退，即将退出工作，结束职业生涯。因此，这一阶段要学会接受权力和责任的减少，学习接受一种新角色，适应退休后的生活，以减轻身心的衰退，维持生命力。

萨柏以年龄为依据，对职业生涯阶段进行划分。在不同的人生阶段，人的生理特征、心理素质、智能水平、社会负担、主要任务等都不尽相同，这就决定了在不同阶段其职业发展的重点和内容也是不同的。但职业生涯是个持续的过程，各阶段的时间并没有明确的界限，其经历的时间长短常因个人条件的差异以及外在环境的不同而有所不同，有长有短，有快有慢，有时还有可能出现阶段性反复。

2）职业锚理论

职业锚是由美国著名的职业指导专家埃德加·H.施恩（Edgar H.schein）教授提出的。他认为职业发展实际上是一个持续不断的探索过程，在这一过程中，每个人都在根据自己的天资、能力、动机、需要、态度和价值观等慢慢地形成较为明晰的与职业有关的自我概念。随着一个人对自己越来越了解，这个人就会越来越明显地形成一个占主要地位的职业锚（career anchor）。

所谓职业锚，是指当一个人不得不做出选择的时候，他无论如何都不会放弃职业中的那种至关重要的东西。正如其中"锚"字的含义一样，职业锚实际上就是人们选择和发展自己的职业时所围绕的中心。一个人对自己的天资和能力、动机和需要以及态度和价值观有清楚的了解之后，就会意识到自己的职业锚到底是什么。具体而言，是个人进入职业生涯早期的工作情境后，由习得的实际工作经验所决定，并在经验中与自省的才干、动机、需要和价值观相符合，逐渐发展出的更加清晰、全面的职业自我观，以及达到自我满足和补偿的一种长期稳定的职业定位。

施恩教授通过研究提出了以下五种职业锚：

（1）技术或功能型职业锚，即职业发展围绕着自己所擅长的特别技术或特定功能能力而进行。具有这种职业锚的人总是倾向于选择那些能够保障自己在既定技术或功能领域中不断发展的职业。

（2）管理型职业锚。具有这种职业锚的人，会表现出成为管理人员的强烈动机，他们的职业发展路径是沿着组织的权力阶梯逐步攀升，承担较高责任的管理职位是他们的最终目标。

（3）创造型职业锚。这种人的职业发展都是围绕着创业性努力而组织的。这种创业性努力会使他们能创造出新的产品或服务，或是搞出创造发明，或是创办自己的企业。

（4）自主与独立型职业锚。具有这种职业锚的人总是愿意自己决定自己的命运，而不依赖于别人，愿意选择一些自己安排时间、自己决定生活方式和工作方式的职业，如教师、咨询、写作、经营小型企业等。

（5）安全型职业锚。具有这种职业锚的人极为重视长期的职业稳定和工作的保障性，他们愿意在一个熟悉的环境中维持一种稳定的、有保障的职业，倾向于让雇主来决定他们去从事何种职业，如政府公务员。

7.2.4　职业生涯评价

职业生涯评价是指人们获得和利用与职业生涯相关的信息对职业生涯目标的实现程度进行反馈与调整的过程，如图7-3所示。建设性的信息反馈能使人判断他们的目标和战略是否仍有意义。而职业生涯评价就发挥着职业生涯管理的适应性反馈功能，使人们能够监控自己的职业生涯进程。

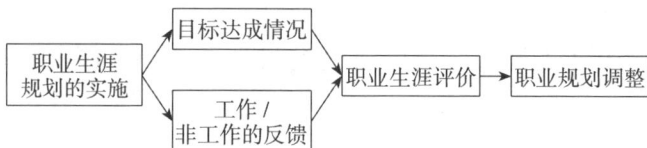

图7-3　职业生涯评价过程

职业生涯评价过程能够让人反思自己的职业生涯目标，从工作中或是非工作中得到的反馈信息能使人进一步强化或修订自己的目标。如上级对于一项提案的响应或是对自己在新项目中表现的赞赏，都能使该员工确认自己希望在管理层级上更进一步的目标是切实可行并极有可能的；反之，他就可能要考虑改变目标了。当然，这中间也包括对实现目标的策略或步骤的调整。职业生涯管理本身是一个动态的、持续的过程，职业生涯评价作为一种反馈机制和自我矫正机制，使得职业考察和整个职业生涯管理的循环得以反复论证和不断持续。

7.3　个人职业生涯管理

7.3.1　个人职业生涯的影响因素

任何人的职业生涯都不可能是一帆风顺的，它要受到个人和环境两方面多种因素的影响。了解这些因素，无论对个人还是企业组织都具有非常重要的意义。

1）影响职业生涯的个人因素

职业生涯是一个人一生的最佳年华，能否成功地开创和发展自己的职业生涯，首先与个人对自己的认知和剖析程度有很大关系。通过自我剖析，明确自己的职业性向、能力水平、职业偏好，这样才能做出切合实际的职业选择。

（1）职业性向

霍兰德教授提出的职业性向模型，将人的性格与职业类型划分为现实型、调研型、艺术型、社会型、企业型、常规型六种基本类型。通过对自我职业性向的判断，选择与其相对应或相关性较大的职业，将会感觉到舒适和愉悦，获取职业成功的可能性也会增加。

（2）能力

对企业组织的员工来讲，其能力是指劳动的能力，也就是运用各种资源从事生产、研究、经营活动的能力。它是员工职业发展的基础，与员工个体发展水平成正比，具体包括一个人的体能、心理素质、智能在内的全面综合能力。体能即生理素质，主要就是人的健康程度和强壮程度，表现为对劳动负荷的承受能力和劳动后消除疲劳的能力。心理素质指人的心理成熟程度，表现为对压力、挫折、困难等的承受力。智能包含三方面内容：第一，智力，即员工认识事物、运用知识解决问题的能力，包括观察力、理解力、思维判断力、记忆力、想象力、创造力等。第二，知识，即员工通过学习、实践等活动所获得的理论与经验。第三，技能，即员工在智力、知识的支配和指导下操作、运用、推动各种物质与信息资源的能力。

个人能力对个体职业发展有着重要的影响。第一，能力越强者，对自我价值实现、声望和尊重的要求越高，发展的欲望越强烈，对个体发展的促进也越大；同时，能力强者接受新事物、新知识快，能力与发展呈良性循环，不断上升。第二，在其他条件一定的情况下，能力越强，贡献越大，收入相对越高。高收入一方面为个人发展提供了物质保证；另一方面能使个人拥有更多自我发展的空间。所以，能力既对员工个人发展提出了强烈需求，又为个体职业发展的实现提供了可能条件，是个人职业发展的重要基础和影响因素。

（3）职业锚

正如前文所述，职业锚是人们选择和发展自己的职业时所围绕的中心。职业锚作为一个人自省的才干、动机和价值观的模式，在个人的职业生涯中以及组织的事业发展过程中都发挥着重要的作用。职业锚能准确地反映个人职业需要及其所追求的职业工作环境，反映个人的价值观与抱负。了解自己的职业锚类型，有助于增强个人的职业技能，提高工作效率，进而取得职业成功。

（4）职业发展阶段

每个人的职业生涯都要经历许多阶段，只有了解不同阶段的特征、知识水平要求和各种职业偏好，才能更好地促进个人的职业生涯发展。萨柏教授的职业生涯阶段划分为个人判断自己所处的职业生涯阶段及分析所处阶段的特点和要求提供了很好的参照。

2）影响职业生涯的环境因素

（1）社会环境因素

①经济发展水平。一个地区的经济发展水平不同、企业规模和数量不同，个人职业选择的机会也不一样。一般来说，经济发展水平高的地区，企业尤其是优秀企业比较多，个人择业和发展的机会相对较多，就会有利于个人的职业发展。

②社会文化环境。这具体包括教育水平、教育条件、社会文化设施等。一般地讲，在良好的社会文化氛围中，个人能受到良好的教育和熏陶，从而有利于个人职业的

发展。

③政治制度和氛围。政治和经济是相互影响的，它不仅影响到一国的经济体制，而且影响着企业的组织体制，从而直接影响到个人的职业发展。政治制度和氛围还会潜移默化地影响个人的追求，从而对职业生涯产生影响。

④价值观念。一个人生活在社会环境中，必然会受到社会价值观念的影响。大多数人的价值取向是被社会主体价值取向所左右的。一个人的思想发展、成熟的过程，其实就是认可、接受社会主体价值观念的过程。社会价值观念正是通过影响个人价值观而影响了个人的职业选择和发展。

（2）企业环境因素

①企业文化。企业文化决定了一个企业如何看待它的员工，即它对待员工的态度。所以，员工的职业生涯是受其企业文化所左右的。一个主张员工参与的企业显然比一个独裁的企业能为员工提供更多的发展机会；而渴望发展、追求挑战的员工也很难在论资排辈的企业中受到重用。

②管理制度。员工的职业发展，归根到底要靠管理制度来保障，包括合理的培训制度、晋升制度、考核制度、奖惩制度等。企业的价值观、企业经营哲学也只有渗透到制度中，才能得到切实的贯彻执行。没有制度或制度定得不合理、不到位，员工的职业发展就难以实现。

③领导者素质和价值观。一个企业的员工职业发展是否能够顺利实施，在很大程度上取决于领导者的重视程度，而其是否重视又取决于领导者的素质和价值观。所有这些都会影响到员工的职业发展。

7.3.2 个人职业计划

对于员工职业发展的管理，企业组织应当承担重要责任。但对职业成功负有主要责任的还是员工自己。在这当中就个人而言，最重要的是制订适当的个人职业计划。

1）制订个人职业计划的原则

（1）要实事求是。这要求员工应准确地认识自己并能客观地自我评价。这是制订个人职业计划的前提。

（2）要切实可行。首先，个人的职业目标一定要同自己的知识、能力、个人特质及工作适应性相符合。其次，个人职业目标和职业道路的确定，要考虑到客观环境和条件。

（3）个人职业计划要与组织目标协调一致。离开组织目标，就不可能有个人的职业发展，甚至难以在组织中立足。员工个人要借助于企业来实现自己的职业目标，其职业计划必须在为组织奋斗的过程中去实现。员工应积极主动地与组织沟通，获得组织的帮助和指导，以此来制订适合自己的个人职业计划。

（4）在动态变化中制订和修正个人职业计划。随着时间的推移，员工本人的知识、技能、经验、态度等情况及外部环境条件都会发生变化，这就要求员工及时调整自己的个人职业计划，修正和调整计划中一些不断变化的内容，如职业发展的具体活动、短期职业目标等。

2）职业计划设计

职业计划设计是指员工对自己一生职业发展的总体计划和总轮廓的勾画。它为个人一生的职业发展指明了路径和方向。在设计职业计划中一般应考虑以下因素：

（1）个人自我评价

个人自我评价是对自己的各方面进行分析评价。员工只有充分认识自己之后，才能建立可实现的目标。自我评价要对包括人生观、价值观、受教育水平、职业锚、兴趣、特长、性格、技能、智商、情商、思维方式和方法等进行分析评价，达到全面认识自己、了解自己的目的，这样，才能选定适合自己的职业发展路线，增加事业成功的机会。

橱窗分析法是自我评价的重要方法之一。心理学家把个人的了解比作一个橱窗。为了便于理解，可以把橱窗放在一个直角坐标系中加以分析。坐标的横轴正向表示别人知道，负向表示别人不知道；纵轴正向表示自己知道，负向表示自己不知道。坐标橱窗可用图7-4表示。

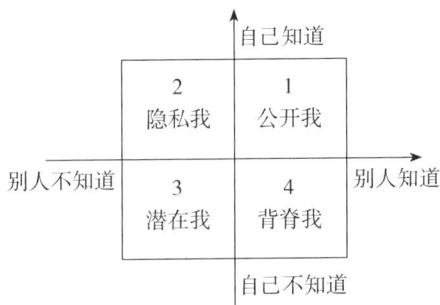

图7-4 橱窗分析法坐标分析图

坐标橱窗图明显地把自我分成了四部分，即四个橱窗。

橱窗1为"公开我"，是自己知道、别人也知道的部分，属于个人展现在外、无所隐藏的部分。

橱窗2为"隐私我"，是自己知道、别人不知道的部分，属于个人内在的隐私和秘密的部分。

橱窗3为"潜在我"，是自己不知道、别人也不知道的部分，是有待进一步开发的部分。

橱窗4为"背脊我"，是自己不知道、别人知道的部分，就像自己的背部一样，自己看不到，别人却看得清楚。

在进行自我剖析和评价时，重点是了解橱窗3——"潜在我"和橱窗4——"背脊我"。"潜在我"是影响一个人未来发展的重要因素，了解和认识"潜在我"有助于发掘个人的潜能。"背脊我"是准确对自己进行评价的重要方面，如果能够诚恳地对待他人的意见和看法，就不难了解"背脊我"。当然，这需要开阔的胸怀和正确的态度，否则就很难听到别人的真实评价。

（2）职业发展机会评估

职业发展机会评估，主要是评估各种环境因素对自己职业发展的影响。如前所述，环境因素包括经济发展、社会文化和政治制度等社会环境因素和企业环境等因素。在设计个人职业计划时，应分析环境发展的变化情况、环境条件的特点、个人与环境的关系（包括自己在此环境中的地位、环境对自己提出的要求以及环境对自己有利的条件与不利的条件）等。只有充分了解和认识这些环境，才能做到在复杂多变的环境中趋利避害，设计出切实可行的、有实际意义的职业计划。

（3）选择职业

职业选择的正确与否，直接关系到人生事业的成败，这是职业发展计划中很关键的一步。在选择职业时，要慎重考虑自己的职业性向、能力、职业锚、人生阶段等重要因素与职业的匹配。

（4）设定职业生涯目标

设定职业生涯目标是指预先设定职业的发展目标，这是设计职业计划的核心步骤。职业生涯目标的设定，是继职业选择后对人生目标做出的又一次抉择。它是依据个人的最佳才能、最优性格、最大兴趣和最有利环境等信息所做出的。职业生涯目标通常分为短期目标、中期目标、长期目标和人生目标。短期目标一般为 1～2 年，中期目标为 3～5 年，长期目标为 5～10 年。

在确定目标的过程中要注意如下几个方面的问题：①目标要符合社会与组织的需要，有需要才有市场、才有位置；②目标要适合自身特点，并使其建立在自身的优势之上；③目标要高远但不能好高骛远，一个人追求的目标越高，其才能就发展得越快；④目标幅度不宜过宽，最好选择窄一点的领域并把全部身心投入进去，这样容易取得成功；⑤要注意长期目标与短期目标的结合，长期目标指明了发展的方向，短期目标是实现长期目标的保证，长短结合更有利于目标的实现；⑥目标要明确具体，同一时期的目标不要太多，目标越简明、越具体就越容易实现，越能促进个人的发展；⑦要注意职业目标与家庭目标以及个人生活与健康目标的协调与结合，家庭与健康是事业成功的基础和保障。

（5）职业生涯路线的选择

在确定职业和发展目标后，就面临着职业生涯路线的选择。例如，是向行政管理路线发展，还是走专业技术路线，或是先走技术路线再转向行政路线等。由于发展路线不同，对职业发展的要求也不一样。因此，在设计职业生涯时，必须做出抉择，以便为自己的学习、工作以及各种行动措施指明方向，使职业沿着预定的路径即预先设计的职业计划发展。

在进行生涯路线选择时可以从三个方面考虑：①个人希望向哪一条路线发展？主要考虑自己的价值观、理想、成就动机，确定自己的目标取向。②个人适合向哪一条路线发展？主要考虑自己的性格、特长、经历、学历等主观条件，确定自己的能力取向。③个人能够向哪一条路线发展？主要考虑自身所处的社会环境、政治与经济环境、组织环境等，确定自己的机会取向。职业生涯路线选择的重点是对生涯选择要素进行系统分析，在对上述三方面的要素综合分析的基础上确定自己的生涯路线。

（6）制订行动计划与措施

无论多么美好的理想与想法，最终都必须落实到行动上才有意义，否则只能是空谈。在确定了职业计划目标与职业生涯路线后，行动便成为关键的环节。这就是贯彻落实目标的具体措施，包括工作、训练、教育、轮岗等方面的措施。

（7）评估与调整

如前所述，影响职业计划设计的因素很多，其中环境变化是最为重要的因素。在现实社会生活中，要使职业计划设计行之有效，就必须不断地对职业计划进行评估与调整。比如职业的重新选择、职业生涯路线的选择、人生目标的修正以及实施措施与计划的变更等都是调整的主要内容。

7.3.3　职业保持与平衡

1）职业保持

对大多数人来说，工作是他们全部生活的一个主要方面。实际上，它为满足人们全方位的需要提供了前提条件。因此，它对个人而言，其重要性是不言而喻的。可见，正确保持一个人的职业是十分重要的，这就要求个人在职业生涯中努力做到自我管理。第一，不断地学习，尤其是坚持自学。员工除参加企业组织的培训外，还应结合自己的职业性向、现有能力等有计划地利用学校、社会培训机构等各种条件来丰富知识、提高能力，以适应企业组织发展的需要。机遇只垂青于有准备的人，个人能力提高了，才能更顺利地实现其职业计划。第二，发现并争取机会。员工有权了解企业内部的职业机会以及如何才能获得这些机会。每个员工都应珍惜并且利用好自己的这一权利，通过个人努力的工作、出色的业绩来保持现有的工作，并且能争取到进一步发展的机会。第三，要重视与上级和同事的沟通。上级和同事往往是在工作方面最了解自己的人，员工个人的职业发展离不开他们的支持和帮助。所以，应该虚心听取他们的意见和建议，发现自己的不足，不断完善自己。

2）职业与家庭的平衡

职业生涯与家庭生活之间有着非常密切的关系。个人与家庭遵循着并行发展的逻辑关系，职业生涯的每一阶段都与家庭因素息息相关，或协调或冲突。职业生涯与家庭责任之间的平衡，对员工特别是女性员工非常重要。尽管个人在职业生涯中有多种选择甚至逆向选择的可能性，"但我们作为子女、父母的角色是不可逆的。我们能放弃一项职业，却不能放弃这些角色；相反，我们要设法完成这些角色。"（Edgar H. Schein，1992）

人的全面发展包括自我事务（生理、心理发展、生活知识和技能、社会交际、休闲娱乐等）、职业生涯、家庭生活的发展和协调。既然职业生涯开发与管理的目的包括人的全面发展和社会的进步，职业生涯成功至少应对家庭生活的成功起积极作用。同时，家庭生活对职业发展也有着重要影响。组织中的员工除了过职业生涯之外，同时还在经历家庭生活。婚姻与父母身份施加于个人的压力甚至远远超出一项工作或职业的压力。工作与家庭间的潜在冲突对职业生活的影响甚至超过个人发展目标对职业的影响。因此，弄清工作与家庭间的关系，构建职业与家庭平衡计划，对组织发展和个人发展都具有重要意义。

7.4　组织职业生涯管理

7.4.1　组织职业计划设计

职业计划已经远远超过了传统意义上的人力资源计划，开发一个职业计划就是把本企业组织中存在的人力资源职责和结构有机地整合在一起，从而在人力资源的各个方面的相互强化中产生协同作用。

1）确定个人和组织的需要

一项职业计划应当能够满足管理者、员工个人和组织的需求。一方面，为了建立目标和完善职业计划，个人需要认识其自身的知识、技能、能力、兴趣和价值观，并寻找有关职业选择的信息；另一方面，管理者应在个人业绩和有关组织、工作和感兴趣的职业机会等方面的信息上，以反馈的形式对员工个人提供帮助，而组织要负责提供有关任务、政策和计划的信息，并支持员工进行自我评估、培训和发展。当个人的动机与企业组织所提供的机会相融合时，就会极大地促进其职业的发展。

（1）组织的需要

同其他人力资源规划一样，组织的需要是一项职业计划的开始和基础。它所关注的是在未来一段时期内企业组织的主要战略问题。它包括：①在未来一段时期内企业组织将面临的最关键的需求和挑战是什么。②为了满足这些挑战所需要的关键技能、知识和经历是什么。③企业组织将需要什么水平的人员配置。④企业组织是否有必要为满足这些关键性的挑战而提供工作舞台。

（2）个人职业的需要

从个人职业需求看，要确定个人在企业组织内如何发现机会，具体包括：是发挥个人的力量？是提出个人的发展需要？是提供挑战？是满足我的兴趣？是符合我的价值观？还是与个人的风格相匹配？

对需要的评价可以采用多种方法，如测试、非正式组织的讨论、面试等，并且应该通过不同团体的人员来进行。对从这些方面所确定的要求和问题，为企业组织的职业计划奠定了基础。职业计划的管理就是将组织的需要与个人的职业要求有机地联系在一起。

2）创造有利的条件

实施职业计划需要具备一些基本的条件，从而为职业计划开发创造一个有利的环境。

（1）管理层的支持

职业计划要得以成功，就必须得到企业组织高层管理者的全力支持。高层管理者是企业组织的决策者，他们的思想往往代表着企业组织的文化和政策。试想，一个没有人本观念的领导者，很难去重视员工的职业生涯，更谈不上制订有利于员工发展的职业计划。所以，企业组织应当从上到下共同设计和实施能够反映组织文化的目标的职业发展计划系统，为员工指明有关其自身职业发展的方向。

（2）确定组织目标

对于组织尤其是对员工个人，在开始其职业规划之前，他们不仅需要清楚地认识组织的文化，而且更重要、更直接的是要求明确地了解组织的近期目标，这样他们才能在知道其自身目标与组织目标相匹配的情况下，为个人的变化和成长做出规划。

（3）人力资源管理政策的变化情况

企业组织的人力资源管理政策对职业计划有很大影响。要确保其职业计划有效，企业组织可能需要改变或调整目前的人力资源管理政策。例如，调换职位就可能要求员工改变工作团体、工作场地或组织单位，也可能会要求员工做必要的迁移，到外地工作。对组织来讲，调换职位可以使员工到那些最需要其服务的地方及他们可以学到新知识和技能的地方去；而对员工而言，则不仅要适应新的环境，还要更新其技能、知识和能力。

（4）公布计划

职业计划应该在企业组织内进行广泛的宣传，以使每一个管理者和员工都能清楚地了解和认识组织的目标和工作机会。例如，可将其公布在企业宣传刊物上，可以编制在员工手册里等。

3）列示工作机会

（1）工作能力的要求

从企业组织角度上讲，需要了解一项工作对于个人所要求掌握的知识和技能水平。这就要进行工作分析。有研究显示，一项工作需要有三个基本能力：技术诀窍、解决问题的能力和责任心。其中技术诀窍又可分为三种类型的工作知识：技术型、管理型和人际关系。要对每一个工作中的三个主要能力进行评分，而且对每一个工作都要计算其总价值。

（2）工作提升

工作提升是一个新员工可能会经历的等级，包括从起始工作一直到需要更多知识和技能的工作。企业组织可以根据工作的重要性对其所需的技能进行确认，在此基础上进行工作提升的规划。一般企业组织都采用管理型、专家型和技术型的工作提升，也就是说从人力资源管理的角度为员工提供一个清晰、明确的职业晋升路线，以此作为个人发展的基础和阶梯。

（3）安排双重职业成长道路

作为职业计划的制订，应该为员工提供多条职业成长途径。比如，一个员工最终可能变成一个管理者，这不仅使员工得到了企业组织的认可，同时也是一条补偿技术专业人员的职业途径。尤其是对于一些特殊领域，如财会、市场营销和工程，可以用向其提供相当于不同层次管理者所获取的薪金作为给予员工的一种晋升。

（4）培训的需要

在一个人的职业成长道路中，在工作之外接受培训是必需的。只有通过适当的培训，才能适应全新工作方式的要求和保持高效的工作业绩。当然，不同的员工因职位的不同其所需的培训也不一样。

4）测定员工的潜能

要保证员工能够在职业成长道路中获得成功，就要在职业计划中提供测量员工潜能的工具和技术。这是职业计划的一个最重要的目标。这个目标可以以不同的方式得以实现，但都要有员工自身能力的积极参与。常见的方法有：

（1）职业计划工作手册

职业计划工作手册是通过涉及价值观、兴趣、能力、目标和个人发展计划的自我评价系统来分别引导其员工。许多大公司以及一些出版的书刊都可以用来帮助员工个人探究各种各样的职业决策问题，以规划他们各自的职业。

（2）职业咨询

职业咨询是指企业组织与员工讨论其当前的工作情况和表现、他们的个人岗位和职业目标、个人技能以及适合的职业发展目标的过程。职业咨询在企业里一般是自愿进行的。一些企业组织将咨询作为年度绩效评估的一部分。职业咨询由人力资源部的职员、监督者、专门的人事咨询员或外部的咨询专家来组织进行。企业的职业咨询一般可以随时做到。

7.4.2　职业生涯阶段管理

从组织方面进行职业生涯管理，主要是对员工的职业发展进行正确引导，协调企业目标与员工目标，帮助员工制订职业计划，为员工提供职业发展的机会，帮助员工实现职业发展计划等。

组织职业生涯管理做法的常见类型与项目如表7-2所示。

表7-2　　　　　　　　组织职业生涯管理做法的常见类型与项目

招聘及职业生涯早期	职业生涯中期	职业生涯后期
1.客观的招聘 2.实习/试用期的初始社会化 3.学徒/职业导师制度	1.技能培训与发展 2.工作挑战与职位轮换 3.绩效反馈与指导 4.多重职业发展路径 5.员工帮助项目 6.应对职业高原	1.职业生涯后期准备 2.重新安置和解雇计划 3.退休计划

在职业发展计划的不同阶段，企业进行职业管理的重点也不尽相同。

1) 招聘时期的职业管理

员工的职业生涯管理是一个长期的动态过程，所以从招聘新员工时就应该开始。招聘的过程实际上是应聘者和组织相互了解的过程。企业组织在招聘时，应向应聘者提供较为现实的企业与未来工作的展望，向其传达企业组织的基本理念和文化观念，以使他们尽可能真实地了解企业组织。同时，企业组织还要尽可能全面地了解候选人，了解他们的能力倾向、个性特征、身体素质、受教育水平和工作经历等，以为空缺职位配备合适的人选，并为新员工未来的职业发展奠定一个好的开端。

2) 职业生涯早期的管理

职业生涯早期阶段是指一个人由学校进入组织，在组织内逐步"组织化"，并为组织所接纳的过程。这一阶段一般发生在20~30岁之间，是一个人由学校走向社会、由学生变为雇员、由单身生活走向家庭生活的过程，一系列角色和身份的变化，必然要求经历一个适应过程。在这一阶段，个人的组织化以及个人与组织的相互接纳是个人和组织共同面临的、重要的职业生涯管理任务。所以对企业组织来讲，其职业管理的主要任务是：

（1）协调企业目标与个人目标

①树立人力资源开发思想。人力资源管理应坚持以人为本，强调企业不仅要用人，更要培养人。职业管理正是培养人的重要途径，牢固树立人力资源开发思想是真正实施职业管理的前提。

②了解员工的需要。员工的需要包括员工的职业兴趣、职业技能等。企业只有准确地把握员工的主导需求，才能把他们放到最合适的职业位置上，做到有针对性地满足其需求。

③使员工与企业结为利益共同体。企业在制定目标时，要使企业目标包含员工个人目标，并通过有效的沟通使员工了解企业目标，让他们看到实现企业目标给自己带来的

利益。

（2）帮助员工制订职业计划

①对员工进行岗前培训，引导新员工。这主要是向新员工介绍组织的基本情况，即历史和现状、宗旨、任务和目标，有关的制度、政策和规定，工作职责、劳动纪律和组织文化等，目的是引导员工熟悉环境，减少焦虑感，增加归属感和认同感。

②设计职业计划表。职业计划表是一张工作类别结构表，即通过将企业中的各项工作进行分门别类的排列，形成一个较系统反映企业人力资源配给状况的图表。借助该图表，企业组织的普通员工、中低层管理人员以及专业技术人员就可以瞄准自己的目标，在经验人士、主管经理的指导下，正确选择自己的职业道路。

③为员工提供职业指导。企业为员工提供职业指导有三种途径：一是通过管理人员进行。管理人员对员工提供职业指导是其应尽的职责和义务。管理人员与其下属共事，对下属的能力和专长有较深的了解，所以有可能在下属适合从事的工作方面给其提供有价值的建议，同时也可以帮助下属分析未来晋升及调动的可能性。二是通过外请专家进行。企业可以外请专家为员工进行职业发展咨询。三是向员工提供有关的自测工具。有很多职业测试工具都可以帮助员工进行能力及个人特质方面的测试，具体可以通过发测试手册或将这些测试工具放在内部网上，供员工自行测试使用。

④分配给员工一项工作进行测试。这样做，对其工作表现和潜能进行考察和实际测试，并及时给予初期绩效反馈，使员工了解自己做得如何，以消除不确定因素带来的紧张和不安，帮助其学会并能适应该工作。

⑤协助员工制订自己的职业计划。企业可以经常举办一些咨询会议，在会上员工和他们的主管人员将根据每一位员工的职业目标来评价他们的职业进步情况，同时确认他们应在哪些方面开展职业开发活动。企业应开展职业计划方面的培训，使员工意识到对自己的职业加以规划且改善职业决策的必要性，通过培训，学到职业计划的基本知识和方法。

3）职业生涯中期的管理

个人职业生涯在经过了职业生涯早期阶段，完成了雇员与组织的相互接纳后，必然步入职业生涯中期阶段。职业生涯中期的开始，有两种表现形式：一是获得晋升，进入更高一层的领导或技术职位；二是薪资福利增加，在选定的职业岗位上成为稳定的贡献者。职业生涯中期阶段是一个时间周期长（年龄跨度一般是从25～50岁）、富于变化，既有可能获得职业生涯成功，又有可能出现职业生涯危机的一个很宽阔的职业生涯阶段。在这一时期的职业管理中，组织要保证员工合理的职位轮换和晋升，为员工设置合理畅通的职业发展道路。

（1）帮助员工自我实现

①对员工工作进行多样化、多层次的培训。培训与员工职业发展的关系最为直接，职业发展的基本条件是员工素质的提高，而且这种素质不一定要与目前的工作相关，这就有赖于持续不断的培训。企业应建立完善的培训体系，使员工在每次职业变化时都能得到相应的培训，同时也应鼓励和支持员工自行参加企业内外提供的各种培训，不仅在时间上还应在资金上给予支持和帮助。

②提供阶段性的工作轮换。工作轮换对员工的职业发展具有重要意义：一方面可以使员工在一次次的新尝试中了解自己的职业性向和职业锚，更准确地评价自己的长处和

短处；另一方面可以使员工经受多方面的锻炼，拓宽视野，培养多方面的技能，满足各个方面和各个层次的需求，从而为将来承担更重要的工作任务打下基础。

③以职业发展为导向的考核。考核目的不仅是评价员工的绩效、态度和能力或为分配、晋升提供依据，而且还应是保证组织目标的实现、激励员工进取以及促进人力资源的开发。考核不仅是总结过去，还应面对未来。以职业发展为导向的考核就是要着眼于帮助员工发现问题和不足，使之明确努力方向和改进方法、促进员工的成长和进步。为此，组织和管理者应该把考核和员工职业发展联系起来，定期与员工沟通，及时指出员工的问题和解决办法，为员工的职业发展指明方向。

④改善工作环境，预防职业生涯中期危机。工作环境和条件对雇员的发展有重要影响，组织的硬环境和条件，如机器设备、厂房、各种设施、照明等，会对雇员的身心健康产生直接的影响；组织软环境和条件，如组织文化、目标、价值观、具体规章制度、劳动关系、组织风气等，会对雇员的进取心、归属感和工作积极性产生重要影响。组织进行职业生涯管理的一个重要职责和措施，就是要不断改造上述工作环境和条件，促进雇员的职业生涯发展。

（2）进行晋升和调动管理

晋升与调动是员工职业发展的直接表现和主要途径。企业有必要建立合理的晋升和调动管理制度，保证员工能够得到公平竞争的机会。组织中的职业发展通道不应是单一的，而应是多重的，以便不同类型的员工都能寻找到适合自己的职业发展途径。

（3）实施职业生涯阶梯设计

职业生涯发展阶梯是组织为员工设计的自我认知、成长和晋升的管理方案。组织为员工建立科学合理的职业生涯发展阶梯，对调动其积极性与创造性，增加对组织的忠诚感，从而促进组织的持续发展，具有重要意义。目前的职业生涯阶梯模式主要有三种：单阶梯模式、双阶梯模式和多阶梯模式。传统的组织或企业的职业阶梯只有一种，即行政管理职位的路径。在这种情况下，做出突出业绩的技术人员只能通过管理职位的提升而获得职业方面的发展，发展路径狭窄，效果并不理想。目前组织中实行最多的是双阶梯的职业生涯阶梯模式。在该模式下，组织为员工提供管理生涯阶梯与技术生涯阶梯两条职业路径，员工可以自由选择在其中任何一个阶梯上得到发展，从而大大弥补了单阶梯模式的缺陷。也有一些组织根据自身情况设计了多阶梯模式，以满足员工的发展需要。

4）职业生涯后期的管理

从年龄上看，职业生涯后期阶段的雇员一般处在50岁至退休年龄之间。由于职业性质及个体特征的不同，个人职业生涯后期阶段的开始与结束的时间也有明显的差别。到这一时期，员工的退休问题必然提到议事日程。大量事实表明，退休会对员工产生很大的冲击，也会对企业组织的工作尤其是对在职员工产生影响。组织有责任帮助员工认识、接受这一客观事实，并帮助每一个即将退休的员工制订具体的退休计划，尽可能地把退休生活安排得丰富多彩，并且让其有机会继续发挥潜能和余热。

（1）退休计划的含义

退休计划是组织向处于职业生涯晚期的雇员提供的，用于帮助他们准备结束职业工作，适应退休生活的计划和活动。良好的退休计划可以使员工尽快适应退休生活，维持正常的退休秩序，最终达到稳定组织在职人员的心理、保持组织员工年龄结构的正常新陈代谢、提供更多的工作和晋升机会的目的。

（2）退休计划的管理

即将退休的员工会面临财务、住房、家庭等各方面的实际问题，同时又要应付结束工作开始休闲生活的角色转换和心理转换。因此，退休者需要同时面对社会和心理方面的调节，通过适当的退休计划和管理措施满足退休人员情绪和发展方面的需要，是组织应当承担的一项重要工作。其具体做法和措施有：

①开展退休咨询，着手退休行动。退休咨询就是向即将和已经退休的人提供财务、住房、家庭和法律、再就业等方面的咨询和帮助。同时，组织开展的递减工作量、试退休等适应退休生活的退休行动，对雇员适应退休生活也具有重要帮助。

②做好退休员工的职业工作衔接。员工退休而组织的工作却要正常运转，因此，企业组织要有计划地分期分批安排应当退休的人员，切不可因为退休影响工作正常进行。在退休计划中选好退休人员工作的接替人，及早进行接替人的培养工作。保证工作顺利进行。

③采取多种措施，做好员工退休后的生活安排。因人而异地为每一个即将退休的员工制订具体的退休计划，尽可能把退休后的生活安排得丰富多彩又有意义；可以通过组织座谈会的形式，增进退休员工与企业的互动；如果退休员工个人身体和家庭情况允许，组织尚可采取兼职、顾问或其他方式聘用他们，使其发挥余热。

7.4.3　员工帮助计划

员工帮助计划（Employee Assistance Program，EAP），也称员工爱抚计划。它最早起源于 20 世纪初的美国。当时的马希公司和北美电力公司注意到员工的酗酒、吸毒和其他一些药物滥用问题影响员工和企业的绩效，因而建立了旨在帮助解决员工个人问题的员工援助项目。20 世纪 70 年代以后，随着美国经济的不景气和各种社会矛盾的激化，来自社会、工作和家庭等各种个人问题愈来愈影响到企业员工的情绪和工作绩效，为帮助员工摆脱这些问题的困扰，一些企业开始聘请专家帮助员工解决这些个人问题，这就是 EAP 的开始。

员工帮助计划是由企业为其员工设置的一项系统的、长期的援助和福利计划。其基本做法是通过企业内部或外部的专业人员对组织的诊断、建议和对企业员工及其家属的专业指导、培训和咨询，帮助解决企业员工及其家属的各种心理和行为问题，使员工从纷繁复杂的个人问题中解脱出来，维护其心理健康，调整情绪，消除障碍，提高员工在企业中的工作绩效。目前，EAP 已经被广泛地应用在西方国家各种类型的组织中，援助的内容也渐渐发展成内容广泛的员工援助计划，涉及压力管理、职业心理健康、裁员心理危机、灾难性事件、职业生涯发展、健康生活方式、法律纠纷、理财问题、饮食习惯、减肥等有关员工生活和工作的各个方面。随着经济全球化带来的跨国公司在世界各地的发展，EAP 在美国以外的英国、德国、法国、日本、加拿大、澳大利亚等发达国家也有了长足的发展和应用。截止到 20 世纪 90 年代末，世界财富 500 强的企业中，有90% 以上的企业实施了 EAP 项目。

1）员工心理问题疏导

作为员工帮助计划的重要组成部分，员工心理问题疏导是指通过专业人员对组织的诊断、建议和对员工及其直属亲人提供的专业指导、培训和咨询，旨在帮助解决员工及其家庭成员的各种心理和行为问题。日本企业在应用EAP时创造了一种被称为"爱抚管理"的模式。一些企业设置了放松室、发泄室、茶室等来缓解员工的紧张情绪；或者制订员工健康修改计划和增进健康的方案，帮助员工克服身心疾病，提高健康程度；或者设置一系列课程进行例行健康检查，进行心理卫生的自律训练、性格分析和心理检查等。

2）家庭支持计划

家庭支持计划是企业为了减少工作与家庭冲突而采取的旨在帮助员工克服困难、顺利完成生活和家庭职责的措施，如针对孩子和老人的托管福利计划等。花旗集团的"儿童看护计划"和"毕生事业计划"就是其中的典型代表。花旗集团有着多种专门与备用儿童看护计划惠利于美国的花旗员工。大约65 000名员工享受到了"备用儿童看护"以及学校假期计划的服务。从地点上，专门看护中心分布在马里兰、内华达等6个地方，中心专门设置了儿童医疗、智力、社会与情绪康乐等课程，每天为超过1 500名儿童提供服务。花旗集团的"毕生事业计划"则以帮助每一名花旗员工及其亲人来更好地管理每一天的生活为目的。该计划在美国、加拿大等国家向员工及其伙伴、亲人开放，通过一个免费的电话号码或经由连续不断的网络提供服务。它提供了解信息、调查与资源的通路。

3）"家庭日"活动

"家庭日"活动通过安排参观或联谊等活动促进家庭对员工工作的认识和理解。目前，各大公司纷纷定期或不定期地组织类似的活动，以加强企业与员工家庭成员之间的沟通，体现企业关爱员工、关爱家庭的宗旨。

本章小结

所谓职业，是指人们在社会生活中所从事的以获取报酬为目的的工作。职业的选择和职业体系的设计作为一种人力资源的配置方案，既关乎个人，又关乎企业，也是社会经济制度的重要组成部分之一。职业选择就是劳动者依照自己的职业期望和兴趣，凭借自身能力挑选职业，使自身能力素质与职业需求特征相符合的过程。帕森斯的人与职业相匹配理论与霍兰德的职业性向理论都认为人格与职业的相互作用是谋求最佳匹配的有效途径。不同类型的人的人格特点、职业兴趣各不相同，从而所选择和匹配的职业类型也不相同。

职业生涯是指一个人一生在职业岗位上度过的、与工作活动相关的连续经历。职业生涯管理，又称职业管理，是对职业生涯的设计与开发的过程。它需要从个人和组织两个不同的角度进行。职业生涯发展是指个体逐步实现其职业生涯目标，并不断制定和实施新的目标的过程。美国著名的职业管理学家萨柏将人的职业生涯分为5个主要阶段：成长阶段、探索阶段、确立阶段、维持阶段、衰退阶段。伴随着年龄的增长，每个个体在不同的年龄阶段表现出大致相同的职业特征和职业需求以及职业发展任务。而职业锚，就是指当一个人不得不做出选择的时候，他无论如何都不会放弃的职业中那种至关重要的东西，是人们选择和发展自己的职业时所围绕的中心。职业生涯管理本身是一个动态的、持续的过程，职业生涯评价作为一种反馈机制和自我矫正机制，使得职业考察和整个职业生涯管理的循环得以反复论证和不断持续。

任何人的职业生涯都不可能是一帆风顺的，它要受到个人和环境两方面多种因素的影响。通过自我剖析，明确自己的职业性向、技能、职业偏好，才能做出切合实际的职业选择和发展路径。与此同时，社会与组织环境也影响着个人的职业选择及职业生涯发展。职业计划设计是指员工对自己一生职业发展的总体规划和总轮廓的勾画，一般包括：个人自我评价；职业发展机会评估；选择职业；设定职业生涯目标；职业生涯路线的选择；制订行动计划与措施；评估与调整。员工在职业生涯中也应认识和正确看待家庭与工作之间的关系，调和职业和家庭之间的矛盾，找到员工职业与家庭需要中的平衡点。

现代企业人力资源管理要求企业组织具有"职业发展观"，具体表现为帮助员工制订职业计划及进行职业管理。开发一个职业计划就是把本企业组织中存在的人力资源职责和结构有机地整合在一起，从而在人力资源的各个方面的相互强化中产生协同作用。具体措施包括：确定个人和组织的需要，创造有利的条件，列示工作机会，测定员工的潜能。从组织方面进行职业生涯管理，主要是对员工的职业发展进行正确引导，协调企业目标与员工目标，帮助员工制订职业计划，为员工提供职业发展的机会，帮助员工实现职业发展计划等。在职业发展计划的不同阶段，企业进行职业管理的重点也不尽相同，组织必须了解职业生涯各阶段的特点以及家庭各阶段的需要，工作情景对家庭生活的影响，然后给予员工适当的帮助。

本章案例

小林的职业转换：产品经理还是董事长助理？

小林大学所学的专业是管理信息技术，毕业后，几番辗转加入了西安的A企业。这家企业是移动互联网公司，其产品十分多元化。小林关注这家企业是因为公司主营的一款数字音乐软件。小林很喜欢听音乐，喜欢不同类型的音乐。经过面试，小林作为产品经理进入了公司的产品技术开发部。

小林加入公司后，觉得自己是幸运的，产品技术开发部的同事个个都是名校毕业，他们处理问题高效，互联网产品更新迭代非常快，小林每天都在鼓励自己不停的学习。

她的工作任务是制订产品需求计划，进行可行性分析及设计；进行产品开发，编写产品需求书，画出产品原型。另外，整个工作需要大量的数据，小林要独立输出产品数据分析报告。在这个过程中，她要随时处理很多没有经历过的情况，不同环节的设计人员会随时询问她"为什么"，一个又一个棘手的问题总让她感觉到挑战性。

小林面对压力，努力解决工作中的各种难题，同时也对未来忧心忡忡。两年来，小林很谨慎，没什么过失，算是守住了自己喜欢的职位。

1）新来的领导

进入公司两年后，公司进行战略转型，业务形态发生变化，小林所在的部门空降了一位李先生。李先生负责产品技术开发部。他言语不多，平时与团队交流多是任务分配和技术指令，跟下属之间并无过多的情感交流，对团队成员要求很严，关注最终成果和业绩。他希望部门的每个人在自己专业领域里都成为专家，要求员工不断学习，对互联网产品的运营策略有独到的见解，并且应该谙熟所有的竞争产品。

面对新领导的期望，小林总觉得自己可能会成为最差的那一个。她在乎领导的看法，虽然觉得自己工作认真、谨慎，但是领导从来没有夸奖过她，也没有赞赏和鼓励，小林越发怀疑是不是自己真的很差劲。

李先生接手团队的第二年，公司省外合作项目增多了，小林面临的压力又增加了，她需要经常出差。一周左右的出差，小林觉得自己还可以应付，大部分的出差事项就是处理合作方提出的技术需求并加以解决。2018年的夏天，公司在东北上了一个新项目，李先生找到了小林，要求她去东北出差一个月。小林压力很大，出差时间那么长，有很多不确定性，要马上去对接这么重要事情，该这么办，遇到问题该找谁呢？

2）一次偶然的机会

年底，公司需要组织一个比较大型的产品方案讨论会，小林所在的产品组被安排承担一部分会议组织和方案准备的工作。在公司内部召开项目筹备会之前，小林主动加了所有参会人员的微信，并组建了一个会务组的微信群，方便大家在群里发布通知。在一群产品技术人员组成的会务组里，小林就像一个温馨小贴士，提醒会议准备的时间节点、发布领导安排的组内分工、分享自己收集的产品相关报告、汇总参会人员的方案。

在工作群里活跃的小林引起了公司总裁刘女士的注意，会议前一天，刘女士让小林与她一起去机场接合作方嘉宾。一路上，刘女士询问了小林的工作情况，小林觉得这位领导很有亲和力，主动讲了关于会议安排的想法。随后，接待合作方的晚宴上，小林也表现得彬彬有礼，对客人照顾有加。

第二天的会议如期举行，在与合作方进一步讨论产品需求时，小林从不同的角度追加了几个原本不在准备清单里的问题，这几个问题引起了合作方的关注，并写进产品技术备忘录。会议结束后，刘女士与小林一同送客人去机场，合作方的伙伴临走时，很客气地跟小林说："哎呀，小林细心啊，谢谢你给我的润喉糖！"回程时，刘女士好奇地问小林关于润喉糖的事，原来在接机时，细心的小林发现了对方有些咳嗽，在第二天开会前特意为他准备的。在会上追加的问题，也是在前一天接待对方的过程中，小林在不经意间感到合作方的一些想法，索性就在会上正式提出。听小林这么一说，刘女士微笑着点点头说："小林，你好好干！"

3）产品经理还是董事长助理

公司会议结束后，人力资源部找到小林，询问她是否愿意换岗，做董事长助理一职。小林心里有些犹豫，没有立刻做出决定。

回想自己大学的专业是管理信息技术，毕业后一直从事技术相关的工作，目前的产品经理岗位是自己付出了很大的努力才稳固下来的，有点舍不得放弃这个岗位，可是，产品经理很累，又要经常出差，况且顶头上司李先生似乎不满意自己的表现，往后可能会更加辛苦。

转念一想，董事长助理这个岗位虽然没做过，但是类似会议安排、接待、商务洽谈对自己来说相对轻松，经常与人接触的工作总比天天在电脑前开心些吧，关键是不用频繁出差了。另外，人力资源部在这个时候提出，应该是总裁刘女士的推荐，领导赏识我，我总不能不领情，如果拒绝了，以后可能就没有这个机会了，甚至还会得罪人。可是，董事长助理容易被人取代，何况，家人、朋友也会觉得做行政工作应该不如做技术工作更有前途。到底选哪个岗位呢？小林思索着，始终游移不定。

资料来源　吴昊，卫敏．小林的职业转换：产品经理还是董事长助理［EB/OL］．［2020-01-02］．https：//www.cmcc-dut.cn/Cases/Detail/4303.

思考题：

（1）结合小林的性格特征、兴趣、能力、价值观，你认为 A 公司哪个岗位更适合她。

（2）如果小林接受调岗，你对她有什么建议？

复习思考题

1.什么是职业生涯？什么是职业规划？什么是职业生涯管理？

2.简述帕森斯、霍兰德的职业选择理论。

3.试述职业生涯发展的不同阶段。

4.简述职业锚理论。

5.员工如何实现职业与家庭的平衡?

6.影响职业选择及发展的因素有哪些?

7.职业发展计划的组成要素有哪些?

8.员工如何制订个人职业计划?

9.如何从组织角度对员工进行职业管理?

10.什么是员工帮助计划? 其主要内容包括哪些?

第 8 章

员工流动管理

学习目标

通过本章的学习，了解员工流动形式和条件；掌握员工流动管理工作的目标；熟悉员工流动管理的相关理论；学会对员工流动率进行分析；掌握管理员工流动的准则；理解员工流入管理工作的思想；掌握内部流动的方式和它们各自的作用；了解退休计划、退休咨询和退休条件；掌握解雇的程序和如何进行解雇面谈；熟悉员工流失的各种因素；掌握员工流动模式对企业战略的影响。

8.1 员工流动管理概述

市场和技术的迅速变化，使竞争环境越来越具有动态性。组织为对环境的变化做出反应，就不得不更多地考虑对员工流动进行管理，因为在组织需要人力资源的时候，没有恰当、熟练的员工就会严重阻碍战略决策的成功；而当组织人员富余时，就会增加高昂的运营成本，并且有潜在降低员工福利的感觉。只有进行科学的人员流动管理，才能使员工的流动同组织的战略决策相匹配，实现组织的生存和发展。

对员工流动的管理与我们所知的人力资源规划和预测是不同的。因为它要求把员工当作一种投资来对待，给予他们更多的支持和发展机会，以确保组织需要的才能的可获得性，从而为组织带来一个长期的利润流。而不能把员工当作可变成本，组织增长时就雇用，组织收缩时就解雇。当然，员工职业生涯需要和组织现在及未来对人力的需要是可能存在矛盾的，因此，制定的员工流动政策一定要在坚持满足组织需要的基础上来实现员工的需要。

8.1.1 员工流动管理的内涵和目标

1）员工流动管理的内涵

员工流动管理是指从社会资本的角度出发，对人力资源的流入、内部流动和流出进行计划、组织、协调和控制，以确保组织人力资源的可获得性，满足组织现在和未来的人力需要和员工的职业生涯需要。员工流动可以分为流入、内部流动和流出三种形式，如图8-1所示。

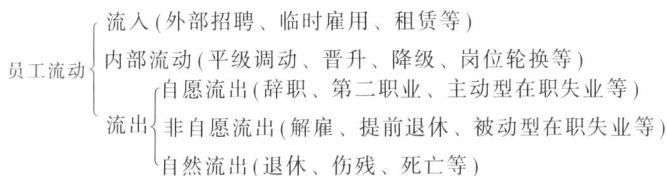

员工流动 ┤ 流入（外部招聘、临时雇用、租赁等）
　　　　　 内部流动（平级调动、晋升、降级、岗位轮换等）
　　　　　 流出 ┤ 自愿流出（辞职、第二职业、主动型在职失业等）
　　　　　　　　 非自愿流出（解雇、提前退休、被动型在职失业等）
　　　　　　　　 自然流出（退休、伤残、死亡等）

图8-1 企业员工流动分类

2）员工流动管理的目标

经营一个企业，管理员工流动在历史上并不是一个主要的战略性问题。因为那时变革步伐相对缓慢，对技术的要求也不随着时间流动而有多大的变化，政府很少干预雇用问题。但这些因素现在都有了重要的变化，知识型员工的增多，技术的飞速发展，市场对多面手的需求增加，复杂的组织、文化问题与政府的介入，使员工流动管理成为人力资源管理中一个更重要和更复杂的问题。它同时关系着员工的职业生涯发展、组织的竞争力和社会的稳定三个方面。为此，组织就需要像获得其他资源一样获得恰当的员工以满足组织运营的需要。具体来说，就是要保证员工流动管理实现下列组织目标：

（1）在短期和长期中，具备所需才能的适当数量员工的可获得性。

（2）发展符合未来组织需要的办事人员。

（3）员工可以感觉到的进步和发展机会与其自身需要的进步和发展机会相一致。

（4）员工可以感觉到不会因为自身的不可控因素而被解雇。

（5）员工认为，选人、安置、晋升和解雇都是公平的。

（6）最低可能的工资和可能的人力处理成本都为上述目标服务。

8.1.2　员工流动的前提条件

员工流动需要具备一系列的保证条件，没有这些条件的支持，实现员工在企业内部和企业之间的流动是不可能的。

（1）劳动力具有个人所有权。劳动者对自身的劳动力有自由支配的权利，可以在使用与不使用或转让的时间、地点等方面进行选择，而不受非经济因素的制约。在我国，户籍制度、计划式的劳动人事制度等都对劳动力的个人所有权构成了很大的限制，这是长期以来我国劳动力流动率低于世界平均水平的重要因素。

（2）劳动力存在就业压力。当社会不向劳动者提供就业保障时，运用劳动力市场上的竞争机制，劳动力就会存在就业的压力，劳动力市场借用这种压力达成人力资源的合理配置，促成人员流动。

（3）职业之间存在各种各样的差异。在职业之间存在着就业机会、工作条件、经济收入、职业声望和社会地位等方面的差异，这些差异会使劳动者根据自身的条件去选择对其来说个人效用最大化的工作岗位。

（4）劳动能力专业化和劳动力市场需求专业化。劳动者自身所具备的技能和专业知识对劳动者流动决策起着重要的作用。也就是说，不是劳动者想从事什么样的工作就能从事什么样的工作，社会对劳动者的专业知识和技能的要求是劳动者实现有序流动的条件。

上述四个条件是员工流动的社会条件，如果缺少其中的一个或者几个条件，流动的程度就会相应地降低。但是在四个条件存在的情况下，员工对流动的个人偏好、具备的专业特长、从事的专业和工作技能的实用性以及对该专业的需求状况等也都间接地影响着员工流动。另外，政府的管制、劳动力市场信息系统的不完善和信息的不对称性更使现实中不存在一个完善的劳动力市场。我们的员工流动管理理论就是基于这样的条件形成的。

8.1.3　员工流动管理的视角

员工流动理所应当从组织的角度出发来管理，以达到上述所说的员工流动管理的目标。但这些管理活动又往往反映着另外两个相关利益者——社会和员工。政府以立法和行政手段把诸如雇用、晋升、解雇和退休问题强加给组织，员工作为流动管理的直接对象，其观念的不同对同样的管理活动产生的效果有着阻碍或者推进的作用。因此，在员工流动管理中还应该把员工和社会考虑进来进行检查和评估。

1）员工角度

现在，知识型员工越来越受到欢迎，从他们身上可以看到对控制自身职业生涯的欲望的不断增加，这些员工在他们整个工作生活过程中，如成为有名望的人、被提升、职位的变化、达到升级点、被解雇以及面对最终的退休等问题上期望被赋予更多的控制，因而在制定员工流动政策和实施管理时就必须对个人职业生涯需求与组织要求之间进行持续匹配。

从中可以看到，员工在流动中做出的选择可以分为两种情况：一种情况是由潜在选择进入现实选择形成的流动。这也是组织员工流入阶段。劳动者在正式进入劳动力市场之前，已经做出了部分职业选择，并为此进行了必要的人力资本投资，但这是潜在的选择。在进入劳动力市场后，由于市场上职业需求的限制，以及职业准备与现实需求之间的脱节，劳动者的现实选择与原来就会有不一致。一部分的劳动者通过流动实现原来的选择，而另一部分则根据组织为劳动者提供的可利用和发展个人能力的机会的程度再调整原来的想法，以适应现实的选择。另一种情况是再选择引起的流动。某一个更高的报酬、更好的发展前途、更优越的社会地位和声望会使那些具有一定工作经历和良好自身条件的劳动者重新选择，当劳动者的选择愿望同外界条件吻合时，流动可能成为现实。

2）社会角度

产业结构、人口结构、社会制度等都影响着劳动力流动的可能性，不考虑这些因素进行员工流动管理是不可行的。它们作为社会整体构成了允许员工流动的可能性和机会程度的外在因素。从流动管理上看，可以将它们对组织施加的影响归为三个方面：

（1）员工价值观的转变。社会价值观的变化促使员工流动管理复杂化，员工不再把工作当成生活中唯一重要的事情，而是把工作当作生活中许多方面的一个部分。在考虑员工流动决策时，组织越来越强调员工自我发展和家庭发展的重要性，因为当工作安排与个人和家庭的需要相冲突时员工已经不再无条件接受这样的工作安排了。即使是普通的工人也不再把他们必须和应该加班看作既成的事实来接受。当教育水平提高时，员工对在其职业生涯中持续不断的同样的日常工作，可能变得不再满意，给予这些员工以职业进步机会的流动政策将变得更为重要。因而，愈是在经济发达的地区，由于高水平的生活和安全需求的被满足，就会愈发使这种管理模式显得突出。

（2）外部机构影响力度加大。组织对知识型员工需求的增加，使得组织更加依赖教育机构。实质上，这些机构不仅仅控制着组织获得人才的数量和结构，也常常创造和设计着人才的职业生涯道路。他们提供给学生期望和价值观，而这些期望和价值观有时和现实的组织是相符的，有时却是不相符的。例如，教育机构提出的"面向市场化的教育"，就是由于教育机构看到了培养的学生与市场需要的人才之间的不匹配，为适应需要而改变的计划。反过来，组织应使组织的员工流动政策能够和教育现实相匹配，并且也应该大力支持教育机构的计划，促使教育机构将来能够培养出组织需要的人才。

（3）政府以立法和行政手段对组织施加影响。越来越多的研究成果证明，组织把劳动力当作可变成本对待会产生更多的失业，同时造成精神上的压力和社会资源配置的不当。而失去职业可能会增加家庭的困难，危害情绪上的健康，以及增加酗酒、吸毒、精神失常、心血管病甚至自杀的可能。因而，政府正在采取各种措施限制对员工的解雇，如我国的《劳动法》规定，患病或者负伤在规定的医疗期内的，用人单位不得解除劳动合同。在欧洲的许多国家，这种限制更加严格。

另外，政府对女性的政策支持和为解决人口老龄化的问题采取的必要措施使组织不得不以一种稳定就业和更多安全的方式管理员工。也就是说，当解雇员工的成本上升或管理的灵活性下降时，组织在人力资源管理中就会把注意力更多地集中到一开始就招聘到符合组织未来发展的员工、努力培训和发展已有的员工等上来。在这样的情况下，要保证员工流动管理方法与政府的政策相协调，制定的员工流动政策就会变得更加复杂。

8.2　员工流动管理的理论基础

8.2.1　员工流动必要性的理论分析

为了实现企业员工队伍的整体优化，不断改善员工结构和人员素质，实行员工的合理流动是完全必要的，对人才尤其如此。关于员工流动的必要性，国外学者做了不少研究工作，其主要学说有以下四种：

1）勒温的场论

美国著名的心理学家勒温（Lewin）认为，个人能力和个人条件与他所处的环境直接影响个人的工作绩效，个人绩效与个人能力、条件、环境之间存在着一种类似物理学中的场强函数关系。由此他提出了如下的个人与环境关系的公式：

$B = f(p, e)$

式中：B——个人的绩效；

p——个人的能力和条件；

e——所处的环境。

该函数式表示，一个人所能创造的绩效不仅与他的能力和素质有关，而且与其所处的环境（也就是他的"场"）有密切关系。如果一个人处于一个不利的环境之中（如专业不对口、人际关系恶劣、心情不舒畅、工资待遇不公平、领导作风专断、不尊重知识和人才等），则很难发挥其聪明才智，也很难取得应有的成绩。一般而言，个人对环境往往无能为力，改变的方法是离开这个环境，转到一个更适宜的环境去工作，这就是员工流动。

2）卡兹的组织寿命学说

美国学者卡兹从保持企业活力的角度提出了企业组织寿命学说。他在对科研组织寿命的研究中，发现组织寿命的长短与组织内信息沟通情况有关，与获得成果的情况有关。他通过大量调查统计出了一条组织寿命曲线，即卡兹曲线，如图8-2所示。

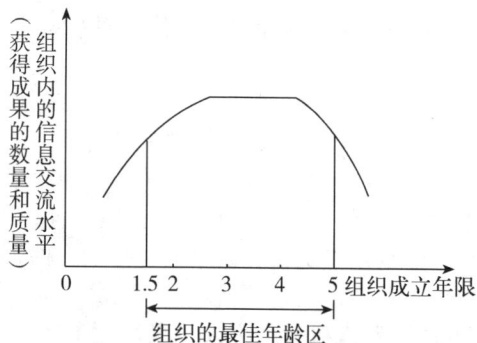

图8-2　组织寿命曲线

该曲线表明，在一起工作的科研人员，在1.5～5年里，信息沟通水平最高，获得成果也最多。而在不到1.5年或超过5年的时间段，成员信息沟通水平不高，获得的成果也不多。这是因为相处不到1.5年，组织的成员之间不熟悉，尚难敞开心扉；而相处超过5年，大家已经成为老相识，相互间失去了新鲜感，可供交流的信息减少。由于大家过于了解和熟悉，在思维上已经形成定势，会导致反应迟钝和认识趋同化，这时组织会呈现出老化和丧失活力，这也就是其成员应该流动的时候了。卡兹曲线告诉我们：一个科研组织与人一样也有成长、成熟、衰退的过程，组织的最佳年龄区为1.5～5年，超过5年，就会出现沟通减少、反应迟钝的现象，即组织老化。解决的方法是通过员工流动对组织进行改组。卡兹的组织寿命学说从组织活力的角度证明了员工流动的必要性，同时也指出员工流动不宜过快，流动间隔应大于2年，这是适应组织环境和完成一个项目所需的下限时间。一般而言，人的一生流动7～8次是可以的，流动次数过多反而会降低效益。值得指出的是，这一理论是针对科研组织提出来的，对企业不能生搬硬套。

3）库克曲线

美国学者库克提出了另外一条曲线，从如何更好地发挥人的创造力的角度论证了员工流动的必要性，如图8-3所示。

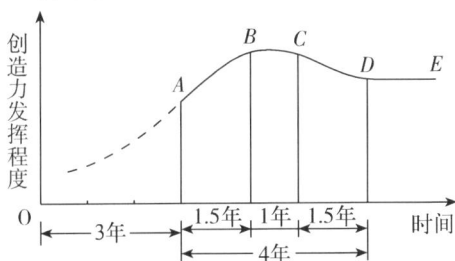

图8-3 库克曲线

库克曲线是根据对研究生参加工作后创造力发挥情况所做的统计绘出的。图中OA表示研究生在3年的学习期间创造力增长情况；AB表示研究生毕业后参加工作初期（1.5年），第一次承担任务的挑战性、新鲜感以及新环境的激励，促使其创造力加速增长；BC为创造力发挥峰值区，这一峰值水平可以保持1年左右，是出成果的黄金时期，随后进入CD即初衰期，创造力开始下降，持续时间约为0.5～1.5年；最后进入衰减稳定期即DE期，创造力继续下降并稳定在一个固定值，如不改变环境和工作内容，创造力将在低水平上徘徊不前。为激发研究人员的创造力，应该及时变换工作部门和研究课题，即进行研究人员的流动。创造力较强的时期大约有4年（AD）。人的一生就是在不断开辟新的工作领域的实践中来激发和保持自己的创造力的，即走完一个S形曲线，再走下一个S形曲线。

4）中松义郎的目标一致理论

日本学者中松义郎在《人际关系方程式》一书中提出，处于群体中的个人，只有在个体方向与群体方向相一致的时候，个体的才能才会得到充分的发挥，群体的整体功能水平也才会最大化。如果个体在缺乏外界条件或者心情抑郁的压制状态下，就很难在工作中充分展现才华，发挥潜能。个体的发展途径也不会得到群体的认可和激励，特别是在个人方向与群体方向不一致的时候，整体工作效率必然要蒙受损失，群体功能水平势必下降。在个人潜能的发挥与个人和群体方向是否一致之间，存在着一种可以量化的函数关系，据此他提出了"目标一致理论"，如图8-4所示。

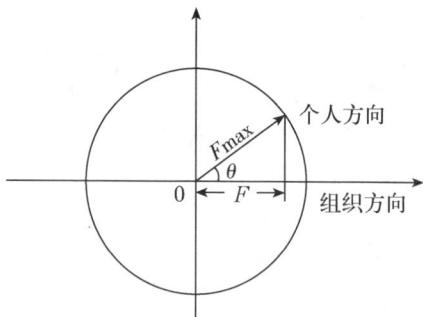

图8-4 个人潜在能力的发挥同个人方向与群体方向夹角的关系

图中F表示一个人实际发挥出的能力，Fmax表示一个人潜在的最大能力，θ表示个人目标与组织目标之间的夹角。三者之间的关系可以表示为：

$$F = F\max \cdot \cos\theta\,(0° \leqslant \theta \leqslant 90°)$$

显然，当个人目标与组织目标完全一致时，θ=0°，cosθ=1，F=Fmax，潜能得到充分发挥；当二者不一致时，θ>0°，cosθ<1，F<Fmax，则个人的潜能受到抑制。解决这一问题有两个途径：

（1）个人目标主动向组织靠拢，或者组织向个人目标方向靠近。个人要从实际出发，自觉限制或改变自己的行为方向，引导自己的志向和兴趣向组织和群体方向转移，并努力趋于一致。而企业一方则积极对个人进行生活和心理方面的关心，进行业务方面的指导，使个体向群体方向转化。不过，这样做往往是相当困难的，如价值观上的差异（对知识的尊重、对金钱的追求、对事业的忠诚）难于弥合，人际关系上的矛盾（任人唯亲、排除异己、忌才妒能）难以克服，业务努力方向上难于一致（如专业不对口，改专业就有可能丧失业务上的优势）等。总之，个人目标与组织目标之间的差距难以在短期内解决，因此这个方法的可取性不高。

（2）进行员工流动，员工流动到与个人目标比较一致的新单位去。如果不流动，员工会感觉到企业不容人，这时员工就应该尽快实现流动，否则，对员工和对企业都没有好处。当个人能够流动到一个个人的努力方向与组织的期望比较一致的企业的时候，员工就会如鱼得水，个人的积极性、创造性得到充分发挥，个人的行为容易受到组织的认同和肯定，从而形成良性循环。

8.2.2 员工流动率的确定

1）员工流动率的计算方法

员工流动率一般是用某一时间段的流动百分比表示。员工流动率的计算方法有很多，因而要根据不同的流动类型选择，然后再进行纵向的跟踪或横向的比较。使用多种方法计算员工流动率，将有利于人力资源管理者从多角度确定员工流动率的合理性。

（1）总流动率

最为常见的员工流动率的指数为总流动率（*TTR*），计算公式为：

$$TTR = S/N \times 100\%$$

式中：TTR——总流动率；

  S——某一时期内（如一年或一个月）员工流动总数；

  N——被研究的企业某一时期在工资册上的员工平均数（可以是一日或一周内工资册上员工的平均数，也可以是某一时期起始时工资册上员工的总数），与这时期末工资册上员工总数之和，再除以2。

这一计算公式主要的缺点在于，它不能反映员工流动的具体原因。因此按员工流动的原因将员工流动分为不同的类型是有实际意义的，如将员工流动分为自愿流动、非自愿流动（由于某些原因而被解雇、辞退、死亡等）。计算员工流动率可将分母保持不变，分子则根据流动原因的不同有所改变。

VQR（voluntary quit rate）表示自愿辞职率，其计算公式如下：

$$VQR = Q/N \times 100\%$$

式中：Q——某一时期内自愿辞职者的数量；

  N——在所研究的某一时期内工资册上的员工平均数。

DR（discharge for cause rate）表示由于某种原因（如玩忽职守等）导致的解雇率，其计算公式如下：

$$DR = D/N \times 100\%$$

式中：D——被解雇者的数量；

  N——在所研究的某一时期内工资册上的员工平均数。

表8-1所示的是企业员工流动主要原因分类一览表。我们可以将分属于一类的员工流动率进行合并相加，这样就可以得知各种类别（如辞职、解雇、辞退等）的员工流动率。

表8-1　　　　　　　　　　企业员工流动主要原因分类一览表

工作不满意：	其他选择：
1.工资的总数	1.回到学校深造
2.工资的公平性	2.军队服役
3.津贴	3.为政府部门服务
4.工作时数及换班制	4.开始自己的事业
5.工作条件	5.相似的工作：相同行业内
6.直接上司的管理技能	6.相似的工作：其他行业内
7.直接上司的人格因素	7.不同的工作：其他行业内
8.合作伙伴	8.自愿的提前退休
9.工作的安全性	9.自愿到附属部门工作（丧失原有资历）
10.工作的意义	10.新的职位：新企业
11.运用技术和能力的情况	新职位
12.职业生涯的发展机会	地区
13.政策与规定	薪金
14.其他：_____	由企业造成的流动：
生活条件：	1.在被解雇之前提出辞呈

1.住房	2.违反政策规章
2.交通	3.试用期内不符合要求
3.照顾孩子	4.出勤情况
4.健康设施	5.工作完成情况
5.闲暇活动	6.辞退：拒绝降级使用
6.物质环境	拒绝调任
7.社会环境	7.终止临时雇用
8.受教育机会	其他：
9.其他：＿＿＿＿＿＿	1.流动去向：＿＿＿＿＿＿＿
个人因素：	2.从哪个部门离开的：＿＿＿＿＿＿
1.配偶调动	3.退休
2.即将结婚	4.死亡
3.家庭成员生病或死亡	
4.自己生病	
5.自己受伤	

（2）员工留存率及损耗率

由于统计资料含义的模糊，总流动率有时无法计算或计算的结果很难令人满意。正如一些学者所指出的，百分之百的员工年流动率给人的直观印象可以是一年中所有员工都流动了一次，或者有一半的员工一年中流动了两次，或者四分之一的员工一年中流动了四次等，究竟是哪一种情形却无从辨别。再者，不同时期内员工流动的原因不同，各种流动率在不同时期的特点也不一样，在计算不同种类的流动率时很难把握这一问题。

为了克服员工流动率计算的这些缺陷，企业应该用员工留存率及损耗率对各类流动做跟踪研究，作为对流动率的补充。

CWR（cohoet wastage rate）表示同批员工损失率，计算公式如下：

$$CWR = L_i/N \times 100\%$$

式中：L_i——在i服务期内，某批员工的流动数量；

　　　N——初始时该批员工数量。

SR（survival rate）表示员工留存率，计算公式如下：

$$SR = S_i/N \times 100\%$$

式中：S_i——在i服务期内某批员工的留下数量；

　　　N——初始时该批员工数量。

员工留存率=1-累计员工损失率

2）对员工流动率的分析

将员工流动类型和员工流动率与外界所报告的数据进行比较是分析的第一步工作。值得说明的是，这种比较要在同一类型的流动率（如辞职率、辞退率）之间进行比较，也要尽量具体地在同一行业、职业、地区及同一时期内进行比较。遗憾的是，我国人力资源和社会保障部及劳动统计部门还没有对这方面进行详细的统计，因而无法使用这一方法。

要使这项工作进行下去，还可以采取另一种调查方法，即队列分析。这种分析方法是对某一队列的员工进行跟踪调查，定期地对选定队列的流动者和仍在企业内工作的员工进行分析比较。这些队列可以是在确定的某一年内雇用的工程师、女性员工、管理人员等。通过对所选队列员工的定期访谈和调查，以及对流动者及仍留在原企业内的同批人员的比较分析，能够明确一些变量（如对工资的认识，对工作内容、职业生涯的预期），以与员工流动相关的变量的变化情况相适应。队列分析可以在员工感性认识、态度及期望等方面，提供一个动态的描述。

在比较之后，有必要根据引起流动的各种个体及企业变量对流动进行详细的分类。表 8-2 给出了一系列对从内部分析员工流动较为有用的变量，它们不是全部而是部分的关于员工流动的分析变量，但是这些变量是人力资源管理者及研究者经常需要考虑的因素。为了客观地分析员工流动，对任一类型的流动做进一步的较为细致的分类都是有益的。

表 8-2 　　　　　　　　　　企业分析员工流动率经常用到的变量

工作职位	工龄	工作成就
工作部门	就业机会是否公平（城乡、民族、性别）	工作潜力
直接上司	受教育水平	价值观与期望
轮班制	受教育类型	态度
地理位置	薪资史	职业生涯期望
工作职责	缺勤	行为目标动机
应聘渠道	工作史	流动原由

我们可以就某一时期的某一变量进行分析，更可以将多种影响员工流动的隐含变量结合起来考虑，这对正确分析和诊断流动现象更具有实际意义。随着人力资源信息的计算机管理越来越普及，人力资源管理部门现在已经能适时地报告和分析员工流动信息，并且也可以利用多变量交叉表来进行分析了。

3）确定合理的员工流动率应把握的准则

（1）合理的员工流动率应有利于员工满意程度的提高和增加员工投入感。如果组织内部向上的提升变得更快速的话，员工对其职业生涯发展的满意程度会增加。平级的调动似乎也能产生相似的效果。这些又反过来增加员工对组织的贡献，因为员工从个人回报方面看到了光明的前景。

（2）合理的员工流动率应有利于提高员工的能力。在流动率和员工能力发展之间可能存在着一条曲线。缓慢的员工内部流动（平级或垂直流动）可能产生的结果是，员工获得发展技能和能力的机会太少，他们成为通才的机会也太少。另外，快速增长的组织会带来非常迅速的员工内部流动，这样可能产生的结果是，员工个人获得了比较快的晋升，但是他们的技能和能力并没有获得相应的增长，这样就可能是个人的失败和由此产生的组织投资的损失。

（3）合理的员工流动率应成为促进员工的动力。在相同的职位上工作一些年，就会使一个人对精通了的这项工作逐步丧失动力，因为工作对他已不具备挑战性。另外，如果对某项工作还不够熟悉，不但会使员工的发展缺乏必要的基础技能和能力，还会妨碍个人产生继续发展的持续愿望。

（4）合理的员工流动率应在把握组织效率的基础上兼顾公平性和一致性。缓慢地上升会使员工对组织中决策过程的公平性产生怀疑。而高的流动率可能会导致家庭质量受损，尤其是家庭中的关系恶化。在高速成长的高科技企业，员工个人的压力和较高的离婚率并非罕见。

实际上，确定员工流动率还应该在遵循上述四项原则的基础上充分考虑成本的因素。一名员工在职时间不长的话，他的效率比较低，而员工的培训和调动成本比较高；而老员工又存在动力不足的问题。因此，在制定流动政策时应该有成本观念。总之，不论是过高的流动率还是过低的流动率都不利于企业效率的提高。

8.3　员工流入与内部流动

8.3.1　员工的流入管理

员工流入工作是由招聘、筛选和录用过程构成的，也就是前面第 4 章所讲的员工招聘。而在这里，我们需要了解的是，从员工流动管理的角度企业应该如何看待员工流入。

现在的企业越来越多地认识到，确定正确的员工流入管理理念对于塑造企业文化和实现企业战略目标是非常重要的。企业要想搞好员工招聘工作，就必须学会站在高于传统招聘的角度来看待员工的流入问题，形成正确指导员工流入管理的思想和理念。从这个角度上看，企业在做员工流动管理工作时就应该充分认识到以下几点：

（1）将企业文化作为招聘的标准。与企业文化不能够融合的员工，即使是有能力和技能的人，也是会对企业的发展不利的。因此，企业就应该通过对企业内部文化的理解，确定在企业特定的文化中要获得成功需要具备的特征。列举出这些特征，在招聘时将它们作为招聘的标准。

（2）建立流畅的招聘工作流程。如果招聘不是按照一个很有条理的程序进行，如果招聘流程本身有不协调的地方，招聘就会丢失好的应聘者，招聘完成后还会形成较高的员工流失率。招聘工作不一定是复杂的过程，但必须有很明确的方向，有一致的招聘标准。一个安排得有条理并且前后一致的招聘过程，不光会使招聘本身有效率，还会给应聘者留下良好的印象，从而使他们在进入企业后有积极工作的愿望。

（3）考核招聘人员，使之具备相应的知识。在筛选候选人和对招聘进行决策时，相关人员必须了解职务分析、筛选过程以及对招聘过程的管理和时间安排等知识。而实际情况常常是很多高层管理人员对招聘过程是比较陌生的，他们又必须在招聘过程中扮演重要的角色，因此，花费时间让每一个涉及招聘过程的人对这一重要过程有所了解是必要的。

（4）关注招聘成本。对于替补一个离开组织的员工，哪怕是最普通的员工，只要是认真计算，所花费的成本都是很令人吃惊的。在发达国家，由于员工流失率普遍很高，大多数的管理者都已经意识到不能轻率地对待招聘。在计算过招聘和员工流失成本之后，可以使人们意识到进行招聘必须仔细。招聘成本一方面反映在招聘本身的直接和间接成本上，另一方面反映在替补流失员工的成本上。

（5）持续关心招聘渠道。企业应该不断地寻找新的招聘渠道，跳出传统的渠道，用敏锐、快速的反应适应市场和企业发展的需要。例如，一些企业在教育机构附近选择办公地点，与大学建立长期的、持续的联系，招聘学生假期工作，甚至像微软公司一样通过发展自己的教育机构等措施来获得人才。

（6）适当考虑应聘者的多面性。在实际招聘过程中，一般都是针对一个特定的职位进行招聘标准的制定。但最后选拔上来的人在企业中从事的并不一定是这个职位。这就提出了一个问题，即应聘者是否应该具有多面性，也就是说他是否需要具备更容易接受新的任务和挑战的能力。如果企业处于快速的变化、发展中，企业内部结构不是很稳定，不具备这种能力的员工就很难适应工作的变化，这些就要求企业在最初招聘的时候就将多面性作为一个小的考核点。

（7）研究竞争对手的招聘技术和招聘战略。在激烈的市场竞争中，企业不仅要在资金市场、产品市场上与竞争对手竞争，在人力资源方面，尤其是人才方面更要竞争。因而，企业应该时刻关注核心竞争对手的招聘技术和招聘战略。通过与曾经在竞争对手的企业中工作过的企业员工交谈，研究竞争对手在专业和行业年会上的发言等方式来学习对手的优点，为己所用。

（8）确立招聘者与应聘者共同的利益关系。因事择人实际上是一个企业和员工建立就业契约的过程。这与一般的具有法律约束力的"聘任合同"是不一样的。如果当时的人力资源管理的招聘工作仅仅达到了建立"聘任合同"的目的，就不是真正的人力资源管理，而仅仅是传统的人事管理。就业契约的目的是使应聘者和企业双方的需求和愿望有机地融合为一个整体。企业要求员工能圆满完成任务；员工要求能充分发挥自己的才能，获得相应的报酬。这就要求人力资源管理部门在招聘过程和其后的人力资源管理活动中，积极消除那些不利于建立良好就业契约的障碍，把企业的要求与员工的要求结合起来，使双方同时感到满意。

（9）树立企业在劳动力市场上的良好形象。企业在本地是否建立起很好地对待员工的名声，企业员工在社会中是否是一种成功人士的形象，对于能否吸引到更多的潜在求职者有很大的影响。立体式、全方位、多角度地宣传企业，努力使自己的员工感到在本企业工作是一件值得骄傲的事情，会使流入渠道更加畅通。

8.3.2 员工的内部流动

员工一旦进入组织，他们就可能要在组织内部流动（调动、岗位轮换、晋升和降职），以适应组织的需要和满足自己的职业抱负。

1）平级调动

它是员工在组织中的横向流动。一般说来，这样的流动并不意味员工的晋升和降职，但却与员工的职业生涯发展密切相关。如平调可能是为了使员工获得进一步晋升所需的经验而做的特别安排，也可能是对员工的一种变相的降职处理。

值得注意的是，组织应对调动有明确的管理规定，包括：在组织要求调动时，应该给员工多长的时间准备，组织支付调动费用的条件以及支付方式和支付金额；在员工提出调动的情况下，员工应该提前多长时间通知组织，组织应该在什么时间范围内批复员工的调动请求。这样，组织和员工就可以将调动造成的损失降到最低，并且可以使组织避免由于调动可能带来的法律诉讼。

2）岗位轮换

岗位轮换是德国克虏伯工厂的一名工人首先提出来的。他认为如果让在流水线上工作的工人定期轮换岗位，可以使他们对工作保持新鲜感，这样就会使生产效率提高。但是，这一建议在刚刚实施时并没有取得预想的效果。之后一名技术工人发现应该让所有工人的轮换错开，不能让他们在同一时期一起轮换。在采用了他的建议后，岗位轮换真正提高了生产效率。岗位轮换后来成为一个可以在组织各个部门之间、在不同类型员工之间实施的员工流动方法。

3）晋升

晋升是指企业员工由于工作业绩出色和组织工作的需要，沿着组织等级由较低职位等级上升至较高等级。对员工来说，晋升是一种成就，使他们具有更高的职业工作地位并承担更重的责任，同时也为他们带来了更高的薪资福利。所以，一般来说，企业管理层利用晋升来激励企业的员工，使他们富有成效地努力增长他们的知识和技能。合理的晋升有利于避免员工的流失，尤其是有利于避免企业有价值人才的流失，从而维持企业人力资源的稳定。因为如果晋升渠道不畅通，人才就会外流到其他有畅通渠道的企业。同时晋升还有利于保持企业工作的连续性和稳定性，因为企业在较长的时间内必然发生员工的退休、退职、调动和升降所引起的职位空缺。稳定可靠的晋升制度能够保证这些空缺得到及时的填补。

尽管晋升有许多的好处，但是晋升也有其不利的一面。这主要是由于不当的晋升常常会成为企业管理层与员工之间矛盾的根源。一方面，管理层要满足员工的晋升需要，同时又必须保证被晋升的员工有相当高的工作效率；另一方面，员工渴望能够在晋升决策中参与意见，尤其是对他们的直接上级的选择，因为这些人选直接关系到他们的发展前途。

4）降职

降职是员工在组织中向更低职位的移动。这里的更低是指由于这样的调动使员工承担的工作责任降低了，收入也相应地降低了。它与晋升正好相反，晋升是在组织的社会阶梯上向上流动，而降职是在组织的社会阶梯上向下流动。

降职通常使一个人情绪激动，感到失去了同事的尊敬而处于尴尬、愤怒、失望的状态，生产效率可能会进一步降低。因而在采取降职措施时应该征求本人的意见，努力维护当事人的自尊心，强调当事人对组织的价值，使其保持一种积极的心态。

8.4 员工流出

8.4.1 员工的自然流出

员工的自然流出可能是由于员工伤残、死亡和年老等原因造成的。死亡和伤残属于自然或意外因素所致，其影响因素具有偶然性，因而无须赘述。这里只介绍自然流出的一种主要形式——退休。

退休是指员工在达到一定的年龄并为组织服务了一定年限的基础上，根据企业以及当地政府的一些规定享有退休金的一种自然流出方式。退休对于员工来说是工作生活经历的一件重要的事情：一方面，退休意味着他们已经达到了其职业生涯的顶点，退休后，他们可以从长期的工作压力中解放出来，享受自己劳动的果实，再也不用为工作上的问题而操心，这是一件让人高兴的事情；另一方面，退休又常常会变成一种痛苦，尤其是对那些对工作有需要的人，无所事事似乎是更难接受的生活状态。退休者面对"没有生产率"的生活会感觉失去了组织的归属感，丧失自我价值。因而如何从心理上、生理上和生活上克服这种消极状态已经成为退休者面临的最重要的任务。当今的组织越来越认识到自己应该积极地帮助员工来面对这样的变化，制订良好的退休计划，这不仅可以使退休员工顺利地度过从工作状态到赋闲在家的转型阶段，而且可以对人才具有吸引的作用，有利于后来者的发展，保证人力资源的新陈代谢，促进企业的活力和效率。

在美国最常见的退休计划的基本做法包括：说明各项社会保障福利、休闲咨询、财务与投资咨询、健康咨询、生活安排、心理咨询、公司外第二职业咨询、公司内第二职业咨询等。另外，企业允许退休的员工进行兼职工作也成为一种趋势，以此作为正式退休的一种变通方法，在员工的职业生涯管理中可以予以考虑。

8.4.2 非自愿流出

1）解雇

尽管企业通过人力资源规划对企业人力资源的现状和未来进行了尽可能详尽的了解和预测，通过人员招聘与甄选对员工的素质进行了大量的鉴别工作，并在后来的工作过程中通过绩效评价和培训与开发等活动对改进员工的技能、素质以及绩效进行了大量的努力，但还是会由于市场变化的偶然性或者一些员工无法达到要求的绩效水平而需要进行裁员，也就是解雇一些员工。所谓解雇就是依照法律规定的条件，解除与组织员工劳动合同关系的行为。实质上，解雇是对企业员工的一种惩罚，是员工的非自愿流出，因而是一件非常困难的事情，并可能带来经济甚至人身上的危险。企业在进行解雇管理时要格外小心，遵循原则和规定，以尽量避免不良后果的发生。

2）提前退休

提前退休是指员工在没有达到国家或企业规定的年龄或服务期限之前就退休。提前退休常常是由企业提出来的，以提高企业的运营效率。一般而言，提前退休者的退休金根据提前时间的长短而逐年减少。这是当今许多企业在面临市场激烈的竞争时，使自身重现活力而采取的用于管理员工流出的一种很流行的选择。

对组织而言，提前退休可以在企业面临大量裁员抉择时缓解裁员压力，并且可以为年轻员工的晋升打开通道。但是，对于这种做法也有一些反对意见。一些学者认为，提前退休是对传统退休制度的破坏，它剥夺了国民工作权利和自由意志，退休年龄的提前使大量有用的劳动力脱离劳动力市场，不但浪费了大量有用的人力，而且使国家经济遭受损失。在人的寿命普遍增加的当今，一个员工身强力壮、学识积累日益增长的时候，被强迫退休无疑是"化有用者为无用者"，增加政府的负担。

在员工流出中还有一种形式就是自愿流出。员工自愿流出问题在理论上有许多学者在关注，在实践中一些企业也设立了专门的人员或部门做这方面的工作。为强调员工自愿流出问题的重要性，本书将在下一节单独讲述。

8.5 员工流失

8.5.1 员工流失的内涵、种类以及流失员工的特点

1）员工流失的内涵和种类

员工的自愿流出是员工个人动机或行为的具体表现，这种流出方式对于企业来讲是被动的。作为企业愿意看到的自愿流出，当然对员工和企业是一种双赢，没有必要再多述。本书在此只讨论企业不希望出现的员工流出，这样的流出往往给企业带来特殊的损失，因而又称为员工流失。

按照员工与企业之间的隶属关系来划分：一种流失是员工与企业彻底脱离工资关系或者说员工与企业脱离任何法律承认的契约关系的过程，如辞职、自动离职；另一种流失是指员工虽然未与企业解除契约关系，但客观上已经构成离开企业的事实的行为过程，如主动型在职失业。主动型在职失业是指员工个人在保持在职的条件下对失业不太在意的一种情况。主动型在职失业这种做法在国有企业员工中采用得较多，这些员工一般都在积极从事着第二职业，并不在意失去这份工作带来的收入减少。

2）流失员工的特点

（1）流失的员工多是一些已经或将来能够为企业形成竞争优势的企业人才。从总体上看，他们往往能够创造、发展企业的核心技术，建立和推动企业的技术和管理升级，扩大企业的市场占有率和提高企业的经济效益，并且他们是一群务实、积极和具有献身精神的员工。

（2）流失的员工是市场争夺的对象。随着国外企业的涌入，对人才的争夺愈加激烈，这些掌握一定资源的员工为了能够充分利用自身的优势而加快了流动的步伐。一旦发现当前的环境不再适合自己的发展或待遇不公就会另谋高就。

（3）流失的员工的工作更多的是依赖知识而不是外在条件或工具，应对各种复杂多变和不完全确定的环境下可能发生的情况，进行创造性的工作。

（4）流失的员工会使企业面临巨大的损失。这样员工的流失可能意味着大量行业信息和科技成果的流失，或者一个产品、许多用户，甚至一片市场被带走，抑或使原来的生产和研发计划不能实施、商业秘密的泄露、其他员工积极性的挫败等。每项的发生都会给企业带来无法估量和难以追回的损失。

8.5.2 员工流失的因素分析

员工的流失是由多种因素综合产生的结果，一般可以分为外部宏观因素、企业因素和个人因素三种。只强调其中的任何一种因素都会导致对员工流失偏颇的理解。但是如果从企业的角度来看，企业因素可以由企业来控制和把握，个人因素可以由企业来施加影响，而宏观因素却几乎是企业不可控制的。因此在我们以提高企业经营效率为出发点进行研究时，可以看到宏观因素虽然有着不可忽视的影响，如经济状况不佳、就业机会不多会对企业的员工流失率起下降的作用，但是它的不可控性使得它对企业的实际管理不具备可操作性。因而这里仅在以企业效益为目标的基础上讨论员工流失的企业因素和与工作相关的个人因素。

1）企业因素

（1）工资水平

可以说工资水平是决定员工流失的所有因素中最重要的影响因素。工资的稳定增长有助于稳定员工，但是有时工资的下降也会在一定意义上稳定员工队伍，如在比较特殊的时期发生的工资的轻微下滑，往往被员工认为是经济周期的萧条阶段到来的标志，从而会使员工完成从追求较为满意的工资待遇向期望稳定工作的重大转变。

大多数的自愿流出者是为了谋求比原来薪水更高的新工作，当存在较高的通货膨胀和工资增长的压力较大的时候，员工对高收入的追求将更显著。对工资水平的研究不能仅停留在总量上，这不能揭示企业中可能存在的工资分配上的不公平性。因而要看到工资和员工投入之间的关系，以确定工资水平是否公平。

（2）职位的工作内容

职位设计已经不容忽视，较好的职位设计可以给员工更大的工作满足感。这包括工作任务的多样性、挑战性、工作时间的灵活性、职位的自主权和责任等。

（3）企业管理模式

普莱斯研究发现，如果员工愿意参与企业的决策活动，并且愿意参加到企业的群体中去获得信息，那么企业集权化越高越会导致较高的员工流失水平；企业内成员之间的相互融合程度及信息交流的畅通程度越高，则可能存在较低的员工流失水平。在下一节还会涉及企业管理模式对员工流动的影响，可以看到员工的流动是与企业的战略相关联的。

（4）企业对员工流失的态度

一个企业可以把自己企业中员工划分为两种：一种是可以被储备起来的员工，或者说应该被储备起来的员工；另一种是可以流动的员工。那种充分利用被储备的员工进行经营活动的企业则可以被称为"储备型经营企业"；而那些利用员工流动进行经营的企业则可以被称为"流动型经营企业"。在后一种企业中，企业所需要的员工大多数是由短期劳动力市场提供的，以对员工采用"租赁经营"的形式来雇用，流动率是相当高的。在我国，目前有相当多的外商投资企业就是采取这种雇用策略。

2）与工作相关的个人因素

（1）职位满足程度

满足程度是由个人期望与实际提供之间的差距程度决定的，包括个人在价值观上的差异和个人对企业因素的感觉。在职位满足程度和员工流动之间存在着负相关关系，员工的不满足将会构成退出的动机。但值得注意的是，许多研究显示职位满足与员工流动的负相关系数不超过 0.4，这表明单独用整体的职位满足感不能说明问题，员工对职位的满足还需更细致地划分，充分考虑员工对工资的满足、对晋升的满足、对职位内容的满足、对工作中的合作者的满足、对上司的满足和对工作条件的满足六个相关的因素。此外，仅仅考虑与职位相关的满足是不够的，还应该看到员工感觉到的企业外的职位机会。

（2）职业生涯抱负和预期

员工对某一职位能否实现自己的职业生涯抱负也影响着他的退出决策或行为。例如，一个软件设计者现在对其职位的工资、上司、同事和晋升机会都很满意，但是现在的职位却不能实现他的梦想——开设自己的软件设计公司，因此他也许会流出企业。相反，一个接受了管理培训的人，也许对这一职位所能够提供的工作安排、工作内容等都不满意，但是，由于他看到了更长远的改善机会和将来的职业生涯机会，而没有选择流出。

（3）对企业的效忠

对企业的效忠是指员工对一个特殊的企业的参与和认同的程度。员工对企业的效忠至少有三个特征：①很坚定地相信并接受企业的价值和目标；②自觉地为了企业的利益而付出努力；③具有很强烈地保持员工身份的愿望。它与员工流失之间存在着正相关关系。

（4）对寻找其他职位的预期

不同的员工对于企业外面的机会的感觉是不同的，有的员工能够比较充分地获得各种各样的信息，有的员工则缺乏这方面的才能。员工对寻找其他职位机会的预期会直接影响他寻找这些职位的愿望，企业可以在这方面来控制和管理员工，有意识地对他们施加影响。

（5）压力

美国学者舒勒在他著名的关于工作压力的文章中把压力定义为一种动态的条件。在这种条件下，个人面临着一种机会、一种限制或者一种要求，他必须进行他希望进行的工作，但是他不知道进行这一工作或解决这一问题的方法，而他却知道这无论如何都将导致重要的结果。工作压力可以产生积极的影响，也可以导致消极的后果。也就是说，压力可能带来员工的流失，企业可通过这方面来把握员工的行为。

（6）员工所属的劳动力市场

如果一个人的工作属于全国性的劳动力市场，那么他就可能在比较远的地方寻找工作机会。全国性的报纸职业广告、各地招聘会、就业机构等都可能使员工离开工作岗位。如果一个人属于地方性劳动力市场，他就很难在其他地区寻找到更好的工作。

应该说明的是，上述这些因素并不能显示某个具体员工是否可能流出和为什么流出，而是在说明它们在总量上存在着这样的关系，只可以运用于把企业看作一个整体的分析上，针对每一个员工这样的推断是不可取的。

8.5.3　对员工流失的管理和控制

由于有效地控制员工流失涉及企业人力资源管理的每一个环节，要减少员工流失，实际上需要从其中每一个环节进行有效的管理。员工流失是企业人力资源管理质量的最直接反映。企业发生高流失率是员工不满的客观反映，是企业缺乏稳定性的表现。这个问题的复杂性和多面性使我们清楚地认识到，对企业员工流失的管理没有什么灵丹妙药，也没有一剂普遍适用的偏方，所以在这里不能就所有员工流失的有效管理方法进行讨论，仅讲述一些管理和控制员工流失的方式和原则。对于方法，有待读者自己思考。

1）管理和控制员工流失的方式

（1）对员工流动的立法管理

立法管理就是利用政府制定的相关法律法规对员工流动进行有效的调控。市场经济是法制的经济，劳动法、合同法、经济法等一系列法律法规的建立以及进一步完善，使得企业可以借助法律来保护和规范自己，使不合理的流动受到强制性约束。

（2）对员工流失的规章管理

要减少员工的流动倾向，除了要为员工的发展创造良好的环境，不断增加自身的吸引力外，还必须采取一定的措施加强对员工流动的规章制度管理。制定的规章可以包括：企业要与员工签订劳动用工合同，在合同期内企业不能无故辞退员工，员工也不能擅自离开企业，一方违约必须向另一方交纳违约赔偿金；员工离开企业必须向企业交纳教育培训费。企业对员工的教育培训进行投入-产出分析，据此计算出由此给企业带来的损失；员工离开企业不再享受企业为员工提供的福利和待遇等。

（3）建立完善的人力资源管理体系

如果说法律和规章制度是员工流失管理的硬环境，那么良好的人力资源管理体系就是员工流失管理的软环境。良好的人力资源管理体系是企业在人本主义思想的指导下，通过对招聘、筛选、职位内容、薪酬福利支付、职业生涯管理，还有企业文化建设等诸多方面的努力和不断的探索修改，逐步形成的。想要控制员工的流失，首先需要对企业的人力资源管理的各个环节进行仔细的诊断，然后找出自己管理中存在的相关问题，从而判断员工流失的原因和后果，以采取相应的措施。

2）管理和控制员工流失的原则

（1）差别性控制原则

在企业对于不断高涨的员工流失率感到有控制必要的时候，常常可能实行无差别政策。这是由于企业对员工流失的原因和影响缺乏充分或正确的了解和掌握，而对员工流失采取了不恰当的、无效的甚至是负效的政策和决定。如企业为了减少员工的流失而采取对全体员工加薪，采取"隔离"管理人员之间关系的密切程度或盲目规定一定比例的员工更替率等不切实际的一刀切政策。这些无差别政策，一方面会严重抑制高效劳动者的积极性，使他们感到企业对他们的不公平而可能决定流出；另一方面还会使企业各项工作缺乏灵活性，造成为了保持一定比例的流失率而对本该解雇的员工采取迁就的态度，或者为了实现一定的流出率，把本来工作很有成效的员工解雇的现象。差别性控制原则就是，从根本上找出问题的缘由，对症下药，这样才能避免上述现象的发生并建立正常的秩序。

（2）效率原则

效率一方面取决于边际生产率（每增加一个单位资源的投入所带来的产出的增量）。当企业的劳动生产率降低时，企业人员应该流出去；当企业的劳动生产率增大时，企业人员应该流入。另一方面的效率是指员工流动过程中的效率。员工应该尽量减少在流动环节中的停留，不要被阻滞或积压在流动过程中，也就是说流动应该高速，争取在最短的时间内流动到位，这样对员工个人、对企业、对社会来说都有好处。

（3）适度原则

适度的员工流动是保持企业员工系统新陈代谢、提高系统功能的重要方式。过高的员工流失率不仅会增加企业的培训与开发费用，而且干扰生产的进度和秩序，严重时还会影响员工的士气和情绪，不同的企业对什么是适度的员工流失率会有不同的答案。因此各个企业应根据自己的具体情况确定适度的流失率的阈值。企业应该以此水平为警戒线，设置预警系统，一旦企业的员工流动率超过了该阈值水平，企业就应该及时采取措施进行诊断和处理。

（4）保密原则

在激烈竞争的市场中，每个企业都有自己的产品优势、技术优势和市场优势，在生产工艺、技术、原料配方、设备、工艺装备、操作规程、检验方法、物耗、产值产量、成本利润、资金实力、发展规划等多方面都存在自己的机密。企业的高层人员、关键岗位的员工往往掌握着许多相关的机密，这些员工的流失，常常意味着企业机密有泄露的危险。这对处于市场竞争中的企业来说是一种巨大的损失。尤其是有的时候，企业的竞争对手出于恶意而利用"猎头公司"挖走企业的技术人才或管理人才，通过让对手的技术骨干流失来使对手不能继续进行技术开发，严重的时候，甚至会危害到企业的生存。我国改革开放以来，由于员工流失而带来的技术泄密案件越来越多，涉及的案值也越来越大。因此，企业必须加强保密意识，并采取切实的措施。一方面，企业对于能够接触到企业机密的人员应该视机密效益期的长短在当事人流失前设置必要的隔离期，即在这些员工流出企业的一定时间内禁止从事与可能泄露企业机密相关的各种活动。另一方面，企业应该加强员工的内部流动，以减少员工接触机密的机会。企业还必须防止员工借企业的名义进行个人活动。

8.6　员工流动的战略性管理

组织中员工流入、内部流动和流出的模式影响着每一个员工的就业稳定性和他们的职业发展，也影响着员工的能力水平和综合才能，影响着作为一个社会的福利。因而在决定组织的流动模式时，应该将员工、组织和社会三者都考虑进去，从这种意义上说，人力资源流动是一个战略性管理的领域。

8.6.1　可供选择的流动模式

在一个组织中，可能存在四种基本的人力资源流动模式，第四种是前三种的混合。这些模式中的每一种对员工的福利、组织的有效性以及组织在社会中的角色都有不同的影响。四种流动模式类型分别是：

1）终身雇用模式

在这种流动模式中，员工从组织的底层进入组织，之后他将不再流出组织，整个职业生涯都将和该组织联结在一起。对不同的员工群体，底层的定义是不同的。蓝领员工进入组织中基层的职位，而 MBA 毕业生被雇用则是直接进入空缺职位。没有人会因为经济周期的原因而被解雇，但是可能会因为其绩效不佳而被要求离开，这就要依组织的不同而不同，也会因国家的不同而不同。日本的一些大公司在使用这种制度时，一般不会因为员工绩效不佳而被解雇，而是被安置到相对不重要的职位上去。在惠普、IBM 和其他一些高科技公司也有终生雇用制，但是其绩效不佳的员工就会在分别处理的基础上被解雇。在欧洲，由于在法律规定下的解雇成本已经高到公司无法接受，尤其是解雇年老的员工，使得公司被迫在这种模式下运营。

2）或上或出模式

在这种模式中，员工从公司的基层，按预定的轨道在组织中晋升，直到他们达到上层，此时他们会被给予组织的完全合伙人的地位，通常有一定的时效。如果在此上升道路的任何级别上不能被提升，或者不能到达最高级别，通常意味着此人必须离开。该体系在其基层有较高的离职率，在上层则相对稳定。发达国家许多大的会计公司、法律公司、管理咨询公司以及大学企业是该类型的例子。

3）不稳定的进出模式

在这种模式中，员工可能会在组织中的任何一个层次进入，这依赖于组织的需要。并且在其职业生涯中，因为经济周期、绩效不佳或是与新的管理层不配合等原因，可能在任何层次和时间被要求离开。有时，雇用合同在一定期限内有效，以保证员工在这段时间内有一定的稳定性。虽然这种类型的体系不限制在某一产业中，但是它还是多见于业绩被认为是个人的函数（而非群体的）以及高度可变（通常由个人不能控制的外部原因引起）的产业中，如娱乐业（体育队伍和网络电视）和零售组织。在这种流动模式中，组织经济效益的不好容易引发解雇，而较好的经济效益又会带来雇用。

4）综合模式

只有很少的组织是完全依照上述模式之一的，大多数组织是将它们结合起来运用。如日本的大公司只对其核心的员工实施终身雇用模式，而对临时工和妇女采用进出模式。有的公司对最高管理层采用终身雇用制，对中层和低层的管理人员则采用进出模式。

在许多情况下，组织对模式的选择与其说反映了一系列相关联的管理层的态度和价值观，不如说反映了组织在其中运营的经济环境。如果对公司产品的需求正遭受严重的经济波动的影响，公司就更可能采用进出的流动模式，当恶劣的经济条件弥漫开时，就解雇其员工。反之，在快速增长的产业中，公司可能采取终身雇用模式，这只是因为它从来没有面对过严重的经济滑坡。如果劳动力市场就公司所需的技能有充足的供应，进出的模式就会被常用，因为该模式允许公司相对便宜地更新其员工。流动模式也可能由公司创立者的哲学所塑造。比如詹姆斯·林肯相信员工不应该由于管理层的错误而经受苦难，他的这种信念导致他在林肯电气中采纳了众所周知的终身雇用模式。

8.6.2　流动模式选择的战略内涵

工作中的一些具体因素塑造着有关雇用、晋升和解雇员工的一连串管理决策，同时也在塑造着企业经营的理念。随着时间的推移，一个人力资源流动模式就被组织化地固定下来。如果经理知道企业将要在某些岗位上削减员工，那么，他们就可能会对自己雇用谁以及如何严格地控制人员的数量方面漠不关心。他们可能有意地做额外员工的储备，以作为对最终要发生的裁员的缓冲，这样的决策又使裁员不可避免。造成这种恶性循环过程的原因在于没有把组织化的流动模式对组织和其员工的关系，以及企业和社会之间的关系影响考虑进去。为了让企业在选择人力资源流动模式时更有战略性，企业总经理应该在其人力资源专家的支持下仔细地衡量这些决策对广泛的关键的战略后果的影响，这包括员工的忠诚和能力、组织的适应性和组织文化的影响以及对组织在其中生存的社会关系的影响。

1）对员工忠诚的影响

那些知道自己在经济衰退时会被随时解雇，对自己和组织的关系的看法和那些知道自己直到退休都会有工作的员工，是很不相同的。每一次组织对员工的解雇都影响着在职工作员工对组织的忠诚度。具有不安全感的员工可能对自己和组织的关系斤斤计较，只有当其职业生涯的需求被迅速地满足时才决定留下来。而相信自己直到退休都和组织在一起的员工则可能在与组织的关系上有一种更长远的目光。在其职业抱负中，他们可能愿意接受较慢的提升或是临时的降级，而不降低其忠诚程度。人员流动采用或上或出模式的企业在从较年轻的、正寻求提升的员工那里获得高水平的激励上很成功，但是，在其高级员工中可能会发生激励不足。这样，有关雇用安全、晋升和降级的不同的流动模式和政策就塑造了其自身，使员工产生不同的观点来解释他们为什么工作，以及他们为什么要为特定的企业工作。他们工作是为了积攒报酬，如金钱和晋升，以便他们可以带到另一个企业，或者他们工作是为了给一个他们要在其中退休的机构做贡献。在个人和组织之间，不同的流动模式创造出了非常不同的"心理契约"。

当然，并不是流动模式本身就可以创造出员工对组织的高度忠诚。一些流动模式（尤其是不稳定的进出模式和或上或出模式）使员工难以对组织长期忠诚，即使员工对工作、工资和工作条件都感到满意，如果他们感觉不到在企业就业的稳定性，他们也不会轻易表现出对组织的忠诚。终身雇用制为创造忠诚提供了一个基础，除此之外，管理层还必须能在报酬、工作条件和绩效评估等多方面开发出有效的政策以提高员工的忠诚度。

2）对员工能力的影响

组织流动模式影响着经理如何考虑管理的一般任务。不稳定的进出模式使管理者强调对员工的选择而非强调对员工的开发。如果在雇用和解雇上并没有限制和值得注意的成本，那么，为什么要在发展员工上付出努力呢？另外，如果解雇员工费力又费钱，经理们就会在选择上更仔细，并且在开发上投资更大。这种开发不但能提高员工的能力，还能改变员工和组织之间的关系。想使自己有发展机会的员工通常会对组织有更强的忠诚感。

3）对组织适应性的影响

流动模式也会影响组织的适应能力。定期的劳动力削减迫使组织"伐除那些朽木"，使新一代的员工有机会重塑组织，这是管理变化的一种方法。在采用不稳定的进出流动模式的组织中员工可能会更富有多样性，而多样性一般来说是有利于创新的。由于新来的人还未被组织同化，他们能够用新的方式来看待老问题，并提出不同的解决方案。这使许多人认为，日本企业之所以没有美国企业那么有创新性，就是因为他们采用的是终身雇用制。但是我们应该看到，如果这些企业系统地招聘具备不同背景和特质的人才的话，多样性也是可以在终身雇用制的企业中建立起来的。另外，进出模式和或上或出模式也能受到适应性的影响，因为从低层快速晋升上来的人往往没有权力或关系网来发动一个大的变革，或者是冒不起这么大的风险。

4）对文化的影响

每一个组织都有自己的文化，即一系列指导员工行为的共享信念和价值观。然而，不同组织的文化影响力是有差异的。文化在有的组织中具有很强的影响力，以至于能够成为塑造行为的极其强大的力量，而在另一些组织中，价值观并不是如此广泛地被共享，对员工行为的影响也较小。

文化的力量要受到流动模式的影响。因为流动模式决定着员工和组织在一起的时间，从而决定着学习和传播一系列企业信念的可能性。如在不稳定的进出模式中，人员流出率很高，以致员工未被充分地同化就已经离开组织，而且在这样的组织中也没有足够多的长期员工来传播文化。因而在采用这种模式的组织中要发展文化就像往一个有洞的瓶子里灌满水一样难。而在终身雇用制的组织中，发展强有力的文化相对就会容易一些。因为员工更有可能认同组织，并且希望被同化。稳定的高级员工群体也能够帮助新成员被同化。或上或出模式也是可能发展出强有力文化的，只是保持文化的重担要落在相对数量较少的高级员工肩上。

另外，流动模式还可以影响文化的类型，尤其在权力的分配上。或上或出模式可能发展出这样的文化：高级合伙人创造了组织并且拥有权力，底层员工则无权，他们只有依赖高级员工来取得同意和获得晋升的机会。而在终身雇用制中，高级员工会比那些留不下来或提不上去的员工有更多的权力。

5）对组织在社会中角色的影响

不同的流动模式对组织在社会中角色的认识是不同的。不稳定的进出模式认为员工存在的目的是帮助组织来赢利，而终身雇用制认为组织存在的目的是提供稳定的就业和保障员工的生活。不同的管理人员对组织在社会中存在的意义都有不同的理解。在林肯电器的奠基人詹姆斯·林肯以及松下电器的主席松下幸之助的信念中，利润只是一个衡量的方法，组织在社会中有更高的目的——为顾客提供有用的产品或服务，以及为劳动力提供有意义的工作，终身雇用制适应这样的观念。而美国的经理通常把利润看作组织的主要目标，采用的流动模式也正体现了这样的信念。

上面所述表明，人力资源流动模式能对雇主与员工关系的几个重要方面造成影响。然而，在许多组织中，流动模式是依据当时的形势做出的反应性变动。这就要求组织应该依据基本原理以及它对上述影响因素的后果来仔细审查已有的流动模式，从而创造性地做出有利于组织战略的流动决策。

本章小结

员工流动分为流入、内部流动和流出三种形式。我们可从员工角度和社会角度来了解员工流动管理，从而明确员工流动管理的目标。

有关员工流动管理的理论包括：勒温的场论、卡兹的组织寿命学说、库克曲线和中松义郎的目标一致理论。这四种理论主要是从员工成长和创造力激发的角度论证了员工流动的必要性。员工流动率一般使用某一时间的流动百分比表示，其计算方法有很多。使用多种方法计算员工流动率，将有利于人力资源管理者从多角度确定员工流动率的合理性。

对于员工流动的形式，则着重于员工的内部流动和员工流出。员工内部流动的形式包括平级调动、岗位轮换、晋升和降职等方式，而员工流出主要分为自然流出和非自愿流出。本章还对员工流失的特点和原因进行了分析，在此基础上提出管理和控制员工流失的原则及方式，并给出了员工流动的战略性管理模式，分别为终身雇用模式、或上或出模式、不稳定的进出模式和综合模式，另外还强调对管理模式的选择应根据实际情况考虑员工和组织的特点。

本章案例

"人才内生"——浅谈海底捞员工的内部流动模式

1994年成立于四川简阳的海底捞现拥有近2万多名基础员工和涵盖食品、工程、仓储和管理等方面的专家和技术人员，下设82家直营店、4个大型现代化物流配送基地和1个底料生产基地，是火锅行业的典范。

海底捞自成立之初即秉承着"双手改变命运"的价值理念，通过充分授权、内部培训和晋升等机制，鼓励员工通过积极工作改变自己和家人的命运，不同于餐饮行业普遍存在的"员工待遇差、工资低"的情况，海底捞开创了"亲情式"管理模式，不仅为员工提供集体公寓、集体食堂、免费家政服务、带薪休假以及员工持股计划等福利，每年还给员工的家人寄生活补贴，加强了员工对公司的认同感和归属感，降低了员工离职率。

为进一步增加员工留职率，增强公司竞争优势，2016年海底捞重组了内部组织，建立了扁平化的管理系统，提高了公司的透明度，实现了标准化和自主化的平衡。经过多年的创新管理，2017年海底捞公司年收入106.37亿元，年服务顾客超过1亿人次，在中国和全球的中式餐饮市场中均排名第一，并于2018年9月在港交所上市。

海底捞建立了一套科学的选人、用人、留人机制，十分注意加强人员培训和后备干部管理，重视人才的内部选拔，并结合薪酬制度鼓励上级对下属的提携和传帮带，以提高员工的积极性。在海底捞，"轮岗+晋升+激励考核"的人才储备模式是保证经营强复制的根本。

1）轮岗制度

海底捞普通员工招聘采用推荐制，中高层员工招聘采用内部选拔制，除了财务总监和工程总监外，其余管理层人员都来自基层，这在本质上也符合海底捞"双手改变命运"的理念；为了使员工能够快乐工作、用心服务，海底捞推行轮岗制，使员工不再局限于某项工作，岗位轮换不仅使员工时刻保持新鲜感和热情，不同岗位经历也会增强员工的专业胜任能力，使员工了解每一个流程细节和不同岗位的工作要求，为员工的提拔晋升建立职业素质基础。

2）晋升制度

海底捞的中高层员工绝大多数通过内部选拔产生，经轮岗后再上位的高层人员更了解各个岗位的业务情况，真正理解一线员工的压力和冷暖，不存在"近台看戏"的情况。海底捞阶梯式的人才内生机制使得任何一个员工经过三级六次考之后都有可能成为店面经理。人才的选拔和培训采用师徒制传帮带的形式，优秀的徒弟由师父提拔逐步经历"进入人才库—大堂经理—店长"的晋升阶梯，通过层层培训和考核最终晋升为店长，这种人才内生模式为海底捞储备了200名后备店长，打下了坚实的人才基础，保证了海底捞店面扩展的质量和经营的复制。

海底捞人才内生和轮岗制度使得各层级人员都有相同的职业成长经历，不仅使员工学习到更多技能，还使高层员工更加了解每个岗位，真正了解各级员工的需求，保证各层级员工之间有效的内部沟通，解决了高层人员与一线员工相脱离的问题，同时能让员工真正感受到公平，更加理解并认同"双手改变命运"的含义，提高了员工的工作积极性。

资料来源　赵春琳，范英杰. 海底捞人力资源内部控制管理模式探析［J］. 现代管理科学，2020（2）：93-95.

思考题：

（1）阅读案例，分析为什么海底捞倡导"人才内生"的员工内部流动模式。

（2）请谈谈海底捞的人才管理模式对餐饮行业有哪些启示。

复习思考题

1.员工流动有哪几种形式？

2.成功的员工流动管理工作需要实现的目标是什么？

3.研究企业的员工流动，为什么还必须从员工个人和社会的角度来认识问题？

4.有哪些理论可以说明员工流动的必然性？

5.如何对员工流动率进行分析？合理的员工流动率应坚守的准则是什么？

6.内部流动有哪些方式？它们各自会起什么作用？

7.影响员工流失的因素是什么？企业应该如何看待这些因素？

8.员工流失管理应该遵循哪些原则和采取哪些方式？以你所在单位为例，分析应该如何进行员工的流失管理工作。

9.不同的员工流动模式有什么战略影响？你认为哪种模式最适合当前的竞争环境？

第 9 章

绩效考评

学习目标

通过本章的学习，应明确绩效考评的含义；了解绩效考评的必要性以及绩效考评的原则和程序；掌握绩效考评的方法及其优缺点；了解绩效考评面谈的重要作用及实施步骤；掌握绩效考评面谈的技巧；明确实施绩效考评时存在的问题及其防范措施。

9.1 绩效考评概述

9.1.1 绩效考评的含义

要正确理解绩效考评的具体含义，首先，须对绩效和考评的含义有所了解。

绩效通常包括两方面的含义：一方面是指员工的工作结果，也就是员工所完成工作或履行职务的结果；另一方面则是指影响员工工作结果的行为、表现及素质等。

对于考评的含义则没有统一的界定，研究者们从不同的角度、不同的侧重点对其进行了不同的描述：

R.C.史密斯（R.C.Smith）认为，对员工的考评就是"对组织中成员的贡献进行排序"。这一提法主要是以企业的目标作为出发点，没有考虑员工的能力、工作岗位等因素对其工作结果的影响。

E.B.弗里坡（E.B.Flippo）认为，考评是指"对职工现任职务状况的出色程度，以及担任更高一级职务的潜力，进行有组织的、定期的、尽可能客观的评判"。这种描述虽然将能力考评纳入到对员工的考评之中，但却只限于预备晋升时的潜在能力。

A.隆格斯鲁（A.Longsner）认为，考评就是"为了客观制定员工的能力、工作状况和适应性，对员工的个性、资质、习惯和态度，以及对组织的相对价值进行有组织的、实事求是的评价，包括评价的程序、规范、方法的总和"。隆格斯鲁的这一提法认为对员工的考评应该是对其各方面的能力进行的系统的考评。

松田宪二认为，对员工的考评是"人事管理系统的组成部分，由考核者（上司）对被考核者（部下）的日常职务行为进行观察、记录，并在事实的基础上，按照一定的目的进行评价，达到培养、开发和利用组织成员能力的目的"。

R.W.蒙迪（R.W.Mondy）等人则认为，对员工的考评就是"定期考察和评价个人或小组工作业绩的一种正式制度"。

综合以上描述，我们认为企业员工的绩效考评是指根据人力资源管理的需要，对员工的工作结果、履行现任职务的能力以及担任更高一级职务的潜力进行的有组织的、尽可能客观的考核和评价的过程。

绩效考评本身不是目的，而是手段，因此，其概念的内涵和外延应随着企业管理的需要而相应地有所变化。具体而言，绩效考评的内涵就是对人和事的评价。它包括以下两层含义：一是对员工在工作中的素质能力及态度进行评价；二是对员工的工作业绩或工作结果，即其在组织中的相对价值或贡献程度进行评价。绩效考评的外延则是指有目的、有组织地对日常工作中的人员进行观察、记录、分析，以此为依据对其进行尽可能客观地评价。它包括以下三层含义：一是从企业目标出发进行评价，并使评价和评价之后的人力资源管理活动有助于企业目标的实现；二是作为人力资源管理系统的组成部分，运用一套系统的、一贯的制度性规范、程序和方法进行评价；三是对员工在日常工作中显示出来的工作能力、工作态度和工作成绩，进行以事实为依据的评价。

9.1.2 绩效考评的作用

绩效考评作为企业重要的管理手段之一，在企业的人力资源管理活动中发挥着重要的作用。

1）为员工培训工作提供依据

有效的员工培训必须针对员工目前的表现、业绩和素质特征与其所在岗位的岗位规范、组织发展要求等方面的差距来进行，并以此合理地确定培训目标、培训内容，选择相应的培训方法。通过绩效考评，可以发现员工的长处与不足、优势与劣势，从而根据实际需要，制订培训计划。

此外，在员工培训结束后，企业要对培训效果进行评估。培训工作是否提高了员工的工作能力，是否有助于企业的经营发展，也就是说企业在员工培训中的投资是否有回报，往往体现在受训员工的工作表现和工作业绩上。而这些信息可以通过定期的绩效考评来获得，因此，绩效考评还有助于企业对员工培训效果进行评估。

2）为薪酬管理提供依据

企业向员工支付报酬要遵循"按劳分配"的原则。薪酬制度是否公平合理直接影响着员工的工作积极性。定期的、规范的绩效考评可以为员工报酬的确定提供客观有效的依据，使工资、奖金等物质报酬的高低与员工的贡献大小相联系，从而使员工感到公平合理，以激励其为企业的发展多做贡献。

3）为企业内部的员工流动提供依据

员工在企业内部的流动通常也要以员工的业绩和能力作为依据。例如，在企业中，有晋升要求的人数往往多于可能得到晋升的人数，因此，较为公平合理的做法就是依据客观的绩效考评结果择优晋升。同样，企业在做出员工工作调动（包括平级调动或降级调动）或辞退决策时，往往也要以绩效考评的结果作为依据。

4）为员工的奖惩提供依据

以奖励为主，惩罚为辅，奖惩结合，这历来是企业管理中的激励原则。对于那些忠于职守、踏实工作、业绩优异的员工要给以物质或精神上的奖励，而对于那些不负责任、偷工减料、业绩低劣的员工则要给予相应的惩戒。只有如此，才能鼓励员工向优秀者学习，防止不良行为在企业中蔓延。这种对员工的奖惩通常也要以绩效考评的结果作为依据。

5）为员工的自我发展明确方向

对于员工在工作中取得的成绩以及员工在某一方面的卓越能力，通过绩效考评，可以得到组织的认可与肯定；而对于员工在工作中存在的不足以及工作能力方面的缺憾，通过绩效考评也可以使员工有清楚的认识，从而明确其未来的努力方向，鞭策员工不断地进行自我完善。

6）促进上下级之间的沟通与交流

在绩效考评过程中，上级主管要通过面谈等方式将考评结果反馈给员工。通过这种途径，主管人员可以了解员工的反应和潜力，员工也可以通过与主管人员的交谈明确自身的不足以及组织对自己的工作期望，并与主管人员一起商定下一步的努力方向及奋斗目标，从而增进上下级之间的沟通与交流，使管理人员与员工之间的工作关系得到改进。

9.1.3 绩效考评的内容

在具体的考评过程中，绩效考评的内容及侧重点随着考评目的的不同而有区别。但工作业绩、能力、工作态度、工作潜力、适应性等方面通常是绩效考评的基本内容。这些内容并不是孤立存在的，它们之间相互关联，其关系如图9-1所示。

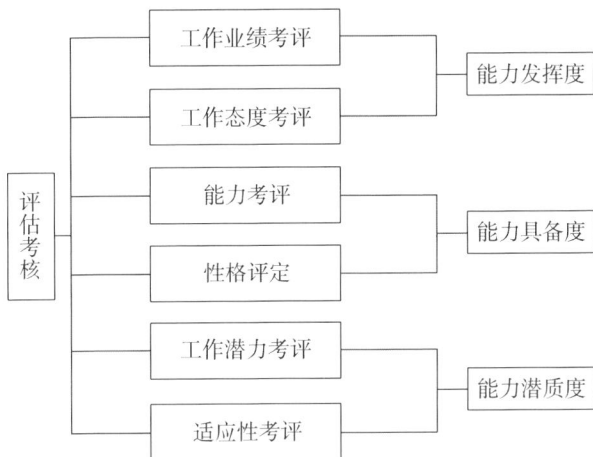

图 9-1 绩效考评的内容

1）工作业绩考评

对工作业绩的考评实质上是对员工行为的结果进行评价和认定，也就是考核员工在一定期间内对企业的贡献和价值。对员工工作业绩的考评通常从以下四个方面入手：①量的方面，即员工完成工作量的大小；②质的方面，即员工完成工作的质量；③员工对下属的指导和教育作用；④员工在本职工作中的自我改进和提高等。

在对员工工作业绩进行考评时，有一个问题需要注意，即业绩考评是针对员工所担当的工作而言的，但员工对企业贡献的大小不仅仅取决于其所担当的工作完成得如何，有可能其所担当的工作本身就"无足轻重"，即使业绩很出色，对企业的贡献也未必会很大。因此，对员工的绩效考评，还要考虑到对工作业绩以外的、更为深刻的内容。

2）能力考评

能力考评是对员工从事工作的能力进行的考评。通常，员工的能力包括三个方面：基础能力、业务能力和素质能力（如表9-1所示）。其中，前两种能力属于能力考评的范围，第三种能力即素质能力则主要通过适应性考察来评价。

在对员工的能力进行考评时需要注意，由于员工的能力是"内在的"，很难加以量化，因此，通常要通过对员工的业绩这一外显的标准来间接地考察员工的能力。在工作分配合理、员工本人的职务与其能力相适应的情况下，工作业绩大体能够反映员工的实际业务能力，但是在实际工作中，员工能力的发挥常常会受到外在因素的影响。因此，在通过工作业绩来考察员工能力水平时，要考虑以下几方面的因素，以客观地做出评价：①是否存在员工本人之外的客观原因影响了员工的工作业绩；②是否因工作岗位的变动使员工对新岗位的任务不熟悉，从而影响其工作能力的发挥；③除了员工的业绩以外，员工在自我开发、自我提高方面的表现如何。

表 9-1 员工的能力

能力	基础能力	知识：基础知识、专业知识、实务知识
		技能技巧
	业务能力	理解力、判断力、决断力
		应用力、规划力、开发力
		表达力、交涉力、协调力
		指导力、监督力、统帅力
	素质能力	智力素质
		体力素质
		性格个性

3）工作态度考评

从理论上说，员工的工作能力越强，其工作业绩就越好，对企业的贡献就越大。但在实际工作中，常常存在这样的情况：个人能力很强但工作不认真的员工，其对企业的贡献远远不如那些能力一般但工作兢兢业业的人。所以，员工的绩效考评还要包括对工作态度的考评。

工作态度包括工作积极性、工作热情、责任感、自我开发等。由于这些因素较为抽象，因此通常只能通过主观性评价来考评，也就是说员工的工作态度通常只能由直接上级根据平时的观察予以评价。

4）工作潜力考评

潜力相对于"在工作中发挥出来的能力"而言，是"在工作中没有发挥出来的能力"。在企业中，人力资源部门除了要了解员工在现任职务上具有何种能力以外，还要关注员工未来的发展空间，也就是说，员工是否具有担任高一级职务或其他类型职务的潜质。对员工潜力的开发是企业人力资源开发的重要内容，有助于实现"人事相符"，使企业的人力资源配置达到最优化。因此，考评员工绩效也包括对员工潜力的考评。

对员工潜力的考评可以求助于专业咨询机构对企业的人员功能进行测评，也可以用下述四个方面的综合评价方法来进行：①参照"能力考核"的结果进行推断；②根据其工作年限及担任各职务工作的业绩等表现来推断，这是一个综合反映员工"经验"多寡的指标；③通过考试、测验和面谈等方式来进行员工潜力查证和判断；④通过员工的受教育证明、培训研修的结业证明和官方的资格认定证明等判断其应具有的潜力，不过这种手段往往只能作为参考。

5）适应性考评

从员工个人的发展来看，每个人都有自己的成就感和价值倾向，希望随着年龄增长，在自己的职业生涯中富有成就，减少职务工种选择与安排上的机会损失。所以，当员工所从事的工作与其禀赋、能力、兴趣、志向等方面不相符时，员工工作能力的发挥也会受到影响。这就需要对员工的适应性进行评价。

对员工适应性的评价通常涉及两方面内容：一是人与工作之间，即员工的能力与其工作要求是否相称；二是人与人之间，即员工与合作共事者之间在个性特征方面的差异是否会影响其工作能力的发挥。把这种"适应"或"不适应"的问题反映出来，在若干个评价过程结束之后，从整体上把握所有员工适应性的状态，一旦企业内部有调整机会，就可不失时机地做出合理的调整。

9.1.4 绩效考评的原则

企业在建立绩效考评制度和具体实施考评时，需要遵循一定的原则，以保证考评工作的顺利进行。

1）建立绩效考评制度的基本原则

（1）公开与开放的原则

公开与开放是建立绩效考评制度的基本原则。公开与开放的考评系统包括两个方面的含义：一是指评价上的公开性和绝对性，即所建立的考评制度要取得企业员工的一致认同，从而推行绩效考评；二是指考评标准必须十分明确，上下级之间可以通过直接对话、面对面沟通来进行考核工作。

（2）定期化与制度化的原则

企业的绩效考评是一项连续性的人力资源管理工作，因而必须定期化、制度化。绩效考评既是对员工过去和现在的工作表现、能力等方面的考核与评价，也是对其未来发展潜力、工作表现的预测。因此，只有使绩效考评工作定期化和制度化，才能较为全面地掌握员工的工作情况，发现组织中存在的问题，从而进一步改善组织管理。

（3）反馈与完善的原则

绩效考评的主要目的就是要通过考核肯定员工的优点，发现员工的不足，以促使员工不断地进行自我完善和提高，更好地满足组织的期望，同时也能发现企业管理中存在的问题，并加以解决。因此，如果考评结果没有及时地反馈给相关人员，考评工作就失去了意义。

由此可见，在绩效考评体系中，应该建立完善的反馈制度。

（4）可行性与实用性的原则

所谓可行性是指任何一次考评都要考虑到企业的实际情况，即量力而行，所需要的时间、人力、物力、财力要为企业的客观环境条件所允许。因此，在制订考评方案时，应根据具体考评目标合理地加以设计，并在充分考虑各种限制性因素的前提下，对考评方案进行可行性分析。

绩效考评制度的实用性包括两层含义：一是考评工具和方法应适合不同考评目的的要求，要根据考评目的来选择考评方式；二是所设计的考评方案应适应不同行业、不同部门、不同岗位人员的素质特点和要求。

2）实施考评的基本原则

在绩效考评的具体实施过程中应遵循以下原则：

（1）客观考评与主观考评相结合

所谓客观考评与主观考评相结合，是指在考评过程中要尽可能采用客观的考评手段与方法，但又不能完全忽视主观性综合评定的作用。同样，也不能仅仅依靠主观性的评定就下结论。要做到既强调客观性又不能完全追求客观性，要最大限度地发挥考评方法的客观性与考评主体的主观能动性的作用，使其相互融合，彼此互补。

（2）定性考评与定量考评相结合

定性考评是指采用经验判断和观察的方法，侧重于从行为的性质方面对员工进行考评；而定量考评则是指采用量化的方法，侧重于从行为的数量特点等方面对员工进行考评。

在企业的考评活动中，如果仅仅是定性考评，则只能从质的方面反映企业员工的特点，并且只作定性内容上的人员考评难以深入，往往是一种模糊的印象；而如果仅仅强调定量考评，则又有可能忽视员工行为的质的特征，容易流于形式。因此，在实施考评时，要将定性与定量的考评方法相结合，才能全面考评员工的绩效。

（3）动态考评与静态考评相结合

静态考评是对被考评者已形成的能力、行为的分析和评判，是以相对统一的考评方式在特定时空下进行考评，而不考虑被考评者前后的变化；动态考评则是从能力和行为形成发展的过程而不是结果，从前后变化的情况而不是当前所达到的标准，来进行人员考评。

静态考评便于进行横向比较，可以较为清晰地了解企业员工之间的相互差异或评定员工是否达到某一标准，但却忽略了被考评者原有的基础与今后的发展趋势。动态考评则有利于人力资源管理部门激发被考评者的进取心，但不同的被考评者之间的考评结果不便于比较。因此，将动态考评与静态考评相结合，可以使二者相互补充，全面地考评员工绩效。

9.1.5　绩效考评的程序

绩效考评通常包括三个阶段：设定考评标准；以标准为依据对员工进行考评；将考评结果反馈给员工，促使员工进行自我改进与提高。其具体过程如下：

1）制订考评计划

考评计划是实施考评时的指导性文件。计划的内容通常包括：本次考评的目的、对象、内容、时间和方法。考评的目的不同，考评对象也不相同。例如，晋升考评与常规考评的对象就有差别，前者通常只是在具备晋升资格的员工中进行，而后者则往往在企业的全体员工中进行。考评目的和考评对象又进一步决定考评的具体内容、实施的时间、实施地点以及所选择的考评方法等。

2）确定绩效考评标准

在考评计划确定之后，最为关键的一个程序就是要确定绩效考评的标准。考评标准的合理性直接决定着考评工作的有效性。首先，如果没有较为客观的考评标准，考评者就无法客观地对被考评者做出正确评价；其次，如果考评标准制定得不合理，则考评结果和员工的实际情况之间就会存在偏差，从而影响考评的公正与公平。因此，根据考评目标和考评内容确定考评标准是绩效考评的重要环节。

一般来说，考评标准包括业绩标准、行为标准及任职资格标准等方面。

3）实施考核评价

这一阶段是绩效考评的具体实施阶段。通常，考评人员要在考评计划的指导下，以考评标准为依据对员工各个方面的表现进行考评，得出考评意见。这一阶段的工作往往是一个从定性到定量的过程，具体包括对每一考评项目评定等级，并对其进行量化；在此基础上对照员工的实际表现为每一个考评项目评分；对各项指标的分数进行汇总分析，得出考评结果。

4）考评结果的反馈与运用

这一阶段是绩效考评工作的最后阶段。在考评工作结束后，企业有关部门要将考评结果通过一定的方式反馈给被考评者。这种反馈一般有两种形式：一是绩效考评意见认可，即考评者以书面的形式将考评意见反馈给被考评者，若被考评者同意认可，则签名盖章；若被考评者有异议，可以提出，并要求上级主管或人力资源管理部门予以裁定。二是绩效考评面谈，即考评者通过与被考评者进行面对面的交谈，将考评结果反馈给被考评者，了解其反应与看法，而绩效考评面谈记录和绩效考评意见也需要被考评者签字认可。绩效考评面谈是一种较为有效的反馈方法，本章9.3的内容将对其作较为详细的介绍。

9.2　绩效考评的方法

绩效考评的方法有很多种，企业要根据实际需要来进行选择。比较具有代表性的考评方法如下：

9.2.1　民意测验法

民意测验法是最为传统的评价方法之一。这种方法的使用通常遵循以下步骤：①确定考评内容；②将考评内容分成若干项；③根据各项考评内容设计考评表，对每一考评项目可设定相应等级；④由被考评者述职，做出自我评价；⑤由参评人员填写考评表；⑥计算每个被考评者得分的平均值，以此确定被考评者所处等级。

在一般情况下，参加民意测验的多为被考评者的同事、直属下级和与其发生工作关系的有关人员。民意测验法具有较好的群众性和民主性，但是，由于参加考评员工的素质局限，会使考评结果产生较大偏差。因此，这种方法通常可以作为其他方法的辅助和参考。

9.2.2　短文法

短文法是指通过一则简短的书面鉴定来进行考评的方法。书面鉴定通常谈及被考评者的成绩和长处、不足和缺点、潜在能力、改进意见和培养方法等方面。这种方法也是较为传统的考评方法之一，并且在很长一段时间里为我国很多企业所使用。

短文法属于主观判断型的定性考评方法。它只是从总体上进行考评，不考虑考评维度，也不设计具体的考评标准和量化指标。因此，这种方法操作起来灵活简便，考评者可以针对被考评者的特点进行考评，具有较强的针对性。但是，由于缺乏具体的考评标准，难以进行相互对比，并且考评人员的主观性所带来的偏差也比较大，因此这种方法通常应与其他方法配合使用。

9.2.3　评级量表法

评级量表法是最普遍的一种考评方法。这种方法主要是借助事先设计的等级量表来对员工进行考评。使用评级量表进行绩效考评的具体做法是：根据考评的目的和需要设计等级量表，表中列出有关的绩效考评的项目，并说明每一项目的具体含义，然后将每一考评项目分成若干等级并给出每一等级相应的分数，由考评者对员工每一考评项目的表现做出评价和记分，最后计算出总分，得出考评结果。评级量表如表9-2和表9-3所示。

表9-2　　　　　　　　　　　　　　　**评级量表法示例1**

考核项目	考核要素	说　明	评　定				
基本能力	知识	是否充分具备现任职务所要求的基础理论知识和实际业务知识	A　B　C　D　E 10　8　6　4　2				
业务能力	理解力	是否能充分理解上级指示，干净利落地完成本职工作任务而不需上级反复指示和指导	A　B　C　D　E 10　8　6　4　2				
	判断力	是否能充分理解上级指示，正确把握现状，随机应变，恰当处理	A　B　C　D　E 10　8　6　4　2				
	表达力	是否具有现任职务所要求的表达力（口头、文字水平等），能否进行一般的联络说明工作	A　B　C　D　E 10　8　6　4　2				
	交涉力	在与企业内外的对手交涉时，是否具有使双方诚服、接受、同意或达成协商的表达交涉力	A　B　C　D　E 10　8　6　4　2				
工作态度	纪律性	是否严格遵守工作纪律和规定，有无早退、缺勤等。对待上下级、同级和企业外部人士是否有礼貌，是否严格遵守工作汇报制，是否按时提出工作报告	A　B　C　D　E 10　8　6　4　2				
	协调性	在工作中，是否充分考虑到别人的处境，是否主动协助上级、同级和企业外人员	A　B　C　D　E 10　8　6　4　2				
	积极性责任感	对分配的任务是否不讲条件，主动积极，尽量多做工作，主动进行改良、改进，向困难挑战	A　B　C　D　E 10　8　6　4　2				
评定标准 A——非常优秀，理想状态 B——优秀，满足要求 C——略有不足 D——不满足要求 E——非常差，完全不满足要求		最后评定分数换算 A——48分以上 B——24～47分 C——23分以下	合计分				
			评语				
			评定人签字				

表9-3　　　　　　　　　　　　　　　　　评级量表法示例2

考评项目	第一次考评	第二次考评		第三次考评	事实依据
知识技能	30 24 18 12 6 s　a　b　c　d	30 24 18 12 6 s　a　b　c　d		30 24 18 12 6 s　a　b　c　d	
理解力	30 24 18 12 6 s　a　b　c　d	30 24 18 12 6 s　a　b　c　d		30 24 18 12 6 s　a　b　c　d	
判断力	30 24 18 12 6 s　a　b　c　d	30 24 18 12 6 s　a　b　c　d		30 24 18 12 6 s　a　b　c　d	
表达力	30 24 18 12 6 s　a　b　c　d	30 24 18 12 6 s　a　b　c　d		30 24 18 12 6 s　a　b　c　d	
纪律性	30 24 18 12 6 s　a　b　c　d	30 24 18 12 6 s　a　b　c　d		30 24 18 12 6 s　a　b　c　d	
协作性	30 24 18 12 6 s　a　b　c　d	30 24 18 12 6 s　a　b　c　d		30 24 18 12 6 s　a　b　c　d	
积极性	30 24 18 12 6 s　a　b　c　d	30 24 18 12 6 s　a　b　c　d		30 24 18 12 6 s　a　b　c　d	
各次考评得分					
评语	s：极优 a：优 b：良 c：中 d：差	最终得分 最终档次	（一次+二次+三次）/3 s a b c d	档次划分评语	s：200分以上 a：180～199分 b：126～179分 c：84～125分 d：42～83分

9.2.4　排序考评法

排序考评法是依据某一考评维度，如工作质量、工作态度或者依据员工的总体绩效，将被考评者从最好到最差依次进行排序。在实际操作中，可以进行简单排序也可以进行交替排序。简单排序是依据某一标准由最好到最差依次对被考评者进行排序；交替排序则是先将最好的和最差的列出，再挑出次好的和次差的，以此类推，直至排完，如表9-4所示。

表9-4　　　　　　　　　　　　交替排序法的工作绩效评价等级

评价所依据的要素：
说明： 针对评价所依据的要素，将所有员工的姓名都列出来。将绩效评价最高的员工的姓名列在第1格中；将绩效评价最低的员工的姓名列在第10格中。然后将次最好的员工姓名排列在第2格中，将次最差的员工姓名排列在第9格中。依次交替进行，直到所有的员工姓名都被列出

评价等级最高的员工	
1.	6.
2.	7.
3.	8.
4.	9.
5.	10.
	评价等级最低的员工

排序考评法最大的优点是简便易行，省时省力。但其不足也正来源于此：首先，由于没有具体的考评指标，只是被考评者之间进行对比排序，因此，在两个人业绩相近时，很难确定其先后顺序。其次，由于主要依靠考评者的主观判断进行排序，而不同考评者又具有不同的倾向性，因此会造成排序中的偏向。再次，由于缺乏具体标准，使用这种方法无法将同一组织中不同部门的员工进行比较。最后，被考评者仅仅知道自己的排序情况，不能明确自身优点和不足之所在。

排序考评法通常适用于小型组织的员工考评，而且被考评对象最好是从事同一性质的工作。

9.2.5　配对比较法

配对比较法也称为两两比较法或对偶比较法，是较为细化和有效的一种排序方法。其具体做法是：将每一位被评价者按照所有评价要素，如工作质量、工作数量、工作态度等，与所有其他员工一一进行比较，优者记为"+"或"1"，逊者记为"-"或"0"，然后计算每一个被考评者所得正负号的数量或具体得分，排出次序。例如，在如表9-5所示的比较中，员工乙的工作态度是最好的，而员工甲的创造性是最强的。

表9-5　　　　　　　　　　使用配对比较法对员工工作绩效的评价

就"工作态度"这一评价要素所做的比较						就"创造性"这一评价要素所做的比较					
比较对象＼被评价者	甲	乙	丙	丁	戊	比较对象＼被评价者	甲	乙	丙	丁	戊
甲		+	+	-	-	甲		-	-	-	-
乙	-		-	-	-	乙	+		-	+	+
丙	-	+			+	丙	+	+			+
丁	+	+	-		+	丁	+	-			
戊	+	+	+	-		戊	+	-		+	

配对比较法实质上是将全体被考评者看作一个有机系统，其准确度较简单的排序考评方法高得多。但是，该方法在操作时较为烦琐，因而其应用受到被考评者人数的局限。如果被考评者总数为 n，按照一一对比的规则，每一考评要素的对比次数就是 n（n−1）/2 次。也就是说，如果考评 10 个人，则针对每一考评要素进行对比的次数就是 45 次；如果有 6 个具体的考评要素，则一次完整的考评活动就需要进行 270 次对比。

9.2.6　强制分布法

强制分布法也称强制正态分布法。这种方法基于这样一个假设，即企业的所有部门都同样具有优秀、一般、较差的员工。因此，在运用强制分布法进行绩效考评时，要求考评人员依据正态分布规律，即俗称"中间大、两头小"的分布规律，预先确定评价等级以及各等级在总数中所占的百分比，然后按照被考评者绩效的优劣程度将其列入其中某一等级。例如，把最好的 10% 的员工放在最高等级中，次之的 20% 的员工放在第二个等级中，再次之的 40% 放在倒数第三个等级中，余下的 10% 则放在最后一个等级中。当然，具体的比例也可以有所不同，但无论采用何种比例，其分布都要符合正态分布的规律，如图 9-2、表 9-6 所示。

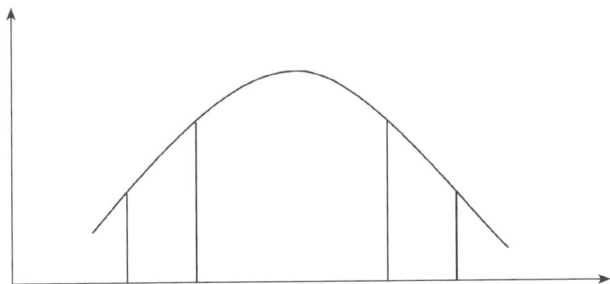

图 9-2　正态分布图

表 9-6　　　　　　　　　　　　强制正态分布表

等　　级	优秀 10%	良好 20%	中等 40%	较差 20%	最差 10%
姓　　名	张×× ⋮	王×× ⋮	李×× ⋮	吴×× ⋮	赵×× ⋮

强制分布法适用于被考评人员数量较多的情况，操作起来也比较简便。由于遵从正态分布规律，可以在一定程度上减少由于考评人员的主观性所产生的偏差。此外，该方法也有利于管理控制，尤其是在引入员工淘汰机制的企业中，它能明确地筛选出被淘汰对象，由于员工担心因多次落入绩效最低区而遭淘汰，因而具有强制激励和鞭策功能。但是，由于该方法的核心是事先按正态分布规律确定各评价等级的比例，而在现实工作中，并非每一个部门的员工业绩情况都符合正态分布的规律。有可能存在这样的情况，即某一个部门的所有员工工作绩效都很好，这时，使用强制正态分布的方法进行绩效考评所得到的结果就难以令人信服。

9.2.7　关键事件法

关键事件法是以记录直接影响工作绩效优劣的关键性行为为基础的考评方法。所谓关键事件，是指员工在工作过程中做出的对其所在部门或企业有重大影响的行为。这种影响包括积极影响和消极影响。使用关键事件法对员工进行考评要求管理者将员工日常工作中非同寻常的好行为或非同寻常的坏行为认真记录下来，然后在一定的时期内，主管人员与下属见一次面，根据所做的记录来讨论员工的工作绩效。

关键事件法通常可以作为其他评价方法的很好的补充，因为它具有以下优点：首先，对关键事件的记录为考评者向被考评者解释绩效考评结果提供了确切的实施依据。其次，它可以确保在对员工进行考评时，所依据的是员工在整个考察周期内的工作表现，而不是员工在近期内的表现，也就是说可以减小近因效应所带来的考评偏差。最后，通过对关键事件的记录可以使管理人员获得一份关于员工通过何种途径消除不良绩效的实际记录。

但是，关键事件法在实施时也存在一定的不足之处。最明显的一点是，管理人员可能漏记关键事件。在很多情况下，管理人员都是一开始忠实地记录每一个关键事件，到后来失去兴趣或因为工作繁忙等原因而来不及及时记录，等到考评期限快结束时再去补充记录，这样，有可能会夸大近期效应的偏差，员工也可能会误认为管理人员编造事实来支持其观点。

9.2.8 360°绩效反馈体系

360°绩效反馈（见图9-3）是一种较为全面的绩效考评方法，它是指帮助一个组织的员工（主要是管理人员）从与自己发生工作关系的所有主体那里获得关于本人绩效信息反馈的过程。这些信息的来源包括：上级监督者自上而下的反馈；下级自下而上的反馈；平级同事的反馈；被考评者本人的自我评价；企业外部的客户和供应商的反馈。

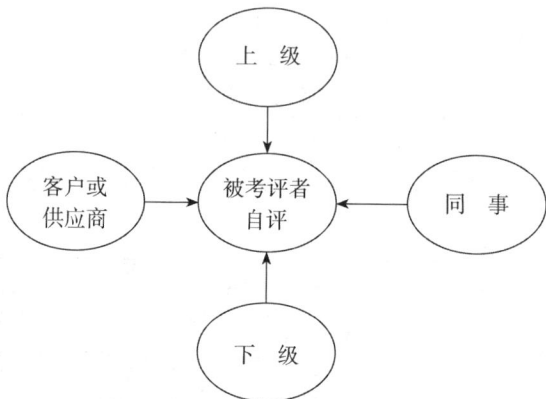

图9-3 360°绩效反馈体系模式

1）360°绩效反馈体系模式

（1）员工自评

通常，员工自评是指员工在正式的上级评价之前对自己的工作进行回顾，对自己的业绩、能力等方面做出初步的评价。员工自评有诸多好处：员工直接参加考评，加深了员工对考评的投入程度；自评一般是鼓励员工回顾自己在考评周期所做的工作，而不是使其被动地接受上级的评价，所以可以降低员工对考评的抗拒心理，另外，自评也可以鼓励员工考虑自己未来的发展计划。

但是，员工自评也存在着不足之处。大多数研究表明，员工对他们自己的工作绩效所做出的评价一般要比其主管人员或同事所做出的评价高。一项研究显示，当员工被要求对自己的工作业绩做出评价时，所有类型员工中有40%的人将自己放到绩效最好的10%（"最好者之一"）之中；剩下的人要么是将自己放入前25%（"大大超出一般水平"）之列；要么是将自己放入前50%（"超出一般水平"）之列。在通常情况下，只有不到1%或2%的人将自己列入低绩效等级范围之中，而那些将自己列入高绩效等级的员工，在很多情况下往往是低于一般绩效水平的。

因此，对员工自评的结果应该妥善运用。通常要使自评结果与上级、下级及其他方面的考评结果相结合，管理人员应该认识到，如果简单地将员工自评与上级考评分别孤立地进行，就很容易引起矛盾。考虑到员工自评的这种特性，将其作为员工培训和发展的依据比单纯作为评价和比较的依据可能会更加有效。

（2）上级的评价

由员工的上级尤其是其直接主管人员对员工的工作绩效进行评价是大多数绩效考评制度的核心所在。通常，员工的主管人员能够处于最佳的位置来观察员工的工作业绩，因而能够对员工的各方面情况有较为充分的了解，从而可以较好地掌握评价的事实依据。

上级对员工的评价，多数情况是由员工的直接主管做出，但有的企业也通过绩效评价委员会来进行。绩效评价委员会通常是由员工的直接主管和2~3名其他方面的主管人员共同组成。例如，如果财务部门的某位员工常常与营销部经理和公关部经理一起工作，那么这两位经理就有可能一起参与对该员工的评价。这种多个评价者同时对员工的绩效进行评价有许多优点，它通过对多个考评者的考评结果进行综合来增加考评的客观性。

（3）同事的评价

上级只能观察到员工工作表现的一部分，在很多情况下，员工的同事更能够全面地了解员工的日常工作情况。尤其是在主要依靠团队的企业中，团队成员之间的合作程度是工作成功的关键所在。因此，在做出评价的同事与被评价的员工之间很相似而且很熟悉的情况下，同事的评价可能具有较高的参考价值。有研究表明，在预测员工是否会被提升时，同事的评价具有较高的准确性，并且对于员工晋升后的业绩，同事评价也具有较好的预测性。此外，如果同事参与评价工作，员工在工作中往往会注意与其他团队成员的合作与协调，而不是仅仅只关心自己的业绩。

（4）下级的评价

在对管理人员的绩效考评过程中，下级的评价过程往往可以使企业的高层管理者对企业的管理风格进行诊断，认识企业中潜在的问题。如果这种由下属做出的评价的目的是对管理人员进行技能开发而不仅仅是对其进行实际的工作绩效考评，这种做法将更为有效。

（5）客户或供应商的评价

客户的评价通常用来收集客户的抱怨和意见。尤其对于服务行业，如餐饮业、旅游业等，客户的意见对于员工绩效的改进和企业信誉的保持具有重要意义。供应商是企业的合作伙伴，对与供应商有直接接触的员工进行考评时，其意见也具有一定参考价值。很多企业通过雇用专门的调查公司或设计问卷等方式收集客户或供应商的意见，从而为员工工作态度、业务能力等方面的评价提供参考，据此制定相关的薪酬、奖惩决策。

2）360°绩效反馈体系的优点与不足

360°绩效反馈体系的优点体现在以下几方面：

（1）全方位、多角度的信息反馈

360°绩效反馈的考评者来自不同层面的群体，他们从不同的角度对被考评者的工作绩效进行评价，因此，对被考评者的判断更为全面。这种多侧面的反馈评价可以减少个人偏见及评分误差，评价的结果更为准确。同时，员工对管理者的直接评价也促进了员工参与管理。

（2）增进沟通，促进发展

360°绩效反馈的实施可以促进来自不同渠道的信息在企业内部的交流，增进上下级之间、平级之间的信息沟通，有利于建立员工间更为和谐的工作关系。同时，既能增加员工的参与度，又能帮助管理者发现并解决问题，提高企业的整体绩效。此外，在360°绩效反馈的考评结果反馈中，通常都包含对员工个人发展计划的建议和指导，这些建议一旦被员工所接受，就能促进其职业生涯的发展。

当然，360°绩效反馈体系也存在不足，具体体现在以下几方面：

（1）信息收集成本较高

360°绩效反馈涉及的信息渠道比较多，因而在有关考评数据和信息的收集过程中，需要耗费大量的时间、人力、财力和物力，并且，数据处理和信息处理的成本也比较高。同时，由于有大量信息需要汇总，这种方法可能会变成机械的文字印刷材料的沟通。

（2）对人员素质有较高要求

由于该方法要参考与被考评者有工作关系的每一个方面的意见，因此，意见反馈者的评价公正与否将会直接影响到所提供信息的公正性与准确性。例如，上级可能会担心员工利用360°绩效反馈体系发泄对其的不满，而下属则担心如实反映情况可能会被上级报复，来自同事的信息也可能会由于彼此间利益关系的冲突而产生偏差。因此，360°绩效反馈体系最关键的是要建立考评者和被考评者相互之间的信任。

此外，客户和供应商对员工各个方面的观察有限，而且不同评价者所依据的评价标准可能不同。所以，在综合各方面的评价意见时，要特别注重事实依据。

9.2.9 关键绩效指标法

关键绩效指标是基于企业经营管理绩效的系统考核体系。其具体含义可从以下三个方面理解：关键绩效指标是用于考核和管理被考核者绩效的可量化的或可行为化的标准体系。关键绩效指标体现对组织战略目标有增值作用的绩效指标。通过在关键绩效指标上达成的承诺，员工与管理人员就可以进行工作期望、工作表现和未来发展等方面的沟通。

1）建立关键绩效指标体系的原则

建立关键绩效指标体系应遵循以下原则：

（1）体现企业的发展战略与成功的关键要点。

（2）强调市场标准与最终成果责任，对于使用关键指标体系的人而言应该有意义，并且可以对其进行测量与控制。

（3）在责任明确的基础上，强调各部门的连带责任，促进各部门的协调，不迁就部门的可控性和权限。

（4）主线明确，重点突出，简洁实用。

2）关键绩效指标体系的构成

一般而言，公司关键绩效指标由以下几个层级构成：

（1）公司级关键绩效指标，是由公司的战略目标演化而来的。

（2）部门级关键绩效指标，是根据公司级关键绩效指标和部门职责来确定的。

（3）由部门关键绩效指标落实到具体岗位（或子部门）的业绩衡量指标。

3）关键绩效指标体系的设计程序

设计一个较为理想的关键绩效指标体系通常应遵循的程序如图9-4所示。

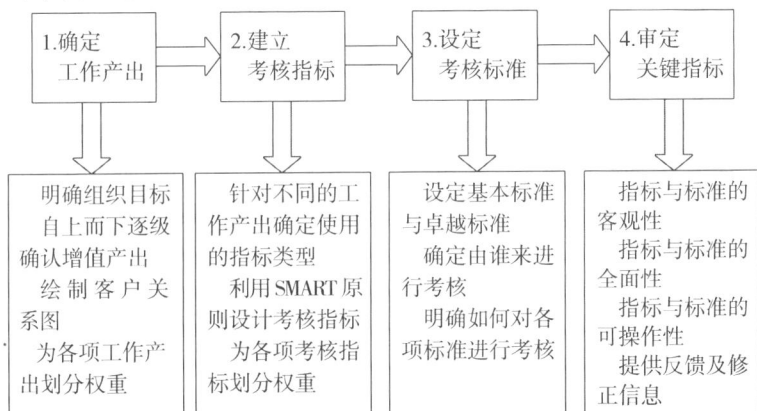

图9-4 关键绩效指标体系的设计程序

9.2.10 平衡计分卡

20世纪80年代末到90年代初，欧美很多学者和大公司发现，传统的、以财务为单一衡量指标考核企业经营绩效的方法是妨碍企业进步的主要原因之一。

正是因为这样一些原因，西方很多学者以及实务界兴起对平衡财务与非财务指标的综合绩效考核方法的研究，其中较有代表性的是由卡普兰（Robert S.Kaplan）和诺顿（David P.Norton）共同开发的名为"平衡计分卡"的绩效考核方法。

1）平衡计分卡的基本思想

我们可以将平衡计分卡看作飞机座舱中的标度盘和指示器。为了操纵和驾驶飞机，驾驶员需要掌握关于飞机的众多方面的详细信息，诸如燃料、飞行速度、高度、方向、目的地，以及其他能说明当前和未来环境的指标，只依赖一种仪器，可能是致命的。同样道理，在今天，管理组织的复杂性，要求组织要能同时从几个方面来考虑绩效。平衡计分卡在传统的财务考核指标的基础上，还兼顾了其他三个重要方面的绩效反映，即客户角度、内部流程角度、学习与发展角度。它使企业中的各层经理们能从4个重要方面来观察企业，并为4个基本问题提供了答案（如图9-5所示）。

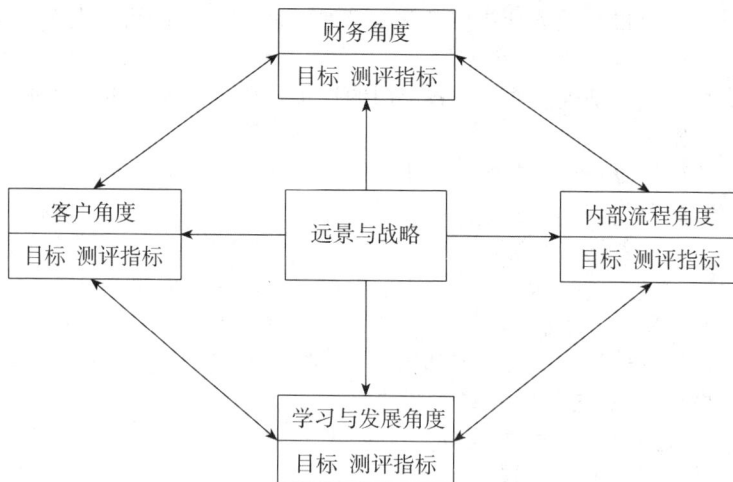

图9-5　平衡计分卡的基本框架

平衡计分卡把战略置于中心地位，它根据公司的总体战略目标，将之分解为不同的目标，为之设立具体的绩效考核指标，并通过将员工报酬与测评指标联系起来的办法促使员工采取一切必要的行动去实现这些目标。这就使得公司把长期战略目标和短期行动有机地联系起来，同时它还有助于使公司各个单位的战略与整个管理体系相吻合。因此可以这样说，平衡计分卡不仅仅是一种测评体系，还是一种有利于企业取得突破性竞争业绩的战略管理工具，并且可以进一步作为公司新的战略管理体系的基石。

2）平衡计分卡的功能

（1）平衡计分卡具有战略管理的功能。

（2）平衡计分卡可以有效地推动组织的变革。

（3）平衡计分卡是一套完整的组织评估系统。

（4）平衡计分卡是一套系统的管理控制系统。

（5）平衡计分卡可以实现有效的激励。

3）平衡计分卡与传统绩效考评方法的比较

（1）平衡计分卡打破了传统绩效考核方法财务指标一统天下的局面。

（2）平衡计分卡使得为增强竞争力的应办事项中看似迥异的事项同时出现在一份管理报告中。

（3）平衡计分卡是一个基于战略的绩效考核系统。它表明了源于战略的一系列因果关系，发展和强化了战略管理系统。

（4）平衡计分卡是考核系统与控制系统的完美结合。

（5）平衡计分卡防止了次优化行为。

9.2.11　标杆超越法

在我国，标杆超越法（benchmark）有标杆法、水平对比法、基准考核法、标杆管理法、基准化等多种译名。benchmark一词原意是测量学中的"水准基点"，在此引申为在某一方面的"行事最佳者"或"同业之最"，简单说来，benchmark就是标杆、基准的意思，也就是企业所要学习和超越的榜样，而benchmarking就是在组织中不断学习、变革与应用这种最佳标杆的过程。

具体而言，标杆超越可分解为以下内容：标杆超越中的标杆是指最佳实践或最优标准，其核心是向业内外的最优企业学习。标杆超越是在全行业其至更广阔的全球视野上寻找基准。该方法是一种直接的、片断式的、渐进的管理方法。因为企业的业务、流程、环节都可以解剖、分解和细化，因此应注重比较和衡量。

标杆超越的实质是以领先企业的业绩标准为参照，对因循守旧、抱残守缺、按部就班、不思进取等陋习的变革，它必然伴随着企业原有"秩序"的改变。标杆超越活动由"标杆"和"超越"两个基本阶段所构成。其具体步骤如图9-6所示。

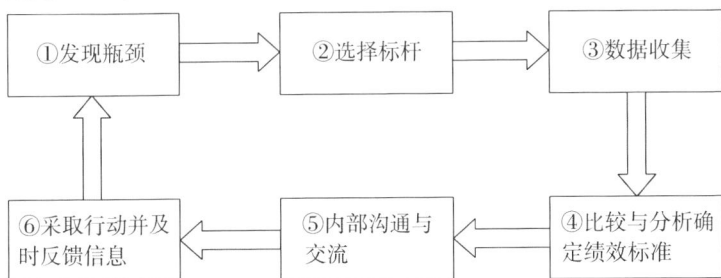

图9-6 以标杆超越为基础设计绩效考评体系

采用标杆超越法系统提取KPI指标，并以此为基础设计绩效考核体系具有相当大的优势。其具体表现为：

（1）建立以绩效改善为关注点的绩效考核标准。

（2）绩效指标体系的设计更加关注于满足顾客需要。

（3）激发企业中的个人、团体和整个组织的潜能，充分发挥他们的潜力，提高企业绩效。

（4）有利于促进企业经营者激励机制的完善。

9.3 绩效考评面谈

考评结果的反馈是绩效考评工作的重要环节，而面谈则是信息反馈的有效手段之一。

9.3.1 绩效考评面谈的必要性

1）真正实现绩效考评的公开与开放

一个开放的绩效考评体系不仅仅是考评内容和考评过程的高度透明化，而且考评结果也要告知被考评者本人。这一点也是企业人力资源管理民主化不可缺少的条件。在企业中，如果对员工的考评过程是隐秘进行的，对其结果也缺乏反馈与沟通，那么要想获得员工的信赖几乎是不可能的。因此，有效的绩效考评面谈可以保证绩效考评目标的实现。

2）有助于建立上下级之间双向交流的通道

面谈是一种极为有效的信息沟通方式，在企业管理过程中被广泛地运用。例如，新员工的招聘或调迁者初任时的指导面谈，为解决员工问题而做的个别谈话，为消除员工不满情绪而做的面谈以及员工退职时的面谈等。这些面谈方式，帮助企业建立起上下级沟通的有效通道。在考核或评定等紧张场面结束后进行的绩效考评面谈，可以有效地将考评结果反馈给员工，同时了解员工的反应与意见，从而使上下级之间的交流更为顺畅。

3）有助于被考评者明确其改进方向

绩效考评不仅仅是要考核员工过去的表现，而且要在考核过去的基础上帮助完成未来对员工潜力的开发。这一开发工作不仅仅需要企业协助这一"外因"，同时也需要员工自身努力这一"内因"。因此，要使员工明确未来的改进方向，就必须将绩效考评的结果反馈给员工本人。将员工的优点告知本人，有利于激发其向上的动机；而告知员工的不足，则可以使其明确自己需要完善和改进的方向，同时认识到参与培训的必要性。

4）有助于当面指导技术的学习

身为管理人员如果能够熟练地掌握各种面谈的技巧，对员工的日常管理会大有裨益。尤其是有关考评的面谈，是以当事人的业绩、能力、态度等为内容而进行的，通常会涉及面对面地讨论员工的长处、不足等敏感问题，因而对面谈技巧有很高的要求。在学会如何启发员工发挥长处、弥补不足，促进其自我完善或施以激励等有关的面谈技巧之后，每遇类似情况都可以当作温故而知新的机会，这对于管理者而言无疑是一种重要的定期技能培训。

9.3.2　绩效考评面谈的技巧

为了使绩效考评面谈顺利进行并圆满达到预期目的，需要注意有关的面谈技巧。

1）检查面谈计划表

在进行面谈之前，要仔细检查"面谈计划表"或"面谈进行计划表"，并重点注意那些绝对不可以遗漏的项目。

2）创造良好的面谈气氛

被约谈者面对面谈往往是较为紧张的，因此管理人员切不可显露出"我是考评者"这样的高姿态，以免给员工的心理带来更大的压力。为了使被约谈者能够在面谈中处于一种轻松自然的状态，管理人员要通过各种方式来创造一种良好的面谈气氛。例如，选择一个能让面谈双方都感到放松的地点，避免噪声以及其他干扰；在座位的设置上，要尽量拉近彼此间的距离；必要时可以掺杂一些脱离主题的闲谈，使对方放松心情，保持融洽、愉快的谈话气氛。

3）开诚布公地对待员工

在面谈开始时，要清楚地让员工了解面谈的目的，可以简要说明绩效考评的作用、绩效考评系统的构建、绩效考评的具体实施，从而让员工明白考评并不仅仅是用于决定薪酬和晋升。要将绩效考评的结果告诉员工，不必遮遮掩掩，但同时也要说明得出结果的依据。这样有助于在面谈中建立员工对管理人员的信任。

4）鼓励员工说话

面谈是一种双向沟通。但有些员工可能会因为紧张、害羞或者性格上的原因而不敢说话。因此，管理人员要运用各种方法鼓励员工发表自己的意见。当然，建立彼此之间的信任有助于打破僵局，但有时可能需要管理人员提出具体的问题，才能让员工说话，因而灵活地运用各种提问技巧引导员工发言不失为一种好方法。例如，可以多提一些开放性的问题，像"你认为怎样才能使条件变得更好"，多用一些激励性的话语进行追问，像"还有呢"，但绝对不能说"这么简单的事情，你怎么就做不好呢"等话语。

5）认真地倾听

要想从面谈中获得有用的信息，就必须做一个好听众。当员工发表自己的意见和看法时，管理人员要认真地倾听，尽量不要打断。这种倾听不仅是保持沉默，而是要真正地去听，去捕捉员工谈话中的关键信息。这种倾听也是一个动态的过程，管理人员要去发掘员工的想法和感受。当双方同时开口时，管理人员应该停下来让员工继续，这一点对于有的管理者而言较为困难，但是却有助于保持整个面谈过程双向的信息交流。这等于告诉员工："你要说的比我要说的重要。"

6）运用肢体语言

运用姿势、手势、表情等非语言手段也可以把自己想表达的心意传达给对方，这就是"肢体语言"。在面谈过程中，有时恰当地运用肢体语言可以收到比语言更好的效果。例如，倾听员工说话时，可以用点头表示赞同，可以使身体前倾或做一下笔记来表示对话题感兴趣，另外，注视说话人的眼睛也可以使对方感到自己的谈话受到重视。当然，管理人员在利用肢体语言传达自己心意的同时也要注意观察员工的表情、手势、动作等反应，以发现其中隐含的言外之意。

7）小道具的运用

在面谈中，适当地运用一些小"道具"作为媒介，将有助于制造谈话的气氛。例如，倒杯茶或递支烟给对方，替对方点火或让对方替你点火，可以产生双方亲近的感觉。尤其在谈话突然中断，陷入尴尬沉默的一刹那，运用类似的动作对双方都是一种援救，可以松一口气，再使谈话继续下去。

8）避免与员工的冲突

在面谈过程中，双方可以发表不同的见解，但是管理人员要避免造成对立及争辩的场面。虽然，这种场面有时会因为管理人员的权威而以一胜一负收场，但是这可能会破坏员工对管理人员的信心，从而导致员工不再愿意与其开诚布公地进行沟通。因此，管理人员在与员工的绩效考评面谈中要注意将重点集中在绩效而不是性格上，集中在未来而不是既往上，并且要注意优点与缺点并重。每一个员工都有不足之处，但也有优点，在讨论今后如何克服缺点的同时，切不可忽略了员工的长处。

9）妥善处理员工的对抗情绪

防御性反应是人们在适应社会的过程中自然形成的，在面谈过程中，当员工被指责为表现差的时候，其第一反应往往是防御性的，因为承认自己的缺点对于任何人而言都比较困难。员工通常会为自己的行为找出各种各样的客观原因，甚至会变得异常恼怒并带有攻击性。此时，管理人员要明确员工这种防御行为的必然性，不要立刻批驳，待员工情绪较为平静时，再继续进行讨论。另外，管理人员还要明确一点，员工之所以会有这种反应是因为他预感自己会受到指责，因此，管理人员如果不是指责员工而是以一种建设性的态度来讨论员工的不足，这种对抗性的反应会相应地减弱一些。

10）把握面谈结束的时机与方式

如果主管人员认为面谈最好应该结束时，不管进行到什么程度都不要迟疑。如果原先预计的目标在面谈结束以前未能达成，可以等到下一次再继续。尤其是当以下情况有任何一种出现时，更应该及时结束面谈：彼此的信赖瓦解了；双方都急着要去其他地方；下班时间到了；面谈的进展停滞了；被约谈者面有倦容；有急事需要打断等。

此外，面谈结束的方式也很重要。一般在面谈的结尾，谈过的事情或约定的事项都应该互相再予以确认，要留一些继续面谈的可能性和话题给双方，以便最终全面达成面谈目标。

9.4　绩效考评的问题及防范

如前所述，绩效考评是企业人力资源管理活动中的一项系统工作，因此在具体地实施过程中会受到各方面因素的影响，从而使考评面临诸多问题，这些问题不可避免地会对绩效考评的准确性与合理性产生影响。所以，对这些问题及其防范措施进行研究将有利于企业绩效考评工作的顺利展开。

9.4.1　考评系统的问题与防范

绩效考评系统本身在以下几个方面存在的问题会对考评结果有直接影响：

1）绩效考评标准的问题

绩效考评所遵循的标准直接决定着考评结果。因此，考评标准的信度和效度至关重要。

所谓绩效考评标准的信度，指的是考评同一职位工作绩效的标准在一定时期内应保持一致性，同时，不同的考评人员对同一职位上的员工的考评标准要保持一致。绩效考评标准的高信度能保证考评结果的公平性。通常，考评标准的设定应以所考评职位的职位说明书和职位规范为依据。在职位规范和职位说明书的内容没有改变的情况下，不能因考评时间、考评人员的变化而随意改变考评标准。当然，随着企业经营状况的变化，对某些职位的任务要求也会发生相应的改变，此时需要对职位说明书和职位规范做相应的修改与调整，但这种调整应该得到员工的认可，或者说这种改变应该在主管与员工协商一致的情况下做出，与此同时，也要注意对工作条件做相应的改变。这样才能保证绩效考评标准的前后衔接一致。

绩效考评标准的效度指的是考评标准的制定要正确、合理和有效。高效度的考评标准能保证考评结果的准确性。要使绩效考评标准具有较高的效度，在设定具体考评项目时就要使其与所考评职位的特点相适应，在各项目权重的设置上也要考虑该职位主要职责和次要职责的关系。例如，在对管理人员进行考评时，组织协调能力的权重要大于具体操作能力的权重；而对一线工人的考评则具体操作能力的权重要大于组织协调能力的权重。这样才能使考评结果较为准确地反映员工的绩效。此外，还要注意对某一职位绩效考评项目及各项目权重的设立要与类似职位的考评项目和权重的设立相平衡。

2）考评方法的选择问题

如前所述，绩效考评的方法有很多种，每种方法都有一定的适用范围与优缺点。因此，企业在考评工作中如果对考评方法选择不当，也会使考评结果产生偏差。此外，由于缺少经验、专业性不够强等原因，企业自行设计的各种考评表有时会出现考评项目含混不清、互相覆盖、缺乏具体尺度等问题。这些问题同样会使考评结果失真。

为了避免这些问题对考评结果的负面影响，企业在进行绩效考评时，要根据考评目的、考评内容等合理地选择考评方法，对于自行设计的各种考评表格要从多个角度进行检查与论证，必要时可以借助专业人员的力量。

3）考评结果的反馈问题

现代人力资源管理中的绩效考评应该是一个开放的系统，这种开放性意味着整个考评过程是上下级之间双向交流的互动过程。而绩效考评的最终目的并不仅仅是制定各项人事决策，更为重要的是要肯定员工的优点，激发员工向上的精神，帮助员工找到不足，以明确其今后自我改进的方向。因此，如果考评结果不能以适当的方式反馈给被考评者本人，那么绩效考评本身就失去了意义，更谈不上考评目的的实现。久而久之，员工对于考评也会失去兴趣，将其视为流于形式的一项活动。

所以，企业在设计绩效考评制度时，要将反馈制度的建立作为一个重点，以真正建立起上下沟通的通道。

9.4.2 考评人员的问题与防范

考评人员是绩效考评制度的具体执行者，是考评工作的具体实施者，因此，其主观方面的原因也会对考评结果产生影响。具体有以下几个方面：

1）晕轮效应

绩效考评中的晕轮效应是指考评者以对被考评者某一方面的印象来涵盖整个考评结果。也就是说，如果考评者对被考评者某一考评项目的评价较高或较低，则可能对此人所有的项目评价也比较高或比较低。例如，对于一个不太友好的考评对象，考评者通常会认为其"与其他人相处的能力"较差，而且也极有可能认为该员工在其他方面的表现也较差。这种情况显然会影响考评的客观性。要避免晕轮效应，首先要使考评人员对其有正确的认识，从而在实施考评时，有意识地加以避免，尽量客观地对被考评者做出评价。

2）居中趋势

居中趋势也称居中误差，是指考评者对一组考评对象的评价相差不多，或者考评结果都集中在考评尺度的中心附近，致使被考评者的成绩难以拉开距离。造成这种误差的原因有：考评者信奉"枣核理论"，即认为企业中大部分员工的表现都一般化，表现好的员工和表现差的员工都属极少数；考评者对被考评者不太了解，所以做出一般评价；考评要素不完整或方法不明确。居中趋势导致的误差可以通过以下方法加以避免：加强对考评者的培训，扭转其观念；明确各考评要素的等级定义；如若考评者与被考评者接触时间太短以致对其不了解，可以考虑延期考评。

3）首因效应

首因效应也称优先效应，是指考评者通常会根据所获得的关于被考评者的最初信息来评价其工作绩效的好坏，之后与最初判断相吻合的信息就容易被接纳，而相反的信息往往容易被忽略不计。例如，考评者与被考评者初次见面时，如果后者给前者留下了极好的印象，那么在考评过程中，即使发现被考评者有错误或缺点，也会找出理由为其开脱；相反，如果被考评者给考评者留下的是不好的印象，那么在考评中，后者就容易发现前者的缺点，而忽略其优点。

4）近因效应

近因效应也称近期效应误差。一般来说，人们对于最近发生的事情印象会比较深刻，而对于远期发生的事情印象会较为模糊。因此，在具体的考评工作开始之前的较短时期内，员工的表现会对考评结果有较大影响。尤其对于那些在考评前一到两周表现较为出色的员工，评价往往较高，而对于那些过去一直表现较好但在近期内犯了较为严重错误的员工，评价往往较低。解决这一问题较为有效的方法是：加强对被考评者平时工作中关键事件的观察和记录，必要时可建立员工的个人档案。这种方法虽然较为费事，但却能保证被考评者在考评周期内较为重要的表现能够在最后的考评中被关注，从而增强了绩效考评的公正性。

5）相似性错误

相似性错误的发生是由于考评者倾向于将自己作为被考评者的"榜样"，将自己的性格、能力、工作作风等与被考评者相比，对于那些与自己较为相似的员工不由自主地会做出较高评价；反之，则评价较低。例如，一位在各方面都要求非常严格的考评者可能会认为那些做事情一丝不苟的员工各方面表现都很出色，而对那些不拘小节的员工则在各个方面评价都较低。这种相似性错误的发生通常不是考评人员有意识的，但却不可避免地影响了考评的公正性。要解决此问题，需要对考评人员进行相应的培训，使其形成正确的人才观。

6）对比效应

对比效应是由于考评者对某一员工的评价受到之前考评对象的考评结果影响而产生的。在通常情况下，如果考评人员前面所考评的几个员工表现较差的话，那么表现一般的员工就会显得比较突出；相反，如果之前考评的员工表现优秀，那么一般水平的员工就会显得表现极差。对这一问题的解决，首先要注重对考评人员的培训，同时也可以考虑采取考评结束后再从整体上进行考察和平衡的方式。

7）感情效应

人与人之间的感情有好有坏，在考评过程中，考评人员也容易受到感情因素的影响。通常，考评人员倾向于根据被考评者与自己感情的好坏程度，自觉不自觉地过高或过低地评价员工。因此，在对考评人员进行培训时，要使其对感情效应有充分的认识，从而在考评中有意识地站在客观的立场上评价员工。

8）偏见误差

偏见误差的产生是由于考评者对被考评者存有某种偏见从而影响对其工作绩效的评估。例如，有研究表明，在工作绩效考评中存在这样一种稳定趋势，即老年员工（60岁以上者）在"工作完成能力"和"工作潜力"等方面所得到的评价一般都低于年轻员工。此外，由于种族和性别而导致的偏见也会对考评结果产生影响。如另一项研究显示，高绩效的男性员工所得到的评价显著地高于高绩效女性员工所得到的评价。员工过去的绩效状况也有可能会影响其当前所得到的评价。比如，考评人员可能会高估一位低绩效员工的绩效改善程度；相反，也可能将一位高绩效员工的业绩下滑程度看得过于严重。因此，在考评过程中，要消除或至少是尽量减少偏见对考评结果的影响。

9）暗示效应

暗示效应通常来自考评人员的上级或有关权威人士的影响。所谓暗示，是指通过语言、行为或某种事物提示别人，使其接受或照办而引起的迅速的心理反应。在考评过程中，某些员工的"上层路线"可能会使考评人员受到上级的暗示，迫于压力而不得不改变自己原来的看法。这种由于"暗示"而造成的考评误差就是暗示效应误差。要消除暗示效应误差，最重要的是企业各级管理者要树立正确的考评观念，为绩效考评的进行营造一个公开公平的环境。

综上所述，与考评人员相关的误差多数来自主观方面。总体而言，要减少这类误差对考评结果的影响，至少可以从以下三个方面努力：第一，加强对考评人员的培训，培训内容除了要包含有关评价方法和评价技术的正确使用以外，还要使其对考评中可能出现的主观性误差有充分的认识；第二，要选择正确的绩效考评工具，这就要求对各种考评工具的优缺点及适用范围有充分的把握；第三，向考评人员介绍避免如晕轮效应、首因效应等主观性误差的方法，以减少上述问题的出现。

9.4.3 被考评者的问题与防范

现代企业人力资源管理中的绩效考评是企业与员工之间双向互动的过程，被考评者即员工的合作程度与绩效考评目的的实现程度密切相关。在考评过程中，来自员工方面的问题主要表现在以下方面：

1）员工对考评工作认识的偏差

要想使绩效考评工作取得成功，仅仅依靠执行考评工作的管理者的努力是不够的。重要的是，要尽可能地使被考评者了解并认同企业的考评系统。如果员工对本企业的考评系统缺乏了解或者认同，就极容易对考评工作产生误解。这种误解通常表现在两个方面：一是员工对考评工作态度淡漠，认为考评是管理人员的事情，与普通员工关系不大，因而以一种旁观者的姿态面对考评；二是员工对考评工作抱有抵制情绪，认为考评就是为了"报复"或者"整人"，从而以一种不合作的态度对待考评。另外，一部分安于现状、不思进取的员工往往不希望在考评中显示出差别，因此也会给考评工作制造一些阻力。

2）员工主观方面的原因

来自被考评者主观上的一些问题也会影响考评结果。例如，有的员工比较谦虚，在自我评估时不愿过高地评价自己的业绩；相反，有一些员工则喜欢夸耀自己，在评估时往往过高地评价自己。这些因素都会影响绩效考评的结果。

综上所述，要减少绩效考评工作中由于被考评者的问题而产生的偏差，就要注意对员工进行与考评有关的培训，通过培训使员工认识到考评工作对于企业和员工的重要意义。此外，要尽可能地保证企业考评制度、考评过程的公开与公正，使员工对企业的绩效考评工作建立信任，并认同企业的考评系统。只有通过考评者和被考评者双方的合作和努力，绩效考评的根本目标才能最终得以实现。

本章小结

员工的绩效考评是企业人力资源管理考评系统的重要组成部分，其目的是要通过考核以提高企业员工的效率，最终实现企业的目标。

综合各种对绩效考评的描述，我们认为企业员工的绩效考评是指根据人力资源管理的需要，对员工的工作结果、履行现任职务的能力以及担任更高一级职务的潜力进行的有组织的、尽可能客观的考核和评价的过程。绩效考评作为企业重要的管理手段之一，在企业的人力资源管理活动中发挥着重要的作用：为员工培训工作提供依据，为员工的薪酬管理提供依据，为企业内部的员工流动提供依据，为员工的奖惩提供依据，为员工的自我发展明确方向，促进上下级之间的沟通与交流。在具体的考评过程中，绩效考评的内容及侧重点随着考评目的的不同而有所区别，但工作业绩、能力、工作态度、工作潜力、适应性等方面通常是绩效考评的基本内容。绩效考评通常包括三个阶段：设定考评标准；以标准为依据对员工进行考评；将考评结果反馈给员工，促使员工进行自我改进与提高。

绩效考评的方法有很多种，企业要根据实际需要来进行选择。比较具有代表性的考评方法有：民意测验法、短文法、评级量表法、排序考评法、配对比较法、强制分布法、关键事件法、360°绩效反馈体系、关键绩效指标法、平衡计分卡以及标杆超越法。

考评结果的反馈是绩效考评工作的重要环节，而面谈则是信息反馈的有效手段之一。绩效考评面谈可以真正实现绩效考评的公开与开放，有助于建立上下级之间双向交流的通道，有助于被考评者明确其改进方向，还有助于面谈指导技术的学习。

绩效考评在具体实施过程中会受到各方面因素的影响，从而使考评面临诸多问题，主要有考评系统本身的问题、考评人员的问题和被考评者的问题。这些问题不可避免地会对绩效考评的准确性与合理性产生影响。所以，对这些问题及其防范措施进行研究将有利于企业绩效考评工作的顺利开展。

本章案例

数字时代，IBM重构人力绩效管理

2015年，IBM（国际商业机器公司）正处于巨大的业务转型浪潮之中：收入模式被新技术打破，业务范围开始转向人工智能和混合云服务。为了加快创新步伐，转变发展方向，IBM需要迅速改变工作模式，这就要求公司必须充分利用新的敏捷的工作方式以及全新的劳动力技能。

首席人力资源官兼人力资源高级副总裁丹尼·格尔森（Diane Gherson）认识到，IBM的绩效管理只有推倒重来，才能让员工完全参与到业务的变革与转换中。

1）商业模式改变，倒逼绩效管理改革

IBM过去的绩效管理非常传统：以一年为周期进行评级和年度评估。员工年初写下所有的目标，经理年末给予反馈，写一个简短评价，然后评分。这种传统的绩效管理方法存在很大问题。格尔森说："业务的巨大变革意味着公司正在急速转向新领域，工作方式变得截然不同。"在以前的商业模式中，效率非常重要；而在新商业模式中，创新和速度才是关键。

格尔森从员工圆桌会议和调查中了解到，IBM员工对绩效管理系统没有信心，这一观点与其他高级领导人的观点相左，他们认为，现有的制度运转良好。格尔森花费了一年多的时间说服她的高层领导同事，如果没有更高层次的员工参与，IBM的数字转型就不会成功，这意味着要设计优质的绩效管理系统。最终，她赢得了高层同事们的支持。"我们把阻碍公司发展的传统绩效管理系统都扔掉了"，格尔森说。

2015年，IBM并非第一次进行大幅度转型。IBM成立于1911年，当时是一家机械制造商。在过去的几十年里，为了应对不断变化的市场和竞争压力，IBM不断调整业务重心——从早期的数据处理，到个人电脑，再到软件系统服务。

如今，总部位于纽约阿蒙克的IBM在170个国家雇用了约36万名员工。在连续22个季度收入下降后，该公司在2017年第四季度扭转了这一趋势，出现了收入增长。其云计算、人工智能、网络安全服务和区块链部门的增长对业务好转做出了贡献，目前，约有一半的收入来自新业务领域。事实上，IBM已经在人工智能和混合云上押下重注，2019年7月宣布将以340亿美元收购混合云技术的革新者、开源软件先驱——红帽公司。通过这一引人注目的收购，该公司正大胆尝试在云服务市场与谷歌、亚马逊（Amazon）和微软（Microsoft）等巨头竞争。

新的战略方向要求 IBM 改变企业的工作方式和人才管理方式。在传统的模式中，经理监督员工的工作，但现在工作的流动性太大，这种传统模式在大多数公司早已不复存在。

在 IBM，工作以三种不同的基本方式进行：第一，更加强调项目工作：个人在组织中四处移动，参与各种项目，在短期内参与一个团队，然后再转到新的团队去应对新的挑战。第二，绩效的整个概念从主要强调绩效结果转为强调"如何"进行这种持续性的过程，包括不断开发和应用新技术，以便能够跟上技术变化的速度。第三，随着敏捷工作方式的采用，持续的反馈成为工作的关键部分。新的绩效管理系统需要放弃年度反馈的概念，找到一种方法来加强反馈文化工作，包括向上、向下和横向。

与此同时，整体的数字化转型给 IBM 不断施压，为了确保在竞争中始终保持优势，IBM 必须始终考虑创新和灵活性，不断提高员工技能。

2）员工参与，共建绩效管理系统

IBM 在面对变革时，做出了一项堪称"明智"的关键决策：以"众包"的方式与员工共同设计新的绩效管理系统，而不是自上而下的"指令性"要求，这大幅提高了员工对于新设计的参与感。

"一开始有很多人持怀疑态度"，格尔森回忆道。IBM 创建了一个最简单可行方案，并邀请员工对其进行测试、提供反馈。格尔森把这个过程比作"给人们一辆概念车，让他们可以开车，还可以踢轮胎，而不是直接问他们想要一辆什么样的车"。

虽然许多员工对改革传统的绩效管理方法感到兴奋，但大多数人对新方案是否会有所改善持怀疑态度。正如 IBM 全球人才副总裁乔安娜·戴利（Joanna Daly）所言："员工们实际上对我们说，'我们不认为你们需要我们的意见。我们认为你们已经知道你们要做什么了，你们只是假装在征求我们的意见。'我们必须想办法向员工证明，我们是真诚的、认真的，希望他们来共同设计。"

人力资源部以一种简单的方式做到了这一点：问员工他们想要什么，给予回答。"我们问，你想从我们的绩效方法中得到什么？"戴利说，"我们发现，员工们想要更多的反馈。他们讨厌自己和自己的工作被单一的评估等级定义。"

当格尔森在公司内部平台上发布关于新绩效管理系统的博客时，她的第一个帖子在几个小时内就被 7.5 万名 IBM 员工浏览，其中 1.8 万人给出了详细的建议。该公司利用其专有的沃森文本分析工具，对员工所写的内容进行了分类，使格尔森能够在 48 小时内发表第二篇博客，列举出员工喜欢和不喜欢的内容。

公司对系统进行了多次"迭代"和复盘，员工不断地参与设计过程。管理层甚至在每一步都亲自接触最直言不讳的批评者，直接让这些人参与设计下一个绩效管理系统原型。最终版本在 2016 年 2 月正式发布，提供了一个更关注反馈而不是评估的绩效管理系统——Checkpoint。

员工不再在年度评估中得到单一的评级，而是更频繁地与经理沟通。通过公司的移动 ACE（赞赏、指导和评估）应用，他们还可以从同事、经理或他们管理的员工那里寻求反馈。

新的、更灵活的系统允许 IBM 员工全年修改他们的目标。员工根据他们的业务结果、对客户成功的影响、创新、对他人的个人责任和技能进行评估。管理人员对他们所监管的人员进行节点检查。

自从 IBM 部署了 Checkpoint 绩效管理系统以来，员工敬业度提高了 20%。事实上，在 IBM 的年度敬业度调查中，员工指出 Checkpoint 是他们在 IBM 工作经历中最大的变化。

IBM 绩效管理系统的变革是顺应新时期、新市场、新趋势的聪明作为，及时地跟上了业务变革，提高了员工参与度和留存度，也培养了员工新技能，确保公司拥有足够人才并与时俱进。

资料来源　David Kiron，Barbara Spindel. 数字时代，IBM 重构人力绩效管理［J］. 董事会，2019（11）：68-69.

思考题：

（1）IBM 的绩效管理体系改革体现了怎样的绩效管理理念？

（2）请简要分析 IBM 绩效管理体系重构成功的因素有哪些。

复习思考题

1.绩效考评的含义是什么?

2.绩效考评应包括哪些内容?

3.绩效考评的主要方法有哪些?各有什么长处与不足?

4.绩效考评面谈的意义何在?

5.在实践中,绩效考评的问题主要来自哪些方面?可采取哪些防范措施?

第 *10* 章

薪酬管理

学习目标

通过本章的学习，明确薪酬的基本内涵和基本构成及企业薪酬战略的制定；了解薪酬设计的原则、程序；通过对职位评价、薪酬调查、薪酬分级的介绍，学会薪酬设计的基本方法；对包括绩效工资、激励性薪酬以及福利等各种薪酬形式的内涵和作用要理解并掌握。

10.1 薪酬管理概述

10.1.1 薪酬的内涵与构成

1）薪酬的内涵

薪酬是员工向其所在单位提供劳动或劳务而获得的各种形式的酬劳或答谢。其实质是一种公平的交易或交换关系，是员工在向单位让渡其劳动或劳务使用权后获得的报偿。薪酬的内涵是不断发展的，在20世纪90年代以后，西方国家提出了全面薪酬概念。全面薪酬拓展了员工所得的报偿或收益的内容，既包括员工所得的物质收益，又包括员工所得的心理收入和发展机遇等精神收益（如图10-1所示）。

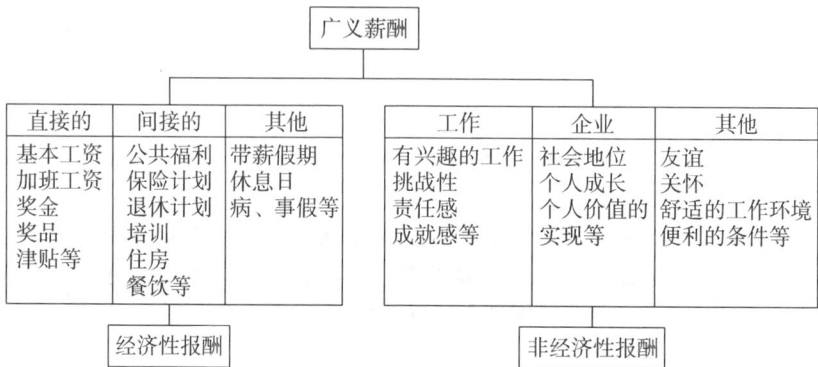

图 10-1 广义薪酬

但是由于作为对工作的报酬并且对雇员的活动具有强有力的影响因素，如赞扬与地位、学习的机会、雇佣安全、挑战性等，往往是来源于工作任务本身，应当属于隐性酬劳。因此，本书不将这种精神收益作为薪酬的主要内容来探讨。本书所定义的薪酬包括直接以现金形式支付的工资（如基本工资、绩效工资、激励工资）和间接地通过福利（如养老金、医疗保险）以及服务（带薪休假等）支付的薪酬。

2）薪酬的构成

薪酬包括基本薪酬、绩效薪酬、激励薪酬、福利与津贴四个部分。

（1）基本薪酬（basic pay）

基本薪酬，是根据员工所承担或完成的工作本身或者是员工所具备的完成工作的技能向员工支付的稳定性报酬，是员工收入的主要部分，也是计算其他薪酬性收入的基础。

在西方国家，从传统上来讲基本薪酬分为薪金（salary）和工资（wage）两种类型。薪金（也称薪水）是管理人员和专业人员（即白领职员）的劳动报酬。按照西方的法律，一般实行年薪制或月薪制，职员的薪金额并不直接取决于工作日内的工作时间的长短，加班没有加班工资。工资是体力劳动者（即蓝领员工）的劳动报酬，一般实行小时工资制、日工资制或月工资制。员工所得工资额直接取决于工作时间的长短。法定工作时间以外的加班，必须付加班工资。但是，随着蓝领与白领的工作界限的日益模糊，加之为了建立一整套的管理理念，培养雇员的团队精神，企业把基本工资都叫薪水，而不再把雇员分成薪水阶层和工资阶层。

（2）绩效薪酬（merit pay）

绩效薪酬，是对员工超额工作部分或工作绩效突出部分所支付的奖励性报酬，旨在鼓励员工提高工作效率和工作质量。它是对员工过去工作行为和已取得成就的认可，通常随员工业绩的变化而调整。比如：有突出业绩的员工，可以在上一次加薪的 12 个月以后，获得 6%~7% 的绩效工资；而让雇主感到过得去的雇员，仅可以获得 4%~5% 的绩效工资。

（3）激励薪酬（incentive pay）

激励薪酬，也称可变薪酬（variable pay），是一种提前将收益分享方案明确告知员工的方法。激励工资也与业绩直接挂钩。用于衡量业绩的标准有成本节约、产品数量、产品质量、税收、投资收益、利润增加等，不计其数。激励工资有短期的，也有长期的。短期的激励工资可以表现得很具体。比如，如果每个季度达到或者超过了 8% 的资本回报率目标，公司的任何员工都可以拿到相当于一天工资的奖金；如果达到 9.6%，则每个员工都可以拿到相当于两天工资的奖金；如果达到 20%，则可以拿到等于 8.5 天工资的奖金。长期的激励工资则是对雇员的长期努力实施奖励，目的是使雇员能够注重组织的长期目标。比如，让高层管理人员和高级专业技术人员分得股份或红利，对有突出贡献者奖励股份，或者让其所有的雇员拥有股票期权。

（4）福利与津贴（welfare）

这部分薪酬通常不与员工的劳动能力和提供的劳动量相关，而是一种源自员工组织成员身份的福利性报酬。福利因国家的不同而不同，像亚洲的韩国、日本、中国等国都会发放各种津贴和补贴作为福利。津贴也称补贴，是指对工资或薪水等难以全面、准确反映的劳动条件、劳动环境、社会评价等对员工造成某种不利影响或为了保证员工工资水平不受物价影响而支付给员工的一种补偿。这在欧美是较少的。事实上，福利更多地表现为非货币形式，比如休假、服务（医疗咨询、员工餐厅）和保障（医疗保险、人寿保险和养老金）等。当前，福利和服务已日益成为薪酬的重要形式，对于吸引、保有员工有着不可替代的作用。

薪酬构成形式没有固定统一的模式和组合比例，不同国家、地区和企业应根据实际需要和可能的条件，制定自己的薪酬标准。

10.1.2　薪酬战略

1）薪酬制度的战略支持角色

薪酬的作用，通常强调的往往是人才的吸引、保留、激励以及开发，但是吸引、保留、激励以及开发人才的最终目的是什么？显然是帮助组织实现战略目标和远景规划。因此说到底，薪酬体系的设计以及薪酬管理必须围绕组织战略以及远景目标进行。如果不考虑战略性导向的差异，组织的薪酬管理很可能是在自己的独立王国中"过自己的日子"。因而薪酬制度应凸显其战略支持角色，使薪酬从过去的简单支付行为转变为与环境、组织的战略目标相适应，通过吸纳、维系和激励优秀人才并以赢得和保持组织竞争优势为目标。

企业要充分发挥薪酬战略对其竞争优势提升的作用，首先得取决于薪酬战略的有效设计。图 10-2 描述了获得竞争优势的薪酬战略的设计过程。

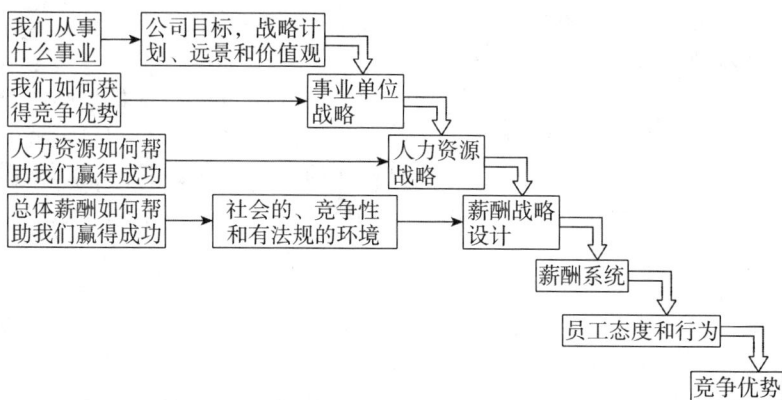

图 10-2 获得竞争优势的薪酬战略的设计过程

2）企业薪酬战略制定的步骤

一般地说，设计和制定企业薪酬战略的步骤如图 10-3 所示。

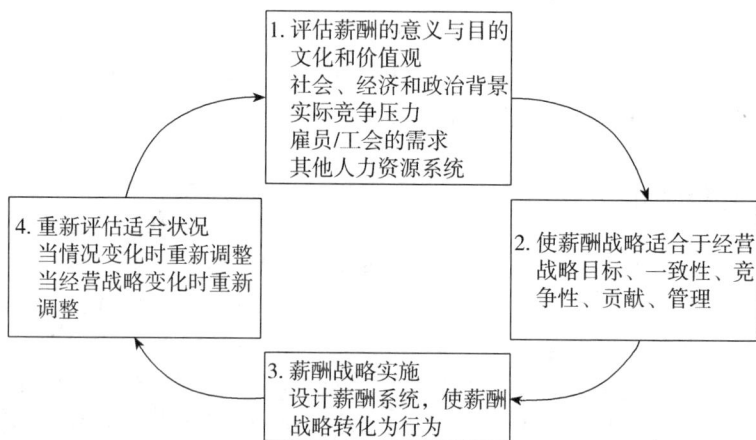

图 10-3 设计和制定企业薪酬战略的步骤

（1）评估薪酬的意义与目的

要求了解企业所在的行业情况，以及企业计划怎样在此行业中竞争，公司对待员工的价值观也反映在公司的薪酬战略中。此外，社会、经济和政治环境同样影响薪酬战略的选择。

员工的薪酬需要是多种多样的。通常年纪较大的员工对现金的需求较弱，较看重劳保和福利条件，而年纪轻的员工有较强的现金需要，他们要买房子或要支持家庭，较看重高工资收入。企业应考虑员工不同的薪酬需求，制定灵活的薪酬战略。

（2）开发薪酬战略，使之同企业经营战略和环境相匹配

通过对企业所处的内外环境和经营战略的分析，开发支持企业经营战略、提升企业竞争优势的薪酬战略。

（3）实施薪酬战略

通过设计薪酬体系来实施薪酬战略，薪酬体系是将薪酬战略转变成薪酬管理实践。

（4）对薪酬战略和经营战略匹配进行再评价

随着企业所处的环境不断变化，经营战略也相应在不断变化，因而薪酬战略就必须随之变化。为确保这点，定期对薪酬战略和经营战略匹配进行再评价就显得非常必要。

3）企业薪酬战略的类型

薪酬战略是依据企业经营战略而设定，并服务于企业经营战略，最终达到企业竞争优势提升的目的。企业不同的经营战略需要由不同的薪酬战略支持。

（1）经营战略类型与薪酬战略

①低成本薪酬战略

低成本战略是企业采用大规模生产方式，通过降低产品的平均生产成本来获得来自经验曲线的利润。推行这一战略必须实现管理费用最低化并严格控制研发、试验、服务和广告等活动。在低成本战略背景下，企业的薪酬制度应突出以下特点：

第一，较低的薪酬、雇员规模替代。在总体薪酬支出水平一定的条件下，企业可雇用较少的高效率雇员或雇用较多的效率较低的雇员来完成既定的生产经营任务。

第二，建立基于成本的薪酬决定制度。这一制度既可以是在确保产品数量和质量前提下的总成本包干制，也可以是在核定基本成本基础上的成本降低奖励制。

第三，有限的奖金，即除了成本降低奖励外，其他以雇员技能、顾客满意度等因素为基础的奖励制度较少。

②差异化薪酬战略

差异化战略是企业通过采用特定的技术和方法，使本企业的产品或服务在质量、设计、服务及其他方面都与众不同。通过提高独特产品的价格，企业可获得较高的单位利润。差异化战略取得成功的关键因素是企业的新产品开发能力和技术创新能力。培育成熟的项目开发团队、产品设计团队和服务团队是实施差异化战略的重要途径。在此背景下，采用团队薪酬制度，完善工作用品补贴和额外津贴制度就成了企业薪酬制度设计的重点。

③专一化薪酬战略

专一化战略是指企业生产经营单一产品或服务，或者将产品或服务指向特定的地理区域、特定的顾客群。专一化战略的实施以专业化技术为前提，它要求企业在特定的技术领域保持持久的领先地位。为了突出技术力量的重要性，吸引技术人才，企业通常给技术人员支付超过市场平均水平的效率薪酬，以提高技术人员对企业的忠诚度，减少由于人员流失而带来的招聘费用、培训费用的损失。该类企业通常采用基于技术等级的薪酬决定制度，并广泛采用股权激励和期权激励等长期薪酬激励计划。

（2）企业发展阶段与薪酬战略

①快速发展阶段薪酬战略

快速发展阶段薪酬战略是指企业通过实现多样化经营或开辟新的生产经营渠道而使其在产品销售量、市场占有率及资本总量等方面获得快速和全面的成长。除了依靠企业内部资源外，它往往通过兼并、合并和重组等外部扩张方式来实现。为了满足企业经营领域多样化和经营地域多样化的需要，企业的薪酬制度设计应坚持多样化和针对性原则，允许不同性质的企业设计不同的薪酬方案，同时突出绩效薪酬制度和可变薪酬制度的应用。

②稳定发展阶段薪酬战略

稳定发展阶段薪酬战略是指企业保持现有的产品和市场，在防御外来环境威胁的同时保持均匀的、小幅度的增长速度。当企业缺乏成长资源或处于稳定的市场环境时，稳定发展战略常被采用。此外，当一个企业经历了一段高速成长或收缩后，稳定战略也是很重要的。在这一背景下，企业的薪酬结构应保持相对稳定，企业的薪酬水平也应保持大体相同的增长比率。

③收缩阶段薪酬战略

收缩阶段薪酬战略是指企业面临衰退的市场或失去竞争优势时，自动放弃某些产品或市场以维持其生存能力的战略。在这一阶段，企业的薪酬制度应回归到维护企业核心资源和核心竞争力上来，强调薪酬制度的统一性。在收缩期，企业要考虑的一个重要因素是反敌意收购，设计有利于接管防御的薪酬策略，如"金降落伞（gold parachute）"与"锡降落伞（tin parachute）"计划就尤为重要。"金降落伞"的主要对象是董事会及高级职员，而"锡降落伞"的范围更广一些，它向下几级的工薪阶层提供稍为逊色的同类保证。无论是"金降落伞"还是"锡降落伞"，它们都规定收购者在完成收购后，若在人事安排上有所变动，须对变动者一次性支付巨额补偿金。这部分补偿金支出通常视获得者的地位、资历和以往业绩而有高低之分。此外，管理层收购（MBO）和雇员持股计划（ESOP）等制度既是公司治理的手段，也是企业薪酬制度的一部分，如表10-1所示。

表10-1 **企业不同发展阶段的薪酬体系**

企业发展阶段		初创期	快速成长期	成熟稳定期	衰退期	再造期
薪酬竞争性		强	较强	一般	较强	较强
薪酬刚性		小	较大	大	较大	小
薪酬构成	基本工资	低	较高	高	较高	较低
	绩效奖金	较高	高	较高	低	较高
	福利	低	较高	高	高	低
	长期薪酬	高	较高	高	低	较高

10.1.3 薪酬体系设计的流程

薪酬管理作为一种持续的组织过程，企业必须不断地设计和制订薪酬计划、拟定薪酬预算、控制薪酬成本、沟通薪酬政策，同时要对薪酬系统的有效性进行评估并不断完善。薪酬管理的核心内容是设计一个科学合理的薪酬系统，而且这个系统的设计和管理应是动态的过程，应根据企业内部、外部环境的变化随时进行调整和优化。不同企业薪酬系统设计的方法、步骤不尽相同，但一些基本的步骤是必需的。企业薪酬体系设计的基本流程如图10-4所示。

```
┌──────────────┐
│ 制定企业薪酬策略 │  确定企业的发展战略和薪酬分配策略
└──────┬───────┘
       ↓
┌──────────────┐
│  职位设计与分析 │  确定企业的职位结构图，形成工作分析系统
└──────┬───────┘
       ↓
┌──────────────┐
│    职位评价    │  评估企业内各职位的相对价值
└──────┬───────┘
       ↓
┌──────────────┐
│    薪酬调查    │  调查同行业其他企业的薪酬水平，确定和调整本
└──────┬───────┘  企业的薪酬
       ↓
┌──────────────┐
│  薪酬结构设计   │  确定职位的相对价值与对应实付薪酬之间的关系
└──────┬───────┘
       ↓
┌──────────────┐
│ 薪酬制度的实施、 │  修正薪酬制度实施过程中出现的问题，根据环境
│  控制与修正    │  变化和企业战略及时调整薪酬方案
└──────────────┘
```

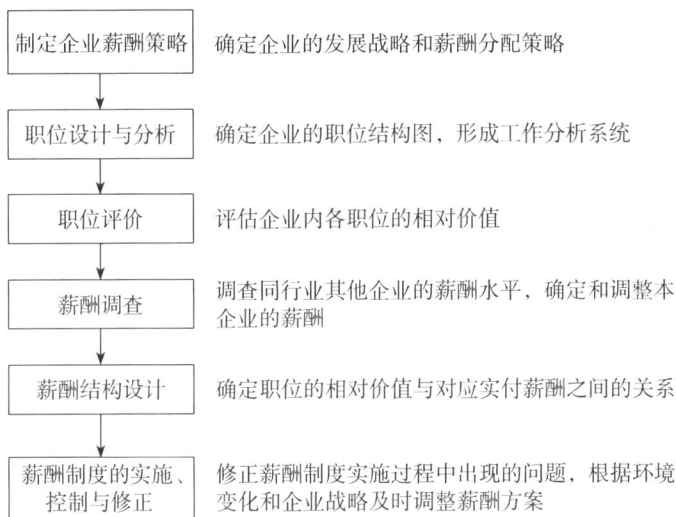

图 10-4　薪酬体系设计流程

10.1.4　薪酬设计与管理应遵循的原则

薪酬设计的目的是建立科学合理的薪酬制度，为此，在以上所提及的薪酬设计和薪酬管理的过程中，必须坚持以下几项原则和要求：

1）公平性原则——内部一致性

行为科学的一个重要理论——公平理论指出，人们往往通过与他人所受待遇的对比评价自己所获得的报酬的公平性程度。只有员工认为薪酬系统是公平的，才会认同薪酬的激励。公平原则是薪酬管理时要考虑的最根本的原则，同时要注意它是一个心理原则。员工的公平感受来自：第一，是与外部其他类似企业（或类似岗位）相比较对于薪酬水平所产生的感受；第二，是员工对本企业薪酬系统分配机制和人才价值取向的感受；第三，是将个人薪酬与公司其他类似职位的薪酬相比较所产生的感受；第四，是对企业薪酬制度执行过程的严格性、公正性和公开性所产生的感受。

2）竞争性原则——外部竞争性

竞争原则包含两重意思：第一，是指工资水平必须高到可以吸引和留住雇员。如果工资与其他公司中同等情况相比不平等的话，不仅雇不到人，而且会导致本公司职员离职。第二，当人工成本在一个公司的总成本中所占比例较大时，它们就会直接影响这个公司的产品价格——公司会将成本转嫁到商品或服务上。人工成本必须保持在一个公司所能容许的最大限度地提高生产产品和劳务效率的水平上。因此，实现富有特色、具有吸引力且成本可控的有效的薪酬管理才是真正把握了竞争性原则。

3）激励性原则——员工的贡献度

一个科学合理的薪酬系统对员工的激励是最持久的，也是最根本的。因为薪酬系统解决了人力资源管理中最核心的问题——分配问题。有效的薪酬系统应该是努力越多，回报也越多的机制。有些企业重视绩效，比如阿斯特拉-默克的薪酬目标是"只为绩效庆功"。有些企业重视资历，比如日本的大企业长久以来实施的"年功序列制"。这些都

直接影响到雇员的工作态度和表现，进而也影响了所有的薪酬目标。什么样的薪酬系统才是具有吸引力的呢？薪酬制度发展到今天已表明，单一的工资制度刺激日显乏力，灵活多元化的薪酬系统则越来越受到人们的青睐。

4）合法性原则

薪酬管理要受法律和政策的约束。比如，国家的最低工资标准的规定，有关职工加班加点的工资支付的规定，企业必须遵照执行，也就是说企业在制定自己的薪酬政策时必须以不违背国家的法律、法规为基本前提，理解并掌握劳动法规是对人力资源管理者特别是薪酬制定者的起码的要求，如《中华人民共和国劳动法》《最低工资标准》《薪酬支付行为规范》等。

10.2 职位薪酬体系

我们知道薪酬包含四个部分，即基本薪酬、绩效薪酬、激励薪酬以及福利。基本薪酬（basic pay）是薪酬当中最基础的部分。基本薪酬的支付依据有职位（position）、技能（skill）和能力（competency）。我们首先将对以职位的等级为依据建立的薪酬体系，即职位薪酬体系进行介绍，然后再对技能薪酬体系和能力薪酬体系进行讲解。

通过薪酬体系设计的流程图，我们知道第一步应当是制定薪酬战略，对此上一节已介绍过，第二步是进行职位分析并得到职位说明书，对此，本书在前面的章节中已进行了详细的介绍。因此，对于职位薪酬体系的分析我们将从第三步职位评价开始。

10.2.1 职位评价的目的、概念和理论假设

1）职位评价的目的

在一个企业中，职位名称很多，人们常常需要确定一个职位的价值，比如想知道一个财务人员与一名营销人员相比，究竟谁对企业的价值更大，谁应该获得更好的报酬。为了确定和协调各类职位之间的关系，进行科学、规范的薪酬管理以及有效的人力资源管理，就必须进行职位评价（job evaluation），使职位级别明确。

职位评价有两个目的：一是比较企业内部各个职位的相对重要性，得出职位等级序列；二是为进行薪酬调查建立统一的职位评价标准，消除不同公司间由于职位名称不同或即使职位名称相同但实际工作要求和工作内容不同所导致的职位难度差异，使不同职位之间具有可比性，为确保薪酬的公平性奠定基础。它是工作分析的自然结果，同时又以职位说明书为依据。

2）职位评价的概念

职位评价是企业内部建立薪酬公平机制的重要手段。它是以岗位为中心，依据一定的标准和程序来判断不同岗位对组织的价值大小，并据此建立岗位价值序列的一项专门的人力资源管理技术。

3）职位评价的理论假设

它的理论假设是：对于不同性质的工作岗位，不论岗位的工作内容是否相同，都可以通过对比岗位背后所隐含的付酬要素，确定它们的相对价值，并据此确定岗位薪酬。例如，尽管一个绘图员和一个办公室秘书所从事的工作完全不同，但所需要的技能、务

力、责任、教育训练水平、对组织的贡献和工作环境等是可以比较的，如果根据一定的标准和程序判断，它们的付酬要素比较结果相同，这两个岗位就应当获得同样的岗位薪酬。

10.2.2 职位评价的方法

职位评价的方法依照量化程度与评价对象和比较方法两个维度来进行划分，可以分为以下四种方法：职位排序法（ranking method）、职位分类法（classification method）、因素比较法（factor comparison method）、要素计点法（point-factor method），如表10-2所示。

表10-2 职位评价的方法

比较方法	量化程度和评价对象	非量化评估 对职位整体进行评估	量化的评估 对职位要素进行评估
在职位与职位之间进行比较		职位排序法	因素比较法
将职位与特定的级别标准进行比较		职位分类法	要素计点法

1）职位排序法

职位排序法是最古老、最原始也是最简单的一种方法。职位排序法就是由负责工作评价的人员，根据其对企业各项工作的经验认识和主观判断，对各项工作在企业中的相对价值进行整体的比较，并加以排队。在对各项工作进行比较排序时，一般要求工作评价人员综合考虑工作职责、工作权限、岗位资格、工作条件、工作环境等因素。权衡各项工作在各项因素上的轻重程度并排定次序后，将其划入不同的薪酬等级内。排序法又可以划分为三种类型：直接排序法、交替排序法和配对比较排序法。

（1）直接排序法

直接排序法是指简单地根据职位的价值大小从高到低或从低到高对职位进行总体上的排队，见图10-5。

图10-5 直接排序法举例

（2）交替排序法

交替排序法是指首先从待评价职位中找出价值最高的一个职位，然后再找出价值最低的一个职位，接着从剩余的职位中找出价值最高的职位和价值最低的职位，如此循环，直到所有的职位都被排列起来为止，如表10-3所示。

表10-3 交替排序法举例

排列顺序	职位价值高低程度	职位名称
1	最高	市场部部长
2	高	人力资源部部长
3	较高	财务审计主管
⋮	⋮	⋮
3	较低	安全生产主管
2	低	行政采购主管
1	最低	总经理办公室行政秘书

（3）配对比较排序法

配对比较排序法是首先将每一个需要被评价的职位都与其他所有职位分别加以比较，然后根据职位在所有比较中的最终得分来划分职位的等级顺序。评分的标准是价值较高者得一分，价值较低者失去一分，价值相同者双方得零分。从实质上来看，配对比较法类似于体育比赛中通过循环赛来排座次的做法。如表10-4所示，7种职位分别在水平和垂直两个维度上进行排列。"×"表示方格所对应的水平维度上的职位比垂直维度上的职位重要，对每个方格所对应的职位进行相同的比较之后，"×"数最多的行所对应的职位最重要，其次是"×"数第二多的行所对应的职位。例如，在表10-4中，最重要的职位是A——总裁，最不重要的职位是E——秘书/接待员。

表10-4 配对比较排序法举例

	A	B	C	D	E	F	G	总　计
A	—	×	×	×	×	×	×	6
B	○	—	×	×	×	×	×	5
C	○	○	—	×	×	×	○	3
D	○	○	○	—	×	○	○	1
E	○	○	○	○	—	○	○	0
F	○	○	○	○	×	—	○	1
G	○	○	×	○	×	×	—	4

注：A代表总裁；B代表副总裁/首席建筑师；C代表高级技师；D代表技师；E代表秘书接待员；F代表评估师；G代表设计师。

职位排序法的主要优点是简单，无须复杂的量化技术，不必请专家，主管者可自行操作，因而成本较低。但是这种方法缺点也很明显：①缺乏详细具体的评价标准，主观性较强，甚至完全凭借评价者的主观感觉进行排序。②缺乏精确的度量手段，只能找出各项工作之间的相对价值，并不能确定它们之间价值差异的具体大小，因而无法据此确定某项工作的具体薪酬额。如出纳和会计，我们只知道会计的价值比出纳大，具体大多少，就不得而知了。③简单排序法指适用于那些规模较小、结构简单、职务类别较少而员工对本企业各项工作又比较了解的小型企业。

2）职位分类法

所谓职位分类法，就是通过制定出一套职位级别标准，然后将职位与标准进行比较，将它们归到各个级别中去。职位分类法的操作步骤：

首先，也是需要对职位进行工作分析，得到职位描述和职位规范信息。其次，同职位排序一样，也是需要建立一个评估小组对职位进行分类。再次，也就是最关键的一步，建立一个职位级别体系，建立职位级别体系包括确定等级的数量和为每一个等级确定定义与描述。等级的数量没有什么固定的规定，只要根据需要设定、便于操作并能有效地区分即可。对每一个等级的定义和描述要依据一定的要素进行，这些要素可以根据组织的需要来选定。例如，美国联邦分类体系中所使用的要素有：工作的复杂性和灵活性；接受和实施的监督；所需要的判断能力；所要求的创造性；人际关系的特点和目的；责任和经验；要求的知识水平。最后，就是要将组织中的各个职位归到合适的级别中去。表 10-5 为销售人员职位分级标准。

表 10-5　　　　　　　　　　　　　　　　　销售人员职位分级标准

职位等级	职位等级描述
实习行销员（1）	不独立开展业务，协助资深经理处理订单、交货、回款等业务，根据资深经理的安排与客户进行联系。在资深经理的指导下洽谈业务、签订销售合同
行销员（2）	在行销员岗位上实习满1年。独立开展销售业务，但业务范围仅限于公司划定的某市或县范围内进行，定期向资深行销员汇报业务开展情况
资深行销员（3）	担任行销员职务满3年以上。负责某省范围内的业务工作，指导、监督行销员开展业务，负责策划所在省范围内的营销活动并组织实施
片区经理（4）	担任资深行销员3年以上。负责某区（辖数省）范围内的业务工作，负责在本辖区内落实公司的营销策略
销售中心经理（5）	担任片区经理3年以上。主持公司的产品销售和市场开拓工作，在营销副总经理的指导下制定公司的营销策略，确保完成公司的营销计划

职位分类法也是一种简便易理解和操作的职位评价方法。它克服了职位排序法只能适用于小型组织、少量职位的局限性，可以对较多的职位进行评估，而且，这种方法的灵活性比较强，尤其适用于组织中职位发生变化的情况，可以迅速将组织中新出现的职位归类到合适的类别中去。但是，这种方法也有一定的不足，那就是对职位等级的划分和界定存在一定的难度，有一定的主观性。如果职位级别划分得不合理，将会影响对全部职位的评估。另外，这种方法对职位的评估也是比较粗糙的，只能得出一个职位归在哪个等级中，到底职位之间的价值的量化关系是怎样的也不是很清楚，因此用到薪酬体系中时会遇到一定困难。职位分类法较适合于小型公司及公司结构比较稳定的公司，对于大公司及需要发挥员工创造力的行业的公司不太适合。

3）因素比较法

因素比较法是一种量化的工作评价方法，是在确定关键岗位和付酬因素（即企业认为应当并愿意为之支付报酬的因素）的基础上，运用关键岗位和付酬因素制成关键岗排序表，然后将待评岗位就付酬因素与关键岗位进行比较，确定待评岗位的工资率。

比较法的实施步骤如下：

（1）选择适当的付酬因素。付酬因素一般包括技能、脑力、体力、责任、工作条件等因素。

①智力条件，包括记忆力、理解力、判断力、所受文化程度、专业知识、基础常识。

②技能，包括工作技能和本岗位所需要的特殊的技能。

③责任，包括对人的安全，对财务、现金、资料、档案、技术情报保管和保守机密的责任，对别人的监督或别人对自己的监督。

④身体条件，包括体质、体力运动能力，如持久性、变动性、运动程度等。

⑤工作环境和劳动条件，如工作地的温度、湿度、通风、光线、噪声等。

（2）确定关键岗位。选择在企业中涵盖面广，足以代表不同难度的同类型职位，一般选择15～20个，并对每个岗位进行详细的岗位职责说明和岗位规格描述。

（3）将每一个主要岗位的每个影响因素分别加以比较，按程度的高低进行排序。其排序方法与上述介绍的"排序法"完全一致。例如，某公司办事机构中的主要岗位是：A.会计；B.出纳；C.文书；D.司机；E.勤杂工。可分别按上述五项条件的意义对五个岗位进行评定排序，如表10-6所示。

表10-6　　　　　　　　　　　　　　**五个岗位智力条件排序**

智力条件平均序数	1	2	3	4	5
岗　位	A	B	C	D	E

（4）确定关键岗位的工资率。评定小组应对每一个岗位的工资总额，经过认真协调，按上述五种影响因素分解，找出对应的工资份额，其结果如表10-7所示。

表10-7　　　　　　　　　　**五个岗位按五条件分解的工资额**　　　　　　　金额单位：元

岗位工资（每月）	智力条件		技　能		责　任		身体条件		工作环境和劳动条件	
	序号	工资额	序号	工资额	序号	工资额	序号	工资额	序号	工资额
A（125）	1	32	1	26	2	36	4	16	3	15
B（110）	2	21	4	20	1	40	5	15	4	14
C（100）	3	18	3	22	4	26	3	17	2	17
D（105）	4	5	2	23	3	28	2	19	1	26
E（65）	5	9	5	5	5	9	1	20	1	26

（5）由于表10-7中的结果是由评定小组商定的，如遇到序号与工资额高低次序不一致的情况，例如表10-6中，智力条件栏D岗位（司机）与E岗位（勤杂工）两者序列号分别为4和5，而表10-7中括号内却为5元和9元，从序列号上看，D岗位的相对价值高于E，评定小组应重新协商，使两者顺序一致。有时，实在无法调整修正，也可以

将有争议的岗位取消，重新选择一个具有代表性的岗位。

（6）将待评岗位就不同付酬因素与关键岗位逐一进行比较，并参考关键岗位各付酬因素的薪酬额，确定待评岗位在各付酬因素上的薪酬额。某岗位的某要素与哪一主要岗位某要素相近，就按相近条件的岗位工资分配计算工资，假定有一个 G 岗位，其与主要岗位比较的结果如表 10-8 所示。

表 10-8　　　　　　　　　　　　　　　G 岗位工资比照表

智力条件	G 与 B 相似	按 B 岗位的智力条件工资额为 21 元
技能	G 与 D 相似	按 D 岗位的技能条件工资额为 23 元
责任	G 与 A 相似	按 A 岗位的责任工资额应为 36 元
身体条件	G 与 B 相似	按 B 岗位的身体条件工资额应为 15 元
工作环境和劳动条件	G 与 B 相似	按 B 岗位的工作环境和劳动条件工资额应为 14 元

（7）将待评岗位各付酬因素的薪酬额相加，得到待评岗位整体工资率。上例中各项结果相加，则：

21+23+36+15+14=109（元）

故职位 G 的月工资定额为 109 元。

（8）当每个给定的工资总额确定以后，按其价值归级列等，编制出岗位系列等级表。

因素比较法是一种较为系统和完善的工作评价方法，可靠性比较高，并且根据评价结果可直接得出相应的具体薪酬额；另外付酬因素的赋值标准无上、下限之分，故较灵活，增强了企业操作过程中的灵活性，可根据各企业特点乃至具体待评职务的特殊情况做相应的特殊处理，这是其余诸法所不能做到的。

不过因素比较法运用起来难度较高，须聘请专家指导方可进行，因此成本较高，而且各影响因素的相对价值在总价值中所占的百分比完全是靠人的直接判断，这就必然影响评定中的准确度，又加之其不易被员工理解，因此会使一部分员工对其公平性产生怀疑。

4）要素计点法

要素计点法是目前国内外最广泛应用的一种职位评价方法，也是一种定量化的职位评价方法，也称因素计点法、点值法等。美国有 60%～70% 的公司采用这种方法。我国政府从 20 世纪 90 年代初开始，在国有企业中大力提倡职位技能薪酬制，与之相配套确定职位等级的方法就是要素计点法。

（1）要素计点法与职位分类法的异同

要素计点法与职位分类法的不同之处在于不做职位间的相互比较，而是先开发出一套职位比较评价标准用的量表。它与职位分类法的不同之处在于，不是对各待评职位做总体评价，而是找出这些职位中共同包含的"付酬因素"（或成分、要素），即与履行的职责有关，因而企业认为应当并愿意为之支付报酬的因素。这些因素反映了企业对职务占有者的要求。例如，典型的主要付酬因素有学历（职务专业知识）、年资（工作经验）、要求花费的体力及智力上的工夫（难度）、所承担的责任（风险）、劳动条件等。

（2）在职位评价中使用付酬因素的原因

不同类型的职位会有不同的付酬因素。例如，"工作中的危险"这一因素，对于一线从事体力劳动的蓝领员工，尤其是在井下、高空、强辐射、有毒介质等环境下工作的员工，当然是不可少而且很重要的，但对在有空调而宽敞明亮的办公室中工作的白领员工，则显然是无须考虑的。同时，科研、开发、设计、广告、经销等类职务，"独创性"这一因素十分重要，但对必须按严格的既定规程来工作的岗位，如机场航行控制员的工作来说，这个因素便无关宏旨了。所以，上述"量表"必须根据企业具体特点及职业类型来制定，虽可参考一定已有的类型，却切忌照搬，以免误事，必须做具体分析。付酬因素最少时仅两三种，最多时可达20余种。

（3）要素计点法的实施步骤

下面我们就通过一个具体的例子来说明要素计点法的实施步骤。

第一，首先确定岗位评价的主要因素。岗位评价所选定的因素是执行岗位工作任务直接相关的重要因素，归纳起来有：岗位的复杂难易程度，包括执行本岗位任务所需的知识、技能、受教育程度，必要的训练，必要的实际工作经验。

①岗位的责任，包括对所使用的设备、器具、原材料、产品等的责任，对下属监督的责任；对主管上级应负的责任；对保管的文件资料、档案的责任等。它涉及岗位的人、财、物方面的责任。

②劳动强度与环境条件，包括执行岗位任务的体力消耗、劳动姿势、环境、温度、湿度、照明、空气污染、噪声等因素。

③岗位作业紧张、困难程度，如操作时精神上的紧张程度，视觉、听觉器官的集中注意程度及持续时间的长短、工作单调性等。

这些评价因素即付酬因素。付酬因素应是在衡量职务对企业的价值中较重要的。次要的、关系不大的、意义重叠的不易明确界定的、待评职务不含有的即不是职位性而是个人性的因素，应避免纳入到量表中。

第二，根据岗位的性质和特征，确定各类岗位评价的具体项目，包括：

①车间内各生产岗位的评价项目，一般包括：体力劳动的熟练程度，脑力劳动的熟练程度；体力和脑力劳动强度、紧张程度；劳动环境、条件对劳动者的影响程度；工作危险性；对人、财、物以及上级、下级的责任等。

②对职能科室各管理岗位的评价项目，一般包括：受文化程度；工作经验、阅历；工作复杂程度；工作责任；组织、协调、创造能力；工作条件；所受的监督等。

第三，确定评价要素时，无论何种性质的岗位，比较普遍应用的评价项目一般包括：①劳动负荷量；②工作危险性；③劳动环境；④脑力劳动紧张疲劳程度；⑤工作复杂繁简程度；⑥知识水平；⑦业务知识；⑧熟练程度；⑨工作责任；⑩监督责任。确定岗位评价的主要因素及具体项目之后，为了提高评定的准确程度，还应对各评定因素区分出不同的级别，并赋予一定的点数（分值）。

除此之外还要将付酬因素分级。等级的多少应取决于赋予各因素的相对权重及各等级界定与相互区分的难易：因素越重要，权重越大，等级越易决定，相互间越易区分，则级数应越多，然后要对付酬因素等级进行定义，找出付酬因素并各自分好等级后，就必须对每一因素总体及各等级分别以简要的说明予以界定，这才便于在职位评价操作过程中据此评定每项职务在一定因素方面的等级。

例如，某岗位所需要的受教育程度可区分为：

a.具有简单的阅读、书写能力；

b.小学毕业；

c.初中或初级职业学校毕业；

d.普通高中、职业高中、中专毕业；

e.大学本科毕业；

f.硕士研究生毕业；

g.博士研究生毕业。

再如岗位所需要的体力可区分为：

a.极轻的体力；

b.较轻的体力，如在舒适的座椅上，有规律地从事办公室工作所需要的体力；

c.重复连续地在座椅上完成操作所需要的体力，如电子生产线上的装配工、检验工；

d.重复连续地站立进行操作所需要的体力，如机械制造企业中的车工、铣工、钳工等；

e.较重的连续性、重复性操作所需要的体力，操作通常是由举、推、拉、搬等动作组成，并占总作业时间20%左右；

f.重体力劳动，其作业中举、推、拉、搬重物时间占总作业时间50%以上；

g.极重体力劳动所需要的体力，如煤矿掘进、手工装卸重物等。

第四，要对付酬因素指派分数。制定评级标准的最后一步，就是决定对每一付酬因素应指派多少总分及这些分数应在各该因素的各等级间应如何分配。最常见的一种评分标准的总分取500分，但总分定为400分、800分、1 000分或其他都可以。至于总分在一种因素的各等级之间应如何分配，也并无一定之规，不同标准会有不同规律。但也可按恒定百分比或几何级数分配，如2、4、8、16、32等。这一步很重要，最好由职务评价专家按健全的统计学方法来制定。

在本例中是将全部评定项目合并成一个总体，根据各个项目在总体中的地位和重要性，分别给定权数（f_i）。一般来说，重要项目给以较大权数，次要项目给以较小的权数。权数的大小应根据企业的实际情况，以及各类岗位的性质和特征来加以确定。表10-9是某企业对某类岗位评价的权数分配表。设第i评定项目的权数为f_i，某一岗位第i项目的评定结果为X_i，则该岗位的总点数为X，它等于各项目评定点数的加权之和。通过这一步，评分标准就完成了。

$$X = \sum X_i f_i$$

例如，某企业评定小组对某岗位的10项因素的评定结果如表10-10所示，按上式合计后，可知该岗位的总点数为：

$$X = \sum X_i f_i = 1400$$

第五，对每个职位付酬因素进行打分，评出职位总分数。可以看出，评分法与职位分类法相比，不但要为付酬因素进行逐一评价而不是仅作一总体性综合评价，而且还要请专家利用定量技术来为每一因素划分等级和分配分数，因此成本较高，过程复杂。但一俟标准制备，职务评价即评级的操作却较简单而容易，只要将待评的诸职务，就每一

表 10-9   企业对某岗位评价的权数分配表

序号	评价项目	f_i	$\sum f_i$	权数比	备　注
1	劳动负荷量	7			
2	工作危险性	7			
3	劳动环境	7			
4	脑力劳动紧张程度	7			劳动生产要素
5	工作复杂程度	7	66	2	（1～8）
6	知识水平	12			
7	业务知识	7			
8	熟练程度	12			
9	工作责任	17			领导管理要素
10	监督责任	17	34	1	（9～10）

表 10-10   对某岗位的 10 项因素评定结果表

评价项目序号	1	2	3	4	5	6	7	8	9	10	合计
评定点数 X_i	10	8	20	10	38	10	14	20	10	10	
权数 f_i	7	7	7	7	7	12	7	12	17	17	100
$X_i f_i$	70	56	140	70	266	120	98	240	170	170	1 400

付酬因素，逐一对照每一等级的说明，评出相应分数，并将各因素小计值求出，这小计分便代表了该职务对本企业的相对价值。

第六，将职位分数转换为薪酬金额。利用一张表或转换线，便能据此分数转换为相应的薪酬金额了。评分时较可取的程序是将所有待评职务就同一因素先依次评完分，再转而评另一因素，直至所有因素都评完，而不是将一项职务的诸因素都评完再转去评下一项职务。

通常较常见的，不是给每一职务都确定一个与其总分相对应的工资额，而是将所有的职务合理组合，划分成一些职级，给每一职级指派与其价值相当的薪酬或薪幅（薪酬范围），在同一职级中的诸职位按这同一工资付酬或在制定的那一薪酬范围内付酬，具体的讨论请看后面有关薪酬结构和薪酬等级方面的阐述。

（4）要素计点法的优缺点及适用范围

要素计点法的优点是：它通过清楚、明确的定义要素来进行比较，每个岗位都是若干评定要素平均的结果，并且有很多的专业人员参与评定，从而大大地提高了评定的正确性。另外，这种方法的适应性和稳定性较好，它能适用于所有人员，而且当出现新的岗位或现有岗位重组时，使用要素计点法很容易将其分类归等，而不必将它们和其他同类岗位进行比较。

但是要素计点法的缺点是工作量大，较为费时费力，在选定付酬要素和权数时还带有主观性。评分法用于生产过程复杂、岗位类别和数目多的大中型企业。

10.2.3　薪酬调查

薪酬调查重在解决薪酬对外竞争力的问题。薪酬调查的主要内容为本行业、本地区，尤其是主要竞争对手的薪酬状况。调查数据的来源可以是公开的统计资料，也可以是抽样采访、专门问卷调查，或者是招聘单位发布的招聘信息资料等。一般说来，薪酬调查应由企业的人力资源部负责，操作的程序如下：

1）选择调查对象

选择调查对象应遵循以下原则：

（1）同行业中同一类型的其他企业。

（2）其他行业中有相似工作的企业。

（3）聘用同类工人的竞争对手企业。

（4）工作环境、经营政策、薪酬与信誉均符合一般标准的企业。

（5）根据本企业的人力、物力、财务状况，确定调查企业的数目。

2）争取与其他企业合作

要获取对方的薪酬资料，一般由本企业总经理亲自与对方总经理沟通，就调查的目的、资料保密、成果分享等问题进行协商，以求得对方的合作。或者由人力资源主管直接与对方人力资源主管接洽，提出调查规划，以获得对方支持。只有双方对薪酬调查取得共识，达成合作协议后，才可进行薪酬调查。

3）选择具有代表性的职位

代表性职位是指那些职责可明确区分、稳定、不易变化的职位。

4）确定调查内容

调查的内容主要有：

（1）薪酬内容。各企业薪酬内容差别很大。薪酬内容一般应包括基本工资、津贴、奖金、红利和福利等。

（2）调查各企业的基本工资情况。

（3）调查其他各种补贴和福利。

（4）调查各企业工作时间安排。

5）收集资料

收集资料的方式很多，一般采取将调查表直接邮寄到对方企业，或者派访谈者到对方企业去访问，有时也采取电话访谈、小组座谈等方式来收集资料。

6）资料的整理和统计

调查完毕后，就要对资料进行统计并写出调查报告，一般包括资料概述和个别职位资料分析等内容。

（1）各企业现有职员。

（2）各企业薪酬内容和薪酬范围（薪酬的上限和下限）。

（3）由平均数或中位数计算的平均基本薪酬。

（4）调查职位的薪酬总表。

（5）各企业薪酬总额统计。

通过调查，可以了解当地的市场平均薪酬水平，将本企业的薪酬水平与之比较，并根据自己的薪酬政策来调整薪酬水平。

10.2.4　薪酬结构设计

1）职位评价与薪酬结构线

根据职位评价所得出的职位点数以及外部市场薪酬调查得到的相应职位的市场薪酬水平，我们可以画出如图10-6所示的散点图，其中纵轴表示职位的市场薪酬水平，横轴表示职位的评价分数。根据图中代表目前薪酬的一系列散点，可以画出一条薪酬结构线。从图10-6中可以看到，薪酬结构线可以在一簇点中画出，这样留在曲线以上的点与曲线以下的点基本相等。薪酬结构线可以是直线，也可以是曲线。薪酬结构线可以用来确定特定职位价值与工资的关系。

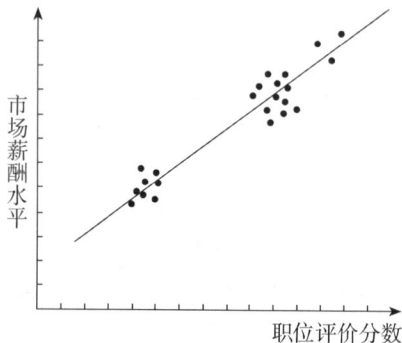

图10-6　企业薪酬散布图及薪酬结构线

2）薪酬的分级

理论上讲，每一项工作根据其相对价值都有一个对应的薪酬值，但实际上人们常常把多种类型工作对应的薪酬值归并组合成若干等级，形成一个薪酬等级系列，这就是薪酬分级。

通过薪酬分级，将根据工作评价得到的相对价值相近的一组职务编入同一等级。图10-7是薪酬分级的范例，其中经评分法所评出的分数，每隔100分的一个区间便成为一个职务等级，尽管它们的相对价值并不完全相等，同一等级中的职务将付给相同的薪酬，因而有的吃点亏，有的占点便宜，不尽合理，但因差别不大，大大简化了管理，所以是切实可行的。企业薪酬等级系列平均在10～15级之间。

3）薪酬幅度（薪幅）的确定

（1）薪幅最高值、最低值和中值

在图10-8中，每一个薪酬等级只有一个单一的薪酬值。在实际的薪酬管理中，根据职位评价得出的每个职位级别所对应的薪酬水平往往是一个范围，具有一定的幅度，即薪幅。其下限为等级起薪点，上限为顶薪点，即最高薪酬和最低薪酬。还有一个点——薪幅的中点也很重要，薪酬结构线穿过每一个等级上的点就是这一等级薪酬浮动幅度的中点。浮动幅度的中点通常也被称为控制点。

薪幅的存在基于这样的理由：同职位上不同的任职者由于在技能、经验、资源占有、工作效率、历史贡献等方面存在差异，导致他们对公司的贡献并不相同（由于绩效考核存在局限性，这种贡献不可能被完全量化出来），因此薪酬有差异。所以，同一等级内的任职者，基本薪酬未必相同。这就增加了薪酬变动的灵活性，使员工在不变动职位的情况下，随着技能的提升、经验的增加而在同一职位等级内逐步提升薪酬等级。

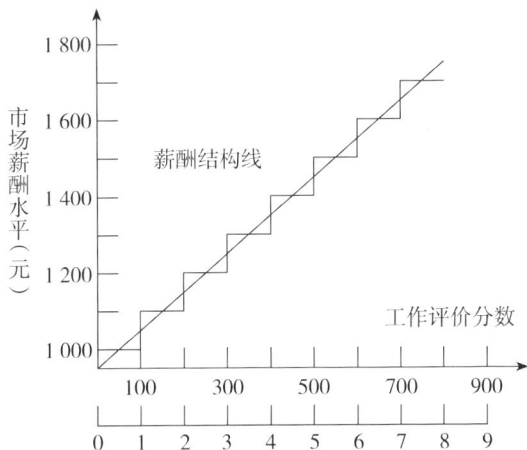

图 10-7　企业工资等级的划分

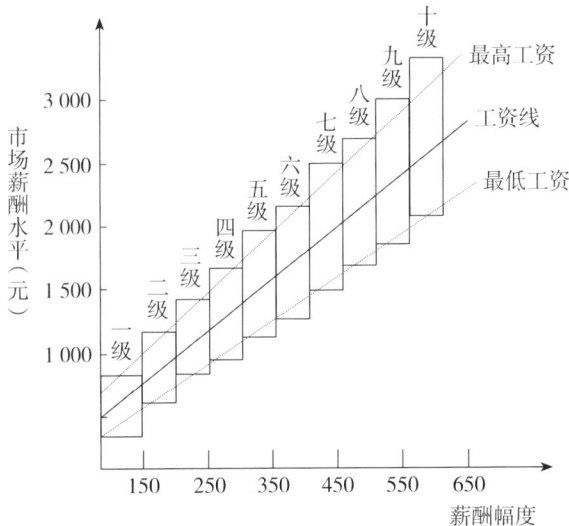

图 10-8　工资等级划分及薪幅

（2）相邻薪酬范围的重叠

薪酬幅度的确定是与薪酬等级数的多少相关联的，不仅如此，还有另一个相关因素，即相邻等级薪酬范围的重叠程度。在实际工作中，这种重叠不仅很难避免，而且适当的重叠也是必要和有益的。

相邻职级重叠程度与薪酬结构线的斜率有关（越平缓则重复越多），但更取决于职级的薪幅，即变化范围的大小。当公司薪酬政策是较频繁提薪，以奖励那些表现出色的员工时，薪幅大，可使他们虽未能"升官"，却能"发财"。但职级薪幅增大，会带来与邻级的重叠的扩大，这会导致另一种消极后果，那就是一旦员工获得晋升，提至较高职级时，他们的工资却不能从这较高一级的最低起点计薪，以致"升官"反而"减薪"，因而至少与提升前工资相等，否则，如果其工资距此职级的最高顶薪点已较近，增薪机会不多，不但减弱了薪酬制度的激励功能，也给管理增添了困扰。所以，职级数目与宽度、薪酬结构线斜率及各职级的变化幅度等因素，必须统筹兼顾、恰当平衡。

10.2.5　薪酬制度的实施和修正

在制定和实施薪酬制度的过程中，及时的沟通、必要的宣传和培训都是保证薪酬改革成功的重要条件。同时，在保证薪酬制度有效性的前提下，还应随着企业的经营状况和市场薪酬水平的变化做出相应的调整。为了保证薪酬制度的实用性，企业对薪酬制度应该做出定期或适时的调整。

1）薪酬水平的调整

薪酬水平的调整是指在企业的薪酬结构、等级、构成等要素不变的情况下，调整薪酬水平的标准。

导致薪酬水平调整的原因有两方面：一是企业效益的变化。企业的效益会影响企业的薪酬水平，薪酬水平会随着企业的效益变化而波动。在企业效益提高的前提下，员工的薪酬会逐步增加。二是通货膨胀的影响。一般来说，薪酬总量调整的方式有以下几种：

第一种是薪酬指数化，将薪酬与物价挂钩。在薪酬表上，只列出等级薪酬的指数，实际薪酬的货币额等于薪酬指数乘以最低生活费，最低生活费则依物价的变动而变动。薪酬指数化的目的是消除市场经济条件下物价波动对员工薪酬水平的影响，根据物价指数的变动调整薪酬，使薪酬的增长高于或至少不低于物价的上涨。

第二种是生活指数调整。这是为了补偿员工因通货膨胀而导致的实际收入无形减少现象，显示出企业对员工的关心。

第三种是效益调整。当企业效益良好、盈利较多的时候，可以提高员工的薪酬。

从操作上来看，薪酬总量调整的方法有两种：第一种是等比调整法，即所有员工都在原有薪酬基础上调高一定的百分比。这样虽然保持了薪酬结构内在的相对级差，但是却容易造成薪酬本来就较高的员工提升的数额更大，使中低层员工产生不公平感。第二种是等额调整法，即全体员工不论原有薪酬的高低，一律给予等额的调整。这种方法会破坏企业原有薪酬结构的内在级差，动摇原有薪酬体系设计的基础。两种方法适应于不同的企业环境：前者在薪酬级差比较小的企业中不会引起较大的不公平感；后者在薪酬级差比较大的企业实施则有助于调整过大的薪酬差距，有利于提高员工整体士气。

2）薪酬结构的调整

薪酬结构调整体现了企业对员工的激励导向，合适的薪酬结构对于维持薪酬体系的适应性和激励性都有非常重要的作用。

常用薪酬结构调整的方法包括：

（1）增加薪酬等级。增加薪酬等级的主要目的是将职位之间的差别细化，从而更加符合按职位付薪的原则。这种方法比较适用于规范的制造业、加工业和机械化程度较高的大型企业等。薪酬等级增加的方法很多，关键是选择在哪个层次或种类的岗位上增加等级。

（2）减少薪酬等级。减少薪酬等级即前面提到过的等级结构"宽带化"，这是薪酬管理的一种流行趋势。目前在一些西方企业中，倾向于将薪酬等级线延长，将薪酬类别减少，由原有的十几个减少至三五个。在每种类别中包含着更多的薪酬等级和薪酬标准，各级薪酬范围重叠交叉。由于它有力地削减了管理类职位层次组织的重新设计，缩小了规模大或者是无边界的组织，有利于培育那些新组织的跨职能成长和开发等，因此目前颇受人们的青睐。

（3）调整不同等级人员的规模和薪酬比例。在薪酬等级结构不变的前提下，企业可以调整不同等级中的人员规模和薪酬比例，达到薪酬调整的目的。在企业薪酬总额中，高、中、低三个层次员工所占的薪酬比重是不一致的：高级管理人员人数少，但人均占有薪酬比例高；基层人员多，但人均占有薪酬比例低。因此在调整薪酬结构的过程中，要对不同层次的员工采取不同措施。例如，为了降低薪酬成本，对于高级管理人员，采取减少录用人数的方法，效果较好。对于中级管理人员，可以采取调整固定工资和绩效工资结构的方法，相对提高绩效工资的比例，并加大绩效考核的力度，使大部分员工只能拿到固定工资，而拿不到绩效工资，这种方式对于降低成本的效果也比较明显。对于基层管理人员，则可以采取延长工作时间或尽量压缩企业规定的休假时间，但不增加工资或减小工资增加幅度的方法，也可以起到降低成本的作用。

3）薪酬构成要素的调整

薪酬构成要素调整有两种方式：一是在薪酬水平不变的情况下，重新配置固定薪酬与浮动薪酬之间的比例；二是通过薪酬水平变动的机会，增加某一部分薪酬的比例。相比之下，后一种方式比较灵活，引起的波动也小。员工薪酬构成要素的调整需要与企业薪酬管理制度和模式改革结合在一起，使薪酬构成要素的调整符合新模式的需要。

目前薪酬构成要素的调整有以下几种方式：

（1）加大员工薪酬构成中奖金和激励薪酬的比例，扩大绩优员工与其他员工之间的报酬差距。

（2）减少员工的固定薪酬部分，增加不固定收入的比例。

（3）将以工作量为基础的薪酬制度改为以技能和绩效为基础的薪酬制度，鼓励员工提高自身的知识、技能和素质，采取技能、绩效与薪酬直接挂钩的方法。

4）薪酬体系的调整

薪酬体系的调整包括基本薪酬、辅助薪酬项目的增减和各部分薪酬比例的变化等。根据基本薪酬与辅助薪酬在员工薪酬构成中的比例不同，可以将薪酬体系分为两种模式：高弹性模式和高稳定模式。高弹性模式是辅助薪酬所占比重较大的模式。它是以绩效高低来决定员工薪酬的体系，因而薪酬水平具有较大的波动，而高稳定模式则是基本薪酬占的比重较大，一般基于岗位、资历等来决定薪酬的高低，所以一经确定后就很少变动。

企业经营战略的变化，一般会导致薪酬策略的改变，这时候薪酬模式就会从一种模式向另一种模式转变。如果这种变革是渐进、缓慢的，它对员工士气的影响就相对比较小；如果这种变革是激进、突变的，又没有与员工进行很好的沟通，就可能产生不良后果，有时候还可能影响企业的生产经营。因此，调整薪酬时必须注意以下问题：

（1）尽早让员工知道薪酬调整的计划，并有足够的时间搜集员工的意见并与员工沟通。

（2）尽可能让员工知道企业为什么要采用新的薪酬制度。例如，企业希望维持多少的利润，希望激励表现好的员工等。也要让员工知道，企业希望员工表现出什么行为。

（3）让员工明确知道，采用这种新制度，他们的平均薪酬将是多少，如果表现很好的话，又将可以拿到多少。

（4）如果有可能，应该先设置一个过渡期，帮助员工适应新的薪酬制度。例如，让员工仍然拿原来的薪酬，但是要让他们知道，如果采用新的薪酬制度，他们的薪酬又将是多少。

10.3　技能薪酬体系与能力薪酬体系

10.3.1　薪酬体系的设计：基于职位还是基于任职者

知识经济的迅猛发展使组织外部环境的不确定性增强和变化加快，更多的组织采用了扁平化的组织结构以提高灵活性和效率，这就使得通过职位晋升获得薪酬提升的机会变得越来越少。同时，组织建立核心竞争力的战略需要员工具有更高的能力、承担更大的责任、解决更复杂的问题，任务的完成更依赖团队合作和较少的直接监督，这就需要与基于任职者的薪酬体系更匹配。也就是说，为了留住核心员工，薪酬体系的设计必须给员工成长留出空间，必须用职位头衔之外的东西去激励员工。对于影响和强化有利于实现组织目标的行为来说，以任职者为基础的薪酬体系是一种更好的解决问题之道。

10.3.2　技能薪酬的内涵及技能薪酬体系的设计

1）技能薪酬的内涵

技能薪酬（skill-based pay），简称SBP。它是以员工个人所掌握的知识、技术和所具备的一种新的能力为基础支付工资报酬。

2）技能薪酬体系的设计流程及其步骤

（1）建立技能薪酬体系设计小组

制定技能薪酬体系通常需要建立两个团队：一个是指导委员会，另外一个是设计小组。此外，还有必要挑选出一部分员工作为"主题专家"（subject-matter experts）。他们的主要作用是在设计小组遇到各种技术问题时提供协助。

技能薪酬体系通常只是在企业的一个或某些部门中实行，而不是在整个企业中实行。因此，为了确保技能薪酬体系与企业整体薪酬战略之间的一致性，需要建立起一个由企业高层管理人员组成的委员会。其主要任务是：

①确保技能薪酬体系的设计与企业总体的薪酬战略和长期经营战略保持一致。

②制定技能薪酬体系设计小组的章程并且批准计划。

③对设计小组的工作进行监督。

④对设计小组的工作提供指导。

⑤审查和批准最终的技能薪酬体系设计方案。

⑥批准和支持技能薪酬体系的沟通计划。

（2）进行工作任务分析

技能薪酬体系的付酬要素应当是那些对于有效地完成任务来说至关重要的技能。因此，设计技能薪酬体系的首要工作是要系统描述所涉及的各种工作任务。为了清楚了解这些工作任务，有必要依据一定的格式和规范将这些工作任务描述出来。根据这些标准化的任务描述，我们就能理解为了达到一定的绩效水平所需技能的层次。

在工作分析的基础上，设计小组需要评价各项工作任务的难度和重要性，然后重新编排任务信息，对工作任务进行组合，从而为技能等级和相应薪酬的确定打下基础。

（3）技能等级模块的界定与定价

①技能等级模块的界定。所谓技能等级模块（skill block），是指员工按照既定的标准完成工作任务必须能够执行的一个工作任务单位或者一种工作职能。通过工作分析，我们可以确定技能模块中所包括的工作任务，然后据此对技能模块进行等级评定。

②技能模块的定价。对技能模块的定价实际上就是确定每一技能等级的薪酬标准。虽然这一步骤的重要性得到了广泛认同，但是至今也没有一种标准的技能等级定价方法，即不存在一种能够将技能模块和薪酬联系在一起的标准方式。尽管如此，在对技能模块进行定价的时候，任何组织都需要做出两个基本决定：一是技能等级模块的相对价值；二是技能模块的定价机制。

（4）技能的分析、培训和认证

设计技能薪酬体系的最后一个步骤是关注如何使员工置身于该体系中，对员工进行培训和认证。在这一阶段，需要对员工的现有技能进行分析，同时还要制订出培训计划、技能资格认证计划及追踪管理工作成果的评价标准。

①员工技能分析。对员工进行技能分析的目的在于确定员工目前的技能水平。员工技能的评价者应由员工的直接上级、同事、下级以及客户共同组成。这些人要从各自不同的角度向被评价员工的上级提供评价意见。同时，在进行实际技能评价之前，评价各方应当对评价标准形成共识。

②培训计划。由于技能分析与评价能够确定员工所具有的实际技能水平，因此它所提供的信息对于制订员工的培训计划至关重要。员工培训计划的制订需要关注两个方面：一是员工的培训需要；二是采用何种方式进行培训最合适。现在可以使用的培训方法有很多。表 10-11 列举了被企业广泛使用的六种培训方法。

表 10-11　　　　　　　　　**企业广泛使用的培训方法**

项　　目		培训方法					
	级　　别	在职培训	公司内部培训	学徒式培训	工作轮换	供应商提供的培训	大学/学院培训
工作任务的层次	一级	P	P	P	S	S	S
	二级	P	P	P	S	S	
	三级	P	S	S	S	S	

注：P代表主要培训方式；S代表辅助培训方式。

③技能资格的认证与再认证。实施技能薪酬体系的最后一个环节是设计一个能够确定员工技能水平的认证方式。表 10-12 列举了某制造企业机械技师的技能等级认证方式。

在技能等级评定和认证完成后，每隔一段时间，还要对技能水平进行重新认证，只有这样才能确保员工能够持续保持已经达到的技能水平。不仅如此，随着技术的革新，技能本身也在发生变化，因此，企业需要根据自身技术水平的更新情况，不断修订技能等级标准，重新进行技能等级的认证。

表 10-12　　　　　　　　　某制造企业机械技师的技能等级认证方式

项　目		由上级、同事或认证委员会进行的内部认证				外部认证
		在职工作绩效	工作样本测试	卷面测试	学院课程认证	商业认证
认证层次	三级技能	★	★	★	★	★
	二级技能	★	★			★
	一级技能	★	★			★

10.3.3　能力薪酬体系的概念及设计方法

1）能力薪酬体系的兴起与能力的构成

20世纪90年代以后，随着企业之间竞争的加剧，兼并、流程再造、精简裁员等随之而来，企业不得不密切关注如何激励员工以及如何使他们关注企业的战略。在这种背景下，强调员工能力成为企业实现价值的一个重要途径。许多企业发现，自己对于这样一些员工的需求变得越来越紧迫。他们不仅具有很高的能力，而且具有团队协作精神，自己能够做出决策但同时也能承担更多的责任。此外，对于身处现代企业的员工而言，他们需要掌握的不再仅仅是传统的、单纯的知识和技术，更重要的是那些无法显性化的能力——团队协作的能力、实现既定目标的能力、快速解决问题的能力、理解并满足客户需要的能力……正是这些不尽相同的能力构成了企业向员工支付薪酬的基础。

能力薪酬体系在实际操作过程中，通常将员工所具有的能力划分为三个层面，即核心能力、能力模块及能力指标。核心能力是指为了确保组织目标实现，员工所必须具备的技能和素质。核心能力通常是从企业的使命或宗旨陈述中抽象出来的，而这些陈述往往表明了企业的经营理念、价值观、经营战略和远景规划等。能力模块着眼于将核心能力转换为可观察的行为。例如，对应于"经营洞察力"这一项核心能力，能力模块可能涵盖了解组织、管理成本、处理三方关系以及发现商业机会等多个维度。能力指标是指可以用来表示每一能力群中可以观察和测量的行为。在一定程度上，它反映出来的是工作复杂程度不同的职位所需特定能力在程度上的差异。通过能力指标，管理者可比较直观地界定出特定职位所需的行为密度、行为强度、行为复杂程度及需要付出的努力度。因此，在不同情境下，可根据这些指标来招募员工、评价工作和确定薪酬。

2）能力薪酬体系建立的步骤

（1）确定支持企业战略、为企业创造价值的能力。首先企业要界定自己准备支付报酬的能力到底是哪些。因为在不同的战略导向和企业文化氛围中以及在不同的行业中，作为企业报酬对象的能力组合很可能会存在差异。有时候，即使不同的企业所使用的能力在概念上是一样的，但是同样的能力在不同的组织中却很可能有不同的行为表现。

研究表明，最为常用的20种核心能力包括：成就导向、质量意识、主动性、人际理解力、客户服务导向、影响力、组织知觉性、网络建立、指导性、团队合作、开发他人、团队领导力、技术专家、信息搜寻、分析性思考、观念性思考、自我控制、自信、经营导向、灵活性等。

（2）确定这些能力可以由哪些品质、特性和行为组合表现出来，即具备何种品质、特性以及行为的员工最有可能是绩效优秀者。

在企业把自己需要员工具备的绩效行为能力界定下来以后，企业还必须明确如何来衡量这些能力。这是因为能力本身是一种抽象的概念，如果没有一种明确的衡量手段来评价员工是否具备某种能力，那么能力薪酬计划本身也就无从谈起。一方面，对能力本身进行直接的衡量很困难；另一方面，企业关心员工能力的最终目的是员工如何运用这种能力来实现企业所期望的经营目标。因此，采用员工在工作过程中的行为表现及其他特性来代替对能力本身的直接衡量不仅是必要的，而且对企业来说也是最有意义的。

在这一步骤的基础上，企业需要通过观察和直接询问绩效优异者是如何完成工作或解决问题的，来确定达到优秀绩效的行为特征有哪些，或者说哪些行为表明员工具备某种能力。

（3）检验这些能力是否真的使得员工的绩效与众不同，只有那些真正有特色的能力和行为才能被包括在内。

（4）评价员工能力，将能力与薪酬结合起来。根据界定好的能力类型及其等级定义，对员工在某领域中所具备的绩效行为能力进行评价，然后将评价结果与他们所应当获得的基本薪酬结合在一起。显然，在这种薪酬体系中，员工基本薪酬水平的高低取决于他们对于一种工作、角色或者团队功能的理解和执行能力，他们可能因具备某些既定能力或者是能力水平的提高而得到基本薪酬的提升。一旦能力薪酬作为一种基本薪酬被接受下来，企业就可以将其内化到薪酬体系的其他部分之中，如作为确定浮动薪酬的基础。

3）能力薪酬体系应注意的要点

（1）建立一套能力模型后，再制订一套新的薪酬方案，还不能完全表明企业的期望。这是因为，能力薪酬计划本身是企业以个体或者群体员工的能力为核心的人力资源管理系统的一个重要组成部分，它只是以人为本而不是以任务为本的新型人力资源管理思想在薪酬领域中的一种体现。换言之，对能力的强调必须贯穿于企业员工的招募、晋升、绩效管理以及薪酬管理等整个人力资源管理系统。采用能力薪酬体系的企业还必须注意将这种对绩效行为能力的强调融入新员工的甄选以及员工的绩效评价过程中。与传统的绩效评价方式不同，强调能力的绩效评价系统不仅重视结果，而且更重视达到结果的行为过程。在这个过程中，不仅要依靠上级对下级的绩效判断，还要参考同级或下级对员工行为和能力的评价。

（2）能力薪酬体系还要求企业建立工作或职务评估系统，建立能够灵活追踪各种外部市场薪酬的信息管理系统和综合性的培训及开发体系（因为能力增强是确定基本薪酬以及加薪的基础）。

（3）能力薪酬计划因为存在额外的管理和人力资源方面的其他要求，所以如果管理不善，其优点很可能会被抵消。然而，一旦得到有效的运用，不仅能够对员工超常能力的绩效提供报酬，而且有助于组织更好地关注其核心使命以及卓越的绩效对于实现组织使命所具备的重要价值。

（4）能力薪酬并非绩效奖励计划的替代，相反，它必须与绩效奖励计划及某些特定技能和能力开发联系在一起。

职位薪酬体系、技能薪酬体系与能力薪酬体系的区别如表10-13所示。

表 10-13　　　　职位薪酬体系、技能薪酬体系与能力薪酬体系的区别

项　目	职位薪酬体系	技能薪酬体系	能力薪酬体系
薪酬结构	以市场和所完成的工作为基础	以经过认证的技能以及市场为基础	以能力开发和市场为依据
价值评价对象	报酬因素（计点法）	技能模块	能力
价值的量化	报酬要素等级的权重	技能水平	能力水平
转化为薪酬的机制	赋予反映薪酬结构的点数	技能认证以及市场定价	能力认证以及市场定价
薪酬提升	晋升	技能的获得	能力开发
管理者关注的重点	◆员工与工作的匹配 ◆晋升与配置 ◆通过工作、薪酬和预算控制成本	◆有效地利用技能 ◆提供培训 ◆通过培训、技能认证以及工作安排来控制成本	◆确保能力能够带来价值增值 ◆提供能力开发的机会 ◆通过能力认证和工作安排控制成本
员工关注的焦点	寻求晋升以挣到更多的薪酬	寻求技能的提高	寻求能力的改善
程序	职位分析 职位评价	技能分析 技能认证	能力分析 能力认证
优点	◆清晰的期望 ◆进步的感觉 ◆根据所完成的工作价值支付薪酬	◆持续性学习 ◆灵活性 ◆人员使用数量的精简	◆持续性学习 ◆灵活性 ◆水平流动
缺点	◆潜在的官僚主义 ◆潜在的灵活性不足问题	◆潜在的官僚主义 ◆对成本控制的能力要求较高	◆潜在的官僚主义 ◆要求有成本控制能力

10.4　绩效薪酬与激励薪酬

10.4.1　绩效薪酬（merit pay）

绩效工资，也有译为业绩工资的。绩效工资是用来承认员工过去的令人满意的工作行为以及业绩的薪酬增长方式。一项对美国250家公司的调查表明，其中30%的公司正在考虑取消业绩工资，10%的公司则干脆早已不再实行业绩工资。[①]但除此之外，超过3/4的员工、文秘人员和行政管理人员仍采用业绩工资。尽管会有越来越多的可变薪酬计划（variable pay）[②]越来越具有竞争力，但目前还没有广泛的证据表明它们具有和绩

---

① 米尔科维奇. 薪酬管理［M］. 董克用，等译. 北京：中国人民大学出版社，2002：274.
② 激励工资的另一种说法

效工资同样的适用性。

1）绩效加薪

在绩效加薪方案中，年工资的增长通常是与绩效评价等级联系在一起的。各种不同类型的业绩薪酬方案存在于几乎所有企业中。在加薪幅度的安排上，一般要求不同的绩效评价等级对应不同的工资涨幅，表 10-14 是一个简单的例子。

表 10-14　　　　　　　　**绩效加薪幅度与绩效评价等级对应表**

	杰　出	非常好	好	值得改进	不令人满意
绩效评价等级	1	2	3	4	5
绩效加薪幅度（%）	6	5	4	2	0

每个绩效年度的年终，通常由员工的直接主管对其进行评价。绩效等级，如上例所示的 1～5 级，决定员工基本工资的增加幅度。最后这一点相当重要。从绩效的角度来说，只要你和雇主仍维持雇佣关系，那么你每年的工作就会得到相应的有效回报。这样，计入基本工资的金额，就像被施了魔法，向上涨个不停。在员工的整个职业生涯，这笔金额累计起来会达到数十万美元。

可见，绩效加薪虽然体现了报酬与绩效挂钩的直接联系，但是它的累加性往往会造成支付成本增长过快的问题，因此，一种属于"非累积性绩效加薪"（nonrecurring merit increases）的一次性奖金（merit bonuses）越来越受到欢迎，并有逐渐取代传统绩效加薪的趋势。

2）一次性奖金

一次性奖金是一种没有累加性的绩效加薪方式，是对传统绩效加薪的一种改进。由于原来的每一次绩效加薪都是要增加工资基数的，因此，工作资历长（经历了多次加薪）的员工工资基数会比较大，新进入者就难以较快地获得相当的工资水平。此外，那些已获得很高工资积累的员工可能目前的绩效并不是令人满意的。

一次性奖金与绩效加薪对工资成本增加影响的比较如表 10-15 所示。

表 10-15　　　　　　**一次性奖金与绩效加薪对工资成本增加影响的比较**　　　　　　金额单位：元

加薪幅度（%）	一次性奖金	绩效加薪
20×0 年某员工 A 的基本工资额：3 000		
20×0 年年底加薪 加薪幅度：4%	获得加薪量：3 000×4%=120 支付总额：3 000+120=3 120	获得加薪量：3 000×4%=120 支付总额：3 000+120=3 120
20×1 年该员工的基本工资额	3 000	3 120
20×1 年年底加薪 加薪幅度：5%	获得加薪量：3 000×5%=150 支付总额：3 000+150=3 150	获得加薪量：3 120×5%=156 支付总额：3 120+156=3 276
20×2 年该员工的基本工资额	3 000	3 276
20×2 年年底加薪 加薪幅度：6%	获得加薪量：3 000×6%=180 支付总额：3 000+180=3 180	获得加薪量：3 276×6%=197 支付总额：3 276+197=3 473
20×3 年该员工的基本工资	3 000	3 473
经过三次加薪之后基本工资增量（%）	（3 000-3 000）÷3 000×100%=0	（3 473-3 000）÷3 000×100% =12.4%

3）个人特别绩效奖

个人特别绩效奖是一种针对个人特别突出的优质业绩进行奖励的方式，也就类似于我们通常所说的"个人突出贡献奖"等奖项。其最突出的特点在于这样的奖励具有极强的针对性和灵活性，往往可以通过这种奖项来突破一些基本奖励制度在支付额度、支付周期及支付对象上的局限。它的机制比较简单，即谁干出特别突出的业绩就特别奖励谁，而且这种奖励往往是一般奖励难以一次达到的水平。比如，玫林凯化妆品公司通过对其业绩突出的女销售人员提供粉红色的凯迪拉克轿车、名贵的外套和钻戒作为特别奖励。可以想象，这种专指的奖励对激励获奖者本人将会产生很大的作用，不仅如此，试想当其他员工实实在在地看见获奖者的喜悦时会有怎样的感受。他们自己通常也会为了获得这份惊喜而暗自付出加倍的努力。所以，个人特别奖励往往具有较好的以点带面的激励效果。

10.4.2　激励薪酬

1）激励薪酬与绩效薪酬的区别

绩效加薪、一次性奖金及个人特别绩效奖是对已经（超标）完成的绩效进行奖励的基本方式，这样的支付方式也可以统称为绩效薪酬计划或者绩效奖金计划。此外，为了激励员工更好地实现预先设定好的绩效目标，一些激励薪酬计划或可变薪酬计划被广泛地运用。激励计划的操作原则就是通过将员工的实际绩效与确定好的绩效目标进行比较而确定其奖金额度，达到绩效目标则给予一定额度的加薪，超标完成则加薪幅度更大，没有达到绩效标准则没有加薪甚至减薪。激励薪酬计划和以上介绍的绩效薪酬计划的相同之处在于两者都是与绩效直接挂钩的，不同之处在于：

（1）绩效薪酬一般针对员工过去的、已经完成的绩效水平进行奖励；激励薪酬则针对预定的绩效目标进行激励以对员工的未来行为产生导向作用。

（2）绩效薪酬中的绩效加薪是基于基本工资的，具有累加性；激励薪酬一般都是一次性付给，不会持续地增加基本工资成本。

（3）绩效薪酬在一般情况下关注员工个人的绩效。

（4）激励薪酬计划除了针对个人，也可以通过将奖金支付与团队、组织的整体绩效相挂钩来体现更为充分的可变性和灵活性，当团队或组织的整体业绩下降时，员工个人的奖金也会减少，从而避免一贯的奖金累加。

（5）绩效薪酬一般都是在绩效完成后按其评价等级确定加薪额度；激励薪酬计划则往往是在订立绩效目标的同时就预先设定好相关支付额度，所以它的支付额员工事先是可以知道的。

2）激励薪酬的类型

激励薪酬或者可变薪酬计划可以采取各种形式：个人、团队、业务单位或者全体雇员的。其主要有以下几种类型：

（1）班组或小团队奖励计划

班组或小团队奖励是团队奖励计划中最简单也最接近个人奖励计划的一种。它与个人奖励计划的不同在于每个成员只有在班组或团队的目标实现后才能获得个人的奖励，如果仅仅是个人的目标实现而群体目标并没有达成，个人仍然是不能获得奖励的。比如需要一个团队去完成一份调查报告，其中就有人去做调查设计，有人去实施调查、收集数据，有人去分析调查结果并撰写调查报告，直到最后报告完成了，大家才能获得相应的奖金；只是完成其中的某个步骤而非整体完成目标，则任何人都不会得到奖金。

同时，奖金的发放方式是一个必须考虑的问题。在组员间分配奖金时一般有如下三种方式：

①组员平均分配（这样在一定程度上有利于加强个人之间的合作，但另一方面也可能因为缺乏奖励层次而形成吃"大锅饭"的不良结果）。

②组员根据其对班组绩效的贡献大小得到不同的奖金（相对来说，奖金与个人贡献挂钩更具有激励性，但是对个人的贡献评价提出了很高的要求，否则会产生个人之间在利益分配上的矛盾）。

③根据每个组员的基本工资占班组所有成员基本工资总数的比例确定其奖金比例（这种方式基于一种基本的付酬理念，即拿高工资的人比拿低工资的人对组织贡献大。此外这种方式容易计量和实施）。

（2）利润分享计划

利润分享是迄今最古老的一种激励薪酬形式，在美国对其的使用可以追溯到19世纪末期。尽管这种形式的吸引力随时代变化有涨有落，但却在整个工业时期一直被广泛使用。利润分享计划是根据利润或回报的某种衡量标准来确定工资的计划，这种衡量标准包括完全会计利润、经营利润、资产回报、投资回报、资本收益、销售收入、附加价值率或工资成本产出率及其他可能的回报。这是激励薪酬计划最常见的几种形式之一，是建立在整个公司经营的盈利能力基础上的。

利润分享可以采取多种实现形式，在西方国家中常见的主要有：

①现金现付制，即现金利润分享。现金利润分享是利润分享最简单的一种形式。通常将所实现利润按预定部分分给员工，将奖金与工作表现直接挂钩，即时支付、即时奖励，这在美国是一种传统形式，所分享的红利与公司的盈利能力联系起来，一般一年支付一次或两次，每年支付的金额大约相当于6个星期的工资。而1986年法国出台的一项新法规，则把分享的金额提高到相当于工资总额的20%，使利润分享更具吸引力。但要注意的是，奖金与基本工资要区分开，防止员工形成奖金制度化的认识。

②递延式滚存制。递延式滚存制是指将利润中发给员工应得的部分转入该员工的账户，使利润分享与员工储蓄存款联系在一起，分享的利润通过"利润分享特殊基金"保存起来，员工在特定的保留期限之内不能提取出来（除非经特殊准许），只有待保留期限过后才可使用。这种形式在法国、美国、新加坡都曾实行过，并延续至今。它对跳槽形成一定约束。

③现付与递延结合制，即以现金及时支付一部分应得的奖金，余下部分转入员工账户，留待将来支付。它既保证了对员工现时的激励，又为员工退休以后的生活提供了一定的保障。

④与利润挂钩的工资计划，即将雇员的一部分基本工资与利润相挂钩。这种计划与前面所提的几种形式不同，它是出于取代基本工资的目的，而前面几种是对基本工资进行补充。为了克服雇员对这种计划的抵触，西方国家的做法是对这部分收入实行高额税收优惠。除了上述6种形式外，有的国家的企业还实行在年终从利润中拨出一部分以退休基金等形式按一定标准发给职工，这同样可以使职工对企业的利润更加关心。

利润分享旨在鼓励员工帮助企业赚取利润，加强员工对企业的投入感和提高他们继续留在企业工作的可能性。

（3）收益分享计划

收益分享计划是企业与雇员分享由于企业或团队的改善（可以是生产销售方面的改进，也可以是顾客满意度的提高或者是成本的降低以及更良好的安全记录）而带来的财务收益。它与利润分享计划的区别在于它使用的衡量标准是营业或业绩，而不是盈利能力。具体来讲，这些业绩标准包括成本、生产率、原料和库存利用、质量、时效性或反应灵敏性、安全性、环境的协调性、出勤率和客户满意程度。制订收益分享计划的目的是使所有雇员都能从建议体系所带来的生产效率的提高中得到货币性奖励，同时它还反映了强调雇员参与的管理理念。收益分享计划主要有三种方式，即斯坎伦计划、拉克计划和提高分享计划。

（4）员工持股计划

与这些分享计划相并列的另一类运用于组织全员的激励计划就是通过向员工提供股票、股权之类以达到激励目的的持股计划。从时期上看，这类计划通常属于以超过一年的时间为考评、支付周期的长期激励计划。这类计划所支付的激励方式一般包括股票、股份和股权。其中比较流行的一种就是员工持股计划。

员工持股计划是目前被广泛采用的全员股权激励计划。它的运作方式一般是：公司把一部分股票（或者是可以购买同量股票的现金）交给一个信托委员会（其作用就是为雇员购买一定数额的企业股票），这个数额通常依据雇员个人年报酬总量的一定比例来确定，一般不超过15%。信托委员会把股票存入雇员的个人账户，在雇员退休或不再工作时再发给他们。

（5）股票期权计划

股票期权计划长期以来成为各种激励方案之中人们所关注和讨论的热点。它对于企业员工的长期激励特别是对企业的经营和发展起关键作用的人，包括核心技术人员和高层管理人员等具有重要的意义。

①股票期权计划的含义和特征

所谓股票期权计划，就是企业给予高级经理人员在一定期限内按照某个限定的价格购买一定数量的企业股票的一种权利。企业给予高级经理人员的，并不是现实的股票，也不是现金，而是一种权利。凭借这种权利，企业的高级经理人员可以以某种优惠条件来购买企业的股票。

企业的股票期权计划具有3个方面的基本特征：一是自愿性。股票期权只是一种权利，并不是义务。获得这种权利的企业高级经理人员，完全可以根据自己对多种情况的判断和分析，自愿地选择购买或不购买企业的股票。二是无偿性。股票期权作为一种权利是无偿地由企业赠予其核心人才的，不需要权利获得者任何财务支付。只是以后，与股票期权相联系，这些权利获得者可以现实地购买企业股票的时候，才需要相应的财务支付。三是后续性。股票期权计划作为长期薪酬管理的激励作用，不仅仅体现在一次性的计划实施过程中。其形式、内容、起讫时间都可根据企业的人才激励与人才吸引的需要而做出变动。一次股票期权计划接近结束时，另一次又会适时地开始，连续不断的股票期权计划产生了"金手铐"的效应，将企业核心人才留在企业里，并尽力发挥他们的作用。

②股票期权的设计思路

A.认股权的股份来源设计

公司通过把股权赠予或配予高级经理阶层和优秀员工的方法，以增加他们的归属感及对公司的忠诚度，进而提高员工的生产积极性。那么通过什么方法让员工持有公司的股权呢？一般有三种方法：一是由原股东把股权出让给雇员（公司由单一大股东组成且股份属于私人股份时较适宜）；二是由公司增发新股给雇员（比较通行）；三是公司自二级市场上回购股票来满足认股期权、可转换证券等的需求（值得注意的是，多数国家原则上是禁止公司股票回购的，但有例外情况）。大部分公司是采用第二种方式，具体做法是通过一个专门的"员工购股权计划"来进行。

对那些高薪员工特别是高级管理层来说，实行股票期权无疑是个好主意。他们对企业价值有更多的了解且较一般员工愿意承担风险，同时由于股票期权计划要有比较多的资金投入，因此股票期权发展初期，实施对象主要是高层经理人员。不过，当认股期权计划被越来越多的公司接受时，实施对象开始普及到所有员工（包括母公司及子公司的全职员工）。

股票期权计划能使员工在一定程度上像所有者那样关心企业的经营状况并为提高企业盈利能力而努力。当然，股票期权计划实际上很少把员工变成公司的股东，因为大多数员工都在行使期权的那一天就把股票高价卖出了。对于认股期权，各国的认识和实践亦不相同。

原则上，股票期权计划仅适用于上市公司。这是因为行使期权及以后的股票出售等交易都比较方便，而且价格对有关各方都比较公道。

B.设定认股期权的行权价

这里有两种情况：一是行权价大于或等于股票现行价。这样做对公众公司而言没有多大吸引力，但对于创业技术公司和未上市公司而言，虽未有价格折扣，但给予经营者适当比例的企业股份奖励仍非常有吸引力。二是行权价可以低至公平市场价格的5%，折扣增加了员工购股的吸引力，当然这样不可避免地对原有股东股权产生稀释作用。

C.股票期权授予额度与时机

股份奖励须与预先制定的股东总回报或每股盈利挂钩，就此而言，在公司内部建立良好的考核指标体系是非常必要的；否则，股份激励将缺乏效率。考核公司业绩，有两个标准：一是绝对标准，即每股盈利增长或五年内股东回报升多少；二是相对标准，地位相当的同业股份币值平均上升水平（企业间相对业绩比较通常都是有效率的）。股东回报或每股盈利的基准制定后，如果管理层未来几年能超出上述基准的平均数，则获得股份奖励；否则，不获得奖励。

以香港上市的汇丰控股（0005）的有限制股份奖励计划为例，1999年股份奖励由以往的与每股盈利增长挂钩修订为与预先制定的股东总回报挂钩。汇丰预先制定的目标是在五年内使股东回报最少上升一倍，这是绝对标准。股东总回报的定义是，有关期内的股份价值及宣布派发的股息收入的增长（假设股息全部再用于投资）。相对标准是考虑到汇丰要成为国际领先的金融机构，因而着重与其他金融机构表现的比较。具体做法是通过以下三项成分：

a.九家与汇丰地位相似的银行。

b.美国、英国、欧洲大陆及远东区（但不包括上述第一项的银行）的五家最大银行。

c.摩根士丹利资金国际编制的世界指数所包罗的银行，但不包括上述第一及第二项的银行。

按第一项占五成、第二及第三项各占两成半的比重，计算加权平均数，即可定出一个适当的市场比较数字。

D.认定认股期权的有效期

美国和中国香港的认股期权都规定最长的有效期不得超过10年，如果要继续施行，必须再次得到股东大会的批准。其中还规定，若公司控制权发生变化（实施股份计划时公司都有定义），已发放的认股期权将立即提前全部行使，除非控制权变化后的董事会提供别的方案。另外一种情况是认股期权接受者结束与公司的雇佣关系时，股票期权可能提前失效。认股期权设计的目的就在于激励管理层长期的努力，因而认股期权的执行期一般都较长。鉴于此执行通常都是分阶段实施的，在法规尚不完善或计划正处于试点的国家，分期实施可能会遇到政策变动带来的负面影响，因而实际上上市公司多倾向于3～6年的认股权有效期。

E.股东大会批准，持股计划必要列示条款

a.受益人。

b.股份计划所涉及的证券总数（上限是不超过当时已发行的有关类别证券的10%）。

c.任何一名参与人所获得的认股权不超过该认股权所涉及证券总数的25%。

d.规定认股期权的期限（不得超过10年）。

e.制定期权行权价的基准（通常不低于授予日前5个交易日的平均收市价的80%）。

f.促使参与人注意认股股权附有的投票权、股息转让权及其他权利。

g.该计划的最长有效期（不超过10年）。

10.5　员工福利

员工福利，是指员工所在企业通过举办集体福利设施、设立各种补贴、提供服务等办法，为员工生活提供方便，帮助员工解决生活上难以解决的困难，改善员工生活和环境，解决员工在生产过程中某些共同的和特殊的问题，以改善员工的物质文化生活，保证他们正常和有效地进行劳动。员工福利也可以概括为，员工所在企业在工资和社会保险之外，对员工提供经济上的帮助、生活上的方便，以补充满足其基本的、经常的、共同的或特殊的生活需要所采取的福利措施和举办的福利事业的总称。

按照常规的划分方法，福利通常可分为强制性福利和自愿性福利。所谓强制性福利，又叫法定福利，是根据政府的政策法规要求，所有在国内注册的企业必须向员工提供的福利。如养老保险、医疗保险、失业保险、公积金（即"四金"），病假、产假、丧假、婚假、探亲假，安全保障福利、独生子女奖励等统称为强制性福利。自愿性福利又可以称为企业福利，是企业根据其自身特点，有目的、有针对性地设计的一些符合企业实际情况的福利项目。福利项目的选择和设置具有很大的自主性，企业可以随时根据企业的情况增加或者减少福利项目。

10.5.1　员工法定福利的主要内容

由于法定福利是国家采用立法手段予以固定化，并强制推行，因此公司的法定福利体系需要遵照国家法定福利的各个环节、各个项目与具体制度。如社会保险多个职能机构之间及内部职责划分、财务管理、资金分配与筹集方式，法定福利项目和标准的确定，法定福利的发放，对法定福利活动的监督等，都由法定福利立法加以规定。法律规定性是法定福利得以实施的保障和依据。法定福利制度覆盖的是全体社会成员，不论男女老少，也不分工种职业。其基本生存权利一旦受到威胁，就享有法定福利待遇的权利。

员工法定福利内容庞杂，种类繁多。公司遵照有关法律和条例实行的法定福利可分为社会保险制度、法定假期、劳动安全与健康三大板块。

1）社会保险制度

社会保险于19世纪80年代出现，是当时工业化生产方式带来的社会风险，如工伤、失业、疾病等更加严重，而原有的家庭保障职能弱化，国家出面对工人的利益予以保护的产物。它是一种为丧失劳动能力或暂时失去劳动能力的人提供的收入保险计划，由政府举办，强制从业职工在其就业年份里拨出一部分收入交纳保险税（费）作为保险基金，投保交纳社会保险税（费）满一定期限后，一旦由于保险计划规定的原因丧失劳动能力而收入中断或减少，即可按照规定领取保险津贴，得到一定的补偿。遵照国家相关法律和条例，办理养老保险、基本医疗保险和失业保险等。

（1）养老保险

养老保险是社会保障制度的重要组成部分，是社会保险五大险种中最重要的险种之一。所谓养老保险（或者养老保险制度），是国家和社会根据一定的法律和法规，为解决劳动者在达到国家规定的解除劳动义务的劳动年龄界限，或者因年老丧失劳动能力退出劳动岗位后的基本生活而建立的一种社会保险制度。它包括三层含义：①养老保险是在法定范围内的老年人完全或基本退出社会劳动生产后发生作用的。②养老保险的目的是为老年人提供基本生活需求，是稳定可靠的生活来源。③养老保险实现的手段是社会保险。

（2）基本医疗保险

基本医疗保险是为补偿疾病风险所带来的医疗费用的一种保险。它属于支出性补偿项目，即把个体由于疾病风险所致的经济损失分摊给所有受同样风险威胁的成员，用集中起来的医疗保险基金来补偿由疾病所带来的经济损失，即当员工生病或者受到伤害后，由国家或社会给予的一种物质帮助，及提供医疗服务或者经济补偿的一种社会保障制度。

（3）失业保险

失业保险是指通过国家立法，由社会集中建立基金，对因非本人主观意愿失业而暂时中断工资收入、有能力和愿意接受再就业的劳动者提供的一种保障措施；是国家通过立法强制实行的，由社会集中建立基金，对失业而暂时中断生活来源的劳动者提供物质帮助的制度。它是社会保障体系的重要组成部分，是社会保险的主要项目之一。失业保险基金主要来源于社会筹集，由企业、个人和国家三方共同负担，交费比例、交费方式相对稳定，筹集的失业保险费，不分来源渠道，不分交费单位的性质，全部并入失业保险基金，在统筹地区内统一调度使用以发挥互济功能。

（4）住房公积金

住房是人类生存、发展和享受所必需的基本要素之一，是员工安居乐业乃至社会稳定的关键所在。在计划经济体制下我国实行福利分房政策，即由国家或企业进行住宅建设、按租金分配给员工使用的制度。我国现行的住宅商品化改革和企业货币化分房制度是由公司和员工共同承担住房公积金。国家规定的住房公积金的缴存最高比例是员工月工资的12%。员工缴纳部分从每月工资中扣除，税前列支。

凡符合下列条件之一的，可以支取住房公积金：

①以本人或配偶的名义购买、建造自有住房；

②员工由于工作变动迁出本市；

③房租超出家庭工资收入的规定比例；

④大中型修缮自有住房；

⑤职工离退休；

⑥移民国外并取得外国国籍。

（5）工伤保险

工伤保险也称职业伤害保险，是对员工在工作过程中因遭受意外伤害或因长期接触有毒有害物引起职业伤害所给予的赔偿和保险。

（6）生育保险

生育保险通过向生育女职工提供生育津贴、产假以及医疗服务等方面的待遇，保障她们因生育而暂时失去劳动能力期间的基本经济收入和医疗保健。实行社会统筹生育保险的作用是保障了妇女基本权益，有利于提高人口素质，有利于国家人口政策的实施，促进了妇女就业。

2）法定假期

法定假期是企业职工依法享有的休息时间。按照有关劳动法规要求，员工有权享受国家法定节日、有薪假期。员工可以享受固定的法定节假日，按照工作时间的规定，享受每周至少两天的休息时间。

（1）法定节日

依据国务院节假日休假规定，新年、清明节、劳动节、端午节、中秋节各1天，春节、国庆节各3天，共计11天；休息日可以适度调整的，应满足每周至少安排2天休息并符合工时规定。在法定节假日，劳动者有权享受休息，工资照发。如遇不得已的情况，员工加班，按照法定标准给予加班费。

（2）带薪休假

员工享受节日休假、年休假、婚假、丧假、产假期间，企业可以按照劳动合同的工资标准支付工资。国家法定假日有：婚假、丧假、生育假。依据我国现行法律，企业应结合自身发展的实际状况，制定带薪休假政策。

3）劳动安全与健康

作为员工法定福利中的劳动安全与健康是指从法律角度来看企业对员工劳动过程中的安全与健康采取的一系列措施，应负担的责任，以确保员工劳动安全、身体健康。设置的安全与健康的员工福利内容包括劳动制度、技术训练、安全预测、安全决策等。

10.5.2 企业福利

1）企业补充养老金计划（企业年金计划）

由于各方面的原因，法定福利中的养老金水平不会很高，难以保证劳动者在退休以后过上宽裕的生活。为此，许多国家都鼓励企业在国家法定的养老保险之外，自行建立企业的补充养老保险计划。在我国，企业补充养老保险是企业根据自身经济能力为本企业职工建立的一种辅助性的养老保险，是由国家宏观指导，企业内部决策执行的，所需费用从企业自有资金中的奖励、福利基金内提取。补充养老保险基金由社会保险管理机构按国家技术监督局发布的社会保障号码记入职工个人账号，所存款项及利息归个人所有。实行企业补充养老保险，可以使年老退出劳动岗位的职工按照国家规定领取的养老金因企业经济效益不同而有所差别，体现了效率的原则。

2）补充医疗保险

由于社会医疗保险保障的范围和程度的有限性，客观上为企业建立补充医疗保险留下了空间。在发达国家，企业健康保健计划已经成为企业的一项常见的福利措施。如在美国，企业通过至少三种方式为员工提供健康福利计划：一是参加商业保险，由雇主和雇员共同缴纳保险费，雇员看病和住院时，由保险公司报销绝大部分医疗费用。二是参加健康保险组织。为了控制医疗费用的快速增长，美国在20世纪80年代出现了一种新型的医疗保险机构，这些机构自己开办医院，直接为参保人提供医疗服务。参加者按会员制的办法定期缴纳一定的会费，患者就诊只能到指定的医院，不能随便选择医院和医生。三是参加某个项目的保险，比较常见的是牙科保险和视力保险。

在我国，由于城镇职工基本医疗保险制度的局限，也有一些企业为职工建立了补充医疗保险计划。这些计划基本上都是针对基本医疗保险费支付封顶线设计的补充保险计划，负担封顶线以上的医疗费用开支，典型的有商业保险公司经营的补充保险、工会组织主办的补充保险和社会保险经办机构举办的补充保险等。

3）其他正在被广泛采用的福利项目

（1）额外金钱收入，如在年终、中秋、端午、国庆等特殊节日的加薪、过节费、分红、物价补贴、小费、购物券等。

（2）超时酬金，如超时加班费、节假日值班费或加班优待的饮料、膳食等。

（3）生产性福利设施：舒适的办公环境等；住房性福利：免费单身宿舍、夜班宿舍、廉价公房出租或廉价出售给本企业员工、提供购房低息或无息贷款等。

（4）交通性福利：企业接送员工上下班的班车服务，市内公交费补贴或报销，个人交通工具（自行车、摩托车或汽车）购买的低息（或无息）贷款以及补贴，交通工具的保养费、燃料补助等。

（5）饮食性福利：免费或低价的工作餐，工间休息的免费饮料，餐费报销，免费发放食品，集体折扣代购食品等。

（6）教育培训性福利：企业内部的在职或短期的脱产培训，企业外公费进修（业余、部分脱产或脱产），报刊订阅补贴，专业书刊购买补贴，为本企业员工向大学进行捐助等。

（7）文体旅游性福利：有组织的集体文体活动（晚会、舞会、郊游、野餐、体育竞赛等），企业自建的文体设施（运动场、游泳池、健身房、阅览室、书法、棋、牌、台球等活动室），免费或折扣电影、戏曲、表演、球赛票券，旅游津贴、免费提供的车、船、机票的订票服务等。

（8）金融性福利：信用储金、存款户头特惠利率、低息贷款、预支薪金、额外困难补助金等。

（9）其他生活性福利：洗澡、理发津贴，降温、取暖津贴，优惠价提供本企业产品或服务等。

10.5.3　弹性福利计划

弹性福利计划又称"自助餐式的福利"，即员工可以从企业所提供的一份列有各种福利项目的"菜单"中自由选择其所需要的福利。弹性福利制强调让员工依照自己的需求从企业所提供的福利项目中选择组合属于自己的一套福利"套餐"。每一个员工都有自己"专属的"福利组合。另外，弹性福利制非常强调"员工参与"的过程，希望从别人的角度来了解他人的需要。

1）弹性福利计划的类型

由于企业经营环境的多样化和企业内部的特殊性，弹性福利制在实际操作过程中逐渐演化为以下几种有代表性的类型：

（1）附加型弹性福利计划。它是最普遍的弹性福利制，就是在现有的福利计划之外，再提供其他不同的福利措施或扩大原有福利项目的水准，让员工去选择。例如，某家公司原先的福利计划包括房租津贴、交通补助费、意外险、带薪休假等。如果该公司实施此类型的弹性福利制，它可以将现有的福利项目及其给付水准全部保留下来当作核心福利，然后再根据员工的需求，额外提供不同的福利措施，如国外休假补助、人寿保险等，但通常都会标上一个"金额"作为"售价"。公司则根据他的薪资水准、服务年资、职务高低或家眷数等因素，发给数目不等的福利限额，员工再以分配到的限额去认购所需要的额外福利。

（2）核心加选择型弹性福利计划。它由"核心福利"和"弹性选择福利"组成。"核心福利"是每个员工都可以享有的基本福利，不能自由选择，可以随意选择的福利项目则全部放在"弹性选择福利"之中。这部分福利项目都附有价格，可以让员工选购。员工所获得的福利限额，通常是未实施弹性福利制前所享有的，福利总值超过了其所拥有的限额，差额可以折发现金。

（3）弹性支用账户。它是一种比较特殊的弹性福利制。员工每一年可从其税前总收入中拨出一定数额的款项作为自己的"支用账户"，并以此账户去选择购买雇主所提供的各种福利措施。拨入支用账户的金额不需扣缴所得税，不过账户中的金额如未能于年度内用完，余额就归公司所有，既不可在下一个年度中并用，也不能够以现金的方式发放。

（4）福利套餐型福利计划。由企业同时推出不同的福利组合，每一个组合所包含的福利项目或优惠水准都不一样，员工只能选择其中之一，就好像西餐厅所推出的A餐、B餐一样，食客只能选出其中一个套餐，而不能要求更换里面的内容。在规划此种弹性福利制时，企业可依据员工群体的背景（如婚姻状况、年龄、有无眷属、住宅需求等）来设计。

（5）选高择低型福利计划。它一般会提供几种项目不等、程度不一的福利组合给员工做选择，以组织现有的固定福利计划为基础，再据以规划数种不同的福利组合。这些组合的价值和原有的固定福利相比，有的高，有的低。如果员工看中了一个价值比原有福利措施还高的福利组合，那么他就需要从薪水中扣除一定的金额来支付其间的差价。如果他挑选一个价值较低的福利组合，他就可以要求雇主发给其间的差额。

2）实行弹性福利计划时应注意的问题

在实际实施弹性福利计划的过程中，需要注意的一点是，企业往往不能在法律允许范围内使员工拥有最大程度的自由选择权。这是因为，一方面，这种做法会因为个别员工的特殊福利要求而大大提高公司的福利成本；另一方面，如果某一员工在其职业生涯的早期阶段做出一个并不明智的福利选择，到后来才发现这一选择其实是一种错误，到那个时候，企业赋予员工的这种自由度很大的选择权反而会招致员工的怨恨。因此，在实施"自助餐式福利计划"的时候，除了国家法律规定的必选福利项目之外，企业还应该限定某些员工必须选择一些福利项目。在这个基础上，员工才可以做出进一步的福利选择。另外，为了保证福利计划的总成本不超出预算，在提供弹性福利计划之前，还需要进行组织内部的福利调查，给出员工一系列可供选择的福利项目，让他们确定自己的福利组合。组织不会提供那些只有少数人选择的福利项目。

本章小结

本章首先从澄清工资与薪酬的概念出发，界定了本书所研究的薪酬的基本内涵和构成，明确了薪酬战略对于企业经营的重要性，并介绍了薪酬战略的类型以及制定的步骤，介绍了薪酬体系设计的基本流程以及应当遵循的基本原则。

基本薪酬的支付依据有职位、技能和能力。本章对职位薪酬体系、技能薪酬体系、能力薪酬体系的设计方法和步骤进行了介绍和比较。读者对职位薪酬体系，其中特别是职位评价的方法应重点理解和掌握。

绩效薪酬和激励薪酬（又称可变薪酬）是近年来薪酬管理和研究的热点。读者应明确二者的区别，了解这两种薪酬形式各自的内容和类型。这是因为它们构成了企业实现有效的薪酬激励的重要方面。

福利不再是雇主的小恩小惠。福利在整个薪酬计划中的比重越来越大。掌握法定福利、企业福利以及目前颇受青睐的弹性福利计划的基本内涵和类型，对于建立完整稳健的薪酬管理体系具有积极的意义。

本章案例

阿里巴巴薪酬管理推动企业文化落地

在互联网时代的大环境下，企业间的竞争日益加剧，而良好的人才管理体系能增强企业的综合竞争力，从而令企业在市场竞争中彰显优势。薪酬管理是企业吸引、激励、保留人才的过程中不可忽视的"武器"，所以互联网时代要求企业重视自己的薪酬管理体系。每个企业都无法绕开薪酬管理的问题，知名大企业均建立起适合自己的、独特的薪酬管理体系，值得我们研究分析。

阿里巴巴集团，从1999年成立之初的18人小团队，经历了互联网经济大起大落的十载，已成为目前中国第一大网络公司，世界第二大网络服务商。2018年7月19日，全球同步《财富》世界500强排行榜发布，阿里巴巴集团排名300位。阿里巴巴集团旗下设有淘宝、天猫、聚划算等子公司，皆展现出强大的市场竞争力，其独特的企业文化和人力资源管理支撑着它的长足竞争优势。

1）阿里巴巴的薪酬管理体系

阿里巴巴把所有岗位划分为高层管理核心层、中层骨干、基层这三个层次，以及管理类、行政类、财务类、销售类、技术类这五大类，其薪酬管理体系可以从基本薪酬、奖励薪酬、福利三方面来分析。

阿里巴巴的基本薪酬与级别挂钩，分为技术职级P序列和管理职级M序列，采用"以人为基础"的技能工资制，通过人才"双通道"确定了一整套内部级别体系和薪酬体系，见表10-16。

表10-16   **阿里巴巴的级别体系和薪酬体系**

级别体系			薪酬体系	
技术职级	岗位定义	管理职级	薪资	股票（四年拿完）
P1，P2	低端岗位			
P3	助理		学历经验决定	
P4	初级专员		学历经验决定	
P5	高级工程师		15W~25W	无
P6	资深工程师	M1主管	20W~35W	无
P7	技术专家	M2经理	40W~60W	1 000股左右
P8	高级专家	M3高级经理	60W~100W	2 000股左右
P9	资深专家	M4（核心）总监	100W~120W	股票可谈
P10	研究员	M5高级总监		

马云说："奖金不是福利，奖金是通过努力挣来的。它不可能人人都有，也不可能每个人都一样。它不是工资的一部分，而是因为你的业绩超越了公司对你的期望值。"所以阿里巴巴很重视奖励薪酬，种类十分丰富。第一，阿里巴巴短期绩效奖励计划的主要形式是一次性奖金，也就是年终奖。阿里巴巴的年终奖根据员工的贡献来分配，不与基本薪酬挂钩，视员工所属子公司、部门和个人的绩效决定。第二，长期绩效奖励计划，一般指股票所有权计划，包括现股计划、期股计划、期权计划三种形式。阿里巴巴更多使用期权计划，RSU计划（受限制股份单位计划）是其主要的股权激励方法，分四年行权。此外阿里巴巴还引入"合伙人"制度，共享企业的成长成果。第三，阿里巴巴充分结合个人绩效奖励计划和群体绩效奖励计划，在奖励个人工作成果的基础上，员工群体还能分享所在小组、部门、企业的超预期收获。第四，特殊绩效认可计划也是阿里巴巴的特色之一，马云对员工的赞赏、宣传栏表扬、旅游度假也可视为奖励的一部分。

除了社会保险、住房公积金、法定假期等法定福利外，阿里巴巴的自定福利也十分优渥，集中体现在员工服务福利上。阿里巴巴的员工能有机会获得马云证婚的集体婚礼、大额购房贷款、带薪产假和陪产假，阿里巴巴员工食堂菜式丰富、营养均衡，员工每年都有一次公费体检和两个额外公费体检的名额，这两个名额就是为员工家人准备的。

2）阿里巴巴薪酬管理推动企业文化落地

阿里巴巴的薪酬管理可以归纳出以下选择偏向：第一，阿里巴巴的基本薪酬有级别规定，但奖励薪酬具有很强的灵活性，体现其更重视奖励薪酬的激励作用。第二，年终奖虽然丰厚，一般情况下可高达13万，但阿里巴巴的员工仍是从期权计划中受益更多。第三，阿里巴巴的薪酬水平在市场上较高，属于薪酬领袖战略，其薪酬设计主要依照企业内部的实际情况，更加注重内部平等。第四，阿里巴巴十分重视团队合作，群体绩效奖励计划和股票所有权计划都将所有员工与企业紧紧捆绑在一起，变成了利益的共同体。综上，在"选择清单"中，阿里巴巴的选择为：激励薪资、长期激励、内部公平、团队激励。

在明确了阿里巴巴有着注重"激励、长期、内部、团队"的薪酬选择后，就需要知道使用这种薪酬选择理论上会支撑什么样的企业文化。第一，注重奖励薪酬体现出企业对绩效的重视，目的是激发员工的积极性与创造性，在日常工作中能有明确的目标和奋斗的动力，时刻充满激情。第二，长期激励把员工变为互相信任的合作伙伴，赋予员工情感上的归属感。阿里巴巴不会冒着企业文化被稀释和异化的风险去"挖墙脚"或是裁员，企业对员工的培养有前瞻性，把关注点放在留住人才上，鼓励企业和员工都要可持续发展。第三，一个注重内部平等的企业会格外注意员工的人际关系，避免员工在组织内部感受到薪酬不公平，提倡和谐的人际关系和工作氛围，进而保障员工全身心投入工作。第四，需要大量团队工作的企业往往也选择注重团队激励的薪酬模式，既能强化团队内部的凝聚力，又能增加个人对组织的认同感。

因此，"激励、长期、内部、团队"的薪酬选择支撑着一定的价值观，而统观"阿里文化体系"，发现上述价值观与阿里巴巴企业文化的契合度非常高。

"阿里文化体系"包含了使命、目标、"四项基本原则"、价值观"六脉神剑"、"fun文化"等。阿里巴巴的使命是让天下没有难做的生意，其雄心壮志传达出其激情和凝聚力；目标是做一个102年的企业，成为全球最大电子商务服务提供商，成为全球最佳雇主公司，成为幸福指数最高的企业，表达出可持续、幸福、归属感等价值观；"四项基本原则"是"唯一不变的是变化""永不把赚钱作为第一目的""客户第一、员工第二、股东第三""永不谋求暴利"，体现了创新、开放、积极、分享、敬业、和谐等理念；"六脉神剑"包括客户第一、团队合作、拥抱变化、诚信、激情、敬业，直接反映出其企业核心价值观；"fun文化"表现为笑脸文化、武侠文化、倒立文化等，包含了幸福、创新、健康、和谐、友善等。

由此可见，"阿里文化体系"的价值观，与"激励、长期、内部、团队"选项的价值观是一致的，企业文化渗透了阿里巴巴薪酬管理的选择，所以其薪酬管理实践有助于推动企业文化的落地。

资料来源 李舒益. 阿里巴巴薪酬管理推动企业文化落地的启示［J］. 人才资源开发，2019，402（15）：70-72.

思考题：

（1）结合案例分析薪酬管理和企业文化之间的关系。

（2）请结合案例，为民营企业薪酬管理提出合理的优化建议。

复习思考题

1.广义的薪酬包括哪些内容？经济性报酬包括哪几个部分？

2.薪酬体系设计有哪几个步骤？

3.薪酬设计与管理的原则是什么？

4.薪酬战略对于企业经营来说有什么意义？薪酬战略分哪些类型？

5.职位薪酬体系、技能薪酬体系以及能力薪酬体系的差别表现在哪些方面?

6.绩效薪酬和激励薪酬有什么不同?

7.股票期权制度设计有哪几个要点?

8.福利一般包括哪两种类型?各自的内涵及构成是什么?

第 *11* 章

劳动关系

通过本章的学习，在理解劳动关系内涵的基础上，掌握劳动关系的性质和类型；理解劳动者的地位和权利；明确政府、工会、职代会的作用；掌握员工参与的意义、方式和内容；理解集体谈判的意义、原则和内容；掌握劳动合同的意义、特征和种类；掌握劳动合同的订立原则和主要内容；了解集体协议的意义、订立与履行的程序；掌握劳动争议及其处理程序。

11.1　劳动关系概述

人力资源管理的一种特殊职能是处理劳动关系。企业单位的人力资源潜力能否得到充分的发挥在很大程度上取决于劳动关系是否融洽。因为劳动关系涉及劳动者、企业（雇主）和整个社会的方方面面，所以研究劳动关系有着重要的理论和现实意义。

11.1.1　劳动关系的基本含义

1）劳动关系

劳动关系是指劳动者和劳动力使用者之间的社会经济利益关系的统称。具体地说，劳动关系是指在实现劳动的过程中，由劳动者与其使用者双方利益引起的，表现为合作、力量和权力关系的总和。它受制于一定社会中经济、技术、政治和社会文化背景的影响。

在实践中，我国现行的劳动法是调整劳动关系以及与劳动关系密切联系的其他关系的法律规范。其作用是从法律角度确定和规范劳动关系。劳动关系又被称为劳资关系、雇佣关系、雇员关系、产业关系等。

2）劳动关系主体

劳动关系主体是构成劳动关系的核心要素，而劳动关系体系是由心态、期望、人际关系和行为不同的个人组成的不同群体构成的，这些群体彼此发生着联系。从一个就业组织来说，劳动关系是由管理方（资方）和雇员（劳方）两个系列群体构成的。

管理方，是在就业组织中具有重要的经营决策权力的人或团体。作为劳动力的需求主体，用工主体构成了企业劳动关系的一方，在劳动过程中处于支配者的地位。

雇员，是在就业组织中，本身不具有基本经营决策权力并从属于这种决策权力的工作者。他们在劳动过程中，处于被支配者的地位。

此外，劳动关系主体还涉及员工团体、雇员协会和政府。

员工团体是指因共同利益、兴趣或目标而组成的员工组织，如工会和行业协会等。其目标是代表并为其成员争取利益和价值。

雇主协会是管理方团体的主要形式，以行业或贸易组织为纽带。主要任务是同工会或工会代表进行集体谈判，在劳动争议处理程序中向其成员提供支持。

政府在劳动关系中，代表国家运用法规和政策手段对企业劳动关系的运行进行宏观调控、协调和监督。

3）劳动关系的表现形式

劳动关系的本质是劳动双方合作、冲突、力量和权力的相互交织，所以，劳动关系就具体表现为合作、冲突、力量和权力。

合作，是指在就业组织中，劳动双方共同生产产品或提供服务，并在很大程度上遵守一套既定制度和规则的行为。劳动双方的权利和义务在双方协商签订的集体协议或劳动合同中确定下来。合作是维系劳动关系的基础和前提。

冲突，是指劳动双方的利益、目标和期望不一致，甚至会出现分歧，矛盾激化，并且各自采取各种不同的经济斗争手段。在市场经济条件下，劳动关系双方的冲突会越来越明显地显露出来。

力量，是影响劳动关系结果的能力，是相互冲突的利益、目标和期望以何种形式表现出来的决定因素。它又具体表现为劳动力市场的力量和双方对比关系的力量。劳动关系双方力量的对比程度决定了双方是选择合作，还是冲突。当然，双方的力量也不是一成不变的，会随着其他因素的影响发生变化。

权力，是指代表他人做决策的权力。在劳动关系中，权力往往集中在管理方。拥有权力，使管理方在劳动关系中处于主导优势地位。但这种优势地位也不是绝对的，在某些时间和场合会发生逆转。

11.1.2 劳动关系的性质与类型

1）劳动关系的性质

劳动关系的性质是指劳动关系双方主体之间相互关系的实质或核心内容。它主要包括三方面内容：

（1）劳动关系具有经济利益或财产关系的性质。一方面，劳动者或雇员向企业管理者或雇主让渡自己的劳动；另一方面，企业管理者或雇主向劳动者或雇员支付劳动报酬和福利，双方所体现出的经济利益关系或财产关系性质是劳动关系的基本性质。

（2）劳动关系具有平等关系的性质。这种平等性质突出体现在双方权利、义务的表面上的对等。一方面表现在劳动关系是在平等协商的基础上建立起来的；另一方面劳动关系的建立一般是以劳动合同的签订为保证，而且双方是在相对平等、没有外在干扰的前提下签订劳动合同的。

（3）劳动关系也具有不平等的性质。劳动关系兼有人身让渡关系的特征。劳动者虽有权利获得劳动报酬，但又必须履行自己的义务、贡献自己的劳动，并在劳动中听从管理者的调度和支配。双方所建立的这种以支配和服从为特征的关系，就可看作一种人身让渡关系。

2）劳动关系的类型

由于劳动关系各方力量对比程度不同，双方在利益方面的相互关系会形成不同的表现形式，一般包括：

（1）利益冲突型。它是以劳资双方矛盾和劳动阵营对峙为基础建立起来的劳动关系。在这种类型的劳动关系中，双方主体存在明显的矛盾和分歧，各自均有自己的利益，彼此的阶级立场也不同，发生劳资矛盾和劳资冲突是不可避免的。工会在其中往往代表着工人的利益。这种关系的维系和发展要通过不断地相互斗争与妥协来进行。它在很大程度上是属于一种传统型的劳动关系，阶级斗争理论是指导工人斗争的基本原则。

（2）利益协调型。它是以劳资双方权利对等和地位平等为基础建立起来的劳动关系。在这种劳动关系中，双方主体在人格和法律上是平等的，双方相互享有权利和义务，在处理双方利益关系时，遵循对等协商的原则，以实现双方的共同目标。从法律上看，这种劳动关系是以近代劳动立法中的契约精神为依据构建的，它不仅表现为劳资双方的关系比较和谐、稳定，而且使得社会和经济也能够稳定发展，可称之为当代西方型的劳动关系。

（3）利益一致型。它是以管理者或雇主为中心建立起来的劳动关系。这种劳动关系的特点在于强调劳动关系双方利益的一致性。在这种类型关系中，劳动者的利益往往是由国家和企业来代表的，而人力资源开发与管理机制则相对重要并要求完善和健全，它实际上是利益协调型的典型形式。劳资合作或利益一体的理论是这种劳动关系的理论依据。

以上对于劳动关系类型的这三种划分，只是一种在理论上的概括，在现实中这几种类型也互有交叉和联系。一个国家或地区的劳动关系一般都是以一种类型为主，但其他类型在不同的企业中也会有不同程度的表现或影响。

11.1.3　劳动关系的外部环境

劳动关系作为社会关系的一个环节，它还受到社会关系的其他环节的影响，这些环节构成了劳动关系赖以存在和变化的环境。

（1）经济环境。涉及经济环境的因素很多，既有宏观经济状况，也有微观经济状况，如市场、技术、就业结构和就业方式，以及影响财富分配的社会经济政策等。这些因素的变化，都会通过失业率、工资水平及结构影响劳动关系。经济环境能够改变劳动关系主体双方力量的对比。一方面，它会对员工的报酬水平、就业工作转换以及工人运动和工会的发展产生影响；另一方面，也会影响到产品的生产工作、岗位的设计、工作程序等。一般地讲，经济发展水平高、稳定性好，经济结构合理，相应提供的就业机会就多，劳动收入就高，劳动关系相对就会协调一些；反之，企业劳动关系就很难协调发展，企业劳动关系管理的难度也会加大。

（2）社会文化环境。包括在社会文化环境中的因素较为复杂，像财富的分配和再分配、社会价值观念的改变、人与人之间的等级关系的变化等，都是对劳动关系有明显影响作用的因素。

社会文化的影响是潜在的，不易察觉的，它是通过社会舆论和媒介来产生影响。一方面，一定的劳动关系是在一定的人们对人与人之间相互固有的态度和相对价值判断等思想文化背景基础上形成的；另一方面，社会文化环境对劳动关系的管理还会产生一些具体而深入的影响，如在受传统东方文化思想、价值观影响较深的企业中，业主和雇主是权威，决策是家长式的，管理是集权的，其劳动关系表现为裙带关系。

（3）政治环境。它一般是指机构和个人在决策中的法定权力、态度和行动，是由参与决策的各派政治力量的主张和其鼓动手段所构成的。它具体体现为一个国家的体制、法制环境及其相关政策环境。

一个国家的体制、法制环境不同，劳动关系管理的性质和特点在一定程度上就会有所不同。如劳动关系管理的机构和模式、工会、劳动合同、集体谈判、集体合同、劳动争议及其处理原则和方法都会有所差异。

影响劳动关系管理的最主要的是体制环境即政治体制，就是国家的政治权力结构及其运行机制。

法制环境对劳动关系管理也有深刻的影响。它包括法制尤其是与劳动相关的法制的健全与否、法律的普及程度以及法律的执行情况等。与劳动相关的法律是规范雇佣关系双方行为的法律，是政府调整劳动关系的最基本形式。例如，我国《劳动法》规定了集体谈判中双方的权利义务、雇员的最低工资、健康和安全保护等条款。

11.2　劳动者的地位与权利

11.2.1　劳动者的地位

所谓劳动者的地位是指在一定的社会经济条件下，处于一定的劳动关系之中并受其制约和决定的，以劳动者权益保障为主要内容的，劳动者自身利益的实现程度。劳动者地位的确定，是以劳动者在劳动关系中作为独立的利益主体身份为前提的。劳动关系作为社会关系系统中最基本、最普遍的关系，就其本质而言，是以劳动者为利益主体的一方与以支配或使用劳动力为利益主体的另一方的全面的经济利益关系。劳动关系双方在现实的利益差异与矛盾中，相互依存又相互制约，各自以实现和满足自身的利益要求为基本的利益取向，由此决定了双方的地位。从宏观的角度看，劳动者的地位包括：

（1）劳动者的经济地位。劳动者的经济地位是指劳动者在劳动关系中的作用、影响以及所获得的经济利益。劳动者的劳动就业权、劳动报酬权，以及社会保障权这三项权益的实现程度直接关系到劳动者经济地位的实现程度。

从总体上讲，劳动者是企业生产经营活动的主体，是企业财富和社会财富的创造者。任何一个企业单位，没有劳动者的劳动和参与，是不可能实现其组织目标的。同时，在我们社会主义中国，作为国家的主人，劳动者享有宪法和劳动法所规定的各项权利，理所当然地具有主人翁的地位。

但从微观方面上看，随着我国社会主义市场经济的不断深入和发展，劳动就业权对劳动者经济地位的影响也越来越多地反映在企业用人制度的改革与劳动者就业及择业自主权益的矛盾上。劳动者的就业权益的实现与否，直接关系到劳动者最基本的经济利益。

劳动报酬权对劳动者经济地位的影响，主要是通过劳动工资、奖金及其实物的支付形式实现的。劳动者经济地位的最主要和最直接的表现形式就是劳动报酬权的实现程度。在市场经济条件下，由于劳动者作为生产要素进入劳动力市场，功能分配和市场决定，将是决定劳动报酬的基本原则。以按劳分配为主体，多种分配方式并存的分配制度，构成了各个利益群体之间的利益差别与矛盾。确定劳动、资本、技术和管理等生产要素按贡献参与分配的原则，形成了资产所有者、经营者和劳动者的不同的经济利益关系。

应该看到，在分配制度改革不断深化过程中，由于市场经济条件下的分配和相关的制约机制尚不健全，会使普通劳动者劳动报酬水平相对于资产所有者和经营管理者的经济收入较低。所以，劳动报酬权益的合理实现问题已成为影响劳动者经济地位的关键。

社会保障权是劳动者所享有的、维持其基本生存条件的被帮助权益。这一权益的实现程度对于劳动者的经济地位同样有着重大的影响。现行法律规定，当劳动者因失业、疾病、工伤、生育等原因无法正常工作及生活困难时，就应以经济保险的形式进行救济。但是，由于我国的整体经济发展水平还不高，加上劳动者人口基数大，我国目前的社会保障还是低水平的，尚不能完全满足劳动者实现社会保障权益的实际要求。因此，劳动者的社会保险权益的保障与实现还将经历一个曲折的过程。

（2）劳动者的政治地位。它是劳动者的政治利益关系的深刻反映。劳动者政治地位的实现主要是通过参加对国家和社会事务的管理，充分行使当家做主的民主权利得以体现的。一般判断劳动者政治地位的标准有两项：一是看劳动者实际拥有的政治权利及其行使的结果；二是看劳动者对实现自身政治利益的基本态度。

人民当家作主，是中国特色社会主义民主政治的本质特点，是社会主义制度的内在属性。社会主义作为一种新型的国家形态，它建立在生产资料公有制占主体地位的基础之上，工人阶级和广大劳动者成为国家的主人。我国是工人阶级领导的以工农联盟为基础的人民民主专政的社会主义国家，人民当家作主体现着国家的性质和方向。劳动者具有参与国家及社会事务管理的民主权利，通过人民代表大会及政治协商会议充分行使自己的政治权利。

随着社会主义市场经济体制的不断建立，虽然劳动者的政治地位没有根本变化，仍是国家和社会的主人，但由于体制转型引起劳动关系的变化，劳动者的经济利益关系的变化必然要反映到其政治利益的实现上。

同样，劳动者对实现自身政治利益的态度也会由于体制转型发生变化。在市场经济条件下，劳动者对政治生活的关心往往同实现自己的经济利益联系在一起。目前，国有企业相当一部分职工中存在的"主人翁失落感"，实质上是职工对自身政治地位与经济地位不相协调的一种矛盾心态。可见，实现劳动者的经济利益是保证其政治利益实现的基本前提。

（3）劳动者的社会地位。劳动者社会地位的状况是同其职业声望密切相关的，并受自身的经济地位的制约，通过劳动者的社会声望得以体现。一般来讲，劳动者的经济地位决定其职业声望。

社会主义市场经济体制不断深入发展，必然使我国劳动关系呈现出多元化的分化态势，这会对劳动者的现实地位产生极为重要的影响。劳动关系的多元化，即不同类型的劳动关系，决定了劳动者地位在发展中的不平衡性。劳动关系市场化直接决定劳动关系双方的实际利益，使得企业和劳动者都被赋予了以各自利益为基础的各项权利、义务和责任，成为真实的、相互独立的利益主体，形成新的利益格局。从劳动者角度看，其劳动权益及其保障问题是维护自身地位的实在内容。而劳动契约化，决定了市场经济深入发展中劳动关系的必然趋向。随着改革的不断深化，相关法律体系的形成，劳动者权益的保障和切身利益的维护，将通过有效的法律手段得以实现。

11.2.2　劳动者的权利

权利反映的是一种"要求"，包括物质的或非物质的利益、抱负、主张、意愿以及实现利益、抱负、主张和意愿等手段。要求、利益、抱负、主张、意愿，以及相应的追求手段，必须为他人承认才能转化为权利。

劳动者权利是指处于社会劳动关系中的劳动者在履行劳动义务的同时所享有的与劳动有关的权利。它是以劳动权益为基础和中心的社会权利，劳动者权利是劳动法律所规定的劳动者所享有的合法权益。在法律社会中，法律则是确认权利的最经常、最广泛、最有效的工具。现代国家都以经济立法和劳动立法的形式对这些权利予以认可和保障。

我国的《劳动法》关于我国劳动者在劳动关系中的权利，做了明确和具体的规定。

《劳动法》第一章第三条规定：

（1）劳动者享有平等就业和选择职业的权利。劳动者首先具有劳动就业权，就是具有劳动能力的公民享有获得职业的权利。不论劳动者的性别、种族、宗教信仰、年龄、民族和肤色，企业单位都应用一种公正的、没有偏见的态度来雇用劳动者。劳动是人们生活的第一基本条件，劳动就业也是劳动关系形式的第一步，是劳动者权益实现的基本的和基础的内容。没有就业的实现，劳动关系和劳动权利便无从谈起。而劳动者的劳动就业权是劳动者享有的各项权利的基础，如果劳动权不能实现，其他一切权利也就失去了基础和意义。

同样，劳动者也有选择职业的权利，即劳动者可以根据自己意愿选择适合自己才能和爱好的职业。任何单位和个人不得强迫劳动者进行职业选择。劳动者从事自己愿意和喜欢的职业，有利于调动劳动者的工作积极性，提高劳动效率。在市场经济条件下，劳动者更应该有充分的自主选择权，自主择业，自主流动。劳动力供求主体之间通过公平竞争，双方选择确定劳动关系。

（2）劳动者有取得劳动报酬的权利。劳动报酬是构成劳动关系的物质基础，劳动者就业的直接目的是要获得劳动报酬。企业单位（雇主）使用劳动力的交换条件是付给劳动者劳动报酬，所以，劳动报酬是处理劳动关系的核心问题。劳动者付出劳动，并依照合同和国家有关法律取得劳动报酬，是一项重要权利，而及时足额地向劳动者支付报酬，则是企业单位（雇主）的义务。对于有违反规定、拒付、少付、拖欠劳动报酬的，劳动者有权要求有关部门依法追究责任。

在市场经济条件下，党和政府确立了生产要素按贡献参与分配原则，提倡以按劳分配为主体，多种分配方式并存的分配制度。企业单位（雇主）要按照法律规定，实行男女同工同酬，并在发展经济的基础上不断提高劳动报酬和福利待遇。作为一项重要条款，劳动报酬必须在劳动者与企业单位（雇主）所签订的劳动合同中明确列出。获取劳动报酬是劳动者持续地行使劳动权必不可少的物质保证。《劳动法》第五章规定，工资分配应当遵循按劳分配原则，实行同工同酬，工资水平在经济发展的基础上逐步提高；国家实行最低工资保障制度，用人单位支付劳动者的工资不得低于当地最低工资标准；工资应当以货币形式按月支付给劳动者本人，不得克扣或无故拖欠劳动者的工资。

（3）劳动者享有休息休假的权利。劳动者的休息休假权是指劳动者依法享有的在法定工作时间以外充分休息的权利。休息休假问题也是一个很重要的劳动关系问题。我国宪法规定，劳动者有休息的权利，规定劳动者的工作时间和休假制度。我国《劳动法》具体规定了劳动者享有的休息时间，国家实行劳动者每日工作时间不得超过8小时，平均每周工作40小时的工时制度。用人单位应当保证劳动者每周至少休1天。这些制度为提高劳动生产率和劳动者生活质量提供了可能，为劳动者享有休息休假权提供了法律保障。

我国《劳动法》也规定劳动者享有公休假、法定节假日、年休假以及探亲假、婚丧假、事假、生育假和病假等权利。

（4）劳动者有获得劳动安全卫生保护的权利。劳动安全卫生保护权是维护劳动者最基本的合法权益，即劳动者的生命和健康保障的问题，它是劳动者实现劳动权的保证，如果这一点得不到保障，其他一切权益将化为乌有。显然，劳动者的劳动安全卫生问题是构成劳动者各项合法利益的基础和实现前提。目前我国已制定了大量的关于劳动安全保护方面的具体规定，已将企业的劳动安全卫生问题完全纳入法治化轨道，依法规范和制约企业行为和劳动者行为。《劳动法》第六章规定，用人单位必须建立健全劳动安全卫生制度，严格执行国家劳动安全卫生规章和标准，对劳动者进行安全卫生教育，必须为劳动者提供符合国家规定的劳动安全卫生条件和必要的劳动保护用品，对从事有职业危害作业的劳动者应当定期进行健康检查。劳动者对用人单位管理人员违章指挥、强令冒险作业，有权拒绝执行。对危害生命安全和身体健康的行为，有权提出批评、检举和控告。

（5）劳动者有接受职业技能培训的权利。提高劳动者素质是实现劳动者权益、提高劳动者地位的基本保证。在社会主义市场经济条件下，劳动者的个人素质对于自身在社会上的适应能力和竞争能力起着举足轻重的作用。同时，劳动者素质的高低直接关系到劳动者权益实现的程度及劳动者地位。劳动者有权要求参加培训活动，它同样是实现劳动权的重要相关条件。所以，劳动者要实现自己的劳动权，就必须拥有一定的职业技能，提高自己的素质。素质高的劳动者，就会有其明确的主体意识，更善于运用法律武器维护自身的合法利益，实现自己的劳动权益。而要获得这些职业技能和能力，则越来越依赖于专门的职业培训。《劳动法》第八章规定，国家通过各种途径，采取各种措施，发展职业培训事业，开发劳动者的职业技能，提高劳动者素质，增强劳动者的就业能力和工作能力。用人单位应当建立职业培训制度，按照国家规定提取和使用职业培训经费，有计划地对劳动者进行培训。

（6）劳动者有享受社会保险和福利的权利。社会保险和福利是现代社会的社会保障制度的核心内容。在劳动者暂时或永久丧失劳动能力，或虽有劳动能力而丧失生活来源的情况下，国家通过立法手段，运用社会力量，给这些劳动者以一定程度的收入损失补偿，使之能继续保持基本生活水平。企业必须按照国家有关规定参加养老、失业、医疗、工伤、生育等社会保险，向社会保险机构按时、足额缴纳社会保险费，以保证劳动者应享有的社会保险待遇。国家和企业单位要兴办各种福利事业，为劳动者提供充足的休息和娱乐条件，以改善劳动者的物质文化生活水平。

（7）劳动者有提请劳动争议处理的权利。劳动争议是指劳动关系当事人双方因劳动权利义务发生分歧而产生的纠纷。就其本质而言，这种纠纷是劳动关系双方固有的利益差别和矛盾发展到一定程度，在其内部又得不到解决的情况下，而表现出的一种公开的利益冲突。发生劳动争议后，劳动者有权向有关部门提出处理的要求。这项权利是劳动者享有的保障自身合法权益的一种程序性权利。当劳动者与用人单位发生劳动争议时，当事人可以向企业劳动争议调解委员会申请调解，也可以向劳动争议仲裁委员会申请仲裁，对仲裁不服的，可以向人民法院起诉。

（8）法律规定的其他劳动权利。除上述各项劳动权利外，劳动者还享有法律规定的其他权利，如参与企业民主管理的权利、妇女和未成年人要求特殊保护的权利等。

我国正处于社会主义市场经济发展中，企业单位尤其是国有企业在以建立现代企业制度为直接目的的经济体制改革中，劳动关系的变革更为突出，正在逐步向市场经济体制下的利益分化与协调的方向发展，并且涉及劳动关系两个利益主体身份逐渐明晰。在这种形势下如何规范和调整劳动关系，切实保障劳动者的合法权益，对于调动劳动者的生产积极性，提高企业经济效益，保证社会的安定团结，促进发展和全面社会进步有着极为重要的意义。

11.3 政府、工会和职代会的作用

11.3.1 政府

国家是管理和控制一个有组织的社会的政治机构和统治机构。而政府则是整个国家最活跃和最重要的一个因素。它决定着一个国家的方针、政策和行为。在劳动关系上，政府担当着重要角色。而不同的国家机关追求不同的策略，这些都清楚地表现在其劳动关系当中。

政府的目标首先是经济目标，就是追求充分就业、价格稳定、收支平衡以及保持一定的汇率水平等方面的目标，以维持和提高本国经济的稳定性和生产能力。因此，为实现这些经济目标，政府就要对劳动关系进行管理和规范，实施相应的劳动关系策略。

政府在制定和实施有关政策法律时，可以把政府看作国家利益的代表，即在以雇主和管理方为一方，以雇员和工会为另一方的劳动关系中，如果双方发生利益冲突，政府是处于中立的位置。为了保护个人在就业中的利益，或者当国家的"整体利益"受到侵害时，政府就要对劳动关系进行干预，以维护"国家利益"。

也可以把政府看作一个政党或者社会某一阶层利益的代表。在这里，法规政策与法律制定者的利益和观点是密不可分的，社会某阶层的观点或政党的思想基础便构成了一个政府立法和其他政策的基础。在资本主义国家，均是维护资本家利益的。而在社会主义国家，政府为实现这一目标就要制定相应法规和政策来调整劳动关系。显然，由于其所处的地位，政府在调整劳动关系当中发挥着极为重要的作用，并扮演着多种角色。

（1）作为雇主的政府，即公共部门的雇佣者，雇用了相当大比例的劳动者，包括各级政府部门公务人员以及国有企业的雇员，政府在对这些部门劳动关系的干预和影响方面发挥着较大作用。在市场经济条件下，政府应积极提倡民主化，使公共部门管理企业化、合法化。

（2）作为劳动者基本权利的保护者，政府通过政令和政策来规范和保护劳动者的基本法律权利，具体包括劳动合同、劳动标准、劳动保险、员工福利、劳动教育及安全卫生等事务。同时政府还应加强劳动标准和劳动安全卫生监察，保证员工最低劳动收入。

（3）作为员工参与集体谈判的促进者，政府应积极支持员工参与企业经营管理活动，并积极促进劳动关系双方自行谈判与对话，使他们能在政府法律政策基础上维护和改善劳动者的工资和劳动条件，而政府应保持中立，不进行过多干预。

（4）作为劳动争议的调解者，对劳动关系双方主体在实现劳动权利和履行劳动义务等方面所产生的争议或纠纷，政府应当建立一套有效的劳动争议处理机制，协调和稳定企业劳动关系，保护双方主体的权益。

（5）作为就业保障与人力资源的规划者，政府责无旁贷，应当在职业培训、就业服务、失业保险等方面为全社会劳动者建立一套完整的就业保障体系。同时，政府还应在人力资源规划方面进行整体设计，出台相应政策，促进人才合理、有序流动，以适应21世纪人才竞争的变化要求。

11.3.2　工会

工会是在劳动关系的矛盾发展过程中产生和存在的劳动者组织。工会作为劳动关系中劳动者的代表，其基本活动是围绕着争取和维护劳动者的权益，如提高工资、减少工时、改善劳动条件等而开展的。在市场经济中，工会是作为市场经济的有机构成部分而存在的。脱离劳动关系，工会便失去了存在的基础。而没有工会，便构不成一个完整的劳动关系。

工会运动在西方已有200多年的历史，它是工业化的产物，在西方国家的劳动力市场上，劳动者在寻求工作的讨价还价中往往处于劣势，劳动者只有通过工会这种联合的组织来作为同资方讨价还价的力量。其中，工会的作用是代表劳动者的利益，平衡雇主的经济实力，即以组织的形式联合起来与资方进行集体谈判，以代表和维护劳动者的权益。

1）工会的地位

在我国，工会是职工自愿结合的工人阶级的群众组织。《劳动法》明确提出了工会在社会经济文化生活中的法律地位。其第一章第七条规定："劳动者有权依法参加和组织工会。工会代表和维护劳动者的合法利益，依法独立自主地开展活动。"《中华人民共和国工会法》（以下简称《工会法》）第二条规定，中华全国总工会及其各工会组织代表职工的利益，依法维护职工的合法权益。在社会主义条件下，工会是社会主义国家政治体制中不可缺少的重要团体，是劳动者合法利益的维护者和代言人。同时，工会又是党联系广大人民群众最重要的桥梁和纽带。工会不论是其产生的历史传统、性质特征、组织状况，还是其工作内容和工作方法等，都决定了工会具有其他任何组织不可比拟的最能够联系广大人民群众的优越性。在我国工会要自觉地接受中国共产党的领导，但工会又不同于党组织，也不同于国家政权组织。工会要按照自身的性质和特点依法独立自主地开展工作。在社会主义条件下，工会具有相对独立自主的地位。

2）工会的权利和义务

我国工会是职工自愿结合的工人阶级的群众组织，工会的性质决定了工会权利和义务的广泛性。我国《工会法》第三章规定了工会的权利和义务。

（1）工会代表和组织职工参与国家社会事务管理和参加用人单位的民主管理。《工会法》第五条规定，工会组织和教育职工依照宪法和法律的规定行使民主权利，发挥国家主人翁的作用，通过各种途径和形式，参与管理国家事务，管理经济和文化事业，管理社会事务，协助人民政府开展工作，维护工人阶级领导的、以工农联盟为基础的人民民主专政的社会主义国家政权。《工会法》第三十三条规定，国家机关在组织起草或修改直接涉及职工切身利益的法律、法规、规章时，应当听取工会意见。县级以上各级政府及其有关部门研究制定劳动就业、工资、劳动安全卫生、社会保险等涉及职工切身利益的政策、措施时，应当吸取同级工会参加研究，听取工会意见。工会代表和组织职工参与管理国家和社会事务，参与企事业单位的民主管理，这是发挥社会主义民主的一条重要途径。

（2）维护职工的合法权益。职工的合法权益范围是相当广泛的。工会在维护职工合法权益方面发挥着重要的作用。《工会法》第六条规定，维护职工合法权益是工会的基本职责。工会在维护全国人民总体利益的同时，代表和维护职工的合法权益。工会通过平等协商和集体合同制度，协调劳动关系，维护企业职工劳动权益。工会依照法律规定通过职工代表大会或其他形式，组织职工参与本单位的民主决策、民主管理和民主监督。工会必须密切联系职工，听取和反映职工的意见和要求，关心职工的生活，帮助职工解决困难，全心全意为职工服务。《工会法》还具体地规定了工会在维护职工合法权益方面所享有的权利。如企业、事业单位违反劳动法律、法规规定，侵犯职工合法劳动权益，工会有权要求企、事业单位等有关方面认真处理。对企、事业单位有克扣职工工资的、不提供劳动安全卫生条件的、随意延长劳动时间的、侵犯女职工和未成年工特殊权益的以及其他严重侵犯职工劳动权益的，工会应当代表职工与企、事业单位交涉，要求企、事业单位采取措施予以改正，企、事业单位应当予以研究处理，并向工会做出答复，企、事业单位拒不改正的，工会可以请求当地人民政府依法做出处理。

（3）代表和组织职工实施民主监督。工会依照法律规定通过职工代表大会或者其他形式，组织职工参与本单位的民主决策、民主管理和民主监督。根据《工会法》的规定，工会有权监督企、事业单位贯彻劳动法规的情况；监督企、事业单位落实职工代表大会决议情况。《工会法》第二十三条规定，工会依照国家规定对新建、扩建企业和技术改造工程中的劳动条件和安全卫生设施与主体工程同时设计、同时施工、同时投产使用进行监督。《工会法》第二十六条规定，职工因工伤事故和其他严重危害职工健康问题的调查处理，必须有工会参加。《工会法》第三十四条规定，各级人民政府劳动行政部门应当会同同级工会和企业方面代表，建立劳动关系三方协商机制，共同研究解决劳动关系方面的重要问题。总之，工会在民主监督方面的权利，体现了现代生产力发展的客观要求。

同时，工会要会同企、事业单位教育职工以国家主人翁的态度对待劳动；爱护国家和企业的财产，组织职工开展群众性的合理化建议、技术革新活动，进行业余文化技术学习和职工培训，组织职工开展文娱体育活动。工会应协助企、事业单位办好职工集体福利事业，做好工资、劳动安全卫生和社会保险工作。

11.3.3　职代会

实行职工代表大会制度是中国国有企业的另一特点。《工会法》第三十五条规定，国有企业职工代表大会是企业实行民主管理的基本形式，是职工行使民主管理权力的机构，依照法律规定行使职权。我国社会主义企业的民主管理，是指企业职工依法参与企业的生产经营决策和管理，监督行政领导干部，以主人翁的态度共同办好企业。我国企业实行民主管理的基本形式是职工代表大会制度，同时包括企业管理委员会、车间和班组民主管理形式（国有企业的工会委员会是职工代表大会的工作机构，负责职工代表大会的日常工作，检查、督促职工代表大会决议的执行）。

国有企业的职工代表大会是职工行使民主管理权力的机构，它既不是企业的最高权力机构，也不属于企业的咨询机构。职工代表大会的性质是由企业的所有制形式和职工在企业中的地位所决定的。

职工代表大会的性质，决定了职工代表大会的职权，按照《全民所有制工业企业法》有关规定，职工代表大会的职权包括：

（1）定期听取和审议企业负责人的工作报告。对企业的经营方针、长远规划、年度计划、基本建设方案、重大技术改造和技术引进方案、职工培训计划、财务预决算、资金分配和使用方案，提出意见和建议，并就上述方案的实施做出决议，是职代会的基本职权。职工代表大会对企业重大生产经营决策的审议权，体现了职工在企业中的主人翁地位，有利于发挥职工的积极性和创造性，增强企业活力，同时，也能集中集体的智慧，使企业重大决策更加民主和科学，更加完善，更加切实可行。

（2）审议企业重要规章制度。职工代表大会有权审查同意或否决企业的经济责任制方案、工资调整计划、奖金分配方案、劳动保护措施、奖惩办法以及其他重要的规章制度。这是企业民主管理的一项重要内容，是职代会的一项重要职权。重要的规章制度经过职代会审查同意，有利于保护职工的合法权益，也有利于广大职工自觉地遵守各项规章制度，并能使之在执行中得到广大职工的支持。

（3）审议决定企业职工生活福利问题。有关职工生活福利的重大问题，如职工福利基金使用方案、职工住宅补贴分配方案等，职工代表大会拥有审议决定权，然后由企业行政贯彻实施。职工生活福利问题涉及职工内部利益的分配。由职代会决定职工福利问题，有利于处理好职工内部矛盾，协调好劳动者之间的利益关系。

（4）评议、监督企业各级领导干部。通过职工代表大会对企业领导干部进行评议，监督并提出奖惩和任免的建议，以此来督促企业领导干部正确执行党和国家的政策、法律，全心全意为人民服务，同时也有助于密切干群关系，加强廉政建设。

（5）民主推荐或选举企业负责人。主管机关任命或者免除企业行政负责人的职务时，必须考虑职工代表大会的意见。民主推荐或选举企业负责人，有利于提高企业领导者的群众观念，促进领导作风的转变。同时，以民主方式选举的领导具有广泛的群众基础，其工作更能够得到广大职工群众的支持。

11.4　员工参与和集体谈判

11.4.1　员工参与

1）员工参与管理的意义

员工参与管理是企业劳动合作的主要表现形式，具体是指在经营管理民主化思想和理念的基础上，员工与雇主相互交流，参与企业的生产经营管理活动。在这一交流过程中，员工与管理者之间相互理解，共同制定反映企业策略或战略的规章制度，共同对有关生产经营管理问题进行决策。

无论是员工，还是企业都需要员工参与企业民主管理。按照马斯洛的需要层次理论，员工参与民主管理是个人自我实现的需要。从员工角度来讲，通过个人亲自参与企业的生产经营管理，来提高员工个人的社会地位和经济地位，增强其主人翁的自豪感和荣誉感。而从管理者角度来讲，通过与员工共同管理、共同经营，可以减少许多不必要的摩擦和纠纷，与员工的关系会更加融洽、更加稳定，以使企业蓬勃发展。

另外，员工参与管理还可增强员工对企业的忠诚度，提高工作热情，他们的工作绩效会在很大程度上得以提高。而员工对企业的忠诚，也意味着他们对企业目标和发展方向的认同、对企业成员的热爱以及对其他外在诱惑的拒绝。他们会将个人目标与企业发展紧密联系在一起，大大降低员工流动率；会以工作为导向，努力提高工作绩效，实现工作目标，以实现其自我价值。

因此，企业应当采取各种办法创造机会，使员工充分地发挥个人潜能，比如让员工承担具有挑战性的工作，员工参与决策，实行员工提案制度，支持员工好的建议，不断调动工作积极性，在提高企业经济效益的同时，满足员工自我价值实现的需要。

2）员工参与的方式

作为管理者的主要职能是协调和指导组织活动，而员工的职能是被培训后完成一定的工作任务。只有通过员工参与才能把这两种职能联系起来，而这样员工就可以部分地实施管理者的职能。员工参与的方法很多，可以按照不同的因素划分为直接参与和间接参与。前者允许员工个人积极参与决策过程；后者则主要是通过员工代表以员工的立场与资方（管理者）进行讨论、协商。按照参与的组织等级层次划分，有从低层次的参与到董事会高层次的参与。员工参与的层次取决于企业组织的等级层次。按照目标或范围划分，有任务中心型参与和权力中心型参与。任务中心型强调工作结构和业绩，而权力中心型则强调管理人员权力的决策。

综合员工参与的程度、参与的层次及参与的目标三方面因素，可将员工参与的方式归为以下两种：

（1）直接加盟。它是管理方把有限范围内决策的权力和责任从管理人员转移到员工手中的一种参与模式。企业将正式的并且是常规的员工与其直接管理人员组成情报小组。这种参与方式是管理方出于某种目的而发展起来并提供的，成为组织变革的一部分。在这种形式下，员工参与的程度有限，一般只限于由管理方制定的决策的执行过程。这种方式直接激发员工个人的工作积极性，提高满意度，加强员工对组织目标决策的认同，而这些目标和决策都是由管理方早已确定的。

（2）间接参与。它是通过把集体谈判的范围扩大到一个更广泛的决策中，即扩大到组织的更高层次的一种员工参与模式。它通过创建工作委员会、任命工人董事等方式，来平衡在组织决策过程中劳资之间的权力，可以维护员工的利益。这里的员工参与并不是管理方提供的，而是在员工和工会的要求下发展起来的。它强调的是通过集体谈判和共同协商，把员工的影响扩大到企业政策和重大计划中去。

从具体操作上，员工参与管理可以通过各种形式体现出来：

（1）目标管理。它是在科学管理和行为科学理论的基础上建立起来的员工参与管理的制度。目标管理强调自我控制、自我指导，明确的目标可以使员工有明确的方向感，能使员工发现工作的兴趣和价值，并从内部让员工参与目标的制定，把组织目标与个人目标联系起来，能把个人的强烈的工作欲望转化为工作积极性，更有助于组织目标的实现。

（2）质量圈计划。它是由通过共同生产某一特定部件或提供某一特定服务的员工自愿组成的工作小组。他们定期、全面探讨有关问题，提出解决建议，实施纠正措施，共同承担解决问题的责任。通过参加质量圈计划，员工能够在提供建议与解决问题的过程中获得心理满足，有助于增进劳资双方的沟通，是员工参与管理，提高企业生产效率的一个重要手段。

（3）员工持股计划。它一般是由雇主建立一个员工持股计划的信托基金。在该计划下，一般企业每年会给予该计划一定的股权或现金，用于购买应购买的股票。该计划将根据员工工资水平和资历等因素进行股权的分配。当员工离开企业或退休时，可将股票出售给企业或在公开市场上出售这些股票。实行员工持股，可使员工与企业的利益融为一体，有利于调动员工工作积极性，增强员工的归属感和企业凝聚力，吸引人才，降低人员流动率，从而提高企业的经济效益。

（4）职工代表大会。它是我国国有企业实行企业民主的最基本的形式，是员工行使民主管理权力的机构，由民主选举的员工代表组成。建立以职代会制度为主体的维权机制，员工参与民主选举、民主决策、民主管理、民主监督，维护员工权益，协调企业内部劳动关系，这对充分发挥员工的积极性和民主性，提高劳动生产率，建立和谐的劳动关系，稳定社会秩序具有重大意义。职工代表大会的工作机构是企业工会，具有审议权、同意或否决权、决定权、监督权、选举权等职权。建立现代企业制度，必须坚持和完善以职代会为基本形式的员工民主管理制度，突出工会职能，加快民主化建设的进程，保护和调动员工的积极性，增强企业凝聚力，提高企业经济效益。

（5）工人董事、工人监事制度。工人董事、工人监事制度是市场经济条件下公司发展的产物，是指由员工民主选举一定数量的员工代表进入公司董事会、监事会，代表员工参与决策和监督的制度。在这一制度下，代表员工的员工董事和监事对公司决策进行监督，可以及时反映员工的意愿和要求，平衡与投资者和管理者的关系，能够把员工利益和公司利益结合在一起，共同承担风险和责任，贡献利益，有助于加强劳动关系，促进公司发展。在我国，工人董事和工人监事制度实际上是职工代表大会制度的延伸，是完善公司法人治理结构的重要内容，是公司实行民主管理的重要形式。

3）员工参与管理的内容和参与度

（1）员工参与管理的内容。它是衡量员工参与状况的重要指标。员工参与管理的内容主要包括以下三方面：①工作层面的问题和工作条件。其中包括任务分配、工作方法、工作程序设计、工作目标、工作速度、工作时间、休息时间、设备的安置、照明设备的配备和工作总结安全等。②决策层面的有关问题。其中主要有雇用与解雇、培训与激励、工作纪律与工作评估、工资发放与意外事故补偿及其标准等。③企业层面或企业战略问题。其中包括管理者的雇用与使用、利润分配与财务计划、产品开发与市场营销、产品选择、工厂选址和投资等。当然，在大多数情况下，员工参与管理的内容主要涉及前两个层面的问题，只有极小比例的员工能够涉及并参与企业层面尤其是企业的主要战略问题。

（2）员工的参与度。企业的一项决策要经过几个阶段，员工在各阶段的参与状况不同，反映着其参与程度的差异性。一般来说，员工参与主要经过以下阶段：①发现问题，即通过各种途径发现问题的存在。这些问题往往是需要加强管理的企业的重要问题。②收集信息，即了解所发现问题的症结所在。③寻找解决办法，即针对发现的问题，根据收集的信息，寻找解决的各种方法。④评估解决办法，即针对不同的解决办法，鉴别其优、缺点，评估其代价和效果。⑤选择解决办法，即在上述评估基础上，选出最佳的方法。⑥实施解决办法，即将选定的解决办法在企业管理实践中贯彻执行。

11.4.2　集体谈判

1）集体谈判的意义

集体谈判是劳动者代表（通常为工会及其代表）为了维持和改善劳动条件、劳动待遇等而与管理者或雇主为明确双方之间的权利、义务关系而进行的协商和交涉活动。在一般情况下，企业集体谈判主要涉及两方：一方是工会；另一方是企业管理者或其组织。工会组织代表劳动者作为一方当事人，也就是说，工会组织和企业管理者或管理组织有企业集体谈判的主体资格。

集体谈判不同于单个员工为自己的利益而与管理者或雇主的谈判，它是工会代表员工，并为了维护全体员工利益而进行的谈判。集体谈判的过程也是双方力量对比、相互较量的过程。它需要谋略、运气和能力，需要谈判者具有高超的谈判技巧和强大的影响力，需要双方拥有能够抗击对方的压制、迫使对方接受某些条款的谈判力量，也需要双方的理智和成熟，能用共同的利益来协调具体利益的冲突。集体谈判是一种劳动法律制度，是市场经济条件下调整和规范劳动关系的一种行之有效的基本形式和手段。它是市场经济条件下劳动关系双方的力量对比和平衡的结果，是稳定和协调劳动关系的客观要求。

（1）集体谈判是规范企业劳动关系的基本形式和手段。在我国，建立现代企业制度，是经济体制改革的直接目标，在现代企业制度下实行集体谈判制度，是由现代企业制度的作用所决定的。现代企业制度要能适应现代经济发展的要求并能产生较大的经济效益，不仅要有明确的产权制度和企业法人制度，而且要解决现代企业制度中的劳动关系问题，一个基本的选择，就是实行集体谈判制度。

（2）集体谈判制度是保障劳动者权益的重要手段。集体谈判是在市场经济条件下劳动关系的矛盾协调过程中产生的，集体谈判首先是劳动者在维护自己劳动权益斗争中的一种手段，是劳动者以工会作为自己的代表，就工资、工时、劳动条件等有关劳动标准问题，运用谈判手段与雇主或管理方达成契约，以此方式来保护自己的劳动权益。劳动者以有组织的集体的面目出现，使得劳资之间的力量对比相对处于比较平衡的状态，从而也使劳动关系相对比较稳定和平衡。

（3）集体谈判是市场经济条件下普遍实行的劳动法律制度。集体谈判制度是市场经济条件下劳动关系双方的力量对比和平衡的结果，是稳定和协调劳动关系的客观要求。这一制度是伴随着现代企业制度而产生和发展起来的，在西方市场经济国家，它已成为调整劳动关系的最基本的法律制度。我国的《劳动法》和《工会法》都明确了集体谈判的具体要求和规定。

集体谈判与真正的劳动争议或企业劳动冲突的形式相比，有着其明显的优点：①企业集体谈判不是通过对抗甚至冲突方式，而是通过双方对话并在取得一致意见的基础上来解决问题。②企业集体谈判也是一种双方参与的形式，劳动者通过工会与管理者或雇主进行集体谈判，实际上就是参与企业利益分配和有关规定制定的讨论，有利于改变管理者独立决定一切事情的特权，缓和和稳定企业劳动关系。③企业集体谈判的一个最重要的结果是双方和谐关系的取得，即劳动合作的实现。通过成功与真诚的谈判可以产生一种信任感，有利于彼此之间的相互理解，这是企业劳动关系双方主体都愿意甚至渴望看到的结果。

2）集体谈判的原则

企业集体谈判的根本目的和主要优点在于稳定和协调企业劳动关系，维护劳动关系双方主体的合法权益，规范双方的行为，实现企业劳动合作。而要实现这个目标，发挥其优点，在集体谈判实践中，应遵守以下几个基本原则：

（1）主体独立原则。主体独立是指集体谈判的双方，在身份上和地位上都是独立的。在集体谈判中，承认劳动者的权利主体独立，是进行集体谈判的前提条件。

（2）权利对等原则。权利对等是主体独立的必然结果，是指在谈判中双方就有关劳动权益及有关问题通过协商共同做出的决定。双方权利对等，互为权利义务的主体，任何一方都无权指使、命令另一方。这一原则对保障劳动者在谈判中的权利和地位，使谈判能正常进行有着重要意义。

（3）工会代表原则。在谈判中劳动者一方的权利是由工会代表行使的。作为集体劳动权益问题的交涉，只能由劳动者的代表——工会来进行，它所行使的是集体劳动权益。集体谈判所要解决的是雇主与整个企业员工的关系，所以，必须由员工自愿结合而成并切实得到工人信任的工会组织来代表和行使集体劳动权益。

（4）双方合作原则。这是集体谈判的一个方法原则和目的原则。在集体谈判时，双方都是从各自的立场出发，但在实际的交涉中，必须考虑到对方的意见和共同的利益。所以，集体谈判应以双方合作为原则，以促进企业和员工共同发展为目的，这样就必须相互理解和相互妥协。在现实劳动关系中，劳动者处于劣势，所以，如何更好地保障劳动者的权益，是集体谈判中主要解决的问题。

（5）合法性原则。这一原则要求企业集体谈判的范围、劳动标准、谈判程序等都必须符合国家法律和法规的有关规定。如我国《劳动法》和《工会法》等都在这方面做了明确的规定。

3）集体谈判的内容

集体谈判是关于劳动条件和就业条件等的协商过程，所以，谈判标准的确定和实施以及谈判双方应履行的权利义务应是谈判的基本内容。一般来讲，集体谈判的内容可分为以下三方面：

（1）实质性规则

谈判中实质性规则是指就业待遇，包括工资、工时、休假等可以转化为货币性的待遇。有关就业待遇的谈判，常常被看成是工会和集体谈判的主要目的。其中最重要的内容是规范包括加班工资率在内的工资率以及在什么时候这些工资率被使用的问题。此外，有对按成果付酬计划下的最低收入水平的规定，对在特殊工作条件下工作，如轮班或在非正常条件下工作的津贴规定。一般来说，这些条件每年都要根据生活费用的变化，在同其他职业和组织的工资水平以及组织或行业的生产率和盈利能力进行对比的基础上重新议定。

（2）程序性规则

程序性规则是从管理权和决策权的运用方面进行谈判的内容。这一规则通过界定各类事项应如何处理以及资方、员工和工会各自的预期角色，为组织中劳资双方之间的关系提供某种确定性。对资方（管理方）来讲，能够承认工会，从而愿意参加实质性规则的谈判，是在接受工会在组织中的权力方面最重要的一步，这样就有可能就管理决策方向的问题建立一种共同决定的程序。共同协商解决工作不满、处分、裁员、工作评价、工作研究等方面问题。程序性规则所关注的是关于决策、员工参与以及员工代表参与组织事务的规范问题，可以说它比实质性规则方面的经济规则更为重要，员工分享的不仅是金钱，更重要的是权利。

（3）工作安排

集体谈判中对工作安排的详细规定主要同组织层次的谈判联系在一起。有关工作安排规范对于哪些是员工分内的工作，哪些不是其分内的工作，从而可以被员工作为正当的理由拒不执行资方（管理方）要求他们所做的工作做出认可性的规定。在那些寻求把工资同生产率联系在一起的集体谈判中，就有必要对工作做出界定，因为一旦出现工作变化，工资就要相应变化，所以在谈判中就要包括像员工的定员水平、工作之间的弹性、时间弹性以及承包等方面的内容。

11.5 劳动合同与集体协议

11.5.1 劳动合同

1）劳动合同的含义和特征

所谓劳动合同，是指劳动者与用人单位（管理者、雇主）之间为了确定劳动关系，明确双方权利和义务而达成的协议。劳动合同是劳动者与用人单位在一定条件下建立的劳动关系的法律形式。用合同形式明确劳动者与用人单位的劳动关系，对实现劳动关系从行政手段向法律手段转变具有重大意义。我国《劳动法》第三章第十六条规定："建立劳动关系应当订立劳动合同。"劳动合同是企业劳动关系双方主体之间的劳动协议。企业劳动合同签订的主要目的就是以这两方为主体建立劳动关系。企业劳动合同的签订是在企业管理者和劳动者双方自愿协商、达成一致的基础上完成的。劳动者不受年龄、性别、文化程度、民族、种族、宗教信仰等限制，只要是具备劳动能力和人身自由，同时为企业管理者所雇用，就可成为劳动合同的一方当事人或签订人。

劳动合同是合同的一种，它除了具有合同的一般特征外，还具有其本身的特征。

（1）劳动合同的当事人是劳动者与用人单位

作为劳动关系的法律形式，劳动合同必须由劳动者与用人单位以当事人的身份订立，这样订立的劳动合同对当事人双方就具有法律约束力。劳动合同当事人一方的劳动者一般是个人，而不是劳动者团体，这是劳动合同和集体合同（协议）的区别之一。

（2）劳动合同的内容是指《劳动法》中规定的权利和义务

订立劳动合同的目的，是将劳动关系用法律形式加以明确，以保护双方当事人，特别是劳动者一方的合法权利。劳动者享有的就业权、报酬权、休息休假权等绝大部分都应在劳动合同中得到体现。

（3）劳动合同是双方有偿合同

劳动者的基本义务是完成合同约定或用人单位指定的劳动；用人单位的基本义务是向劳动者支付劳动报酬。劳动者在用人单位根据劳动合同完成的劳动是有偿的，有偿性是劳动合同的本质特征。

2）劳动合同的种类

企业劳动合同的种类可以按照不同的标准进行划分。一般有以下两种划分方式：

（1）按照劳动合同的期限划分

劳动合同的期限是企业根据生产、工作特点和需要，合理配置人力资源的手段，也是劳动者进行职业生涯设计分期实现就业权的方式。

①固定期限的劳动合同，是指劳动者与管理者之间签订的有一定期限的企业劳动协议。其期限是确定的、具体的。在有效期限内，劳动者和管理者之间存在劳动关系，合同期满，则企业劳动关系终止。定期劳动合同有利于劳动者择业和管理者用人的自主

权，双方可以经常进行相互选择。

②无固定期限的劳动合同，是指劳动者与管理者之间签订的没有规定终止日期的劳动协议。劳动者和管理者之间的劳动关系只要在劳动者一方有劳动能力和人身自由的情况下，以及在企业一方继续存在的情况下都会存在。只有在符合法定或约定解除合同的情况下，通过解除合同，劳动者和管理者之间的劳动关系才会终止。

③以完成一定工作为期限的劳动合同，是指以劳动者所承担的工作任务来确定合同的期限，只要工作任务一完成，合同即终止。这实际上是一种特殊形式的定期企业劳动合同，主要适合于完成某项科研任务以及季节性和临时性的工作岗位。

（2）按照劳动合同产生的方式划分

①企业录用合同，是指企业管理者以招收、录用劳动者为目的而与劳动者依法签订的劳动合同。录用合同是企业劳动合同的基本形式，普遍适用于企业正式工和临时工的招收和录用。

②企业聘用合同，是指聘用方与被聘用的劳动者之间签订的明确双方责、权、利的劳动协议。企业管理者在聘用劳动者时，一般要向劳动者发聘书，以确定彼此之间的劳动关系。与此同时，也可以与劳动者签订劳动合同，以进一步明确彼此之间的权利和义务关系。它一般用于聘请专家、顾问等专门人才。

③企业借调合同，是指企业管理者以借用劳动者为目的而与劳动者以及被借用单位签订的三方劳动合同。该合同要明确规定三方的权利、义务和责任。借调合同到期后，劳动者一般需回原单位工作。它适用于借调单位为调剂余缺、互相协作的劳动合同。

3）订立劳动合同的原则和程序

劳动合同的订立，是指劳动者与用人单位依法就劳动的权利和义务意思表示一致，达成的法律行为。在订立劳动合同过程中必须遵循以下原则：

（1）平等自愿的原则

即在订立劳动合同时，管理者与劳动者双方的法律地位是平等的，双方在表达对劳动权利和义务的意见时，所起的法律效力是一样的。同时，合同的订立应完全是出于双方自己的意愿，不存在任何一方的意志强加于另一方的情况。这两者是共同构成劳动合同订立的首要原则。

（2）协商一致的原则

它是指劳动合同订立的内容在合法的前提下由双方当事人以协商的方法达成协议。协商一致是平等自愿的唯一表达形式。

（3）符合法律、法规的原则

劳动合同的订立，首先应当遵守《劳动法》，此外，还应遵守其他劳动行政法规。无论是合同的主体、合同的内容还是合同的订立程序都要符合法律的规定。

（4）互利互惠的原则

企业劳动合同的订立实质上反映的是一种经济利益关系，双方当事人最终协商一致，必须在经济利益上保证双方当事人的互利互惠。互利互惠是协商一致的前提条件。

双方当事人在订立劳动合同时，必须履行一些必备的手续和经过一系列步骤，具体包括如下几方面：

①企业管理者发布有关用人信息。通过各种媒介公布招聘简章，让社会劳动者充分了解招聘的准确信息。②应聘者与用人单位接洽。劳动者了解到用工需求信息后可与用

人单位接洽，也可以向用人单位寄送个人资料，待用人单位初选后面谈或直接面谈。③劳动者与用人单位就建立劳动关系订立劳动合同。这一阶段中，双方当事人必须将具体的工作任务、工资报酬、福利待遇、劳动保护等方面内容确定下来，这是劳动合同订立程序中实质性的一步，以此正式确定彼此之间的劳动关系以及双方的劳动权利和义务关系。

4）劳动合同的主要内容

劳动合同的内容是指双方当事人通过协商一致达成的关于劳动权利和义务的具体规定。企业劳动合同的内容具体体现在合同的各项条款之中。

（1）劳动合同的法定条款

根据我国《劳动法》第十九条的规定，劳动合同应当具备的条款（即法定必备条款）包括：

①劳动合同期限。劳动合同的期限根据合同分类有固定期限、无固定期限和以完成一定工作为期限三种。

②工作内容。一般包括工种和岗位，以及应当完成的生产工作任务等。

③劳动保护和劳动条件。劳动保护包括用人单位采取的劳动安全卫生、女工和未成年工特殊保护措施。劳动条件包括工作环境、工作时间等内容。

④劳动报酬。它包括劳动者的工资、奖金和津贴以及工资、奖金的计算支付方式、地点等。

⑤劳动纪律。它包括劳动者必须遵守的用人单位规章制度。

⑥劳动合同终止的条件。劳动合同中规定，在哪些条件下，劳动合同可以或应当终止。

⑦违反劳动合同的责任。在当事人违反劳动合同后发生效力的条款，即应承担的违约责任。

（2）劳动合同的任意约定条款

劳动合同除上述的法定必备条款外，当事人还可以协商约定其他内容。

①劳动合同的试用期条款。试用期是指劳动者与用人单位在订立劳动合同时，双方协商一致约定的考察期。《劳动法》第二十一条规定："劳动合同可以约定试用期。试用期最长不得超过 6 个月。"

②劳动合同的保守商业秘密条款。我国《劳动法》第二十二条规定："劳动合同当事人可以在劳动合同中约定保守用人单位商业秘密的有关事项。"保守商业秘密，是现代企业竞争越来越激烈的必然要求，它一般包括需要保守商业秘密的对策、保密的范围和期限及相应的补偿。

③培训条款。这是用人单位就为劳动者支付的培训费用、培训后的服务期以及劳动违约解除劳动合同时赔偿培训费事项所约定的条款。为保护用人单位的合法利益，用人单位可在劳动合同中约定培训条款或签订培训协议。

此外，双方在签订合同中还可根据情况约定其他条款，如补充保险、福利待遇和第二职业的限制等。

11.5.2 集体协议

1）集体协议的含义和特征

集体协议是指集体协商代表根据法律、法规的规定，就劳动条件、劳动标准及其劳动关系问题与雇主（管理方）之间所签订的书面协议。正如前面所述，企业集体谈判制度是企业劳动合作的一种重要形式，而与企业集体谈判制度密不可分的企业集体协议制度则是实现这种合作形式的基本载体或依托。作为一种劳动法律制度，企业集体协议有以下特征：①企业集体协议制度承认企业劳动者和管理者是两个具有不同利益需求的法律主体，坚持双方在合同中的权利和地位的平等性，通过企业集体协议制度的运行，劳动者一方完全可以以集体的形式与管理者进行对话和抗衡，这就保证了劳动者不仅在法律地位上，而且在劳动利益的实际处理上与管理者之间地位的平等性。②企业集体协议制度反映市场机制的作用，并以正式书面合同的方式来规范企业劳动关系双方主体的权利和义务。企业集体协议的内容及其现行的制度必须反映现实劳动力市场的供求状况，即在集体协议中所规定的双方权利和义务必然受到劳动力供求状况的影响。③企业集体协议制度以保障劳动者劳动权益为中心和出发点，其最终目的在于协调企业劳动关系，促进企业和劳动者共同发展。劳动者在享有权利的同时也要承担义务，管理者在承担义务的同时也要享有自己的权利。企业集体协议制度是在兼顾双方主体利益的情况下完成自己的历史使命的。

　　集体协议与劳动合同是两种不同的合同，在主体、内容和效力范围及作用等方面都有所区别。其主要区别有：①主体范围不同。集体协议的主体是企业与全体员工，它的效力范围也就及于企业与全体员工。②效力层次不同。集体协议的效力高于劳动合同。③目的不同。签订集体协议的目的是确定劳动标准，规范劳动关系，而签订劳动合同的目的是建立劳动关系。④内容不同。集体协议以集体劳动关系中所有劳动者的共同权利、义务为内容，涉及劳动关系的各个方面，而劳动合同的内容是关于劳动者个人劳动条件的规定。

2）集体协议的订立与履行

（1）集体协议订立的原则和程序

　　同订立劳动合同一样，订立集体协议也必须遵循平等自愿、协商一致和遵守法律、行政法规的原则。这表明只要签订集体协议的双方当事人以平等的身份进行协商，充分表达各自的意见，在此基础上就合同条款达成一致意见，并且其内容和程序符合国家法律和行政法规的规定，集体协议才具有法律效力，受国家法律的保护。

　　集体协议订立的程序包括以下四个步骤：①集体协商。这是指企业工会或者员工代表与相应的企业代表，为签订集体协议进行商谈的行为。集体协议也是由集体协商代表订立的，所以集体协商对集体合同的订立具有基础性的作用。②双方签字。集体协商双方就集体协议草案经协商一致，并由本单位职工大会或职工代表大会讨论通过后，由双方首席代表在协议文本上签字。③报送审查。集体协议必须经过有关部门审查方能生效。一般劳动行政部门要审查协议双方的资格问题，协商的原则和程序以及协议中的各项劳动标准等是否符合法律、法规的规定。④公布。劳动行政部门自收到集体协议文本日15日内未提出异议，集体协议即可生效。

（2）集体协议的内容与履行

　　集体协议的内容，主要是指集体协议当事人双方的权利和义务。其主要内容有：①劳动报酬；②工作时间；③休息休假；④保险福利；⑤劳动安全与卫生；⑥合同期限；⑦变更解除，终止集体协议的协商程序；⑧双方履行集体协议的权利和义务；⑨履行集体协议发生争议时协商处理的约定；⑩违反集体协议的责任；⑪双方认为应当协商约定的其他内容。

集体协议的履行，是指集体协议当事人双方按照集体协议规定履行各自应当承担的义务。集体协议生效后，当事人双方应切实履行各自的义务。其履行原则与劳动合同的履行原则相同。应注意的是，由于集体协议的一方是全体员工，因此工会应当组织、督促全体劳动者履行自己在集体协议中承担的义务。

11.6　劳动争议处理

11.6.1　劳动争议与劳动争议的处理原则

劳动争议，也称劳动纠纷，是指劳动关系双方当事人在执行劳动法律、法规或履行劳动合同、集体合同过程中因劳动的权利、义务发生分歧而引起的争议。劳动争议是劳动关系不协调的产物。由于劳动关系主体对劳动各方面的认识不同，以及劳动领域中存在的利益差别和各种因素的影响，特别是在市场经济条件下，劳动关系发生了很大变化，从而引发劳动争议。妥善解决劳动争议对协调和稳定劳动关系，保护双方主体的权益，具有十分重要的意义。

《劳动法》第七十八条规定：“解决劳动争议，应当根据合法、公正、及时处理的原则，依法维护劳动争议当事人的合法权益。”具体地说，劳动争议处理的原则主要是：

（1）调解和及时处理的原则

由于劳动争议发生后，直接损害一方当事人合法权益，这不仅影响生产经营活动的正常进行，而且容易激化矛盾，因此，解决劳动争议必须做到及时调解，及时处理，保证效率。其中，调解作为解决劳动争议的有效手段应贯穿于劳动争议处理的全过程，其目的是在尊重当事人自愿的前提下，争取双方达成和解，结束争议。

（2）依法处理原则

依法处理原则，即合法原则，是指劳动争议处理机构在处理劳动争议时所从事的活动，无论内容和程序都必须符合法律规定。依据法律、法规以及劳动合同，分清是非，明确责任，合理解决劳动争议。

（3）公正处理原则

公正处理原则，是指当事人在适用法律上一律平等的原则。这一原则要求劳动争议调解人员、仲裁人员和审判人员在处理劳动争议时必须以事实为依据，以法律为准绳，公正执法，不偏袒任何一方。同时要求双方当事人在处理劳动争议过程中法律地位一律平等，任何一方都没有超越另一方的特权，这样才能保证劳动争议获得公正解决。

11.6.2　劳动争议的处理程序

劳动争议处理，是指法律、法规授权的专门机构依法对劳动关系双方当事人之间发生的劳动争议进行调解、仲裁和审判的活动。依照《劳动法》的有关规定，劳动争议处理的基本形式是：当事人自行协商解决；依法向劳动争议调解委员会申请调解；向仲裁委员会申请仲裁；对仲裁裁决不服的在规定期限内可以向人民法院提起诉讼。

1）通过劳动争议调解委员会进行调解

劳动争议的调解是指通过劳动争议调解委员会对双方当事人疏导说服，促使双方相互谅解，自愿就争议事项依法达成协议，从而使劳动纠纷得到解决。

（1）劳动争议调解委员会的设立和组成

《劳动法》规定，在用人单位内可以设立在企业内部专门负责调解本企业发生的劳动争议的基层组织，由职工代表、用人单位代表和用人单位工会代表三方组成。其中职工代表由职工代表大会或职工代表推荐产生，用人单位代表由厂长（经理）指定，其人数不得超过该委员会总数的1/3。调解委员会主任由工会代表担任。其办事机构设在企业工会委员会。

（2）调解委员会的职责

劳动争议调解委员会在职工代表大会领导下独立行使调解职责。其职责有：调解本单位内发生的劳动争议条件，检查督促争议双方当事人履行调解协议，对职工进行劳动法律、法规的宣传教育，做好劳动争议的预防工作。

（3）调解委员会调解劳动争议条件的程序

①申请，指劳动争议当事人以口头或书面方式向本单位劳动争议调解委员会提出调解的请求。②受理，指劳动争议调解委员会接到当事人的调解申请后，经过审查决定接受申请的过程，具体包括审查、询问和决定受理三个阶段。③调查，即经过深入调查研究，了解情况，掌握证据材料，弄清争议的原委，以及调解争议的法律政策依据等。④调解。调解委员会召开准备会，统一认识，提出调解意见，找双方当事人谈话，召开调解会议。⑤制作调解协议书。经过调解双方达成协议，即由调解委员会制作调解协议书。

2）通过劳动争议仲裁委员会进行裁决

劳动争议仲裁是指劳动争议仲裁委员会对劳动争议当事人双方争议的事项，依法做出裁决的活动。

（1）劳动争议仲裁委员会的组成及其职责

劳动争议仲裁委员会是依法成立的，通过仲裁方式处理劳动争议的专门机构。它独立行使劳动争议仲裁权。它以县、市、市辖区为单位，负责处理本地区发生的劳动争议。

劳动争议仲裁委员会由劳动行政部门、同级工会和用人单位三方代表组成。仲裁委员会主任由劳动行政部门的劳动争议处理机构的人员担任。劳动争议仲裁委员会是一个带有司法性质的行政执法机关，其生效的仲裁决定书和调解书具有法律强制力。

仲裁委员会的职责是：①负责处理本委员会管辖范围内的劳动争议案件；②聘任专职和兼职仲裁员，并对仲裁员进行管理；③领导和监督仲裁委员会办事机构和仲裁庭开展工作；④总结并组织交流办案经验，并负责向上级人民政府和上级业务部门报告工作。

劳动争议仲裁委员会处理劳动争议，实行仲裁庭、仲裁员办案制度。

（2）劳动争议仲裁的程序

劳动争议仲裁程序一般包括以下几个阶段：①仲裁申请和受理。发生劳动争议的当事人应当自劳动争议发生之日起60日内向仲裁委员会申请仲裁，并提交书面申诉书。仲裁委员会应当自收到申请书之日起7日内做出受理或不予受理的决定。②调查取证。

此阶段工作分为三个步骤：第一，拟定调查提纲；第二，有针对性地进行调查取证工作；第三，审查证据，去伪求真。③审理。此阶段工作一般要经过以下几个程序：第一，组成仲裁庭；第二，进行审理准备；第三，开庭审理；第四，调解；第五，裁决。④执行。劳动争议当事人在收到仲裁书之日起15日内不向法院提起诉讼，仲裁书即发生法律效力；仲裁调解书一经送达当事人，即产生法律约束力。

3) 通过人民法院处理

劳动争议当事人不服劳动争议仲裁委员会的裁决，在法定的期限内，持劳动争议仲裁裁决书可向人民法院起诉，由人民法院依民事诉讼程序进行审理。

（1）劳动争议案件的受理范围

人民法院作为受理劳动争议诉讼的机关并不处理所有的劳动争议。只有法律规定由人民法院处理的劳动争议，人民法院才予受理。劳动争议案件的受理范围包括：①劳动者与用人单位在履行劳动合同过程中发生的纠纷；②劳动者与用人单位之间没有订立书面劳动合同，但已形成劳动关系后发生的纠纷；③因未执行国家有关工资、保险、福利、培训和劳动保护的规定发生的争议等。

（2）劳动争议案件的受理条件

人民法院受理劳动争议案件的条件是：①劳动关系当事人之间的劳动争议，必须先经过劳动争议仲裁委员会仲裁。当事人一方或者双方向人民法院提出诉讼时，必须持有劳动争议仲裁委员会仲裁裁决书。②必须是在接到仲裁裁决书之日起15日内向人民法院起诉的，超过15日人民法院不予受理。③属于受诉人民法院管辖。

向人民法院提起诉讼的劳动争议必须同时具备上述三个条件，否则人民法院不予立案受理。劳动争议诉讼是劳动争议处理的最后程序，是人民法院对劳动争议行使的最终裁判权。

本章小结

在我国市场经济的不断发展和企业改革的深入进行中，劳动关系领域里一些深层次的矛盾依然突出，企业的劳动争议逐年增多。人力资源管理的一种特殊职能是处理劳动关系。企业单位的人力资源潜力能否得到充分的发挥在很大程度上取决于劳动关系是否融洽。正确处理与不断改善劳动关系，是企业管理的重要任务，是构建和谐社会的重要基础和前提条件。

劳动关系是指劳动者和劳动力使用者之间的社会经济利益关系的统称。它受制于一定社会中经济冲突、技术、政治和社会文化背景的影响。从一个就业组织来说，劳动关系是由管理方（资方）和雇员（劳方）两个系列群体构成的。劳动关系的本质是劳动双方合作、冲突、力量和权力的相互交织。劳动关系性质是指劳动关系双方主体之间相互关系的实质或核心内容。由于劳动关系各方力量对比程度不同，劳资双方在利益方面的相互关系会形成不同的表现形式，一般包括利益冲突型、利益协调型和利益一致型。

劳动关系仅是社会关系的一个环节，它还受到社会关系其他环节的影响，这些环节构成了劳动关系存在和赖以变化的环境，具体包括经济环境、社会文化环境和政治环境。影响劳动关系管理的最主要的是体制环境即政治体制。法制环境对劳动关系管理也有深刻的影响。与劳动相关的法律是规范雇佣关系双方行为的法律，是政府调整劳动关系的最基本的形式。

正确处理企业劳动关系，应遵循以下五条原则：①兼顾各方利益的原则。②协商为主解决争议的原则。③以法律为准绳的原则。④以预防为主的原则。⑤明确管理责任的原则。企业改善内部劳动关系的途径有：①立法。②建立并巩固三方机制。③发挥工会和企业党组织的作用。④加强企业主管人员培训。⑤调动员工参与民主管理。

劳动者地位是指在一定的社会经济条件下，处于一定的劳动关系之中并受其制约和决定的，以劳动者权益保障为主要内容的，劳动者自身利益的实现程度。劳动者权利是指处于社会劳动关系中的劳动者在履行劳动义务的同时所享有的与劳动有关的权利。

政府是唯一能通过立法改变劳动关系制度的规则的实体，是国家利益的代表。政府在调整劳动关系当中发挥着极为重要的作用，并扮演着多种角色。工会是在劳动关系的矛盾发展过程中产生和存在的劳动者组织。我国《劳动法》明确提出了工会在社会经济文化生活中的法律地位，工会要按照自身的性质和特点依法独立自主地开展工作。我国《工会法》具体规定了工会的权利和义务，国有企业职工代表大会是企业实行民主管理的基本形式，是职工行使民主管理权力的机构，依照法律规定行使职权。

员工参与管理是企业劳动合作的主要表现形式，具体是指在经营管理民主化思想和理念的基础上，员工与雇主相互交流，参与企业的生产经营管理活动。员工参与的方式主要是直接加盟和间接参与。从具体操作上员工参与管理可以通过各种形式体现出来。企业的一项决策要经过几个阶段，员工在各个阶段的参与状况不同，反映其参与程度的差异性。

集体谈判是劳动者代表（通常为工会及其代表）为了维持和改善劳动条件、劳动待遇等而与管理者或雇主为明确双方之间的权利、义务关系而进行的协商和交涉活动。集体谈判的过程也是双方力量对比、相互较量的过程。企业集体谈判的根本目的和主要优点在于稳定和协调企业劳动关系，维护劳动关系双方主体的合法权益，规范双方的行为，实现企业劳动合作。集体谈判应遵守相关基本原则来进行。

劳动合同是指劳动者与用人单位（管理者、雇主）之间为了确定劳动关系，明确双方权利和义务而达成的协议。劳动合同是劳动者与用人单位在一定条件下建立的劳动关系的法律形式。劳动合同具有其本身的特征，可按照不同标准对其进行划分。

劳动合同的订立，是指劳动者与用人单位依法就劳动上的权利义务意思表示一致，达成协议的法律行为。在订立劳动合同过程中必须遵循平等自愿的原则、协商一致的原则、符合法律法规的原则和互利互惠的原则。双方当事人在订立劳动合同时，必须履行一些必备的手续和经过一系列的步骤。

集体协议是指集体协商代表根据法律法规的规定，就劳动条件、劳动标准及其劳动关系问题与雇主（管理方）之间所签订的书面协议。在现代劳动关系中，集体协议已成为协调劳动关系、规范劳动关系运作的一个不可缺少的重要手段。签订集体协议制度是市场经济国家通行的调整劳动关系的一项制度。

集体协议与劳动合同是两种不同的合同，在主体、内容、效力范围及作用等方面都有所区别。同订立劳动合同一样，订立集体协议也必须遵循平等自愿、协商一致和遵守法律、行政法规的原则。订立集体协议是由当事人双方的代表共同进行的。集体协议的内容主要包括集体协议当事人双方的权利和义务。在我国，《劳动法》就集体协议可具备条款做了一些列举性的规定。集体协议的履行，是指集体协议当事人双方按照集体协议规定履行各自应当承担的义务。集体协议生效后，当事人双方应切实履行各自的义务，以保证集体协议目标的实现。

劳动争议，也称劳动纠纷，是指劳动关系双方当事人在执行劳动法律、法规或履行劳动合同、集体合同过程中因劳动的权利、义务发生分歧而引起的争议。劳动争议是劳动关系不协调的产物，也是市场经济和社会化大生产的必然产物。由于形成的原因各不相同，劳动争议也有多种类别。劳动争议处理，是指法律、法规授权的专门机构依法对劳动关系双方当事人之间发生的劳动争议进行调解、仲裁和审判的活动。对劳动争议的处理要依照一定的原则。依照《劳动法》的有关规定，劳动争议处理的基本形式是：劳动争议发生后，当事人自行协商解决；可依法向劳动争议调解委员会申请调解；可向劳动争议仲裁委员会申请仲裁，可向人民法院提起诉讼。

本章案例

反思"996"工作制：我国工作时间基准的强制性与弹性化问题

　　近期，互联网企业实行的"996"工作制问题引起社会舆论的广泛关注。2019年3月27日，一名程序员在 GitHub 网站发起了名为"996·ICU"的话题，意指企业所采取的"上午9点上班、晚上9点下班、每周工作6天"的工作模式将导致劳动者住进 ICU，呼吁抵制互联网公司的"996"工作制。面对争议激烈的"996"工作制，《人民日报》评论部发表《崇尚奋斗，不等于强制996》一文，明确表示崇尚奋斗不等于强制加班。强行推行"996"工作制，不仅解决不了企业管理中的"委托-代理"难题，还会助长磨洋工的风气。

　　1）"996"工作制的违法性：涉嫌侵犯劳动者休息权

　　"996"工作制之所以引起社会舆论的广泛关注，是因为其涉嫌严重侵犯劳动者的休息权利。我国宪法和劳动法明确规定，休息权是一项基本的劳动权利，它不仅关系到劳动者个人的身体健康，也关系到社会劳动力资源的存续问题。从现行制度规范来看，"996"工作制的违法性问题需从以下两方面加以分析。

　　（1）"996"工作制的工作时间总量涉嫌违法

　　我国1994年实施的《劳动法》第36条规定："国家实行劳动者每日工作时间不超过8小时、平均每周工作时间不超过44小时的工时制度"。国务院随后在1995年将标准工作时间修改为："职工每日工作8小时、每周工作40小时。"40小时作为周工作时间成为主流的标准工作时间。《劳动法》同样对超时工作做了限制性规定。该法第41条规定："用人单位由于生产经营需要，经与工会和劳动者协商后可以延长工作时间，一般每日不得超过1小时；因特殊原因需要延长工作时间的，在保障劳动者身体健康的条件下延长工作时间每日不得超过3小时，但是每月不得超过36小时。"因而，从现行规定来看，在标准工作时间模式下，尽管每周6天的工作模式并不违法，但是如果企业强制安排劳动者连续采取"996"的工作模式，其工作时间的总量便明显违反了法律的强制性规定。

　　（2）特殊工时制下"996"工作制涉嫌违法

　　我国《劳动法》在标准工时制之外，规定了两种特殊工时制，即综合工时制和不定时工作制。这两种工时制度不必遵守标准工作时间的规则。对于综合工时制，可以分别以周、月、季、年等为周期，综合计算劳动者的工作时间，但其平均日工作时间和平均周工作时间应与法定标准工作时间基本相同。不定时工作制是在特殊条件下实行的，是每日无固定起讫时间点的工作模式。两种工时制度都有一定的岗位适用范围限制，必须获得劳动行政部门的审批后方可适用。

　　若互联网企业在特殊工时制度基础上实施"996"工作制，即必须经过行政审批，否则仍应按照标准工作时间制度判定其合法性。如果用人单位在获批综合工时制的岗位上实施"996"工作制，虽然在业务忙碌时期可以突破标准工作时间的限制，但在综合计算工作时间周期内，必须确保劳动者工作时间总量与标准工作时间基本相同。此外，将"996"工作制变成工作常态，强制实行固定时间上下班的工作模式也不符合不定时工作制

　　因此，用人单位在标准工时制岗位上强制采取"996"工作模式，是违法的。即使用人单位以特殊工时制度作为"996"的实施基础，也必须满足相关的法定条件，并以保障劳动者的休息权为前提。

　　2）"996"工作制的折射：工作时间基准的强制性窘境

　　互联网"996"工作制只是我国当前加班文化的冰山一角，制造业、建筑行业等均存在不同程度的超时加班现象。加班文化的盛行导致我国"过劳死"人数近些年急剧增长，我国已经超过日本成为

"过劳死"的第一大国。

（1）劳动监察执法效果不佳

与劳动仲裁和诉讼相比，劳动监察在介入方式上具有主动性，能够以高效和节约成本的方式解决劳动争议。用人单位是否遵守工作时间和休息休假的规定是劳动监察部门的主要监察事项，但是由于劳动监察执法的不足，加班文化盛行的现象未能得到有效监管。劳动监察的执法资源有限、劳动监察的职责范围过广、劳动监察采取属地管理模式等问题存在，在监察策略上呈现小范围选择性主动监察、被动监察以及软性监察的特点。所以，尽管早在2015年便有媒体对白领的"996"工作制进行了报道，但是直到2019年"996·ICU"事件的爆发，这种加班现象仍旧广泛存在。这反映出劳动监察行政执法在解决互联网行业"996"加班问题上，并未很好地发挥监督执法作用。

（2）加班工资补偿功能在司法中被弱化

在"996·ICU"事件中，劳动者的加班工资权益亦是社会舆论关注的热点问题。在实践中，一些企业通过约定加班工资计算基数或者以包薪制的薪酬计算方式，来应对加班费的计算规则，倍数式加班工资补偿功能的"威慑力"大大降低。用人单位多将加班费的计算基数约定为最低工资标准，以避免将正常工作时间所获得的工资报酬作为计算基数，从而减少加班工资的数额。包薪制的存在更进一步弱化了加班工资的效力，改变了加班工资依据加班时间数量给付的本质，转成为一次性固定给付，使得正常工作时间的工资与加班工资变得难以区分。在这种情形下，用人单位进一步降低了超时加班的工资补偿义务，增加了违反工时基准的动力。

（3）企业采用"自愿加班"规避责任

加班在法定意义上应当是劳动者在用人单位"安排"之下进行的。在实践中，一些互联网企业试图采取由员工自愿申请"996"工作制的方式，以免除自身的劳动法义务。用人单位也会采取一些隐形的手段，变相强迫劳动者"自愿"加班。例如，采取利用不合理的工作任务、绩效考核、末位淘汰等方式，使得劳动者不得不超时加班，以避免影响工作的考核等。我国《劳动合同法》第31条明确规定："用人单位应当严格执行劳动定额标准，不得强迫或者变相强迫劳动者加班。"如果劳动者能够证明自愿加班存在变相强迫性，用人单位也应当承担相应的法律责任。但是，由于该规定较为宽泛，且缺少负责管理劳动定额标准的部门，在实践中用人单位制定的劳动定额超标情况常有发生。

因此，在劳动执法效果不佳、司法弱化加班补偿、企业运用规避手段等因素的作用下，用人单位违反工作时间基准制度面临较小的法律责任风险，从而导致超时加班现象的盛行。此外，在看待这一现象时，也不能忽视工作时间立法制度本身存在的僵化问题，这也增加了工时基准落实的难度。

"996"工作制所代表的加班文化反射出我国当前工作时间基准立法实施效果不佳的窘境。随着我国"过劳死"现象的不断加剧，劳动执法与司法应当积极遏制加班文化现象的蔓延，保障劳动者基本休息权和合理的工作报酬权，坚守劳动基准立法的强制性底线。但是，随着我国劳动力市场结构与形态的不断变化，僵化的标准工作时间模式已经不能适应现行劳动力市场的各个行业或职业。立法应当结合当前社会经济的变化，积极推进关于工作时间制度的行业集体协商，并进一步完善多元化的工作时间制度模式，给予用人单位更加多元化的工时模式选择权，在充分保障劳动者休息权的基础上，实行合理的弹性工作制，使"奋斗"与"合法"相协调。

资料来源　班小辉. 反思"996"工作制：我国工作时间基准的强制性与弹性化问题［J］. 时代法学，2019（6）：27-33.

思考题：

（1）请结合本章内容及案例，就"996"工作制而言，员工应该如何维护自己的权益？

（2）在以后的职业选择中，你是否能接受"996"工作制？

复习思考题

1. 何谓劳动关系？它有哪些表现形式？
2. 如何理解劳动关系的性质？劳动关系有哪些类型？
3. 正确处理和改善劳动关系的原则与途径有哪些？
4. 政府、工会、职代会在劳动关系上各起着什么作用？
5. 员工参与管理有何意义？员工参与管理的方式有哪些？
6. 何谓集体谈判？集体谈判有何意义？
7. 集体谈判应遵循哪些原则？
8. 简述集体谈判的主要内容。
9. 何谓劳动合同？它有哪些特征？
10. 何谓集体协议？集体协议有何意义？集体协议有何特征？
11. 集体协议的内容有哪些？
12. 何谓劳动争议？处理劳动争议的原则是什么？
13. 对劳动争议有哪些处理方式？

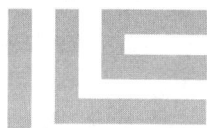

主要参考文献

［1］杨体仁，祁光华. 劳动与人力资源管理总览［M］. 北京：中国人民大学出版社，1998.

［2］谢晋宇. 企业人力资源的形成［M］. 北京：经济管理出版社，1999.

［3］张一弛，张正堂. 人力资源管理教程［M］. 3版. 北京：北京大学出版社，2019.

［4］胡君辰，郑绍濂. 人力资源开发与管理［M］. 3版. 上海：复旦大学出版社，2006.

［5］余凯成，程文文，陈维政，等. 人力资源管理［M］. 4版. 大连：大连理工大学出版社，2016.

［6］赵西萍. MBA组织与人力资源管理［M］. 西安：西安交通大学出版社，1999.

［7］廖泉文. 人力资源考评系统［M］. 济南：山东人民出版社，2000.

［8］秦志华. 人力资源管理［M］. 5版. 北京：中国人民大学出版社，2019.

［9］刘昕. 薪酬管理［M］. 5版. 北京：中国人民大学出版社，2017.

［10］杨体仁，李丽林. 市场经济国家劳动关系［M］. 北京：中国劳动社会保障出版社，2000.

［11］史若玲，金延平. 工商企业人力资源管理［M］. 大连：东北财经大学出版社，2000.

［12］关淑润. 人力资源管理［M］. 北京：对外经济贸易大学出版社，2001.

［13］赵永乐，沈宗军，刘宇瑛，等. 人员招聘面试技术［M］. 上海：上海交通大学出版社，2001.

［14］萧鸣政. 人力资源管理［M］. 北京：中央广播电视大学出版社，2001.

［15］王垒. 人力资源管理［M］. 北京：北京大学出版社，2001.

［16］于秀芝. 人力资源管理［M］. 4版. 北京：经济管理出版社，2009.

［17］邵冲. 人力资源管理概要［M］. 北京：中国人民大学出版社，2002.

［18］宝利嘉. 500种最有效的管理工具［M］. 北京：中国经济出版社，2002.

［19］崔保华. MBA人力资源整合精华读本［M］. 合肥：安徽人民出版社，2002.

［20］宝利嘉. 如何评估和考核员工绩效［M］. 北京：中国经济出版社，2002.

［21］新民，武志鸿. 绩效考评方法［M］. 广州：广东经济出版社，2002.

［22］程延园. 劳动关系［M］. 4版. 北京：中国人民大学出版社，2016.

［23］吴志明. 员工招聘与选拔实务手册［M］. 北京：机械工业出版社，2002.

［24］王琪延. 企业人力资源管理［M］. 北京：中国物价出版社，2002.

［25］孙健. 海尔的人力资源管理［M］. 北京：企业管理出版社，2002.

［26］李燕萍. 人力资源管理［M］. 2版. 武汉：武汉大学出版社，2012.

［27］郭京生，张立兴，潘立，等．人员培训实务手册［M］．北京：机械工业出版社，2002.

［28］廖泉文．人力资源管理［M］．3版．北京：高等教育出版社，2018.

［29］曾湘泉．劳动经济学［M］．3版．上海：复旦大学出版社，2017.

［30］文跃然．薪酬管理原理［M］．2版．上海：复旦大学出版社，2013.

［31］陈思明．现代薪酬学［M］．上海：立信会计出版社，2004.

［32］仇雨临．员工福利管理［M］．2版．上海：复旦大学出版社，2010.

［33］张德．人力资源开发与管理［M］．5版．北京：清华大学出版社，2016.

［34］石金涛．现代人力资源开发与管理［M］．2版．上海：上海交通大学出版社，2013.

［35］郑晓明．人力资源管理导论［M］．3版．北京：机械工业出版社，2011.

［36］谢晋宇．人力资源开发概论［M］．北京：清华大学出版社，2005.

［37］杨蓉．人力资源管理［M］．4版．大连：东北财经大学出版社，2013.

［38］冯宪．薪酬管理［M］．杭州：浙江大学出版社，2005.

［39］刘军胜．薪酬管理实务手册［M］．2版．北京：机械工业出版社，2009.

［40］王凌锋．薪酬设计与管理策略［M］．北京：中国时代经济出版社，2005.

［41］彭剑锋．21世纪人力资源管理的十大特点［J］．中国人才，2000（11）.

［42］宋婵蓉，凌文辁．招聘新技术［J］．中国人才，2002（11）.

［43］张弘，赵曙明．人力资源管理的演变［J］．中国人力资源开发，2002（3）.

［44］罗宾斯．管理学［M］．黄卫伟，等译．13版．北京：中国人民大学出版社，2017.

［45］比尔．管理人力资本［M］．程化，潘洁夫，译．北京：华夏出版社，1998.

［46］德斯勒．人力资源管理［M］．刘昕，等译．14版．北京：中国人民大学出版社，2017.

［47］克雷曼．人力资源管理——获取竞争优势的工具［M］．孙非，等译．4版．北京：机械工业出版社，2009.

［48］史密斯．现代劳动经济学——理论与公共政策［M］．潘功胜，等译．10版．北京：中国人民大学出版社，2011.

［49］米尔斯．劳工关系［M］．李丽林，等译．北京：机械工业出版社，2000.

［50］尼兰．伯乐相马［M］．安娜，译．北京：机械工业出版社，2001.

［51］罗森伯格．成功面试［M］．梁天才，译．北京：电子工业出版社，2001.

［52］诺伊．人力资源管理［M］．刘昕，译．9版．北京：中国人民大学出版社，2016.

［53］米尔科维齐，纽曼．薪酬管理［M］．董克用，等译．11版．北京：中国人民大学出版社，2014.

［54］梅洛．战略人力资源管理［M］．吴雯芸，译．北京：中国财政经济出版社，2004.

［55］WALKER W J.Human Resource Strategy［M］．New York：McGraw-Hill，1992.

［56］LATHAM P G，WEXLEY N K.Increasing Productivity through Performance Appraisal［M］．Boston：Addison-Wesley Publishing Company，1994.

［57］KIRKPATRICK D L.The ASTD Training and Development Handbook ［M］.　New York：McGraw-Hill，1996.

［58］KLEIMAN S L.Human Resource Management：A Tool for Competitive Advantage ［M］.　Eagan：West Publishing Company，1997.

［59］SHERMAN A，BOHLANDER G，SNELl S.Managing Human Resource ［M］.　16th ed.Natorp Boulevard Mason：South-Western College Publishing，2013.

［60］IVANCEVICH M J.Human Resource Management ［M］.　11th ed.New York：McGraw-Hill，2009.

［61］HARRIS M.Human Resource Management ［M］.　Orlando：Harcourt Brace College Publisher，2000.

［62］IVANCECISH M J.Human Resource Management ［M］.　8th ed.New York：McGraw-Hill，2000.